W0189523

Tina Österreich
Ich war RF

Tina Österreich

Ich war RF

Ein Bericht

Seewald Verlag
Stuttgart

Vierte Auflage 1978
Alle Rechte vorbehalten
© Seewald Verlag
Dr. Heinrich Seewald
Stuttgart-Degerloch 1977
Schutzumschlag und Einband
Creativ-Shop München,
Adolf + Angelika Bachmann
Satz und Druck:
Druckerei Scheel, Fellbach
Einband: Wilhelm Röck,
Weinsberg
ISBN 3 512 00487 3

Inhalt

Alles hier Beschriebene ist wahr,
so geschehen im zwanzigsten Jahrhundert,
in Deutschland,
in der Deutschen Demokratischen Republik.

Wir danken denen, die uns halfen,
dieses Kapitel vorzeitig zu beenden.

Verhaftet wegen RF

Zu dem Zeitpunkt, den ich für den geeignetsten halte, unsere Geschichte zu beginnen, ist diese eigentlich bereits 19 Stunden alt. Und dennoch ist mir bei allem Rückdenken nichts so sehr in Erinnerung geblieben wie diese – unsere Ankunft in der Untersuchungshaftanstalt.

So soll die Geschichte auch hier vorläufig ihren Anfang nehmen. »Geschichte« ist übrigens gut! Ich ahne zu diesem Zeitpunkt ja noch nicht im geringsten, was auf uns zukommt. Ein paar Monate später bin ich mehr geneigt, das Ganze für etwas so total Irres zu halten, daß es gar keine passende Bezeichnung dafür gibt. Aber ich werde eines Besseren belehrt und begreife nach einigen weiteren Monaten des sinnlosen Aufbäumens und Nicht-für-möglich-haltens, daß es unzählige solcher Geschichten wie die unsere gibt. Daß dies alles »im Namen des Volkes« abläuft und eigentlich etwas ganz Normales ist, was lediglich so weit wie möglich unter Ausschluß der Öffentlichkeit zu geschehen hat. Streng nach dem Gesetz – versteht sich.

Im Namen des Volkes!

Ich laufe vor einer kleinen ältlichen Person in dunkelblauer Uniform den schmalen, etwas erleuchteten Gang entlang, an dessen linker Seite sich eine schmale Tür neben der anderen befindet. Meine einzige Aufgabe ist es im Moment, darauf zu achten, daß ich alle Dinge, die man mir als unbedingt notwendig gegeben bzw. sogar von meinen eigenen Sachen überlassen hat, gut und ohne Zwischenfall über eben diesen Gang bis zu einer betreffenden Tür bringe. Die Lage der Tür ist mir noch nicht bekannt, ich nehme an, meine treue Bewacherin hinter mir wird sie mir rechtzeitig mitteilen. Obwohl sie recht schweigsam ist, in entscheidenden Momenten bekomme ich stets kurz und bündig die entsprechende Mitteilung hingeknallt. Anders kann man es nicht nennen. So wie eben: »Langsamer!« Nun, sie ist offensichtlich auch nicht mehr die Jüngste. Also laufe ich langsamer. Links herum, die Treppe hoch, wieder ein langer Gang. Genau das Spiegelbild des ersten. Es gibt keinen anderen Weg, darum kann sich das kurzatmige Muttchen hinter mir auch jede weitere Anweisung, die es doch nur unnötige Puste kosten würde, ersparen.

Das Befördern meiner wenigen Habseligkeiten erweist sich als nicht besonders schwierig, da es sich wirklich nur um das Notwendigste handelt. Und selbst da fehlt noch einiges, was ich allerdings erst Stunden später bemerke. Jetzt bin ich erst einmal soweit, daß alles um mich ganz sachte zu rauschen beginnt und ich nur noch den einzigen Gedanken in mir fühle: Hoffentlich sind wir bald da!

Wir sind es. Zum Glück. Hinter mir verkündet mein Schatten: »Nummer 13!« Automatisch beginne ich, mich für die aufgemalten Nummern an den schmalen Holztüren zu interessieren. Vor Nummer 13 halte ich gehorsam an, bleibe stehen, wie man im Normalfall vor einer Tür stehen bleibt, durch die man einzutreten gedenkt. Ob freiwillig oder nicht, sei hier dahingestellt. Damit begehe ich, zumindest in den Augen des Muttchens einen groben, kaum wieder gut zu machenden Fehler. Dies gibt sie mir auch sofort mit den Worten: »Zur Seite, an die Wand!« zu verstehen. Mit einem Blick, als hätte ich soeben versucht, sie zu überfallen oder ähnliches. Anders hätte jedenfalls ihr Blick in solch einem Fall auch nicht ausfallen können. Ich tue auch das, stelle mich mit meinem Bündel an die Seite, an die Wand. Wortlos. Nur mit der einen Hoffnung, endlich bald alles hinter mir und damit Ruhe zu haben. Für diesen einen Tag wenigstens, wie mir eine untrügerische Ahnung eingibt.

Muttchen (warum nenne ich sie eigentlich so?) stellt sich vor der Tür auf Zehenspitzen, schiebt eine kleine Metallplatte in Augenhöhe zur Seite, drückt ihr linkes Auge daran und schaut für einen winzigen Augenblick in das mir noch verborgene Innere. Mir ist, als hätte sie mit dem rechten Auge zur gleichen Zeit mich beobachtet. Dann läßt sie die Metallklappe wieder vor das Guckloch fallen und schließt auf, klappt einen schweren hölzernen Riegel nach oben. Dies alles, einschließlich des Öffnens der Tür, schafft sie in erstaunlicher Schnelligkeit. Sie steht jetzt mitten im Türrahmen, läßt ihren Blick kurz in die Runde schweifen – noch ahne ich nicht, welche räumlichen Ausmaße diese Runde hat – und hört sich irgendetwas für mich vollkommen Unverständliches an, was innen in leiernden Tönen gesagt wird. Es scheint zu ihrer Zufriedenheit ausgefallen zu sein, denn sie nickt und bedeutet nun mir lediglich mit einem Blick, mich ebenfalls in diesen Raum zu begeben. Was ich sofort richtig deute und etwas zu schnell in die Tat umsetze. Zu schnell deshalb, weil ich sofort wieder gebremst werde, und zwar recht unsanft am Kopf, denn offenbar ist diese Tür nur für Zwerge eingerichtet. Mir bleibt keine Zeit zu warten, bis der recht unangenehme Schmerz nachläßt, hinter mir höre ich noch das eine Wort: »Zugang«, dann wird die Tür energisch auf die schon beschriebene Weise, allerdings in umgekehrter Reihenfolge, geschlossen.

Für mich beginnt nun praktisch erst richtig der erste Abschnitt unserer »Geschichte«. Das Warten in der Zelle.

Bei meinem Eintritt, nachdem die Tür geschlossen wurde, sehe ich gerade noch drei jüngere Frauen, die vor der Tür hintereinander in einer Reihe gestanden haben und sich nun setzen. Dann sehe ich eine Weile nicht viel, ich lasse mein Bündel auf den Fußboden und mich auf den unteren Teil eines Doppelstockbettes sinken und beginne aus mir eigentlich recht unerklärlichen Gründen erst einmal aus tiefster Seele zu heulen. Man ignoriert dies taktvoll, anscheinend ist es hier nichts ungewöhnliches.

Auch das geht vorüber. Als mir wieder klarer vor Augen wird und das Rauschen im Kopf ebenfalls abnimmt, betrachte ich meine neue Umgebung. Der erste Eindruck ist niederschmetternd. Der ganze Raum ist mit vier normalen Schritten in der Länge und drei knappen Schritten in der Breite ausgemessen. Rechts neben der Tür die Toilette, daneben rechts an der Wand ein Kübel. Anschließend an der rechten Wand das Waschbecken, sofort dahinter aufgestellt ein Doppelstockbett, das direkt bis unter das Fenster reicht. Was heißt eigentlich »Fenster«. Diese Bezeichnung ist in unserem Fall ein Witz! Eine Öffnung in der Wand, zugemauert von unten her mit vier Vollglasziegeln in der Breite bis etwas über die Hälfte der Gesamthöhe des Fensters. Von oben ausgehend das gleiche noch einmal, nur etwas nach innen versetzt und wieder bis knapp unter die Hälfte der Fensterhöhe. Somit überlappen sich die beiden Ziegelwände in der Mitte um eine Ziegelbreite, womit jedes Hinaussehen von vornherein unmöglich gemacht wird. Die Höhe des »Fensters« kann höchstens vierzig Zentimeter ausmachen. Um mir das Ganze noch näher zu betrachten und vielleicht doch irgendwie einen Blick nach draußen zu ergattern, stehe ich auf. Das Fenster beginnt genau in meiner Augenhöhe. Und das ist bei meiner Größe nicht sehr weit unten. Ich drücke das Gesicht gegen die Wand, um durch den schmalen Spalt zwischen den zwei Glasziegelwänden etwas zu erspähen. Außer einem winzigen schmalen Fetzen Himmel ist das Ergebnis gleich Null. Man kann sich recken und stellen, wie man will, mehr hat wohl von hier aus noch niemand gesehen. Ich bemerke noch eine kleine Blechklappe, die sich wohl zwischen die beiden Ziegelwände schieben läßt. Somit läßt sich das »Fenster« sogar schließen. Aber bei dem bißchen Luft, das hier hereinkommt, wird das wohl kaum oft nötig sein. Wieder setze ich mich zurück auf das Bett. Ich kann nur geduckt darauf sitzen, weil der obere Teil sehr weit unten beginnt. Doch ein freier Stuhl ist nicht da.

Weiter registriere ich Stück für Stück der Einrichtung. Von den drei anderen Schicksalsgenossinnen werde ich noch immer nicht weiter beachtet und kann somit meinen Gedanken frei nachhängen. Das Fenster bildet die einzige Unterbrechung der Stirnwand, die ja ohnehin nicht sehr breit ist. An der dem Bett gegenüberliegenden Wand bemerke ich nun einen Wandschrank, ebenfalls in Augenhöhe. Wandschrank ist eigentlich geprahlt. Doch wie nennt man sonst einen hängenden Schrank von der Größe eines mittleren Arzneimittelschränkchens? Also doch Wandschrank. Er schließt fast an das Fenster an. Darauf folgt an eben dieser Wand die »Sitzgruppe«, womit die Einrichtung des Raumes komplett wäre. Näher betrachtet ist das ein an der Wand angebrachter, herunterklappbarer Tisch, äußerst klein gehalten und aus rohem, flüchtig behobeltem Holz, dazu drei Hocker aus dem gleichen Material. Ein Hocker an der Wand, schräg unter dem »Wandschrank«, ein Hocker in der Mitte unserer Behausung vor dem Tisch und der dritte Hocker wieder an der Wand, vor der Schmalseite des Tisches. Gleich hinter dem dritten Hocker noch ein paar Zentimeter Luft – tatsächlich »ungenutzter Raum« – dann schon wieder Wand. Die vordere Wand mit eben jener bewußten Tür, die den einzigen Ein- und Ausgang bildet und über der ich nun bei näherem Hinsehen ebenfalls eine 13 entdecke. Man muß schließlich auch drin wissen, wo man ist.

Mir ist das nur allzu gegenwärtig, man kann diese Tatsache hier drinnen bestimmt keine Minute vergessen.

Die drei, mir vorläufig noch unbekannten, jungen Frauen sitzen nach wie vor am Tisch auf den drei zur Verfügung stehenden Hockern. Zwei von ihnen sind mit Halma-Spielen beschäftigt. Wenn ich so eine Weile zusehe, komme ich zu der Annahme, daß sie dieses Spiel schon längere Zeit geprobt haben müssen. Es geht Zug um Zug und in kürzester Zeit fällt jedes Mal die Entscheidung über Verlierer und Gewinner. Nach jedem beendeten Spiel wird von einem kleinen Häufchen ein Brotbällchen genommen und auf ein anderes Häufchen gelegt. Wie ich schnell mitbekomme, registriert man damit die Anzahl der schon gespielten Spiele, und wie ich aus den wenigen Worten, die dabei gesprochen werden, kombiniere, sind heute 50 Spiele das Ziel. Der derzeitige Stand ist bei 37. Ich kann Halma nicht leiden und empfinde eine gemäßigte Abneigung gegen diese Spielwut. Noch weiß ich auch nicht, daß dieses – außer »Mensch-ärgere-dich-nicht«, das ich noch weniger leiden kann – das einzige hier vorhandene Spiel ist. Ich weiß vieles noch nicht!

Die dritte der jungen Frauen sitzt auf dem Hocker schräg unter dem »Wandschrank«, den Rücken gegen die Wand gelehnt, und liest. Sie schaut überhaupt nicht von ihrem Buch auf. Mir fällt ihr ungewöhnlich finsterer Gesichtsausdruck auf, den sie selbst beim Lesen behält. Während dieser tiefsinnigen Betrachtungen meinerseits mag wohl eine ganze Menge Zeit vergangen sein. Denn auf einmal vernehme ich, wie am Tisch aufatmend »50« gesagt und das Spiel eingeräumt wird. Man blickt jetzt mit verhaltener Neugierde zu mir hin und bemerkt wohl mit Zufriedenheit den Erfolg des »in Ruhe lassens«. Meine Gemütsverfassung hat sich entscheidend gebessert.

Die der Tür am nächsten sitzende junge Frau stellt mir meine neuen »Gefährtinnen«, bei denen ich ja wohl eine Weile bleiben werde, vor. Sie lächelt aufmunternd in meine Richtung und beginnt das Gespräch einfach und konkret. »Also ich bin Anita,

13

das hier ist Karin und das ist noch mal Karin. Leicht zu merken. Und wie heißt du?«

Mir fällt schreckhaft ein, daß ich total vergessen habe, mich bei meinem Erscheinen vorzustellen, was aber hier durchaus nicht übel genommen worden zu sein scheint. Also hole ich es schnell nach, und mich auf Anitas Ton und Anrede einstellend, ist meine Antwort genau so unkompliziert. »Ich heiße Kristina.« Anscheinend bin ich Anita nicht unsympathisch, sie mir übrigens auch nicht. Nur ihr schmuddliges Kleid stört mich etwas. Es hat ein großes blau-weißes Muster und liegt sehr eng an. Da Anita sich soeben von ihrem Stammsitz erhebt, sieht man auf den ersten Blick, daß es ihre Figur nicht sehr günstig betont. Aber es betont sie! Vorsichtig ausgedrückt: Es umfaßt gerade noch mühsam die überall hervorquellenden Rundungen und Polster. Im krassen Gegensatz dazu direkt auffallend finde ich Anitas ausgesprochen hübsches Gesicht und ihre ebenso bemerkenswert hübschen Beine. Eine seltsame Zusammenstellung. Durch die nette Art, die sie hat, fühlt man sich automatisch irgendwie zu ihr hingezogen. Ich soll mich noch viel über Anita wundern!

Vorerst beginnt sie sich um mich »zu kümmern«, denn ich muß wohl irgendwie hilfsbedürftig, eingeschüchtert und auch unentschlossen aussehen. Jedenfalls habe ich im Unterbewußtsein diesen nicht sehr vorteilhaften Eindruck von mir selbst.

Sie nimmt nun die Sache gleich selbst in die Hand, was wohl auch das Beste ist. Besser gesagt, die Sachen. Meine zwei Dekken befördert sie unter das Bett. Ich hatte bisher noch gar nicht entdeckt, daß sich schon Bettzeug darunter befindet. Dazu fliegt ebenso schnell das Nachthemd. »Mehr Waschzeug hast du nicht?« Mit diesen Worten landen Zahnbürste, Seife und mein einer Waschlappen auf der Ablage über dem Waschbecken. Handtücher daneben. »Sachen hast du gar keine?« »Nein, die hat man mir alle abgenommen.« Auch dies scheint hier nichts Neues zu sein, es wird mit einem Kopfnicken zur Kenntnis genommen. Somit wäre das Aufräumen schon beendet. Nun wird auch Karin Nr. 1 lebendig.

In den nächsten fünf Minuten weiß ich bereits, daß es verboten ist, auf dem Bett zu sitzen, daß das »Muttchen«, von dem ich hereingelassen wurde, eine Frau Wachtmeister ist und auch dementsprechend angesprochen werden muß, daß ich mit Abendbrot heute nicht mehr zu rechnen brauche, weil es das schon lange gegeben hat – aber ich werde von allen etwas abbekommen, wird mir versichert. Mir wird auch klar gemacht, daß man aufzustehen und sich in einer Reihe aufzustellen hat, sobald die Tür aufgeschlossen wird, und daß man das eben darf und das eben nicht. Nichterlaubtes überwiegt bei weitem, aber ich merke mir vorerst sowieso nur die Hälfte von den gutgemeinten Ratschlägen. Dieser Tag war zu ereignisreich, als daß noch viel in meinen Kopf reingehe.

»Weißt du wenigstens noch, wie spät es war, als du reinkamst?«, werde ich gefragt. Daß diese Frage nicht nebensächlich ist, merke ich in den nächsten Tagen selbst. Leider weiß ich es nicht. Darauf hatte ich überhaupt nicht geachtet. Wer rechnet schon damit, daß er binnen einer Minute außer seinen gesamten beweglichen Habseligkeiten auch noch Uhr, Ehering und Schnürsenkel abzugeben hat! Wobei die Uhr ohne Zweifel am unentbehrlichsten ist.

Also bleibt uns nichts anderes übrig, als die Zeit zu erraten. Man scheint sich hier nicht schlecht nach dem üblichen Tagesablauf zu orientieren, und so kommt Anita zu der von allen akzeptierten Annahme, daß es bald 17 Uhr sein könnte. Also noch eine Stunde Zeit bis zum Waschen und zum Nachteinschluß.

Mein bildungswilliges Gehirn arbeitet trotz der Überforderung dieses Tages noch erstaunlich gut. »Nachteinschluß?«, wiederhole ich fragend. Mir wird wieder bereitwillig erklärt, daß man dann Betten bauen und sich hinlegen darf. Um 19 Uhr!

Da es also der allgemeinen Ansicht nach Zeit zum Abendbrot ist, wird der Tisch gedeckt. Alles dazu notwendige befindet sich im Wandschrank. Neben Unterwäsche, Pullis und Vorlagen – wie ich bemerke. Erstaunlich, was in so einem kleinen Schränkchen unterzubringen ist, wenn es auch etwas sehr eng darin zugeht. Bloß gut, daß ich im Moment keine Sachen dort unterzubringen habe, denn dann wäre man wohl vor ein unlösbares Problem gestellt.

Drei Personen sitzen am Tisch, ich nach wie vor trotz Verstoßes gegen die Hausordnung auf dem Bett und warte ab. Viel mehr bleibt mir zu tun nicht übrig. Auf dem Tisch drei Plastbrettchen, drei Plastbecher, drei Tomatenmesser, genau 15 Scheiben Brot und Brotbelag. Unter »Brotbelag« versteht man je ein winzig kleines Stück Margarine und drei ebenso kleine und dünne Scheibchen Blutwurst. Dazu eine Kanne mit Tee, die ich vorher auf der Heizung gar nicht bemerkt hatte, ein Salzstreuer und ein Kompottschälchen mit Marmelade. Das ist also das Abendessen, von dem ich auch noch mit verpflegt werden soll. Ein wenig peinlich ist mir das Ganze schon, denn meinen schnell angestellten Überlegungen und Berechnungen nach wird es dann für alle hinten und vorn nicht reichen. Aber in meinen Eingeweiden nagt langsam ein Hunger, von dem ich selbst überrascht bin. Noch heute Mittag war ich fest davon überzeugt, daß man in dieser Umgebung einfach nicht essen kann, aber die vollkommene Unrichtigkeit dieser Feststellung wird mir jetzt doch bewußt.

Also sage ich nicht aus reiner Höflichkeit, ich habe keinen Hunger, sondern verhalte mich schön ruhig und abwartend.

Ich bin hier in guten Händen – ich hatte mir das Zusammensein mit anderen Frauen im Gefängnis furchtbarer vorgestellt. Oder ich habe bis jetzt großes Glück. Das kann ich noch schlecht beurteilen.

Jedenfalls legt man mir auf die Tischkante drei Marmeladenschnitten und wünscht »guten Hunger«. Den habe ich wahrhaftig. Ich habe wohl lange nicht mit solchem Tempo drei Marmeladenschnitten verspeist, zumal nicht einmal Butter unter der Marmelade ist. Hier bin ich froh, überhaupt etwas zum Essen zu haben. Tee trinke ich aus Karins Zahnputzbecher, schönen, dünnen, süßen Tee. Aber viel stärker trinken wir ihn zu Hause auch nicht, stelle ich vergleichend fest. Außerdem ist Kräutertee gesund. Lange hält sich hier keiner mit dem Abendessen auf, woran sollte man sich auch aufhalten!

Die Becher werden ausgespült – kalt, versteht sich, warmes Wasser gibt es nicht – die Brettchen mit einem Lappen abgewischt, die Messer ebenfalls, und schon ist wieder alles wie vorher.

Dann geht es Schlag auf Schlag. Wie ich sehe, hatte man die Tageszeit erstaunlich gut eingeschätzt.

Als erstes hört jeder an der Tür das Wegschieben der Klappe und irgendwie merkt man, daß hereingeschaut wird. Zu sehen ist dies nicht. Danach wird unter lautem Getöse der Riegel hochgeschoben und aufgeschlossen. Dies alles geschieht eigentlich in Bruchteilen von Sekunden, wir schnellen in die Höhe und bauen uns hintereinander vor der Tür auf, ich tue automatisch mit und stehe als letzte. Es geht alles ganz flott. In der Tür steht Muttchen, nein, Frau Wachtmeister, und Anita leiert ihre Meldung herunter. »Frau Wachtmeister, Verwahrraum 13 belegt mit vier Inhaftierten, meldet Inhaftierte Schlenzig.« Dieses Mal habe ich es verstanden. Frau Wachtmeister nickt, mustert mich auffallend, findet aber wohl nichts auszusetzen an meiner Haltung, denn ich habe mich absolut den anderen angepaßt und stehe genauso militärisch stramm da. Also holt sie ohne Kommentar hinter der Tür einen Hocker hervor und reicht ihn Anita, die ja vorn steht. Die nimmt ihn schweigend ab und reicht ihn hinter. Auf dem gleichen Wege folgen Brettchen, Becher und Tomatenmesser, danach drei recht unterschiedliche Matratzenteile. Nachdem alles wortlos nach hinten durchgereicht worden ist, läßt sich die freundliche Dame doch noch zu einem Satz hinreißen. »Fertigmachen zur Nachtruhe!« Die Tür fällt ins Schloß, wird von außen verriegelt, und wir sind uns wieder selbst überlassen.

Das nun Folgende scheint genau eingespielt zu sein. Karin Nummer eins, die Rotblonde, beginnt mit der abendlichen Wäsche, Karin Nummer zwei sitzt inzwischen daneben auf der Toilette und widmet sich dringenden Geschäften. Milde Düfte durchziehen den Raum, bringen aber keinen aus der Ruhe. Der Mensch gewöhnt sich eben an alles. Ich sitze mit Anita inzwischen auf den Hockern, die wir unter das Fenster gestellt haben. Wir warten. Mehr können wir auch nicht tun, denn wenn in dieser Enge zwei »Mann« in Bewegung sind, ist der Raum vollkommen ausgefüllt. Dann ein Wechseln der Rollen, jeder absolviert nacheinander die eben beschriebenen Stationen der abendlichen Toilette wie bei einer Pflichtübung. Im stillen finde ich das Ganze ziemlich albern, denn ich bin überzeugt, zu Hause würde sich nicht jeder abends mit dieser Gründlichkeit waschen. Bis zu den Füßen! So vorbildlich kann der Mensch sein! Ich tue es also genauso, was bleibt mir schon weiter übrig, wenn ich es auch alles andere als angenehm empfinde, hier bei abgedrehter Heizung in ziemlicher Kälte splitterfasernackt zu stehen und mich mit eiskaltem Wasser von Kopf bis Fuß zu waschen, als hätte ich den Schmutz von zehn Zentnern Kohlen abzuscheuern.

Außerdem stören mich die beobachtenden Blicke von drei Seiten, die ich spüre, ohne hinzusehen. Eine einmalige Situation, bei der wohl Gewöhnung alles bedeutet. Meinen Ohren entgeht nicht das Öffnen und Schließen der Blechklappe am Guckloch. Also auch von da ist ständige Beobachtung gewährleistet!

Ich muß unbedingt viel ruhiger werden. Und gleichgültiger. In diesen Augenblicken nehme ich es mir das erste Mal vor. Wenn ich wüßte, wie nötig sich dieses Vorhaben wirklich noch erweisen wird!

Die Wäsche mit allem Drum und Dran ist überstanden. In unseren Nachthemden sind wir ein Anblick für die Götter! Ich habe ein Herrennachthemd bekommen, das mir bei meiner Länge gerade knapp bis zum Knie reicht. Der einen Karin reicht das Hemd von der gleichen Sorte dafür gut bis auf die Füße. Wenn sie aufpaßt, kann sie sogar einigermaßen ungefährdet darin laufen. Da die Zelle nicht groß ist, bringt sie die dafür notwendige Konzentration mit Leichtigkeit auf. Die andere Karin sieht in ihrem Hemd am normalsten aus, wadenlang, oben ausgefüllt, zwei fehlende Knöpfe. Anita schießt den Vogel ab! Ich kann nicht hinsehen, ohne laut loszulachen. Zum Glück geht es beiden Karins genauso, obwohl der Anblick ja für sie schon Gewohnheit sein müßte. Und zum Glück ist Anita nicht von der Sorte der schnell übelnehmenden Leute. Wir biegen uns vor Lachen – Anita sieht aber auch zu komisch aus. Wegen ihrer Körperfülle paßten ihr wohl die Herrenhemden nicht, so hat man ihr einfach ein baumwollenes Herrenunterhemd gegeben. Ein Achselhemd, das ihre Figur wirklich einmalig zur Geltung bringt. Oben läßt es gekonnt das Dekolleté frei, unten reicht es fast bis zur Erde. Die Walküren müssen meiner Vorstellung nach in vergangenen Zeiten so zu ihren festlichen Veranstaltungen erschienen sein. Aber ich glaube, sie hatten zur Vervollständigung noch lange, wallende Tücher umgelegt. Nun, hier geht es auch so. Ich bin froh, daß ich ein Nachthemd mit langen Ärmeln erwischt habe, in diesem Flatterhemd würde ich mich bei den noch winterlichen Temperaturen sicher zu Tode frieren. Daß meine diesbezüglichen Befürchtungen nicht ganz unbegründet sind, wird sich in Kürze herausstellen.

Jetzt geht es ans Bettenbauen, die letzten Vorbereitungen zur Nachtruhe. Der Tisch wird an die Wand geklappt, die Hocker übereinander vor Waschbecken und Toilette verstaut. Was dann kommt, übertrifft alle meine Erwartungen, obwohl ich eigentlich Zeit genug gehabt hätte, mir meine Überlegungen darüber zu machen und mich seelisch sowie moralisch darauf einzustellen. Anita schläft im oberen Bett, die eine Karin im unteren. Das wird mir klar, als ich sehe, woher sie ihre Nachtgewänder nehmen. Die rote Karin zieht drei Matratzen unter dem Bett hervor und legt sie, vom Fenster an beginnend, voreinander, das übrige Bettzeug darauf. Als sie damit fertig ist, begreife ich, daß ich nun die gleiche Aufgabe habe. Also baue ich mit den restlichen eben hereingegebenen Matratzen meine künftige Lagerstätte. Direkt an das Fußende von Karins »Bett«. Der vorhandene Platz reicht auf den Millimeter genau aus, zwischen Türrahmen und Matratze ist kein Eckchen Luft mehr. Wozu auch.

Dann geschieht nichts mehr. Wir warten. Wir warten auf die Erlaubnis zum Hinlegen. Da die Hocker aus Platzgründen nicht mehr benutzt werden können, auf anderen Gegenständen aber nicht gesessen werden darf, warten wir im Stehen. Der Platz zwischen unseren beiden Bodenbetten und dem Doppelstockbett beträgt gerade noch eine Fußbreite. Auf diesem einzigen freien Raum der Zelle stehen wir vier in unseren Nachtgewändern und warten. Daß Warten schon über relativ kurze Zeitspannen zur Ewigkeit werden kann, wird einem hier bewußt. Keiner hat eine Ahnung, wie lange das noch dauern wird. Wir warten.

Ich bin todmüde. Nach knapp 24 Stunden Aufregung und schlafloser Geschäftigkeit eigentlich kein Wunder.

Endlich kommt die Erlösung. Schieben der Blechklappe, kurzes Durchblicken, Öffnen der Tür. Anita spricht ihr Verslein, diesmal gibt sie bekannt, daß wir alle fertig zur Nachtruhe sind, was theoretisch auch schon durch das Guckloch zu sehen war. Aber ohne Meldung geht hier anscheinend nichts, außerdem scheint es furchtbar wichtig zu sein, immer wieder festzustellen, daß wir noch vier sind. Frau Wachtmeister schreibt dies auch gleich in ein Buch ein, damit sie es keinesfalls wieder vergessen kann, dreht sich rum und will die Tür schließen, als ich laut und vernehmlich »Gute Nacht« sage. Ein ungläubiger Blick trifft mich, nicht ganz zornig, aber doch hart an der Grenze. Wie konnte ich auch nur.

Dann fällt die Tür hinter ihr zu, wird abgeschlossen und verriegelt. Anita und beide Karins grinsen. Unausgesprochen steht im Raum: »Das lernst du auch noch.« Kann sein.

Ich lasse mich erlöst auf mein »Bett« fallen, was sich jedoch als bedeutend zu voreilig erweist. Noch nicht! Also stehen wir wieder und warten. Nicht ganz so lange wie vorher. Eine dunkle Männerstimme dröhnt durch das gesamte Gebäude, die wirklich nicht zu überhören ist: »Nachtruhe!« Das ist endgültig. Blitzschnell ist jeder von uns in seiner Schlafstelle versunken. Ohne daß vorher draußen Schritte zu hören waren, wird noch einmal durch das Guckloch geschaut, gleich danach geht das Licht aus. Nachtruhe! Endlich!

Vorerst ist es für mich wie eine Erlösung. Anita und Karin unterhalten sich flüsternd. Ich drehe mich zur Wand und starte meinen ersten Versuch, so schnell wie möglich einzuschlafen.

Dabei bleibt es. Jetzt, wo ich liege, fühle ich mich wie gerädert. Jeder Knochen einzeln schmerzt mir und ich bemerke, daß die drei Matratzenteile alle eine unterschiedliche Höhe und Dichte aufweisen, dazu kommt eine Unmege von Tälern und Hügeln in der Füllung. Nach einer Weile glaube ich, nicht mehr liegen zu können. Auch dauerndes Drehen und Wenden hilft absolut nichts. Dann geht das Licht an, die Lampe befindet sich genau über mir. Nach kurzem Rundblick durchs Loch bestimmt eine Männerstimme vor der Tür, daß ich mich andersherum zu legen habe, die Füße zur Tür, nicht den Kopf. Auf meinen zaghaften Einwand, ich würde ja dann mit dem Kopf genau an Karins Füßen liegen, bekomme ich nur zur Antwort, ich habe nicht zu diskutieren sondern mich unverzüglich rumzudrehen. Andernfalls würde eine schriftliche Meldung erfolgen. Da ich dies nach Möglichkeit doch verhindern möchte, drehe ich mich ergeben in die verlangte Richtung. Unser nächtlicher Bewacher ist zufrieden. Das Licht geht wieder aus. Ich starte meinen zweiten Versuch, durch völliges Abschalten aller Gedankengänge sofort einzuschlafen. Dabei bleibt es. Es ist mir einfach unmöglich, zur Ruhe zu kommen. Die Gedanken in meinem Kopf überschlagen sich buchstäblich wie in einem zu schnell und zusammenhanglos ablaufenden Film. Ich drehe mich hin und her, in alle möglichen Lagen. Ergebnislos. Lichtkontrolle. Wieviel Zeit ist eigentlich schon vergangen? Mir kommt es vor wie Ewigkeiten. Aus den anderen Betten hört man gleichmäßiges Atmen. Ich beneide alle um diesen Schlaf. Eine schnarcht leicht. Ich kann nicht feststellen, wer es ist. Eine Weile versuche ich, die Richtung, aus der die Schnarchgeräusche kommen, zu ergründen. Aussichtslos. Macht auch nichts. An Schlaf ist sowieso nicht zu denken. Ich bin hellwach, obwohl ich körperlich total erschöpft und zerschlagen bin. Ich finde keine Lage, in der ich es länger als zwei Minuten aushalte. Lichtkontrolle. Du meine Güte, wie oft denn noch? Dies wiederholt sich in regelmäßigen Abständen. Mein Kopf kommt mir jetzt vor wie ein Karussel. Mit Figuren in der Mitte, an denen man vorbei fährt. Immer wieder. Dieter, die Kinder. Dieter, die Kinder. Der Korvettenkapitän. Die Soldaten. Der Hauptmann. Die Kinder. Dieter! Der Haftrichter. Beamte in Zivil. Und wieder die Kinder. Und wieder Dieter. Dieter in der Tür, kreidebleich. »Tina, ich hab alles zugegeben. Es hat keinen Zweck.« Die Kinder. Seltsam klein und hilflos, Arm in Arm auf dem Bett, auf die Abfahrt wartend. Davor der Soldat mit MP. Dieter im langen Korridor, vor unserem verstreuten Gepäck. Sein hilfloser Blick, als ich vorbeigeführt werde. Wieder die Kinder. Im Auto. Thomas' verzweifeltes Aufschluchzen. Barbaras fragende Blicke. Ihr Bemühen, nicht zu weinen. Beide Kinder auf der Matratze, wieder Arm in Arm, diesmal erschöpft und unruhig schlafend. Und Dieter. Im Vorbeigehen will ich ihn ein letztes Mal ansehen, in seinem Blick lesen, vielleicht einen winzigen Trost darin sehen. »Gesicht zur Wand!« Gehorsam tut er es, es wäre sinnlos, es nicht zu tun. Genauso gehorsam, wie die Kinder mit dem »guten Onkel« mitgehen. Stumm, mit großen, dunklen Augen, in denen die Tränen kaum noch zu bremsen sind. Die Kinder! Dieter!

Ich kann nicht mehr. Ich fühle, wie das Bettuch feucht wird, und lautlos weine ich vor mich hin. Auf meiner Matratze, das Gesicht zur Wand. Mich stört keine Lichtkontrolle mehr. Das An- und Ausschalten dringt nicht mehr bis in mein Bewußtsein, ich spüre die Unebenheiten des Lagers nicht mehr. Ich werde langsam ruhiger.

Ich sehe Dieter vor mir. Greifbar nahe. Und die Kinder. Uns. Wir fahren in Urlaub. Das Auto ist bis unters Dach beladen. Wir fahren und wir sind glücklich. Noch ohne jede Ahnung von dem Schrecklichen, auf das wir zufahren.

Die letzten 24 Stunden laufen vor mir mit einer Genauigkeit ab wie im Film. Dieses Mal langsam und geordnet.

Und während ich endgültig ruhig werde, erlebe ich alles noch einmal. Herrlicher, strahlender Sonnenschein. Für die Jahreszeit ungewöhnlich warm. Da läßt sich selbst so eine lange Autofahrt als angenehm erleben. Die Kinder auf dem Rücksitz erstaunlich friedlich und brav. Thomas hat seine erste Standpauke schon weg, seine Hose ist durch die Gummilösung, die er ausprobieren wollte, gründlich verdorben. Trotz der Behandlung mit dem Fleckentferner, den Dieter so schnell wie möglich in der nächsten Drogerie besorgte, kleben einige Teile im Inneren des Autos noch verdächtig. Wir schauen großzügig darüber hinweg, schließlich haben wir Urlaub!

Auf der Hälfte der Strecke erklärt uns Barbara vom Rücksitz aus, sie habe überall so komische rote Flecke. Bei näherem Betrachten erkenne ich diese komischen roten Flecke als Röteln. Auch das kann uns nicht weiter erschüttern. Was soll's. Erstens sind wir bei unseren Kindern Überraschungen gewöhnt und zweitens haben andere Eltern im Urlaub schon mit ganz anderen Kinderkrankheiten erfolgreich gekämpft. Wir haben Urlaub. 10 Tage! Einfach herrlich!

Am späten Nachmittag kommen wir in unserem bestellten Quartier an. Die nette, gemütliche runde Wirtin, bestimmt schon weit über die Sechziger, freut sich, daß wir da sind, wir freuen uns auch. Wir beziehen unsere zwei Zimmer und nachdem wir alles notdürftig verstaut haben, machen wir uns auch schon auf den Weg zum Strand. Es wäre unvertretbar, unseren Kindern am ersten Urlaubsabend die See und ein zünftiges Sandbuddeln vorzuenthalten.

Der Anmarschweg dahin erweist sich schwieriger, als wir gedacht hatten. Sämtliche Zufahrtswege durch den Wald sind für Autos gesperrt. Wir laufen bald eine Stunde, ehe wir das Wasser erblicken. Dann ist die Freude aber groß, und der anbrechende Abend wird von Seiten der Kinder noch gut mit Muschelsammeln, Burgenbauen und Sandschmeißen verbracht. Die Abende sind doch noch empfindlich kühl, nur gut, daß wir alle warme Wintersachen angezogen haben. Dieter schaut sich die Umgebung land- und seewärts mit dem Fernglas an, und ich schaue auf beides – auf die Umgebung und die Kinder.

Das Bellen eines Hundes weckt unsere Aufmerksamkeit, denn außer uns ist niemand am Strand zu sehen. Als Dieter mit dem Fernglas in die Richtung späht, aus der das Bellen kam, das übrigens schlagartig wieder abbrach, merke ich an seinem Gesicht deutlich, daß er etwas Ungewöhnliches gesehen haben muß. Auf meinen fragenden Blick hin reicht er mir nur wortlos das Glas. Ich entdecke in der Richtung, die er mir zeigt, einen Trupp von fünf Soldaten. Mit Hunden. Grenzposten! In einer kleinen Mulde hinter Strauchwerk gut getarnt und mit bloßem Auge kaum zu sehen. Nur das Bellen des Hundes hat uns auf sie aufmerksam gemacht.

Wir sehen uns an. Ohne ein Wort. Jeder liest im vertrauten Gesicht des anderen das, was er selber denkt: »Es wird nicht leicht werden!«

Zeit für den Rückweg.

Im Quartier stellen wir den Heizofen an und machen es uns gemütlich. Die Kinder freuen sich königlich, zum Abendbrot kalten Broiler zu bekommen. Ich habe vor unserer Fahrt noch gut eingekauft, am Wochenende ist ja nichts zu wollen bei geschlossenen Läden. Zwei Broiler – zu wissen, daß wir die mithaben, bedeutet eben für unsere Kinder ein kleines Königreich.

Von unserer Unruhe und unseren heimlichen, bangen Gedanken ahnen sie nichts. Für sie ist alles in bester Ordnung. Die Röteln machen Barbara nicht weiter zu schaffen, sie scheinen bis jetzt harmlos zu verlaufen. Beide Kinder sind auf einmal total müde und reif fürs Bett. Es macht sich bemerkbar, daß der Tag für sie doch recht anstrengend war. Ohne den sonst eigentlich obligatorischen Protest lassen sie sich zu Bett bringen. Wir beide wollen nochmals zum Strand. Ich setze mich an Barbaras Bett und sage ihr, daß wir noch einen Spaziergang vorhaben. Dann mache ich ihr kindgemäß klar, was wir ihr bisher verschweigen mußten. Ihre Augen werden immer größer, sie kann das Gehörte kaum fassen. Ich erzähle ihr leise von unserem Vorhaben, mit dem Schlauchboot über die See zu Tante Marion zu fahren. Ihre Gedankengänge verbinden sich sofort mit Päckchen, Kaugummi und anderen, für sie erstrebenswerten Dingen, die in regelmäßigen Abständen von Tante Marion eintrafen. Kinderideologie! So ist sie von unserem Vorhaben begeistert, obwohl sie auch um die Gefährlichkeit weiß. Denn wir haben sie bei Gesprächen über dieses Thema nie im Zweifel darüber gelassen, was mit denen passiert, die unbedingt nach Westdeutschland möchten und dabei geschnappt werden.

Aber sie ist echt unsere Tochter, Unternehmungsgeist und Optimismus müssen wohl im gewissen Grade vererbbar sein! So erfaßt sie also die Situation völlig und schneller, als wir erwartet hatten. Sicher ist es ein weiteres Risiko, ihr dies zu erzählen, aber unsere Absicht dabei ist, ihr klarzumachen, daß sie von jetzt an in jedem Fall auf ihren Bruder achten muß. Insofern kann sie uns sehr helfen, denn wir dürfen auf keinen Fall auffallen, und besonders bei der Durchführung unseres Vorhabens muß absolute Ruhe herrschen. Bei einem lebhaften, kleinen Jungen wie unserem kein Kinderspiel! Sie begreift, was wir von ihr als der Älteren erwarten. Es rührt uns richtig ein bißchen, als sie versichert: »Ihr könnt Euch schon auf mich verlassen!«

Dann meinst sie noch: »Jetzt weiß ich auch, warum das Auto so voll ist und warum wir die Boote mithaben. Ich hatte mich schon ziemlich gewundert!« Wir schmunzeln. Also war ihr doch nicht alles von unseren heimlichen Vorbereitungen verborgen geblieben, wie wir angenommen hatten. Nun, sie weiß jetzt Bescheid, und dadurch ist das Risiko, durch eine unbedachte Bemerkung von ihr verraten zu werden, bedeutend geringer geworden.

Wo wir die Boote und das ganze Zeug jetzt eigentlich hätten, möchte sie noch wissen. Das ist schnell erklärt. Zur Sicherheit haben wir diese Sachen alle im Kofferraum des Autos gelassen. Auch die gut verpackte Kleiderreserve für alle. Man weiß nie, wie neugierig Wirtinnen so sind!

Wir können die Kinder beruhigt allein lassen. Nach diesem Gespräch mit unserer »Großen« haben wir eine Sorge weniger.

Es ist unmöglich, mit dem Auto bis in die Nähe des Strandes zu kommen. Alle Zufahrtswege sind für Fahrzeuge gesperrt. Und alle Wege, die zum Strand führen, sind unheimlich lang. Da uns das Autogeräusch ohnehin nur verraten würde, kommt es auch nicht weiter darauf an, wo wir parken. Die Schwierigkeit besteht nur darin, das Gepäck und die Kinder unbemerkt über solch eine lange Strecke bis zum Wasser zu bringen. Wir beratschlagen, ob man das große Gepäck wie Boote und Motor

24

nicht vorher irgendwo in der Nähe des Wassers verstecken kann. Da der Waldgürtel fast bis unmittelbar an das Wasser heranreicht, müßte das zu machen sein. Denken wir. Daß gerade diese, wie wir annehmen günstige, Deckung durch Wald und hohes Strandgras unser Verhängnis werden soll, ahnt keiner. Wie das harmloseste Liebespaar der Welt schlendern wir durch den Wald dem Strand zu. Allerdings sehr leise, uns nur im Flüsterton unterhaltend und ständig bemüht, eventuelle Posten, die sich hier versteckt halten könnten, zu entdecken. Noch sind wir ja harmlose Urlauber, und man könnte uns beim besten Willen nichts anhaben. Auch das soll sich als nicht wieder gut zu machender Irrtum herausstellen.

Wir stehen Arm in Arm hinter der Düne, vor uns der schmale Durchgang zum Strand. Rechts und links von uns hohes Gras und Strandhafer, hinter uns Wald. Sofern wir nicht auf den Strand hinaustreten, dürften wir nicht zu entdecken sein. Wir werden uns auch schwer hüten, einen Fuß auf den breiten Strandstreifen zu setzen. Würden wir das tun, befänden wir uns direkt auf dem Präsentierteller. Was wir vor uns sehen, erschreckt uns. Das hatten wir nicht erwartet. Auf See draußen fünf Schiffe des Küstenschutzes, die ihre Scheinwerfer in regelmäßigen Abständen über die gesamte Wasserfläche gleiten lassen. Von Land das gleiche Spiel, hier wird das Ableuchten von einem Wachtturm besorgt. Die See liegt vor uns wie ein Spiegel, bei dieser Flutlichtbeleuchtung müßte man einen nach Luft schnappenden Fisch erkennen können. Ebenso taghell ist der Strand. Wir können auf unserem günstigen Platz vom Licht nicht erfaßt werden und stehen somit außerhalb des Gesichtskreises dieser Bewacher.

Flüsternd unterhalten wir uns, vollkommen darüber einig, daß unser Vorhaben hier undurchführbar ist. Unmöglich! Also werden wir unseren Urlaub in aller Ruhe zu Ende führen, wieder nach Hause fahren, und dann wird man weitersehen. Gut, daß wir die betreffenden Sachen gar nicht erst ausgepackt haben.

Ich bilde mir ein, neben uns im Gras ein Geräusch gehört zu haben. Als ich dies Dieter flüsternd mitteile, lächelt er nur. Er ist meine Ängstlichkeit gewöhnt, besonders im Dunkeln. Trotzdem ist es mir noch zweimal, als hörte ich etwas. Ich sage nichts mehr.

Der Rückweg erscheint uns unheimlich lang. Es ist empfindlich kalt geworden, und wir sind froh, als wir den Parkplatz erreicht haben und uns ins Auto setzen können.

Dieter steckt den Zündschlüssel ins Schloß, schaltet die Scheinwerfer ein, will starten. Ich lehne mich behaglich im Sitz zurück, freue mich auf die erste Nacht im warmen Urlaubsbett. Dieter startet durch, automatisch schauen wir beide nach vorn.

Wie Gespenster aus dem Dunkel aufgetaucht, stehen da schräg neben unserem Auto, halb vom Licht der Scheinwerfer erfaßt, zwei Soldaten. Beide das Gewehr im Anschlag. Mir setzt für den ersten Moment der Herzschlag aus, um gleich darauf ein rasendes Tempo anzuschlagen.

Ich bin nicht in der Lage, auch nur einen klaren Gedanken zu fassen. Ohne den Mund zu bewegen, murmelt Dieter: »Ganz ruhig bleiben, die können uns doch nichts!« Von draußen kommt die laute und scharfe Aufforderung, den Motor abzustellen und auszusteigen. Was bleibt uns weiter übrig. Mein Puls rast, meine Hände zittern so sehr, daß ich keine Gewalt über diese Bewegungen habe. Wir steigen aus. Dieter macht einen ruhigen und ganz gelassenen Eindruck. Trotzdem bin ich überzeugt, zu wissen, wie es in ihm aussieht. Ein dritter Grenzposten taucht aus der Dunkelheit auf. Das Gewehr weiter im Anschlag, werden wir kurz und knapp nach dem Zweck unseres Hierseins gefragt. In mir flackert ein Fünkchen Hoffnung auf. Wohl nur eine kurze, routinemäßige Kontrolle. Äußerst bereitwillig erklären wir, im Urlaub zu sein und soeben noch einen Abendspaziergang unternommen zu haben. Warum wir noch nicht polizeilich gemeldet sind, ist die nächste Frage. Auch das können wir in Ruhe erklären. Die Frage macht mich stutzig, löst irgendein Warnsignal in mir aus. Meine Nerven sind zum Zerreißen gespannt. Ich zittere an allen Gliedern und habe die Hände in den Taschen des Anoraks, damit meine Unruhe wenigstens nicht bemerkt werden soll.

Da, wie ein Blitz die Aufforderung: »Öffnen Sie bitte den Kofferraum!« Ein kurzer Blick zwischen Dieter und mir. Er öffnet den Wagen, klappt den Rücksitz zurück, gibt dem einen Soldaten einen kurzen Blick in den Kofferraum frei. Dieser ist bis über die Hälfte ausgefüllt, alle Gegenstände mit einer Plane abgedeckt. Meine allerletzte Hoffnung, der Soldat möge die

Plane nicht anheben, schwindet in Sekundenschnelle. Er hebt sie
an! Darunter, nun für alle deutlich sichtbar, kommen die zu-
sammengelegten Boote und die Ruder zum Vorschein. Hätten
wir die Sachen doch nie im Auto gelassen! Aus, vorbei. Eine
kurze Zeitspanne großer Ruhe.

Danach: »Sie haben Schwimmittel im Auto. Dies ist an der
Küste verboten. Betrachten Sie sich vorläufig als festgenommen,
setzen Sie sich ins Fahrzeug und verhalten Sie sich ruhig. Zur
weiteren Klärung des Sachverhaltes werden wir unsere vorgesetzte Dienststelle benachrichtigen. Sie warten so lange hier.
Unternehmen Sie nichts Unüberlegtes und versuchen Sie nicht,
den Posten mit Gesprächen zu belegen. Die Zündschlüssel geben Sie bitte mir.«

Im Auto finden wir wieder zu uns. Die Gedanken arbeiten
fieberhaft. Vor uns im Gras, gerade noch im Scheinwerferkegel,
sitzt der zurückgebliebene Posten. Gewehr im Anschlag. Dieters
erste Worte: »Wenn ich den Wagen wenigstens gleich gewendet
hätte! Ich habe ja noch die Reserveschlüssel!« Es nützt nichts,
wir sitzen fest. Darüber nachzudenken dürfte sinnlos sein. Ha-
stig flüsternd einigen wir uns, auf keinen Fall unsere Fluchtab-
sicht zuzugeben, zumal wir unseren Plan ja gerade aufgegeben
hatten. Das darf nicht sein, daß uns hier noch etwas zum Verhängnis wird! Wir sind im Moment zu allem entschlossen. Die
Boote wollten wir anschließend an unseren Urlaub noch bei Bekannten auf dem See benutzen. Ja, so müßte es gehen, so läßt
sich das mit den Booten erklären. Zum Glück haben wir tatsäch-
sich Bekannte an einem großen See. Dies alles ist in wenigen
Sekunden besprochen. Die Unruhe in uns wird allerdings davon nicht kleiner. Es ist ein verzweifelter Versuch, hier heil
rauszukommen. Wir zwingen uns den Gedanken auf, daß man
uns glauben und laufenlassen wird. Man kann uns ja nichts
nachweisen!

Es ist ein verzweifelter Versuch, etwas abzuwenden, von dem
wir bereits dunkel ahnen, daß es auf uns zukommt.

»Um Himmels willen, der Kompaß!« Mir ist eingefallen, daß
wir ja den selbstgebauten Kreiselkompaß auf dem Rücksitz unter dem Kissen haben. So unauffällig wie möglich angelt Dieter
ihn vor, ich stopfe ihn mir unter die Jacke zwischen den Hosen-
bund. Wir suchen nach einer Möglichkeit, ihn schnellstens ver-

schwinden zu lassen. Sein Vorhandensein könnten wir nicht so leicht verharmlosen.

Ich öffne vorsichtig die Wagentüre, ganz sachte, um ja nicht den Posten aufzuregen und frage ihn liebenswürdig, ob ich nicht schnell mal in den Büschen verschwinden könnte. Er hat nichts dagegen, auf den Schreck hin findet er das wohl normal. Außer Sichtweite schleudere ich den Kompaß so weit ich nur kann ins meterhohe Unkraut. Etwas erleichtert kehre ich zurück. Das dürfte noch mal gut gegangen sein. Im Auto sagen wir uns nur nochmals: »Nichts zugeben! Auf gar keinen Fall!« Dieter legt beruhigend seine Hand auf meine. Er hat die besseren Nerven. Wenigstens nach außen. Wie weit es mit seiner Hoffnung, hier heil rauszukommen, wirklich bestellt ist, weiß ich nicht. Aber seine Ruhe beruhigt auch mich etwas.

Die Minuten kommen uns wie Stunden vor. Dabei sind kaum 15 Minuten vergangen, als ein großer LKW und zwei Personenwagen auf den Parkplatz einbiegen. Sie wenden, halten direkt vor, hinter und neben uns. Zwei Soldaten springen vom LKW, drei Männer in Zivil fordern uns zum Aussteigen auf. Die üblichen Fragen, warum wir hier sind, warum um diese Zeit, warum nicht angemeldet, warum die Schwimmaterialien. Man hat das drückende Gefühl, alle diese Fragen sind nur eine lästige Pflichtübung. Unsere Antworten interessieren überhaupt nicht. Kurz und knapp wird uns gesagt: »Sie sind festgenommen.« Auf unsere Frage nach dem Grund – »Fluchtversuch. Sie wollten doch versuchen, die DDR auf illegalem Wege zu verlassen.«

Dann geht alles den Gang einer wohlfunktionierenden Maschinerie. Getrennt werden wir unter Bewachung auf das nächstliegende Polizeirevier gefahren und einem ersten Verhör unterzogen. Mehrere uniformierte Männer stellen eine Frage nach der anderen, ein Korvettenkapitän nimmt so etwas wie ein Protokoll auf. Wir können uns nicht einigen. Er erwartet wohl von mir ein völliges Geständnis in seinem Sinne, ich jedoch streite mit aller Verbissenheit jede seiner Anschuldigungen ab. Als er merkt, daß er nicht zu seinem Ziel kommt, fängt er an zu brüllen. Auch damit kommt er nicht weiter, ich bleibe fest bei dem, was wir mit Dieter schnell noch abgesprochen hatten – Urlaub mit anschließendem Ausprobieren der Boote bei Freunden. Er diskutiert, brüllt. Als sich an meiner Aussage nichts ändert, wird er beleidigend. Meine Papiere hat er inzwischen durchgesehen, also weiß er über meine Person Bescheid. »Und Sie wollen Lehrerin sein? Es ist eine Schande, wem man hier die Kinder anvertraut hat! Ein Glück, daß mein Junge nicht in Ihrer Klasse ist!« »Ja, da bin ich auch froh!«, bekomme ich von mir zur Antwort. Langsam reicht es mir und ich sage ihm noch äußerst ruhig, aber bestimmt, daß ich überhaupt nichts mehr sagen werde, wenn er mit seinem Gebrüll und solchen Beleidigungen nicht sofort aufhört. Daraufhin werde ich erst einmal richtig angebrüllt, was ich mir einbilde, ich werde schon noch sehen, wie es hier langgeht. Dann weiß er anscheinend nicht recht weiter, er setzt sich erst einmal hin und schreibt etwas. Stille. Jetzt bemerke ich aus einem anliegenden Raum laute Diskussionen, auch da wird nicht leiser verfahren. Ich denke mir mein Teil. Danach Ruhe, direkt auffallend. Kurz darauf wird die Tür zu unserem Raum von außen geöffnet, ich sehe Dieter, leichenblaß, er sagt: »Tina, es hat keinen Zweck mehr, ich habe alles zugegeben.« Ich habe ihn noch nie so gesehen. Er gibt so schnell nicht auf, er weiß, was auf dem Spiel steht. Wenn er das sagt, muß er seine Gründe haben, das ist mir klar. Mehr weiß ich nicht. Ein Posten bedeutet Dieter, zu gehen, er dreht sich um, und die Tür wird geschlossen.

Aus! – In mir ist ohnmächtige Wut und Verzweiflung. Was kommt hier bloß auf uns zu! Man kann uns doch wegen einer Sache, die wir noch gar nicht getan haben und von der wir gerade wieder Abstand genommen hatten, nicht festnehmen. Das sind meine Gedanken. Und doch, es ändert sich nichts.

Ein neues Protokoll wird aufgenommen. Ich betone immer wieder, daß wir von unserem ursprünglichen Vorhaben Abstand genommen hatten. Dies wird zwar aufgeschrieben, aber es ändert nichts. Wir bleiben vorläufig festgenommen. Es genügt das Vorhandensein der Boote und bereits der Gedanke an ein Verlassen der DDR. Bereits das ist strafbar.

Auf dem langen Flur begegne ich Dieter. Er muß unser gesamtes Gepäck auspacken. Alles liegt auf dem Gang verstreut herum, unzählige Beamte und Wachtposten steigen darauf und darüber und machen ihre Witze. Es ist Feiertag, dazu nach 22 Uhr, so sieht man dies als eine willkommene Abwechslung im Dienst an. »Na, wann werden Sie die Sachen wieder anziehen können«, mit unüberhörbarem Unterton bekomme ich es von irgendjemand im Vorbeigehen gesagt. Ich schaue gar nicht hin. »Bestimmt recht bald«, antworte ich so kalt wie möglich. Nur nicht unterkriegen lassen, es braucht wenigstens keiner zu merken, wie jämmerlich mir zumute ist. Von denen keiner!

Als ich an Dieter vorbeigeführt werde, sage ich, »ich muß die Kinder holen!« Er nickt. Wir schauen uns an. Jeder sucht im Blick des anderen einen Funken Hoffnung zu erkennen. Dieter lächelt mir zu, ich lache ihn ebenfalls an, so gut ich es fertigbringe. Für die Gaffer auf beiden Seiten. In mir ist eine ohnmächtige Wut. Dann bin ich mit den Posten schon unten am Auto. Wir fahren zu unserem Urlaubsquartier.

22 Uhr, dreißig Minuten. Die Kinder schlafen fest, ich muß sie wecken. Barbara begreift die Stuation sofort, als sie die beiden Soldaten mit dem Gewehr im Zimmer sieht. Sie wird blaß und zittert am ganzen Körper. Ich versuche sie mit nichtssagenden Worten zu beruhigen. Dann zieht sie sich an und hilft mir, ihren Bruder anzuziehen. Thomas ist verschlafen. Die Angst ist ihm am Gesicht abzulesen, aber er sagt keinen Ton. Mit dem erstaunlich sicheren Instinkt des Kindes hat er sofort begriffen, daß da etwas Schlimmes passiert sein muß. Die beiden Soldaten schauen in beiden Zimmern in jede Ritze, ich packe inzwischen in Windeseile unsere restlichen Sachen ein. Lebensmittel, Kleidungsstücke und Decken. Beide Kinder sitzen auf dem Bett, Barbara hat den Arm um ihren Bruder gelegt, sie flüstert mit ihm. Als ich vorbeikomme, sehen mich beide aus großen, dunklen Augen ängstlich und hilflos an. Ich kann nicht mehr hinsehen, ich drehe mich um. Nur die Kinder nicht sehen lassen, wie es um mich steht.

Unsere Wirtin ist inzwischen geweckt worden. Sie spricht nicht viel. Im langen weißen Nachthemd steht sie in der Tür, und das Mitleid ist ihr im Gesicht abzulesen.

Endlich habe ich alles zusammen. Es ist inzwischen fast Mitternacht geworden. Wir fahren wieder zurück. Vorn im Auto die beiden Posten, auf den hinteren Sitzen wir. Thomas sitzt zwischen Barbara und mir, schrecklich klein und hilflos mit seinen drei Jahren. Ich habe den Arm um ihn gelegt und muß ihn immer wieder anschauen, weil er nur nach unten schaut und keinen Ton von sich gibt.

Dann bricht es aus ihm heraus. Er weint und schluchzt, wie ich es noch nie von ihm gehört habe. »Jetzt muß Mutti und Vati ins Gefängnis«, nur dieser eine Satz. Und er schluchzt, daß es ihn schüttelt. Es ist furchtbar, was soll ich ihm sagen? Barbara muß mit ihm darüber gesprochen haben. Und ich kann dem kleinen Kerl nicht helfen, das ist das Schlimmste. Ich kann ihn nur fest im Arm halten.

Die beiden Posten schauen mit unbewegten Gesichtern nach vorn, in die Nacht hinaus. Wir fahren.

Man bringt uns in irgendeine Polizeistation, es ist dunkel, als wir aussteigen, und ich kann nichts weiter erkennen. Dann werden wir die Treppen hinunter geführt in einen vergitterten Raum im Keller. Ein paar Tische und einige Stühle befinden sich darin, weiter nichts. Mein Handgepäck darf ich behalten, das andere wird mir vor der Tür abgenommen.

Ich sitze mit beiden Kindern an einem der Tische, Thomas auf meinem Schoß, Barbara neben mir. Uns gegenüber ein Wachtposten, das Gewehr vor sich auf den Knien. Beide Kinder weinen leise vor sich hin, ich beherrsche mich mit äußerster Kraft und versuche sie zu beruhigen. Es ist vollkommen vergeblich, aber ich versuche es immer wieder. So sitzen wir und warten. Die Zeit vergeht einfach nicht, ich habe das Gefühl, als würde diese Nacht nie zu Ende gehen.

Ich hoffe immer noch, am nächsten Morgen freigelassen zu werden. Es ist meine letzte, ganze Hoffnung, und daran klammere ich mich. Die Stunden schleichen. Nach reichlich vier Stunden bringt ein Soldat eine dreiteilige Matratze in den Raum und eine Decke dazu. Ich soll die Kinder hinlegen. Wie großzügig, man denkt endlich einmal an die Kinder. Er bemerkt, mit welcher kalten Verachtung ich ihn mustere, und verläßt auffällig schnell das Zimmmer. Ich überrede Thomas und Barbara, sich auf die nackte Matratze zu legen und ein Schläfchen zu versuchen. Die Matratze ist für beide Kinder so eng, daß sie ständig Mühe haben, nicht herunterzukullern. Endlich siegt die Müdigkeit, vollkommen erschöpft schlafen sie ein. Ich lege den Kopf auf die Arme und versuche, auf dem Tisch ein paar Augenblicke zu schlafen. Es wird nichts, ich bin viel zu aufgeregt, und die Nerven sind zum Zerreißen angespannt.

Dann decke ich die Kinder mit unseren Jacken zu, damit sie

wenigstens etwas warm liegen. Nach einer reichlichen Stunde wacht Thomas auf, dreht sich herum, und ehe ich es verhindern kann, hat er Barbara von der Matratze geschoben. Nun sind beide wieder hellwach und kommen zu mir an den Tisch zurück. Das Warten beginnt von neuem. Es ist die längste Nacht meines Lebens und die furchtbarste zugleich. Und sie nimmt und nimmt kein Ende.

Durch die Gitterstäbe an den Fenstern beginnt der Morgen zu dämmern. Plötzlich fällt mir auf, daß Barbara erschreckend rot und fiebrig aussieht, sie glüht richtig. Das Waschzeug habe ich noch bei mir, darin befindet sich das Fieberthermometer. Barbara hat knapp über 39 Grad. Ich wende mich sofort an den Posten, der uns ständig bewacht, und verlange, mit dem Kind nach Hause gebracht zu werden. Der Soldat schaut mich ratlos an, verläßt dann für einige Augenblicke das Zimmer. Er kommt wieder in Begleitung eines älteren Postens. Der versichert mir, mit einem Blick auf das Mädchen, daß spätestens um neun Uhr früh ein Arzt da sein werde.

Dann warten wir wieder. Noch drei Stunden. Jetzt halte ich beide Kinder im Arm, Barbara schüttelt es vor Fieber, Thomas sinkt der Kopf vor Müdigkeit ständig auf die Brust, und er hat Mühe, ihn wieder hochzuholen.

Auch diese drei Stunden vergehen schließlich. Erstaunlich pünktlich werde ich mit den Kindern zum Arzt gerufen. Der Posten begleitet uns und wartet vor der Tür. Die junge Ärztin ist sehr nett und freundlich zu uns. Flüsternd erkundigt sie sich bei mir, warum wir hier sind. Ich habe sofort Vertrauen zu ihr und sage es ihr mit ein paar Worten. Sie schaut uns mitleidig an und flüstert: »Ich würde Ihnen gern helfen, wenn ich nur wüßte, wie. Es wird schlimm für Sie werden.« Der Posten schaut durch die Tür. Sofort spricht sie wieder belanglose Sachen mit uns und untersucht auch noch Thomas. Dann stellt sie zwei Scheine aus, einen Überweisungsschein für Barbara in das Kinderkrankenhaus und einen für Thomas in ein Kinderheim. Fassungslos starre ich sie an. Dann begreife ich und begrabe meinen letzten Funken Hoffnung. Aus. – Man nimmt mir die Kinder. In mir ist ein namenloser Haß, und der läßt mich kalt werden. Ich bemühe mich jetzt nur noch, es den beiden Kindern so leicht wie möglich zu machen und sage ihnen, daß ich hoffe, sie bald wieder holen zu können. Bald – für die Kinder im Moment der einzige Trost, und sie glauben mir. Ich ahne, daß es nicht bald sein wird, aber ich belüge sie, um es ihnen so leicht wie möglich zu machen. Sie lassen sich auch ein wenig beruhigen und fügen sich in das Unabänderliche. Thomas' letzte Frage ist: »Du holst mich doch wirklich bald, Mutti?« Ich nicke nur und halte verzweifelt die Tränen zurück. Barbara drückt sich an mich, als gelte es einen Abschied für immer. Dann bringt man noch für Minuten Dieter zu uns in das Zimmer, damit sich die Kinder von ihm verabschieden können. Es geht nun alles sehr schnell. Ein Herr von der Jugendhilfe holt beide Kinder ab, und Hand in Hand gehen sie mit, sich immer wieder umschauend. Ich bin froh, als sie mich nicht mehr sehen können. Dann ist es mit meiner Beherrschung vorbei. Ich kann einfach nicht mehr. Die Tränen laufen, ohne daß ich etwas dagegen tun kann. Man ignoriert dies stillschweigend. Jetzt beginnt geschäftige Betriebsamkeit.

Ich muß zur Leibesvisitation, dann nimmt man mir Geld und Papiere ab, und ich muß die ordnungsgemäße Übergabe unterzeichnen. Danach sortiere ich sämtliche Kinderkleidung aus. Unsere restlichen Sachen werden weggeholt, ich behalte lediglich das, was ich auf dem Leibe habe. Immer neue Gesichter beginnen Ihre Tätigkeit, ein Verhör löst das andere ab. Ständig neue Zimmer, neue Gesichter, neue Verhöre, neue Protokolle. Ab und zu sehe ich auf dem Gang für Sekunden Dieter, der auch von einem Zimmer in das nächste geführt wird. Dann Vorstellung beim Haftrichter und Verlesung des Haftbefehls. Nachdem man mir wortlos unseren Kompaß auf den Tisch gelegt hat, bin ich geschafft. Ich gebe alles zu, betone aber immer wieder unsere Entschlossenheit, nach Hause zurückzukehren. Das kann mir zwar keiner widerlegen und jeder schreibt es ins Protokoll, aber es nützt rein nichts. Immer die gleichen Fragen, gipfelnd in der einen: »Warum wollten Sie die Republik verlassen?« Was soll man darauf antworten.

Gegen Mittag sind die Verhöre abgeschlossen. Ich bekomme Mittagessen vorgesetzt, Kartoffeln und Soße. Neben mir ißt der Wachtposten das gleiche, aber mit einem großen Stück Fleisch und Gemüse. Aus Protest esse ich keinen Bissen.

Nach zwei Stunden weiterer Wartezeit auf einem Gang wird mir mitgeteilt: »Sie werden jetzt mit einem Pkw in das nächstliegende Untersuchungsgefängnis gebracht. Sie sitzen auf dem Rücksitz, Ihr Mann ebenfalls, zwischen Ihnen ein Posten. Wir wollen ihnen hiermit Gelegenheit geben, sich mit Ihrem Mann über das Anschreiben eines Rechtsanwaltes zu einigen. Nur über dieses Thema bitte, keine weitere Unterhaltung, sonst wird das Gespräch sofort abgebrochen!« Ich bin froh, Dieter noch einmal sehen zu dürfen. Eine weitere Stunde vergeht. Dann fordert mich ein Posten auf, mitzukommen. Auf dem Hof steht ein Auto – die Grüne Minna! Ich bin entsetzt. Mir bleibt jedoch keine Zeit zu Fragen. Ehe ich mich recht besinne, sitze ich in einem winzig kleinen Blechkasten, in dem es stockdunkel ist. Der Posten schließt ab, ich höre an seinen Schritten, daß er sich entfernt. Da höre ich Dieter rufen, also ist er auch schon hier. Ich antworte, aber ich muß mit äußerster Kraft schreien, damit er mich überhaupt versteht. Wahrscheinlich kann man unser Gerufe draußen ebenfalls hören, es ist mir gleichgültig. Dieter fragt, was ich ausgesagt habe. Die Verständigung ist miserabel, jeden Satz müssen wir mehrmals brüllen. Ich bekomme mit Mühe so viel mit, daß auch er immer wieder betont hat, wir wollten heim. Dabei wollen wir bleiben. Er ruft mir noch herüber, wir könnten mit Haft bis zu anderthalb Jahren rechnen. Ein Posten hat es ihm heimlich gesagt. Meine Zuversicht sinkt auf den Nullpunkt. Mitten in unserem Gerufe wird an die Blechtür gedonnert und ein kräftiges »Ruhe« gebrüllt. Erschrocken sind wir still, wir wollen uns nicht noch unnötige Schwierigkeiten einhandeln. Jetzt wird der Motor angelassen, und wir fahren. Es beginnt ein unerträgliches Getöse, als wollte das ganze Blechgebilde zusammenfallen. An eine Verständigung mit Dieter ist nicht mehr zu denken. Gut, daß dieses Käferchen so klein ist, denn ich werde von einer Ecke zur andern geschleudert und dies wird dadurch erheblich eingeschränkt. Wie weit kann man schon fallen, wenn man mit Knien und Ellbogen im Sitzen die anliegenden Wände berührt! An Stehen ist gar nicht zu denken. Wir fahren ewig, jedenfalls kommt es mir so vor. Irgendwie wird mir die Luft knapp, es ist ein Gefühl, als müßte man bald ersticken. Aber auch daran gewöhne ich mich. Nach einer endlos langen Zeit halten wir, ich höre, wie zuerst Dieter herausgelassen wird, dann komme ich an die Reihe. Ein kurzer Rundblick zeigt mir den winzigen Vorhof eines Gefängnisses, es muß nun alles so schnell gehen, daß ich gar nichts weiter mitbekomme. Hintereinander werden wir hineingeführt, an einer Art Pförtnerloge bleiben wir stehen. Während der Posten irgend etwas mit dem Pförtner regelt, schauen wir uns an. Unsere Blicke sagen mehr, als je ein Außenstehender hineinlegen könnte. Nur Sekunden der stummen Zwiesprache sind uns vergönnt, dann brüllt der Posten: »Was fällt Ihnen ein! Gesicht zur Wand!«

Schluß, aus, vorbei. Ich werde weggeführt, Dieter bleibt zurück, Gesicht zur Wand. Mein Weg endet in Zelle Nummer dreizehn, auf einer alten Matratze.

Im Unterbewußtsein höre ich eine Männerstimme, die in unheimlicher Lautstärke »Aufstehen« ruft. Darauf folgt im ganzen Haus ein Poltern und Bumsen, welches ich nicht zu deuten weiß. Aber ich bin nun sofort hellwach und in der Gegenwart. Der Gefängnisalltag beginnt. Jeden Tag der gleiche Ablauf. Wecken, Waschen, Zählappell, Frühstück – Warten. Im Laufe des Vormittages ein kurzer Rundgang mit Gymnastik auf dem Hof. Warten. Mittagessen. Wieder Sitzen und Warten. Am frühen Nachmittag Austeilen des Abendbrotes, dann wieder warten. Abendbrot. Fertigmachen zur Nachtruhe, waschen, Zählappell und Nachteinschluß.

Die ersten Tage meines Hierseins sind für mich noch ein wenig abwechslungsreicher, ich werde täglich mehrmals aus der Zelle geholt. Für Anita und die beiden Karins ist das in gewissem Sinne auch eine Abwechslung, denn wenn ich rausgeholt werde, sagt das Wachpersonal nie, wohin es geht. So raten sie in der Zeit meiner Abwesenheit, wo ich sein könnte, und wenn ich zurück bin, freuen sie sich, wenn ich was erzähle. Auch wenn es nur die Uhrzeit ist, die ich irgendwo aufgeschnappt habe. So werde ich am ersten Tag in einem Aufnahmegspräch von der Hausordnung in Kenntnis gesetzt. Ich habe keine Verbindung zu anderen Mitgefangenen aufzunehmen, nicht zu klopfen, nicht aus dem Fenster oder durch das Toilettenrohr zu rufen und und und . . . Endlose Belehrung. Dann unterschreibe ich. Fertig.

In den ersten Tagen folgen nochmals mehrere Verhöre, immer wieder mit den gleichen Fragen. Ein Oberstleutnant versucht mit Engelsgeduld aus mir herauszubekommen, ob hinter unserer Fluchtvorbereitung nicht doch eine ganze Gruppe von

Leuten steht. Außerdem interessiert er sich sehr für unsere Verbindungen in das »andere Deutschland«, wie er es ausdrückt. Ich muß ihn auf der ganzen Linie enttäuschen, kein Menschenhändlerring, keine unsauberen Verbindungen. Er fragt immer wieder danach, geschickt auf ständig neue Arten. Endlich merkt er, daß da wohl nichts anderes mehr zu erfahren ist. Er teilt mir das Ergebnis einer Durchsuchung unserer Leipziger Wohnung mit. Null Komma Nichts. Na, bitte.

Langsam scheint mir der Oberstleutnant doch zu glauben, zumal er plötzlich im Gespräch durchblicken läßt, von Dieter im wesentlichen die gleichen Antworten erhalten zu haben. Er unterhält sich mit mir vom ersten Tag an freundlich, gelöst und ohne zu brüllen. Schließlich kommt er auf die Gründe für unseren Schritt zu sprechen. Ja, was soll ich ihm dazu sagen. Wie ich bemerke, interessiert ihn dies mehr privat, denn es ist niemand im Raum, der protokolliert. Natürlich weiß ich nicht, ob irgendwo ein Tonband angestellt ist, aber es ist besser, man rechnet mit allem. So bleibe ich äußerst zurückhaltend. Er würde mich doch nie verstehen. Und wenn so etwas wie Verständnis da wäre, würde er es nie zugeben. Ich kann ihm nicht sagen, wie maßlos satt wir alles hatten. Wie aufreibend es ist, mit drei Personen sechs Jahre lang in anderthalb Zimmern zu hausen und dabei noch ein Fernstudium durchzustehen. Oder dann zu viert. Und doch, warum eigentlich nicht? Was habe ich denn zu verlieren? So erzähle ich es ihm, nüchtern und voll Bitterkeit. Wie es ist, wenn man trotz dieser unhaltbaren Zustände nicht einmal eine Baugenehmigung zum Anbauen erhält. Jahrelang ohne Bad, Toilette über den Hof im Schuppen. Wie wir dann aus Verzweiflung einfach schwarz anbauten und uns restlos verausgabten. Mit Schmiergeldern! Ohne die hätten wir keinen Stein, keinen Zement und keine Fuhre Sand bekommen. Wie wir ständig aus der Hand in den Mund lebten. Wie wir die Kinder von klein auf weggaben, Kinderkrippe, Kindergarten, Kinderhort, nur damit ich mitverdienen konnte? Ist denn das normal? Ist das noch ein Familienleben?

Und dann soll ich überzeugt sein von dem einzig richtigen Weg dieses Staates? Wo alles nur auf dem Papier steht? Ob er verstehen kann, daß wir es restlos satt hatten, vom Fortschritt und von den Rechten und Errungenschaften der Werktätigen nur auf dem Papier zu lesen? Wo man mir schon mit Kündigung drohte, weil ich einmal zum ersten Mai nicht marschieren war, sondern mich ausgeschlafen hatte? Jetzt ist mir alles gleichgültig. Einmal im Reden, lege ich ihm Fakt für Fakt auf den Tisch. Daß wir es satt hatten, satt bis oben hin. Monatelang für einen neuen Mantel sparen und Überstunden noch und noch, um die Kohlen für den Winter zu bezahlen. Mit der richtigen Parteizugehörigkeit wären wir vielleicht weiter gekommen. Aber so? Trotz einwandfreier Arbeit gab man mir keinerlei Möglichkeit, weiterzukommen. Eine Einwilligung zum Zusatzfernstudium wurde von der Schule nicht erteilt. Da kamen eben zuerst die Genossen dran, und dann sind ja solche Plätze äußerst beschränkt. Wie kann man da jemand delegieren, der sogar noch an einen Gott glaubt? Das war in meinem Beruf hier sowieso unverzeihlich und wurde mir ständig unter die Nase gehalten. Einmal Fehlen im Parteilehrjahr bedeutet Vorladung zur Direktion. Und, und, und . . . Ich bin mächtig in Fahrt, ich könnte ihm Bände erzählen. Bin ich vielleicht schon zu weit gegangen? Aber ist es denn ein Verbrechen, wenn man sich nach einem normalen Familienleben sehnt, nach einer angemessenen Wohnung, nach einem ausreichenden Verdienst und einer Arbeit ohne Zwang und Druck?

Der Oberstleutnant verhält sich mächtig reserviert und vorsichtig. Das sind ja alles Schwierigkeiten, die man hätte beheben können. Mit etwas Geduld und Vertrauen. Warum wir denn nichts weiter unternommen hätten, sondern auf diesen Ausweg verfallen seien.

Ich gebe es auf. Es hat keinen Zweck, wir reden aneinander vorbei. Ich spüre, daß er alles im Innersten versteht aber nicht verstehen darf, daß es bei ihm und allen anderen, die hier sitzen, keine Entschuldigung für unseren verzweifelten Schritt geben wird. Und ich ärgere mich über mich selbst, ihm soweit vertraut zu haben. Er ist auch jetzt nicht unfreundlich, aber er gibt mir das rein Private dieses Gespräches zu verstehen. Er wird mit unserer Verhandlung nicht mehr das geringste zu tun haben. Wir werden in unsere Heimatstadt überführt werden, und da ist er nicht zuständig. Die Ermittlungen, die er führen mußte, sind abgeschlossen. Nach dem fünften Verhör werde ich vorerst nicht wieder zu ihm gebracht.

Fast bedaure ich dies ein bißchen, es war doch im gewissen Sinne eine Abwechslung. So füge ich mich in den allgemeinen Trott schneller ein, als ich das für möglich gehalten hätte. Zweimal werde ich noch herausgeholt. Zum Röntgen. Wir fahren wieder mit der »Minna«, drei Frauen, ein paar Männer, die wir nicht zu sehen bekommen. Ich weiß hundertprozentig, daß Dieter mit ist, aber ich bekomme ihn nicht zu Gesicht. An heimliche Verständigung ist nicht zu denken, eine junge Wachtmeisterin paßt gut auf. Es ist wie verhext, auch im Gefängnisgebäude bekomme ich ihn nicht einmal zu sehen. Es ist alles unwahrscheinlich gut durchorganisiert. Ich werde zum Arzt gebracht, Routineuntersuchung. Immerhin erreiche ich, wegen einer kürzlich überstandenen schweren Krankheit, eine Bescheinigung für Schonkost zu bekommen. Der Arzt mein lakonisch: »Das wird gehen, da ist noch einer, der Schonkost erhält. Ich gebe der Küche Bescheid.« Auf dem Tisch erspähe ich einen Zettel mit Namen. Heimlich entziffere ich einige. Es sind die Namen der Neuzugänge, die untersucht werden müssen. Hinter meinem Namen lese ich Dieters. Das ist alles, was an seine Gegenwart erinnert.

Die ersten fünf Tage kämpfe ich buchstäblich darum, meinen eigenen Kamm und einen zweiten Waschlappen zu bekommen. Jedes Mal, wenn ich bei einer kurzen Öffnung der Tür danach frage, bekomme ich zur Antwort: »Ihr Gepäck ist noch nicht freigegeben, aber wir werden das regeln.« Fünf Tage muß ich Anitas Kamm mitbenutzen und mit einem Waschlappen auskommen, dann wird mir endlich gestattet, aus unserem Gepäck das Entsprechende rauszusuchen. Ich möchte auch noch neue Wäsche sowie Pullover und Hose zum Wechseln mitnehmen, denn meine Sachen sehen schon grau in grau aus. Es wird mir nicht gestattet, denn die Genehmigung gilt nur für Kamm und Waschlappen. Man wird sich darum kümmern. Dieses Kümmern dauert vierzehn Tage. In den Tagen begreife ich, warum Anita in ihrem blaugeblümten Kleid so unheimlich schlampig aussieht. Ihr geht es wie mir – sie hat nichts zum Wechseln. Die beiden Karins bekommen frische Sachen in regelmäßigen Abständen gebracht. Um Anita kümmert sich keiner, und um mich will man sich noch kümmern. Dabei ist keiner von uns beiden im Vorteil. Am vierzehnten Tag haben wir endlich beide das gleiche Glück, Anita bekommt frische Kleidung gebracht, die ihr Verlobter an der Pforte abgeben durfte, und ich werde aus der Zelle geholt. Diesmal mit der Ankündigung: »Zur Kleiderkammer.« »Muttchen« hat wieder Dienst und läuft mit bekannter Gesprächigkeit hinter mir her.

»Unterstes Stockwerk, letzte Tür links«, lautet die Anweisung. Ich habe inzwischen in der Zelle sämtliche Dienstgrade auswendig gelernt, wie es verlangt wird und melde mich vorschriftsmäßig beim Eintreten an. »Herr Meister, Inhaftierte Siegert meldet sich zur Kammer!« Unser gesamtes Reisegepäck liegt durchwühlt und zerstreut auf Decken, die auf dem Fußboden ausgebreitet sind. Muttchen wird redselig und gestattet mir, das Nötigste aus meinen Sachen rauszusuchen. Dabei wacht sie mit Argusaugen über jedes Stück, das ich aufhebe. Manches nimmt sie sogar noch in die Hand und prüft, ob ich nicht etwas darin versteckt habe. Ich bin wütend auf sie, warum mußte ich ausgerechnet mit ihr zur Kammer gehen! Anderes Personal wäre bestimmt weniger kleinlich gewesen. Ich kämpfe um jeden Schlüpfer und um jeden Pulli. Vier Schlüpfer, drei Pullis, eine Strumpfhose und ein Päckchen Papiertaschentücher habe ich ihr endlich abgerungen. Dazu noch Hautcreme, Zahnpasta, zwei Hemden und eine lange Hose. Es ist dies das Allernotwendigste, denn Waschen der Sachen ist ja nicht gestattet und frische werde ich nicht bekommen. Muttchen bleibt unerbittlich. Als sie sich umdreht, um die Liste zu unterschreiben, schiebt mir der Meister schnell und heimlich noch ein Päckchen Taschentücher, eine Strumpfhose und einen Pulli unter die anderen Sachen. Er grinst und zwinkert mir zu, und ich freue mich, den alten Drachen wenigstens einmal überlistet zu haben. Als sich Muttchen wieder umdreht, kann sie auch nicht das geringste mehr bemerken. Danach muß ich unsere Sachen noch auf Vollständigkeit kontrollieren, was gar nicht so einfach ist, da ich nicht mehr alles weiß, was wir mithatten. Einiges ist ja auch schon bei unserer Festnahme zurückbehalten worden, ich sehe nicht mehr durch. Dann erfahre ich, daß unsere Sachen jetzt in Kartons verpackt und an unsere Verwandten geschickt werden. Na, da wird Freude sein, wenn das Durcheinander ausgepackt wird. Ich nehme es zur Kenntnis. Als ich mich gerade wieder abmelden will und in der Tür stehe – Muttchen ist schon draußen – sagt der Meister ganz leise und wie beiläufig: »Schönen Gruß von Ihrem Mann! Er war vor Ihnen da. Sie sollen den Kopf hoch halten!« Und gleich hinterher laut: »Danke, Sie können gehen!«

Damit sind die Zeiten, in denen ich die Zelle hin und wieder verlassen konnte, vorbei. Es gibt nur wenig Abwechslungen im täglichen Einerlei. Das Frühstück ist täglich mehr als dürftig, trocken Brot, Marmelade und schwarzer Kaffee. Da die Margarine für das Frühstück vom Abendbrot zurückbehalten werden soll, haben wir früh nie welche. Es geht auch so. Das einzige, was wir reichlich bekommen können, ist Brot. So lassen wir uns immer mehr geben, und wer im Laufe des Tages Hunger bekommt, holt sich aus dem Schränkchen eine trockene Schnitte. In das Schränkchen haben wir jetzt auch noch Anitas und meine Sachen einräumen müssen. Erstaunlich, was alles möglich ist. Nach dem Frühstück können wir regelmäßig hören, wie die Männer im Hof ihren Rundgang haben. Einer kommandiert die Gymnastik, alles dringt bis zu uns hoch. Danach sind wir dran. Der Hof ist relativ klein, von einer hohen Mauer mit Stacheldraht darauf umgeben. An den Ecken Wachttürme mit Posten. Wir müssen im Gänsemarsch mit großen Abständen immer um ein rund angelegtes Blumenbeet laufen. Meistens sind wir vierzehn Frauen, mal dreizehn, mal zwölf. Mehr nie. In Kürze kenne ich alle und weiß von vielen, warum sie hier sind. Seltsam, es ist verboten, während des Rundganges auch nur ein Wort zu sprechen, und doch weiß in kurzer Zeit jeder über jeden Bescheid. Da ist eine Schneiderin wegen irgend einer Geldgeschichte. Sie darf sich im Haus öfter frei bewegen, weil sie für das Personal näht. Inoffiziell natürlich. Dann ein paar junge Mädchen wegen asozialen Verhaltens. Freund gehabt, nicht gearbeitet, also rein in den Knast. Nette Dinger auf den ersten Blick. Eine Oma, die immer dann ihre Strümpfe festmacht, wenn ein Posten herschaut. Sie lächelt dann verschämt. Erzählt wird, daß sie ihren Mann mit dem Feuerhaken erschlagen haben soll. Sie selbst behauptet täglich neu und laut, er ist mit dem Kopf auf den Ofen aufgeschlagen. Nun ja, das Thema ist recht aufregend. Weiter ist da Anne-Katrin. Bildhübsch, jung, leitet die tägliche Gymnastik, die während des Rundganges zu machen ist. Ihr Verlobter ist auch hier. Sollen zusammen rund dreißigtausend Mark unterschlagen haben. Anne-Katrin und ihr Verlobter sind schon ein Vierteljahr hier im Untersuchungsgefängnis. Anne-Katrin ist beliebt und wird von den Meisterinnen ständig als ein Beispiel für Ordnung und Sauberkeit hingestellt. Mit ihr auf einer Zelle ist eine Studentin. Ihr Verlobter hat sie sitzen lassen, als sie ein Kind erwartete, da schickte sie ihm die Leiche des Babys mit der Post. Ich kann es zuerst nicht glauben und hoffe, es ist nur Getratsche, aber es stimmt. Wir haben eine ganz junge Frau Unterwachtmeister, wenn sie abends allein Dienst hat, unterhält sie sich manchmal mit uns. Das darf natürlich keiner wissen. Als die Studentin eines Tages nicht mehr beim Rundgang ist, erzählt sie uns abends flüsternd, daß sie zu sechs Jahren verurteilt worden ist und von der Staatssicherheit abgeholt wurde. Da kommen manchmal Langstrafer hin, sie müssen dort Hausdienste verrichten und haben es den Umständen entsprechend ganz gut.

So haben auch wir unsere Informationsquellen. Und ich stelle fest, daß ich es mit meinen Zimmergenossinnen wirklich nicht schlecht getroffen habe. Man kann miteinander auskommen. Nach den ersten Tagen des Kennenlernens erzählt Anita von sich. Drei Kinder, nach dem dritten Kind geschieden, weil sie ihrem Mann zu dick wurde. Danach noch ein Kind von ihrem Mann unterwegs, das sie zur Adoption freigibt. Anita muß arbeiten, um sich zu ernähren, zwei Kinder muß sie ins Heim geben, das größte behalten die Eltern. Sie lernt einen Mann kennen, lebt mit ihm, hat einen Unfall und geht nicht mehr arbeiten. Man will heiraten und dann alle drei Kinder zu sich nehmen. Als Anita gesund ist, sucht sie sich neue Arbeit. Vier Wochen arbeitet sie, da wird sie von der Polizei auf der Arbeitsstelle aufgesucht und mitgenommen. Warum? Arbeitsbummelei. Daß sie schon wieder arbeitete, spielt keine Rolle. Nach drei Wochen bekommt ihr Freund endlich mitgeteilt, wo sie ist und kann ihr Sachen bringen. Anita erzählt dies alles trocken und kaltschnäuzig, ihre Gefühle überspielend. Sie hat Sehnsucht nach ihren Kindern, aber sie gibt es nicht zu. Zuerst glaube ich ihr nur mit Vorbehalt. Ich denke, es ist nicht möglich, wegen so etwas in Haft zu kommen. Dann bekommt Anita ihre Anklageschrift. Wortlos gibt sie sie mir, nach einigem Zögern lese ich sie durch. Dies ist nicht erlaubt, aber wer hält sich schon daran. Ich lese und muß feststellen, daß es sich genauso verhält, wie

Anita erzählt hat. Das ist alles und deswegen muß sie vor Gericht. Ihre Verhandlung soll bald stattfinden. Ich bin überzeugt, daß sie Bewährung bekommen wird. Wir alle in der Zelle sind überzeugt davon.

Anita sitzt am Tisch und grinst. »Ich bin ein Assi.« Assi ist die Abkürzung für asoziales Verhalten, wie man das in Anitas Fall nennt. Gleich am ersten Tag gebrauchte sie das Wort und lachte, als ich verständnislos guckte. Inzwischen habe ich dazugelernt. Ich bin RF – Republikflucht. Wenn mir jetzt beim Rundgang jemand zuflüstert, warum ich hier bin, flüstere ich zurück: »RF.« Das geht schnell und lautlos und jeder weiß Bescheid. Wir rechnen mit jedem Tag, daß Anita ihre Vorladung erhält. Die Ungewißheit macht ihr mehr zu schaffen, als sie sich anmerken läßt.

Das Einerlei der Tage, dieses endlose Warten zermürbt einen restlos, zum Glück kommt es nie zu Streitereien. Wir lesen viel. Alle acht Tage ist Büchertausch. Jeder kann zwei Bücher erhalten. Somit haben wir acht Bücher in der Zelle, die ich in den acht Tagen stets auslese. Anita und die rote Karin nehmen nur meinetwegen zwei Bücher. Sie lesen nur langsam und nicht so viel. Ich lese, was ich kann, in jeder freien Minute. »Das Leben Lenins«, »Die Schneidereits«, was ich gerade in die Finger bekomme. »Karl Marx und sein Werk« und »Grusinische Volksmärchen«, Sachen, die ich sonst nie lesen würde. Hier bin ich froh, etwas zu haben, was mich vom Grübeln ablenkt und die endlosen Tage etwas schneller vergehen läßt. Karin Nummer zwei macht es genauso wie ich. Man hört sie selten sprechen, entweder sie sitzt auf ihrem Hocker und starrt vor sich hin oder sie liest. Anita und die rote Karin spielen Halma, jeden Tag unendliche Spiele. Sie kennen jeden Zug und spielen es schon im Schlaf. Aber sie spielen immer wieder. Andere Gesellschaftsspiele gibt es nicht.

Die rote Karin wird jetzt auffallend oft aus der Zelle geholt. In ihrer Abwesenheit erzählt mir Anita einmal, was das zu bedeuten hat. Karin hat sich selbst Geld überwiesen, auf den Scheinen die Summen verändert und so jede Woche aus fünfzig Mark fünfhundert werden lassen. Das vier Jahre lang, ehe der Schwindel aufflog. Mir unbegreiflich. Von dem Geld hat sie Lotto gespielt, fünfzig Scheine und mehr die Woche. Und natürlich jede

Menge gewonnen. Nun muß sie in regelmäßigen Abständen mal raus, die noch anfallenden Lottoscheine sortieren. Die Gewinne bekommt sie ja noch, aber es ist ein Tropfen auf den heißen Stein, wenn man die Summe schätzt, die sie sich vorher angeeignet hat. Eines Abends beginnt auch Karin zu erzählen. Sie bestätigt nur das, was wir von Anita schon wissen. Sie hat alles wegen eines Freundes gemacht, den sie um keinen Preis verlieren wollte. Jetzt besucht sie dieser Freund nicht einmal. Weiter spricht sie nicht darüber. Abends im Bett höre ich sie weinen. Sie hat zwei kleine Kinder bei ihrer Mutter.

So weiß jeder vom anderen, warum er hier ist. Nur die zweite Karin hüllt sich in Schweigen und beteiligt sich nicht an diesen Gesprächen. Wir nehmen daran keinen Anstoß und fragen nichts. Mit Anita spricht sie manchmal leise. Anita scheint auch zu wissen, warum sie hier ist. Von ihr erfahren wir nichts, aber es fragt auch keiner danach.

Das Mittagessen ist miserabel. Es wiederholt sich jede Woche, so wissen wir schon immer vorher, was es gibt. Viermal irgendwelchen Eintopf, wasserklar und mit winzig kleinen Fleischstückchen darin. Einen Tag Grießbrei oder Milchreis mit Zucker und Zimt und am Wochenende Kartoffeln mit Gemüse und einem kleinen Stückchen Fleisch. Oder auch mal Nudeln mit Gulasch. Den Gulasch taufen wir »Suchgulasch«. Es ist reine Glückssache, ob man ein bißchen Fleisch findet oder nicht. Soße tut's auch. Ich kann Eintopf mit Hülsenfrüchten nicht vertragen. Regelmäßig muß ich mich danach übergeben. Auf meine Anfragen, wann ich denn Schonkost bekomme, antwortet man mir immer, es liegt noch kein Bescheid vor. In der dritten Woche kommt er endlich. Ich erhalte nun an den Eintopftagen anderes Essen. Kartoffeln, Gemüse, wie es aus der Konserve kommt, und ein kleines Stückchen Wurst dabei. Ständig diese Zusammenstellung, nur die Konserven wechseln alle zwei Tage. Trotzdem bin ich froh, denn dieses Essen vertrage ich wenigstens.

In der Mitte der dritten Woche ist Einkauf. Wir hatten uns schon vorher darüber unterhalten, alle vierzehn Tage darf jeder Inhaftierte, der Geld besitzt, für zehn Mark einkaufen. Es gehen immer zwei Häftlinge mit einer Wachperson, in einer Kammer ist dann ein geringer Vorrat an Lebensmitteln, Süßigkeiten und Zigaretten aufgebaut. Der Erste hat noch die volle Auswahl, wer zuletzt geholt wird, kann manchmal kaum noch wählen. Das weiß ich alles nur vom Erzählen. Da wir ausreichend Geld im Urlaub mithatten, hoffe ich, dieses Mal auch einkaufen zu können. Anita und Karin kommen mit Wurstkonserven, Keksen, sauren Bonbons und Würfelzucker zurück. Die rote Karin wird rausgeschlossen, zu mir sagt man auf meine Frage nur kurz: »Sie haben keinen Einkauf!« Ich kann das nicht verstehen, wir haben doch Geld! Die Meisterin läßt sich auf kein Gespräch ein und geht. Ich bin maßlos enttäuscht und wütend, denn der nächste Einkauf ist erst in vierzehn Tagen.

Am Abend hat die junge Unterwachtmeisterin wieder einmal allein Dienst. Mit ihr kann man reden. Sie möchte mir helfen und verspricht, bei der Anstaltsleitung nachzufragen, was mit unserem Geld geworden ist. Schon am nächsten Tag werde ich aus der Zelle geholt, draußen wird mir gesagt, daß es um den Verbleib unseres Geldes geht. Ich laufe den gewohnten Weg zum Oberstleutnant. Da ich ihn den Umständen entsprechend in guter Erinnerung habe, denke ich, nun wird sich alles aufklären. Im Zimmer ist noch ein Herr in Zivil. Ich melde mich an. »Herr Oberstleutnant, Inhaftierte Siegert meldet sich zum Verhör.« Ich darf mich setzen. Der Oberstleutnant holt aus einer Schublade einen Umschlag und entnimmt ihm Geld. Unser Geld, wie ich an der Aufschrift des Umschlages bemerke. Er zählt es vor mir auf den Schreibtisch, der andere Herr zählt mit. Eintausendeinhundertundzwölf Mark, diverses Kleingeld. Ich quittiere die Vollständigkeit, das Geld kommt in den Umschlag zurück. Ich warte auf eine Erklärung, denn langsam bekomme ich ein ungutes Gefühl bei dieser wortkargen Zeremonie. Da endlich eröffnet mir der Oberstleutnant, unser Geld sei hiermit beschlagnahmt, da es zu einer Flucht benutzt werden sollte, und bei der Verhandlung werde entschieden, was damit geschehen soll. Ich glaube mich verhört zu haben. Ich frage völlig verstört: »Was?« Man wiederholt es mir zum zweiten Mal. Das kann doch nicht wahr sein! Ich spüre, wie es in mir zu kochen beginnt, und weiß, daß es mit meiner Beherrschung gleich vorbei sein wird. Die beiden Männer schauen sich angelegentlich im Raum um, sie merken genau, was in mir vorgeht. Da stehe ich auf und sage so ruhig ich kann: »Ich darf doch wohl gehen!« Hinter mir fällt die Tür unsanft zu. Von drinnen höre ich nichts, trotz meiner Wut und Aufregung bin ich mir bewußt, daß mir dieses Verhalten dem Oberstleutnant gegenüber Einzelarrest oder eine andere Bestrafung einbringen kann. Das alles läßt mich völlig kalt. Ich warte nicht einmal auf die Meisterin, die am Ende des Ganges gestanden hat. Auf eigene Faust gehe ich los. Der Weg ist ja nicht zu verfehlen. Hinter mir brüllt es, ich kümmere mich nicht darum. Mir ist das Ganze so ungeheuerlich, ich kann es nicht fassen, wie hier mit Menschen umgegangen wird, und in meinen Gedanken überschlägt sich alles. Die Meisterin hat mich inzwischen eingeholt und schnauzt, was sie kann. Kein Wort dringt zu mir durch. Da merkt sie wohl, was los ist und sagt nichts mehr. Sie besteht nicht einmal auf einer Meldung, als sie mich in die Zelle zurückschließt. Drinnen schaut man mich aufmerksam an, ich höre noch Anita sagen: »Um Himmels Willen, Tina, wie siehst du aus!«, dann höre und sehe ich nichts mehr.

Als ich wieder zu mir komme, fühle ich als erstes rasende Herzschmerzen und eine seltsame Leere im Kopf. Ich will mich bewegen, aber das verschlimmert die Schmerzen nur. Langsam sehe ich klarer. Man hat mich in das untere Bett gelegt, daneben stehen Anita, Karin und Karin und die Frau Meister. Als die Meisterin sieht, daß ich wieder ansprechbar bin, meint sie, ich könne für heute auf dem Bett liegen bleiben, und verläßt dann die Zelle. Mir ist hundeelend, ich bin nicht einmal in der Lage, meinen drei wartenden Zellenschwestern viel zu berichten. Sie versorgen mich mit kalten Waschlappen und sind überhaupt sehr besorgt. Vor dem Abendbrot erscheint noch ein Mann im weißen Kittel und bringt ein paar Tropfen, die ich schlucken muß. Er ist nur Vertretung, aber er wird unten hinterlegen, daß ich morgen zum Arzt komme. Noch vor dem Nachteinschluß schlafe ich ein und werde auch nicht mehr geweckt. An meiner Stelle schläft heute Karin auf den Matratzen am Erdboden.

Nach zwei Tagen werde ich zum Arzt geholt, von da an bekomme ich irgendwelche Tabletten für Herz und Kreislauf und abends Beruhigungstabletten. Zwei Tage darf ich noch liegen, dann ist wieder alles wie vorher. Ich schlafe wie immer auf meiner Matratze und wache früh wie gerädert auf, und beim Treppensteigen nach dem täglichen Rundgang wird mir schwarz vor den Augen. Dann bessert sich auch das langsam.

Ein Tag vergeht wie der andere. Wir lesen, spielen Halma, erzählen. Es wird mir gestattet, einen Brief an meine Eltern und einen Brief an meine Kinder zu schreiben. Die Adresse meiner Kinder erfahre ich nicht. Nach ein paar Tagen höre ich, daß der Brief an meine Eltern nicht vorschriftsmäßig war, weil ich etwas auf den Rand geschrieben hatte. Er geht nicht ab und kommt in die Akten. Ich darf ihn noch einmal schreiben. Vorschriftsmäßig, versteht sich. Ich bitte sie, unsere Kinder vorläufig zu sich zu nehmen, um ihnen einen längeren Heimaufenthalt nach Möglichkeit zu ersparen.

Für mich kommt keine Post. Trotz meiner Bemühungen und Nachfragen wird es mir nicht gestattet, Dieter zu sprechen. Man verweist darauf, wir könnten ja in unserer Heimatstadt Verbindung zu einem Rechtsanwalt aufnehmen. Da sei immer noch genug Zeit.

Der Transport soll in Kürze abgehen. Also bleibt mir nichts übrig, als zu warten.

Da bekommt Anita ihren Gerichtstermin. Voller Spannung warten wir und hoffen, daß alles gut ausgeht. Als Anita zurückkommt, sehen wir es auf den ersten Blick – es ist nicht gut gegangen. Zuerst heult sie pausenlos, dann erzählt sie. Das Gericht hat beschlossen, ihr das Erziehungsrecht über die Kinder abzusprechen und diese zur Adoption freizugeben. Weil Anita in der Zeit, in der sie nicht arbeitete, auch die Heimgebühren für die Kinder nicht bezahlt hat. Walter, ihr Verlobter, sagte vor Gericht, er wolle sie heiraten, die rückständigen Heimgebühren bezahlen und dann die Kinder zu sich holen. Ohne Erfolg. Anita hat sofort Berufung eingelegt. Geld für einen Rechtsanwalt hat sie nicht. Nun wartet sie auf den zweiten Termin. Wir sehen sie seltener lachen als es vorher der Fall war. Und wenn sie sagt, »ich bin ein Assi«, hat das einen sehr bitteren Unterton.

Der 1. Mai kommt. Ein paar Männer, die unter uns liegen, werden von der Straße aus gerufen. Der Posten scheint zu feiern, jedenfalls schreitet niemand ein. Es ist ein Hin- und Herrufen unter uns. Da fällt zum ersten Mal das Wort »Amnestie«. »Macht euch nichts draus, es kommt sowieso bald eine Amnestie. Zum Jahrestag!« Und von drinnen gröhlt jemand zurück: »Ob sie uns lieben oder hassen, einmal müssen sie uns doch entlassen!« Dann hören wir den Posten schimpfen. Als keine Antwort mehr nach draußen gelangt, ist auch da wieder Stille.

»Amnestie« – welch ein Zauberwort. Es wäre zu schön, wenn
. . . Immerhin, der 25. Jahrestag ist doch eigentlich ein Anlaß
. . . So wird von nun an diskutiert, zu jeder Tageszeit. Rechtsanwälte sollen gesagt haben, es sei etwas im Gange. Jeder weiß
plötzlich etwas anderes. Und trotz der dicken Mauern und völ-
liger Abgeschlossenheit machen diese Gerüchte den Weg von
Zelle zu Zelle. Auch in mir kommt ein wenig Hoffnung auf.
Wenn nun doch etwas an dem Gerede ist? Immerhin, der
25. Jahrestag . . . Noch fünf Monate bis dahin. Ich weiß nicht
recht. Aber der Gedanke läßt sich nicht mehr abweisen. Und
ohne es eigentlich recht zu glauben, hoffe ich mit.

Das Wort »Amnestie«, sonst nie gebraucht, wird von nun an
zum meistgesprochenen Wort im Gefängnisalltag.

Eines Abends fragen wir vorsichtig die nette junge Unterwachtmeisterin danach. Sie schaut sich erst nach allen Seiten
um, kommt dann einen Schritt in die Zelle hinein und flüstert:
»Es kann schon etwas dran sein, davon geredet wird. Aber wir
erfahren das auch erst einen Tag vorher!« Sie lächelt uns zu und
verschwindet eilig. Wir sind glücklich. Das ist mehr, als wir erwartet haben. Von nun an haben wir noch mehr die Augen und
Ohren offen.

In unserer Zelle wird die Tür repariert. Wir kommen alle für
einen Tag in andere Zellen. Ich zu Anne-Katrin. Mit ihr kann
man sich wunderbar unterhalten. Wir nutzen die Zeit, so schnell
werden wir uns nicht wieder unterhalten dürfen. Auch Anne-
Katrin glaubt an eine Amnestie. Ihre Rechtsanwältin hat davon
gesprochen. Und noch etwas erfahre ich von Anne-Katrin. Sie
weiß es ebenfalls von ihrer Rechtsanwältin. Alle, die wegen RF
verurteilt werden, werden irgendwann in ihrer Haftzeit einmal
gefragt, ob sie noch nach Westdeutschland wollen. Dann bekommen manche die Möglichkeit, auszureisen. Ich habe noch nie
davon gehört und ich glaube nicht daran. Das wäre zu schön,
um wahr zu sein. Wer weiß, wem solches Glück schon einmal
passiert ist. Ich lerne noch von Anne-Katrin, wie man Taschentücher naß nach dem Waschen an die Wand backt und nach
kurzer Zeit trocken und wie gebügelt wieder abnehmen kann.
Am Abend ist die Zellentür repariert, und wir werden wieder in
Nummer 13 eingeschlossen. Jeder weiß etwas Neues zu berichten.

Eines Tages, die rote Karin wird wieder zum Zählen der Lottoscheine rausgeschlossen, da beginnt Karin Nummer zwei zu reden. Ich soll wissen, warum sie hier ist, nur die andere Karin soll es nie erfahren. Sie mögen sich beide nicht recht, aber zum Glück kommt es nie zu ernsthaften Reibereien. Ich merke, wie schwer es Karin fällt, und unterbreche sie mit keinem Wort. Anita hat sich neben sie gesetzt und streicht ihr beruhigend immer wieder über den Rücken. Was ich erfahre, ist furchtbar. Karin war Serviererin und hat ledig ein kleines Töchterchen. Das wächst bei ihrer Mutter auf. Karin hat ein Zimmer in dem Heim, wo sie arbeitet. Dann lernt sie einen jungen Mann kennen, sie leben eine Weile zusammen, und er will sie heiraten. Wenn sie nach Hause kommt, sagt ihre Mutter ständig: »Bring mir ja nicht noch ein uneheliches Kind heim! Ich zieh keins mehr groß!« Karin wird trotz aller Vorsicht wieder schwanger. Ihr Freund muß zur Armee und läßt sich nie wieder bei ihr blicken. Da verzweifelt sie. Sie spricht zu keinem über ihre Lage. Sie trägt das Kind aus, ohne daß es von jemandem bemerkt wird. Sie serviert bis zum letzten Tag. Dann kommt das Kind. Sie bringt es allein und unbemerkt zur Welt, in ihrem Zimmer. Ein kleiner Junge. Dann packt sie das neugeborene Baby in eine Plastiktüte und vergräbt es hinter dem Heim. Am anderen Tag ist alles wie immer. Niemand hat etwas gesehen. Beim Servieren zittern Karins Hände, aber auch das fällt nicht weiter auf. Die Zeit vergeht. Ein Jahr ist fast herum. Da finden Kurgäste beim Anlegen eines Blumenbeetes hinter dem Heim eine Plastiktüte. Sie halten den Inhalt für ein Kaninchen und werfen die Tüte weg. Dann schauen sie nochmals genauer hin und sehen das Entsetzliche. Ein Baby!

Wenige Tage danach ist die Polizei bei Karin. Sie gibt sofort alles zu. Ruhe hat sie in diesem ganzen Jahr nicht finden können. Nun ist sie froh, endlich von diesem schrecklichen Geheimnis befreit zu sein. Aber die Schuld bleibt, und an diesen langen einsamen Tagen ist sie verzweifelter denn je.

Karin weint nicht, als sie mit ihrer Erzählung fertig ist, aber in ihren Augen ist etwas so Trostloses, daß ich nicht hinsehen kann. Anita kämpft mit sich. Ich habe ebenfalls Mühe, ruhig zu erscheinen, ich bin erschüttert. Alles hätte ich erwartet, das nicht. Ich verurteile Karin nicht. Das wird ein anderer tun. Und sie

48

wird bitter genug für ihre Tat bezahlen müssen. Ich bemühe mich von jetzt an, zu ihr besonders nett zu sein.

Als die andere Karin vom Sortieren zurückkommt, ist in unserer Zelle alles wie immer.

Die Tage vergehen nur zähflüssig, an manchen hat man das Gefühl, als würden sie nie enden, besonders an den Wochenenden, wenn sogar der tägliche Rundgang auf dem Hof wegfällt. Wir werden jetzt oft zum Rundgang in winzig kleine Boxen eingeschlossen, immer verwahrraumweise, damit wir nicht unnötig mit anderen Häftlingen zusammenkommen. Diese Boxen sind rundherum mit Steinen gemauert, mindestens zweieinhalb Meter hoch und oben statt einer Abdeckung mit Draht überspannt. In der Tür vorn das berühmte kleine Fensterchen mit Klappe davor, durch das ab und zu ein Posten hereinschaut. Die Boxen sind nicht größer als ein Hundezwinger. Wir können darin tun, was uns beliebt. Wir spielen sogar Hopsen, wenn es sehr kalt ist, um uns mehr Bewegung zu verschaffen. Zur gleichen Zeit laufen dann auf dem Hof noch Männer ihren Rundgang. Als wir einmal in die erste Box eingeschlossen werden, können wir durch eine Ritze in der Tür auf den Hof sehen. Da sehen wir, daß diese Männer mit Handschellen laufen. Wir können uns nicht erklären, warum.

Eines Abends brennt in unserer Zelle kein Licht mehr. Wir klopfen, die Frau Meister kommt und erkundigt sich, was los ist. Irgend etwas muß an der Lampe entzwei sein. Sie schließt wieder ab und kommt nach einer ganzen Weile mit einem Strafgefangenen in Arbeitsjacke und einem Meister zurück. Wir müssen aus unserer Zelle heraustreten und werden ein Stockwerk tiefer auf die Männeretage geführt und dort in eine leerstehende Zelle eingeschlossen. Während wir uns hier aufhalten, wird oben repariert. Eine Nacht ohne Licht – wie sollte denn da die Lichtkontrolle durchgeführt werden? Hier unten löst sich für uns ein großes Rätsel. Oft genug haben wir uns gefragt, was dieses heftige Gebumse zu bedeuten hat, das jeden Morgen nach dem Wecken unter uns losgeht. Jetzt sehen wir klar! Die Männer schlafen dreistöckig! Und wenn die früh alle aus dem Bett springen – na ja, nun wissen wir Bescheid. Bald werden wir zurückgeschlossen.

Alle sieben Tage ist Duschen. Ein Wohltat, wenn man sich

Tag für Tag nur kalt waschen kann. Leider werden uns pro Verwahrraum nur fünf Minuten Duschzeit genehmigt. Aber es ist besser als gar nichts. Danach gibt es dann frische Nachtwäsche. Bettwäsche alle vierzehn Tage, obwohl sie auf dem Fußboden viel schneller schmutzig ist.

Irgend etwas klappt mit der Müllabfuhr nicht. Wir können unseren Kübel schon die ganze Woche nicht ausleeren. Das wäre noch zu ertragen, wenn von uns vieren nicht ausgerechnet jetzt drei ihre Regel hätten. Da wir selten genügend Zeitung bekommen, müssen wir die benutzten Vorlagen so in den Kübel werfen. Und das von drei Frauen! Am dritten Tag stinkt es in unserer Zelle bestialisch. Wir melden dies jedes Mal, wenn sich eine Aufsichtsperson sehen läßt. Es tut allen leid, aber sie wissen nicht, wohin mit dem Abfall, und so muß der Kübel eben noch drin bleiben. Wir öffnen ihn nur noch einen Spalt breit, dann ist er so voll, daß er nicht mehr geschlossen werden kann. Es ist nicht zum Aushalten, im Wechsel setzen wir uns unter die Fensteröffnung. Nachts muß ich daneben schlafen. Am sechsten Tag dürfen wir ihn endlich rausbringen. Jetzt hat der Kübel aber schon so den Geruch angenommen, daß sich durch das Ausleeren nicht viel ändert. Nach zwei weiteren Tagen bekommen wir ein wenig Waschpulver und die Genehmigung, ihn in der Dusche auszuscheuern. So wäre dies auch erledigt.

Ich bin nun fünf Wochen hier. Von niemandem erfahre ich, wann ein Transport abgeht. Warten, warten und nochmals warten. In der sechsten Woche hat unsere kleine Frau Unterwachtmeister Frühdienst. Beim Essenausteilen flüstert sie mir zu: »Ich glaube, morgen kommen Sie fort!« Ich weiß nicht einmal, ob ich erleichtert sein soll oder nicht, weil es nun endlich vorwärts geht. Hier habe ich mich eingewöhnt, was wird nun auf mich zukommen? Auch vor dem Transport graut es mir, erstens vor der ewig langen Bahnfahrt und dann vor all dem Unbekannten. Aber es muß sein, schließlich geht dadurch unsere Sache ihrem Abschluß entgegen, und das ist besser als ewig diese Ungewißheit.

Am Abend hat Muttchen wieder Dienst. Sie fordert mich auf, außer Kamm und Zahnbürste sowie dem, was ich zur Reise anziehe, alle Sachen zusammenzupacken und rauszugeben. Als sie alles abholt, sagt sie nichts weiter. Aber wir wissen es nun genau – ich komme auf Transport!

Am nächsten Morgen, gleich nach dem Frühstück, kommt Frau Unterwachtmeister. »Inhaftierte Siegert, machen Sie sich fertig und verabschieden Sie sich!« Wir sehen uns erstaunt an, denn das ist durchaus nicht üblich. So etwas gibt es, daß ein Mensch trotz Uniform im Strafvollzug ein Mensch bleibt! Sie geht hinaus und lehnt die Tür an. Es geht nun alles schnell. Ein seltsames Gefühl ist es doch, wenn man so lange auf solch engem Raum zusammen war und sich relativ gut verstanden hat. Anitas Adresse habe ich im Kopf. Wenn ich jemals wieder rauskommen sollte, werde ich ihr vielleicht schreiben. »Tschüß, mach's gut«, dann bin ich draußen. Mit Zahnbürste und Kamm. Ich werde in eine andere Zelle eingeschlossen, und die Unterwachtmeisterin sagt: »Es kann noch eine Weile dauern.« Das ist alles. Es dauert wirklich noch eine Weile, aber eine sehr sehr lange. Nach meinen Schätzungen muß es bald Mittag sein. Aber es kommt noch kein Essen. Dafür kommt Frau Unterwachtmeister. Sie hat Dienstschluß und sagt mir, daß sie mich schnell noch kontrollieren will, damit das niemand anderes mehr zu machen braucht. Dabei kontrolliert sie äußerst flüchtig. Ein Blick in die Anoraktaschen, eine Frage, ob ich etwas Verbotenes habe – dann ist die Sache erledigt. Ich bin erleichtert. Es ist so erniedrigend, sich ausziehen zu müssen. Danach verabschiedet sie sich von mir, wünscht mir alles Gute. Auch durchaus unüblich im Gefängnisalltag. Nette kleine Frau!

Kurze Zeit danach erscheint Muttchen. Ich kann es nicht glauben. Obwohl ich ihr von der Kontrolle durch die Unterwachtmeisterin berichte, verlangt sie, daß ich mich ausziehe. Das darf doch nicht wahr ein. Sie kontrolliert jede Falte, jede Naht. Nackt muß ich vor ihr drei Kniebeugen machen. Als auch dabei nichts zum Vorschein kommt, darf ich mich wieder anziehen.

Dann geht es wirklich los. Ich werde angewiesen, nach unten zu gehen. Beim Pförtner liefert mich Muttchen ab und verschwindet ohne ein weiteres Wort. Wie ich erfahre, bin ich zu zeitig unten, erst müssen die Männer kommen und in das Auto steigen. So werde ich wieder einmal eingeschlossen. In einen schmalen, hohen Blechkasten neben der Tür, der oben einen winzigen Spalt für die Luft hat. Dagegen war es in der »Minna«

noch geräumig, hier kann ich nur gerade stehen. Ich frage mich, was man mit mir gemacht hätte, wenn ich vollschlank wäre. Denn viel dicker als ich darf man hier drin nicht sein, dann bekommt man bestimmt Atemnot. So stehe ich und warte. Daran bin ich ja nun schon gewöhnt. Es ist wie im Sarg, finster, stickig, ruhig. Ich war noch nie in der Verlegenheit, aber so muß es dort wohl sein. Mir bricht bereits der Schweiß aus, als ich draußen endlich Männerstimmen höre. Dann eine Weile wieder vollkommene Ruhe, und dann erst habe ich mitzukommen. Dieses Mal ist es eine andere »Grüne Minna«, zu der man mich führt. Eine große. Vorn ein Blechabteil, mit Draht zum Gang abgetrennt, daran angrenzend, also dahinter, noch einmal ein Blechabteil. In beiden Abteilen je zwei Bänke. Ich muß in das vorderste Abteil, wo schon zwei mir unbekannte Frauen sitzen. Im angrenzenden Abteil höre ich Männerstimmen und erkenne auch Dieters Stimme. Er spricht absichtlich laut, damit ich merke, daß er da ist. Vor den beiden Abteilen ein schmaler Gang mit einer kleineren Bank für den Posten. So kann er durch die Gitter im Inneren alles gut überblicken. Ich rufe leise Dieters Namen, er antwortet auch. Im gleichen Moment erscheint ein Posten, brüllt kurz: »Ruhe, alle Gespräche sind untersagt!« und nimmt auf der Bank Platz. Ich begreife schlagartig, warum die Männer unbedingt als erste in das Auto steigen mußten, obwohl ich viel eher unten war. Sonst hätten sie an unserem Abteil vorbei gemußt, und ich hätte Dieter für einen winzigen Moment sehen können! Undenkbar!

Der Motor wird angelassen, wir fahren. Wieder einmal. Immerhin, was auch kommt, fünf Wochen von allem haben wir bereits überstanden. Und das ist im Moment für meine Begriffe schon eine unheimlich lange Zeit.

Fünf Wochen lang habe ich immer wieder versucht, mir vorzustellen, wie so ein Transport wohl vor sich geht. Ob mit dem Auto oder mit der Bahn, ob mit Handschellen oder ohne, einzeln oder mit anderen zusammen und was man sich sonst noch so vorstellt, wenn man sich etwas eben nicht so vorstellen kann. Nun weiß ich es.

Unsere »Minna« hält, wir Frauen werden zuerst zum Aussteigen aufgefordert. Draußen begleitet uns rechts und links je ein Posten mit Maschinenpistole und Hund. Wir gehen über leere

Bahnsteige und Abstellgleise. Schließlich sehen wir den Zug. Der letzte Waggon ist unserer, es ist nicht zu übersehen. Sämtliche Fenster sind mit weißer Ölfarbe undurchsichtig gemacht worden. Alles muß sehr schnell gehen. Unser Abteil ist winzig klein, vier Sitze, ein Notsitz. Vorläufig sind nur wir drei hier eingeschlossen. Auf dem Gang hören wir die Männer vorbeigehen. Sie werden laufend angetrieben, sich zu beeilen. Sie sind in Handschellen hergebracht worden, auch das hören wir, nämlich beim Aufschließen. In den vergangenen Wochen ist mein Gehör schon ganz beachtlich geschult worden. Da man in den meisten Fällen nie etwas sieht, ist man darauf angewiesen, möglichst viel mit den Ohren mitzubekommen. Als letztes wird unser Gepäck in den Gang hereingeworfen und weiterbefördert. Dann geht es schon los. Sehen können wir es nicht, aber spüren und hören. Wir fahren.

Die Fahrt kommt allen vor wie eine Ewigkeit. Es ist im Abteil heiß und stickig, aber die Fenster lassen sich nicht öffnen. Dazu ist es so eng, daß wir unser Gegenüber mit den Knien berühren. Der Zug fährt, hält an, fährt wieder. Jedes Mal versuchen wir bei der Einfahrt in einen Bahnhof mitzubekommen, welche Station durch den Lautsprecher angesagt wird. Das gelingt nicht immer, da wir im letzten Wagen sind und der Zug lang zu sein scheint. Aber ab und zu erhaschen wir ein paar Brocken von der Ansage und können uns ein Bild über die Strecke machen, die wir fahren. Nachts wird die Tür plötzlich aufgeschlossen, und drei weitere Frauen schieben sich herein. Nun sind wir sechs und haben fünf Plätze. Also wechseln wir uns ab. Die Neuangekommenen kennen sich aus der Untersuchungshaft und unterhalten sich lebhaft. Bereits nach wenigen Minuten sind wir im Bilde, wen wir da hereinbekommen haben. Prostituierte! Ich bin bedient! Das Gespräch wird ausschließlich von den drei zuletzt Gekommenen geführt und läßt an Deutlichkeit nichts zu wünschen übrig. Ich wünsche mir nur das eine, nämlich nie mit solchen Frauen eine Zelle teilen zu müssen. Mich widern ihre Gespräche in diesen wenigen Stunden derart an, daß ich mir nicht vorstellen kann, wie es ist, wenn man wochenlang nichts anderes zu hören bekommt. Auf alle Fälle wird mein Sprachschatz schon jetzt mächtig erweitert.

Nimmt denn diese Fahrt überhaupt noch mal ein Ende? Ich

kann mich kaum noch auf den Beinen halten. Endlich bin ich wieder dran mit Sitzen. Ein Posten kommt, öffnet das Fenster oben einen millimeterbreiten Spalt und reicht für jeden von uns ein Stullenpaket rein. Dazu Tee. Hungrig sind wir alle. Also wird gegessen. Anschließend dürfen wir nacheinander die Toilette aufsuchen. Das Wasser läuft nicht. Macht auch nichts. Dann sind wir wieder eingeschlossen, und es geht weiter. Wir haben keinen Begriff mehr, wie spät es sein mag. Durch den Spalt erkennen wir nur, daß es draußen noch nicht zu dämmern beginnt. Dann hält der Zug, und wir müssen aussteigen. Wieder als erste. Direkt vor dem Waggon steht das Auto, es sind keine drei Schritte. Vom Bahnhof bekommen wir so nichts zu sehen und wissen nicht, wo wir uns befinden. Als alle Gefangenen samt Gepäck umgeladen sind, geht eine wilde Fahrt los. Der Fahrer muß es eilig haben, es drückt uns von einer Ecke in die andere. Durch die hintere Scheibe des Fahrerhauses können wir einiges von der Stadt erkennen. Es ist noch Nacht. Eine der Frauen wohnt in dieser Stadt, und so wissen wir endlich, wo wir uns befinden. Wir halten wieder in einem Gefängnishof. Aussteigen, ohne umzusehen weitergehen, marsch, marsch, alle haben es eilig. Drinnen empfängt uns eine sehr junge, unfreundliche Wachtmeisterin, auch sie hat es eilig. Wir müssen uns ausziehen, von allen Seiten begucken und abtasten lassen, danach dürfen wir unsere Sachen wieder anziehen und werden auf die einzelnen Zellen aufgeteilt. Ich werde mit zwei der Prostituierten zusammengelegt. Wir erfahren noch nebenbei, daß hier nur Zwischenstation ist, und ein zufälliger Blick auf die Uhr der Frau Wachtmeisterin sagt mir endlich, wie spät es ist. Drei Uhr früh! Dann sind wir wieder eingeschlossen. Wir sind derart müde, daß keine sich groß umsieht oder noch etwas sagt. Schnell nimmt jede von einem der Betten Besitz, die zum Glück schon bezogen sind. Raus aus den Kleidern, rein in die Betten, das ist alles in wenigen Sekunden erledigt. Wir wollen von dem Rest der Nacht noch so viel wie möglich mitbekommen.

Als von draußen das Licht ausgeschaltet wird, bemerkt das schon keine mehr.

Am kommenden Morgen werden wir durch lautes Klopfen an der Tür geweckt. »Aufstehen!« Dann kommt der übliche Trott.

Waschen – kalt natürlich – anziehen, Meldung. Frühstück wird hereingereicht. Die gleiche wohlbekannt knappe Portion wie immer, nur gibt es hier Kunsthonig dazu. Wie wir herausgehört haben, bleiben wir fünf Tage hier. Das kann ja sehr unterhaltsam werden. Die Zelle ist eigentlich haargenauso aufgebaut, wie meine altbekannte. Nur hat man hier zwei Doppelstockbetten hineingestellt, und dadurch wird der noch freie Platz auf ein Minimum eingeschränkt. Zwischen den Betten ist es nicht möglich zu stehen. Man kann sich nur seitwärts hineinquetschen. Das Bettenbauen ist das reinste akrobatische Kunststück. Dafür schaut auch keiner vom Personal genauer hin. Da, wo ursprünglich der einzige freie Fleck war, steht der Tisch mit drei Hockern, direkt daran angrenzend gegenüber die Toilette und das Waschbecken. Da nur ein Hocker an der Wand steht, sich also die anderen zwei von uns den ganzen Tag nicht anlehnen könnten, sitze ich nach dem Essen stets auf dem Toilettendeckel. So kann ich mich wenigstens am Rohr anlehnen. Nur zu dringenden Geschäften muß ich meinen Platz hin und wieder mal räumen.

Es wird entsetzlich kalt in unserer Zelle. Die Heizung wird nicht angestellt, und das Fenster ist nicht zu verschließen. Also setze ich alles auf eine Karte und lege mich ins Bett. Mit der Kleidung in Decken eingewickelt, läßt es sich aushalten. Natürlich ist mir nicht ganz wohl dabei, denn ich kann mir damit eine ganz anständige Bestrafung einhandeln. So mime ich krank und warte der Dinge, die da kommen. Meine zwei Zellengenossinnen ebenfalls. Nichts kommt! Es wird zwar durch das Guckloch hereingeschaut, aber niemand sagt etwas. Da werden sie auch mutiger, und bald lümmeln wir alle drei auf den Betten. Wir schlafen sogar! Zum Mittagessen klopft man uns wach, sagt aber nicht einen Ton. Herrlich. Das Essen kommt. Ich betrachte es mißtrauisch, so etwas von Essen habe ich noch nie gesehen! Blutsuppe! Nichts weiter im Teller als angedicktes Blut und so komisches weißes Zeug. Nun wird's verrückt! Ich rieche noch kurz daran, dann verschwindet der Inhalt meines Tellers ohne Kommentar in der Toilette. Zwei weitere folgen. Auf der ganzen Etage ist auffallend häufiges Toilettenspülen zu vernehmen. Aber niemand fragt etwas, als die Teller wieder abgeholt werden. Dann liegen wir wieder hungrig in den Betten, und die Unterhaltung tröpfelt schwach.

Zum Glück habe ich die beiden harmloseren unserer Zugbegleiterinnen abbekommen. Eine nennt sich Nati, die andere Ilse. Nati reicht mir einen Brief zum Lesen herüber. Ich bin zwar viele Handschriften und auch viele Fehler gewöhnt, aber hier komme ich beim besten Willen nicht durch. Es ist der tollste Brief, den ich je in meinem Leben gelesen habe. Nati scheint das allerdings keine Schwierigkeiten bereitet zu haben, erwartungsvoll schaut sie her zu mir und fragt immer wieder, ob ihr Kläuschen nicht süß geschrieben habe. Ich entziffere: »Mein Nati wen du mich nich treu bleipst un nich widekomst dan tu ich mich was schlimes. mein Nati . . .« Ich geb's auf. Natürlich finde ich den Brief auch hinreißend und bewundere ausgiebig ihren Mann. Nati ist zufrieden. Auf dieser Ebene bewegt sich dann jedes zähflüssige Gespräch, das unter mir geführt wird, und ich bin froh, als von mir nur gelegentliches zustimmendes Knurren oder hin und wieder ein kurzes »ja, ja« erwartet wird.

Wir kommen gut miteinander aus. Ich erfahre, daß Natis Mann einmal Kinderlähmung gehabt hat und davon behindert ist. Sie haben einen kleinen Sohn zusammen, der bei der Mutter aufwächst. Nati arbeitete vormittags auf dem Feld, nachmittags besserte sie die Haushaltskasse auf, indem sie das gemeinsame Schlafzimmer zu gewerblichen Zwecken nutzte. Mit dem jungen Mädchen zusammen, welches erst mit in unserem Abteil war, jetzt aber zum Glück in einer anderen Zelle untergebracht ist. Hanna. Der Mann Natis wartete derweil immer brav in der Küche. Dies wäre ja nun alles noch nicht weiter schlimm gewesen und wohl kaum an die Öffentlichkeit gedrungen, wenn nicht Hanna noch minderjährig gewesen wäre. Und wenn die männlichen Kunden nicht bemerkt hätten, daß ihnen hinterher regelmäßig mehr Geld fehlte, als sie rechtmäßig bezahlt hatten. So kam die Sache eben zum Platzen. Trotzdem muß es unheimlich schön gewesen sein, denn dieses Thema bildet den Grund der Unterhaltung von vier Tagen.

Kurz vor dem Abendessen werden wir wieder zum Aufstehen aufgefordert, aber niemand nimmt daran Anstoß, daß wir liegen. Eigentlich herrlich, nach fünf Wochen endlich wieder einmal liegen, so lange man mag und schlafen, bis man nicht mehr schlafen kann. Vorläufig können wir immer noch.

Eins ist hier allerdings vollkommen neu für uns. Es gibt keine

Messer, um die Brote zu streichen sondern Löffel. Was keiner für möglich hält, erweist sich doch als möglich, mit dem Löffelstiel geht es nämlich fast genauso gut. Abends werden wir angewiesen, zur Nacht die Löffel so auf den Tisch zu legen, daß sie durch das Loch von draußen gesehen werden können. Warum das nun wieder? Was sollen alle Vermutungen, wir kommen sowieso nicht hinter den tieferen Sinn dieser merkwürdigen Anordnung. Also liegen zum Nachteinschluß drei Löffel für jeden sichtbar auf dem Tisch.

Danach ist noch lange keine Stille, in unserer Nachbarzelle sorgt Hanna für Unterhaltung. Verstehen können wir nichts, aber wir hören jedes Mal, wenn sie von der wachthabenden Frau Meister durch das Guckloch zusammengestaucht wird. Schließlich hören wir: »Strafgefangene, jetzt reicht es aber! Was sind Sie nur für ein Schwein! Legen Sie sich ins Bett! Wenn ich noch einmal so etwas sehe und hier keine Ruhe ist, kommen Sie in Arrest!« Während ich noch halb verschlafen versuche, das eben Gehörte zu begreifen, höre ich unter mir Ilse sagen: »Ach du Schande, jetzt holt sich die Hanna wieder mal einen runter!« Und Nati: »Ja, ja, das kenn ich. Die braucht das!« Ich enthalte mich jeder Äußerung. Es wäre sowieso zwecklos, und keiner würde begreifen, warum ich dies alles furchtbar finde. Gut, daß ich als einzige oben liege und niemand anzusehen brauche.

Die Tage hier unterscheiden sich nicht wesentlich voneinander, weder in der Unterhaltung noch im Essen. Mittags gibt es an an den übrigen vier Tagen immer eine Schüssel mit Pellkartoffeln ins Zimmer, besser gesagt, mit Schweinekartoffeln. Schwarz und matschig. Wir sind froh, wenn wir aus der ganzen Schüssel jeder zwei Kartoffeln rausfinden, die man essen kann. Einmal gibt es Spitzbeine. Es ist verschwendete Zeit, uns die Spitzbeine ins Zimmer zu geben, zum Abkauen ist sowieso kaum etwas dran. Wir bekommen noch gesagt: »Aber die Knochen nicht in die Toilette werfen!« Nati hat dies wohl überhört, ehe wir etwas sagen können, sind ihre Knochen drin und sie spült. Da haben wir den Salat! In kürzester Zeit ist die Toilette restlos verstopft, das Wasser steht bis unter die Brille. Nati ist nun ganz verzagt und verkriecht sich ängstlich in eine Ecke ihres Bettes, aber es ist nicht damit zu rechnen, daß sie etwas unternimmt. Ilse rührt sich ebenfalls nicht. Ich rechne mir aus, was sich ereignen wird, wenn der nächste von uns mal muß. So geht es nicht weiter. In der Hausordnung steht auf mutwilliges Beschädigen von Anstaltseigentum Arrest. Ja zum Donnerwetter, bin ich denn hier die einzige, die noch normal denken kann? Niemand rührt sich. Was bleibt mir also weiter übrig, als hier Ordnung zu schaffen, wenn ich allen Unannehmlichkeiten aus dem Wege gehen will? Es werden stets alle bestraft, nie nur derjenige, der etwas verbockt hat. Also streife ich mit dem Mut der Verzweiflung meine Ärmel hoch, greife in die fettige, undefinierbare Brühe und hole Stück für Stück aus den Tiefen wieder hervor. Mir ist übel, daß es mich würgt. Was nützt es, ich muß es schaffen, und ich schaffe es. Nati und Ilse schauen mich dankbar an und atmen auf. Ich kämpfe noch mit der Übelkeit und versuche, mit kaltem Wasser meine Hände und Arme sauber und vor allem geruchfrei zu bekommen. Eine ekelhafte Schmiererei ist es, aber schließlich siegt die Seife einigermaßen. Das hätten wir also.

Mit diesem Akt der Verzweiflung habe ich zweierlei erreicht. Erstens uns alle vor einer Bestrafung gerettet und zweitens die uneingeschränkte Sympathie und Hochachtung von Ilse und Nati errungen. Ich muß von nun an weder mein Bett bauen noch mich am Säubern der Zelle beteiligen. Obwohl dies außer dem Rundgang die einzigen Möglichkeiten der Bewegung sind und ich es nicht einmal ungern tue. Aber dann würde ich beide zutiefst beleidigen, und so lasse ich sie sehen, wie ich mich darüber freue.

Wir kommen gut miteinander aus.

So verbringen wir die Tage dösend, schlafend, faul. Keine schimpft, niemand findet etwas dabei.

Am fünften Tag unseres Hierseins müssen wir uns fertig machen. Nach ein paar Wartestunden geht es weiter. Mit der Minna zum Bahnhof, über Abstellgleise und leere Bahnsteige, in den Zug. Dieses Mal ein schmales Abteil mit einer Holzpritsche an einer Seite, Fenster wieder gut gestrichen. Tagsüber kommt einem die Fahrt nicht ganz so endlos vor, außerdem sind wir ausgeruhter. Nach ein paar Stunden werden zwei Neue zu uns ins Abteil geschoben. Sie müssen stehen, weil unsere Bank voll ist. Irgendwie kommen sie mir nicht recht geheuer vor, ich kann aber vorerst nicht sagen, warum ich diese Empfindung habe. Als ich sie nach einer Weile näher anschaue, bemerke ich an der einen jungen Frau Tätowierungen. Nicht etwa eine, nein, je mehr ich hinschaue, desto mehr entdecke ich. Ich traue meinen Augen kaum, aber es stimmt, sie ist an jedem freien Fleckchen Haut, das sichtbar ist, tätowiert. Handrücken, Handteller, Finger, Stirn – ich kann es nicht fassen. Nie zuvor ist mir so etwas vorgekommen. Ich versuche einige Tätowierungen zu entziffern, denn es handelt sich ausschließlich um Geschriebenes. Was ich lese, sind Frauennamen! Die andere neuangekommene junge Frau legt den Arm um sie, wir werden gar nicht beachtet. Ilse beugt sich zu mir rüber und flüstert mir ins Ohr so leise es geht: »Das sind Lesbische!« Jetzt rutscht bei mir der Groschen. »Auch das noch«, wird man denn hier vor nichts verschont? Ich kann es nicht fassen und schaue immer wieder verstohlen zu den beiden hin. Sie müssen es bemerkt haben, denn ihre Blicke werden recht abweisend, direkt feindlich. Was bin ich erleichtert, als wir kurz vor unserem Ziel getrennt werden. Ich bleibe mit Ilse allein. Dann spüren wir am Langsamerwerden des Zuges, daß wir in einen Bahnhof einlaufen. Es muß ein großer Bahnhof sein. Bald sind wir sicher, es ist ein großer, sehr groß sogar. Aufgeschnappte Fetzen einer Lautsprecheransage geben uns die Gewißheit, daß wir am Ziel sind.

Dann geht wieder alles seinen gewohnten Gang. Nein, doch nicht alles. Ein winziger Fehler unterläuft den begleitenden Posten. Offensichtlich haben sie zu spät bemerkt, daß bei diesem Transport ein Ehepaar dabei ist. Sie lassen zuerst die Frauen in die Minna klettern, in das vordere Abteil. Danach kommen die Männer und müssen an uns vorbei in das hintere Käfterchen In mir ist unbeschreibliche Spannung. Ich weiß, Dieter muß gleich kommen. Seit unserer Verhaftung habe ich ihn nicht wieder gesehen. Da ist er! In Handschellen! An einen anderen Mann gekettet, der alles andere als ganz normal aussieht. Er sieht mich, stockt vor unserem Gitter. Einen winzigen Augenblick schauen wir uns an. Dann brüllt auch schon ein Posten: »Was soll denn das! Wohl verrückt geworden? Weitergehen, aber dalli!«

Das war's.

Vom Bahnhof selbst sehen wir nichts weiter, da es wieder über Abstellgleise und durch verborgene Tunnel geht. Jetzt durchfahren wir die Stadt, ich kann wieder durch die hintere

Scheibe im Fahrerhaus alles mit ansehen. Lauter bekannte Gebäude, fast jede Straße und jede Kreuzung kenne ich. Dann halten wir vor einem Riesenbau, das große Tor wird geöffnet, hinein geht es. Ja, da waren die beiden anderen Untersuchungshaftanstalten Puppenhäuser dagegen.

Untersuchungshaft
und Prozeß

Wieder geht es in gewohnter Weise weiter. Zuerst werden die
Personalien verglichen, dann ab in die Dusche. Vier Minuten
mit Kopfwäsche. An der Tür des Duschraumes steht eine junge
Strafgefangene im Arbeitskittel und treibt uns entsprechend an.
Danach anziehen und warten vor dem GW. Das ist hier der
Ausdruck für das Arztzimmer, in dem sämtliche Untersuchun-
gen sowie Behandlungen stattfinden. Es geht schnell heute, da
wir ja nur zwei neuangekommene Frauen sind. Ausziehen, Kontrolle der Kleidung einschließlich der Schuhe durch eine Meisterin. Das Schriftliche erledigt eine Strafgefangene im weißen
Kittel mit gelben Streifen darauf. Dann werde ich an allen be-
haarten Stellen abgeleuchtet, ob ich auch nicht etwa Läuse oder
Filzläuse einschleppe. Es ist nichts zu finden, und ich darf mich
wieder ankleiden. Schon stehe ich wieder auf dem Gang. Das
Gebäude ist riesig. Die Treppen gehen in sämtlichen Stockwer-
ken frei durch die Hallen, ringsum sind die einzelnen Zellentüren zu sehen, davor lange Gänge mit Geländer. Zwischen diesen Gängen und den Treppen sind Netze gespannt. Netze, wohin man sieht. Alles ist sehr übersichtlich. Von unten, wo ich
stehe, kann man bis in das oberste Stockwerk schauen. Jede
Etage ist durch eine große stabile Tür verschlossen. Ja, so kenne
ich Gefängnisse, aus Filmen nämlich. Freischwebende Treppen
und Netze dazwischen. Hier habe ich unerwünscht die Gelegenheit, mich davon zu überzeugen, wie weit Filme solcher Art der
Realität entsprechen. Ich muß feststellen, es stimmt genau.

Lange kann ich mich diesen Betrachtungen nicht hingeben, die
Meisterin ist im GW fertig und bedeutet mir, mitzukommen.
Wir steigen ins zweite Stockwerk, ich immer vorweg und be-

müht, nichts aus dem riesengroßen Bündel, das man mir gegeben hat, zu verlieren. Wir sind da. Eine Tür wird aufgeschlossen, drin stehen drei Frauen in einer Reihe, eine meldet, dann werde ich kurz als Neuzugang vorgestellt und schon schließt sich die Tür hinter mir.

Zuerst befördere ich mein Bündel auf das einzige noch freie Bett, dann stelle ich mich vor. Dies wird von den anderen Frauen erwidert. Margit, Inge, Lotte. Margit sieht hübsch und adrett aus, sie mag etwa Ende dreißig sein. Inge ist ein ganz junges Mädchen von höchstens achtzehn Jahren, weiter läßt sich im ersten Moment zu ihr noch nichts feststellen. Und Lotte – na ja. Schlampig vom Haar bis zu den Schuhen, der Rock mit einem Strick festgebunden. Aber sehr gesprächig. Mit diesen Frauen soll ich also die kommenden Monate bis zu unserer Verhandlung zubringen. Hoffentlich verstehen wir uns einigermaßen. Es bleibt abzuwarten.

Der heutige Tag ist erst mal gelaufen. Eine oberflächliche Unterhaltung kommt schnell in Gang, und wir stellen fest, daß ich schon am längsten von uns vieren in Haft bin. Vom gemeinsamen Abendbrot bekomme ich ein Teil ab, da es auch hier schon am frühen Nachmittag ausgegeben wurde. Dann sitzen wir und warten, bis der Tag rumgeht und Nachteinschluß gemacht wird. Das ist hier auch sehr früh, etwa sechs Uhr nachmittags muß es sein. Danach bleibt es uns überlassen, was wir tun. Also legen wir uns in die Betten und dösen vor uns hin. Was bleibt einem schon weiter übrig. Hier habe ich Glück, ich kann in einem Bett schlafen! Dazu noch im oberen Bett, über dem sich hoch oben an der Wand das einzige kleine Fenster befindet. Ein Fenster aus Glas, zum Kippen. Wenn ich mich hochrecke, kann ich sogar etwas Himmel und die oberen Stockwerke der angrenzenden Gefängnisgebäude sehen. Was will ich noch mehr?

Die ersten Tage verlaufen ruhig. Eine junge Obermeisterin stellt sich vor und gibt mir zu verstehen, daß sie für uns zuständig ist, wir könnten mit allen Sorgen und Beschwerden zu ihr kommen. Ich melde mich gleich zu einem Gespräch bei ihr an. Doch vorerst geschieht nichts dergleichen.

Eine relativ große Abwechslung im täglichen Einerlei ist der Rundgang, hier ohne Gymnastik. Es finden jeden Tag zwei

Rundgänge statt, den ersten hören wir stets die Treppen hinunter steigen, beim zweiten sind wir dann dabei. Gelaufen wird zellenweise, zwischen jeder Gruppe ist ein großer Abstand zu halten, damit keine Verbindungen aufgenommen werden können. Unheimlich viel Frauen sind hier auf dem Hof. Sprechen ist verboten, bücken ist verboten, stehenbleiben ist verboten. Zu den Fenstern hochwinken ebenfalls. Das hat seinen guten Grund. Der Hof ist rundum an drei Seiten von Gefängnisgebäuden umgeben und wir sehen Fenster an Fenster. Oben im Verwahrraum sagten mir die jungen Frauen, wenn mein Mann nach dem großen Hof liegt, werde ich ihn bestimmt sehen können. Denn in zwei der angrenzenden Gebäude sind Männer untergebracht, und sämtliche Fenster gehen hier nach diesem Hof. Im dritten Bau liegen Frauen, aber da sind alle Fenster mit Blechkästen verkleidet, was ein Hinausschauen unmöglich macht. Sonst würden wohl die Frauen den ganzen Tag an den Fenstern stehen und mit den Männern flirten, man könnte gut hinüberschauen. Durch die Blechkästen ist dies sorgsam unterbunden worden. So kommt zwar Licht in die Räume, aber von innen kann man nur den Himmel sehen.

An der vierten Seite wird der Hof durch eine hohe Mauer begrenzt, auf der der Wachtturm mit dem Posten aufgebaut ist. Wir werden von diesem Posten bewacht und an beiden Gebäudeeingängen steht Wachpersonal. Ich versuche heimlich, so gut es geht, zu den Fenstern hochzuschauen. Aber ich bin enttäuscht, denn ich kann nicht ein einziges Gesicht in den vielfach unterteilten Scheiben erkennen. Was hat man mir da nur erzählt? Ich sehe überhaupt nichts. Doch nach den ersten Tagen habe ich mich an die spiegelnden Scheiben gewöhnt, und nun halte ich täglich Ausschau, ob ich Dieter nicht einmal zu sehen bekomme. Leider habe ich nie Glück. Ich sehe unheimlich viele Männergesichter, die sich die Nase an den Scheiben plattdrücken, aber Dieter nie. Entweder liegt er nach der Straßenseite, oder er kommt aus irgendeinem Grund nicht ans Fenster. Wer weiß.

Drei Tage bin ich schon hier und nichts tut sich. Ich habe angefragt, ob ich meinen Mann sprechen darf, damit wir uns über einen Rechtsanwalt einigen können. Darauf kam bis heute keine Antwort. Die Frau Obermeister nimmt zwar täglich die erste Meldung entgegen, doch dann ist die Tür im Nu wieder zu, und sie gibt mir nur immer zu verstehen, daß sie im Moment wenig Zeit hat, mich aber nicht vergißt. Wie tröstlich!

Das Wochenende ist dermaßen langweilig, daß man verzweifeln könnte. Etwas Ordentliches zum Lesen gibt es hier nicht. Es sind zwar drei Bücher in der Zelle, aber jedem Buch fehlen viele Seiten, da hat es gar keinen Zweck, mit Lesen überhaupt anzufangen. Gleich mit dem Mittagessen wird das Abendbrot hereingereicht, dann ist Zählappell, und damit ist der Tag eigentlich gelaufen. Was wir nun tun, bleibt uns überlassen. So geht es Sonnabend und Sonntag. Nur ab und zu merken wir an einer kleinen Bewegung der Blechklappe vor dem Guckloch, daß wir noch bewacht werden. Aber wir können tun, was wir wollen. Zuerst halten wir einen ausgedehnten Mittagsschlaf, anschließend bleiben wir der Bequemlichkeit halber gleich liegen. Wir unterhalten uns über Arbeit, Wetter, Kinder, warum wir hier sind – eigentlich über alles. Da kommt eine unerwartete Abwechlung. Im rechten Winkel zu unserem Gebäude steht ein anderes, ebenso großes Gebäude, in dessen einer Etage noch einige Männer untergebracht sind. Solche, die bereits verurteilt wurden. Hier befinden sich nicht nur Inhaftierte, sondern auch eine ganze Menge Strafgefangene in der Untersuchungshaftanstalt. Sie werden täglich zu ihren Arbeitsplätzen gefahren und wieder zurückgebracht. Ein solcher Strafgefangener ist Manfred. Er liegt in dem angrenzenden Gebäude in einer Einzelzelle. Dies entnehmen wir seiner Unterhaltung. Er unterhält sich nämlich flüsternd mit Eri, ein Stockwerk über uns und ebenfalls schon Strafer. Es ist ganz amüsant, zuzuhören. So flüsternd die Unterhaltung auch geführt wird, wir können jedes Wort verstehen. Und wir biegen uns bald vor Lachen. Es ist eine Liebeserklärung nach der anderen, obwohl sich die beiden nie gesehen haben. Manfred spricht seine Eri nur mit »meine Sonne« an. Sie will auf jeden Fall auf ihn warten, wenn sie entlassen wird. Er hat zwar fünf Jahre abzusitzen wegen eines Verkehrsunfalles, aber was ist das schon. Eri macht das gar nichts aus. Anschließend singt Manfred in seiner Zelle, das macht er öfter, wenn er sich mit Eri unterhalten hat. Dann klopft er seine Pfeife aus, und weiter hören wir nichts mehr von ihm. Für mich ist dies neu, die anderen warten jedes Wochenende schon auf diese kleine Einlage. Wochentags bilden die unterschiedlichen Schichten der beiden ein unüberwindliches Hindernis, sich so zu unterhalten.

Wir lagern immer noch in unseren Betten. Einer wird bestimmt zum Schnitten schmieren. Das geht reihum, jeden Tag ist damit ein anderer dran. Margit, Lotte und Inge haben da eine besondere Methode entwickelt, der ich mich vorbehaltlos anschließe. Sämtlicher Brotbelag wird zusammen verwendet, das heißt, es werden daraus so viele Schnitten bereitet wie irgend möglich, und dann bekommt jeder, was er möchte oder, besser gesagt, verdrücken kann. Dies ist sehr vorteilhaft für alle. Der Brotbelag wird zwar dünn geschmiert, aber durch das Zusammentun reicht er entschieden weiter. Dazu werden stets nur Klappstullen zubereitet. Wir essen am Tisch unser Abendbrot, im Bett ist es nicht erlaubt. Sonst würden wir an den langen Wochenenden das Bett wohl gleich gar nicht mehr verlassen. So haben wir hier alle ausreichend zu essen. Trockenes Brot, wie das in meiner ersten Haftanstalt von uns jeden Tag abends gegessen wurde, kommt hier nur im äußersten Notfall auf den Tisch. Überhaupt ist das Essen hier entschieden besser, man kann sogar Nachschlag bekommen. Das Essen ist vielseitiger und reichhaltiger, und meistens vertrage ich das Mittagessen sogar. Ich habe zwar gemeldet, daß ich bisher Schonkost bekommen hätte, aber man entgegnete mir darauf nur, da müsse ich erst zum Arzt. Und das läßt, wie alles, erst mal eine Weile auf sich warten.

Nach dem Wochenende kommt wieder Betriebsamkeit auf. Zuerst werde ich zum Arzt geholt. Da ich vor Aufregung am ganzen Körper zittere, was eigentlich jetzt ständig vorkommt, wenn ich irgendwo zu erscheinen habe, wird mir ein Beruhigungsmittel für die Nerven verschrieben. Ich frage wegen Schonkost. Da muß der Arzt erst eine Blutprobe machen, um zu sehen, ob meine Angaben auch stimmen, außerdem vom Hausarzt eine schriftliche Diagnose anfordern.

Das Blutbild muß wohl nicht sehr günstig ausgefallen sein, denn nach drei Tagen erhalte ich, ohne daß ich nochmals gefragt hätte, Schonkost. Außerdem zum Frühstück Butter. Wir sind ganz sprachlos, aber es ist wirklich kein Versehen. Zum Abendessen gibt es hier extra Fettigkeit, sehr oft unausgelassenes Schweineschmalz. Dafür erhalte ich nun Margarine. So ver-

trage ich auch das Essen wieder besser und brauche mich nicht
mehr so oft zu übergeben, was ja nicht gerade angenehm war.
Für die anderen und für mich. Denn wer guckt da schon gern zu!

Jetzt beginnen erneut die Verhöre für mich. Genau das gleiche
wie schon gehabt, immer die alte Leier. Wieso, weshalb, warum.
Und von mir immer die gleichen Antworten. Man kann mich
nicht in Widersprüche verwickeln. Hier werde ich von einer Frau
vernommen, einer Frau Oberleutnant in Zivil. Einmal grüßt sie
mich sogar von Dieter, er ist immer vor mir dran. Auf den
Gruß kann ich gut und gern auch noch verzichten, die sollen uns
lieber endlich Gelegenheit geben, einen Rechtsanwalt anzu-
schreiben und uns darüber zu einigen. Nein, da führt kein Weg
rein. Mir reicht es gründlich. Hier komme ich einfach nicht weiter. Sobald ich vom Thema Rechtsanwalt anfange, wird mir ent-
gegnet, da müßten die Vernehmungen erst abgeschlossen sein.
Sooft ich mich auch auf mein Recht berufe, genützt hat es noch
nichts.

Endlich werde ich zur Frau Obermeister zu einer persönlichen
Aussprache geholt. Sie ist wirklich nett, nicht so förmlich wie
sonst üblich. Sie verspricht, mit dem Meister meines Mannes zu
sprechen, damit der mit meinem Mann spricht, welcher mir dann
über sie mitteilt, für welchen Rechtsanwalt er sich entschieden
hat. Dann das Spielchen wieder umgekehrt, ob ich einverstanden bin. Umständlicher geht es nun wirklich nicht mehr. Und
das, obwohl wir doch beide im gleichen Gebäude untergebracht
sind. Es nützt alles nichts, wie sie mir zu verstehen gibt, werde
ich Dieter erst sprechen können, wenn unsere Verhandlung vorbei ist. Vorläufig besteht noch nicht einmal Aussicht auf einen
Termin. Also warten, warten, warten!

Ich versuche von Frau Obermeister noch zu erfahren, wo inzwischen meine Kinder sind, von denen ich in all den Wochen
nichts mehr gehört habe. Auch Post bekam ich ja noch keine. Sie
antwortet mir, daß sie mir in dieser Sache gern helfen würde.
Es ist ein Brief für mich da, aber dieser muß erst zum Staatsanwalt zur Zensur, vorher kann ich ihn nicht bekommen. Auf
meine Frage, wie lange das denn dauern könnte, antwortet sie
mir: »Eine Woche!« Also noch eine Woche Ungewißheit? Ich
muß wohl ziemlich verzweifelt aussehen. Es ist bald nicht mehr
auszuhalten. Warum erfahre ich nichts von meinen Kindern?

Sie würde mir schon gern Auskunft geben, ich sehe es, aber sie darf es nicht.

So bin ich entlassen. Wieder in meiner Zelle, heule ich erst mal kräftig. Das muß ganz einfach sein, zu viel hat sich in den vergangenen Wochen angestaut, und diese dauernden Schikanen, die gar nicht sein müßten, machen einen ja vollkommen fertig.

Ich höre, wie draußen jemand die Blechklappe wegschiebt und längere Zeit durch den Spion schaut. Ist mir alles egal. Sollen sie doch sehen, wie sie uns so fertigmachen. Niemand von den drei anderen Frauen sagt etwas, solche Momente hat jeder mal, der eine mehr, der andere weniger. Nach einer guten halben Stunde wird wieder aufgeschlossen, und ich werde von Frau Obermeister nochmals herausgeholt. In ihrem Zimmer läßt sie mich erneut Platz nehmen, dann nimmt sie einen Brief zur Hand. Ich kann sehen, daß er von meinen Eltern ist. Frau Obermeister liest mir einige Sätze daraus vor. Ich erfahre, daß unsere beiden Kinder noch in dieser Woche aus dem Kinderheim und aus dem Krankenhaus abgeholt werden und zu meinen Eltern kommen. Man hat ihnen nach vielen Befragungen und Lauferein die Genehmigung erteilt, die Kinder für die Zeit unserer Abwesenheit zu sich zu nehmen. Mir fällt ein Stein vom Herzen. Wenn man sie in ein Heim gegeben hätte, wäre es furchtbar gewesen. So weiß ich nun wenigstens sie gut aufgehoben.

Nur die dieses Thema betreffenden Sätze liest mir Frau Obermeister vor, dann packt sie den Brief wieder zu den anderen. Er muß erst zum Staatsanwalt. Sie bittet mich, nichts davon zu erwähnen, daß sie mir bereits einiges vom Inhalt des Briefes berichtet hat. Es sei eigentlich nicht statthaft, meint sie. Aber manchmal müsse man eben eine Ausnahme machen. Um vieles erleichtert verlasse ich ihr Zimmer. Wenigstens in diesem Punkt habe ich Klarheit – das ist viel!

Genau nach einer Woche bekomme ich meine erste Post ausgehändigt, jenen mir schon zum Teil bekannten Brief.

Endlich erklärt man unsere Vernehmungen für abgeschlossen. Ich darf nun eine Sprecherlaubnis einreichen. Da meine wenigen Verwandten zu weit weg wohnen, reiche ich für Dieters Bruder ein. Sicher wird er kommen, wenn er den Schein erhält. Ich sehe diesem Besuch allerdings mit sehr gemischten Gefühlen entgegen. Doch es ist ja noch ein wenig Zeit bis dahin.

Jetzt richtet man mir auch aus, daß Dieter einen Rechtsanwalt angeschrieben hat. Er hat gleich von sich aus einen herausgesucht, als man ihm endlich die Genehmigung dazu erteilte.

So habe ich vorerst wieder Ruhe, ich warte nur noch auf das Kommen des Rechtsanwaltes und auf unseren Termin. Beides läßt auf sich warten.

In der dritten Woche, die ich nun schon hier bin, erscheint Frau Obermeister wieder einmal bei uns und fragt, ob wir nicht gern etwas arbeiten würden. Ohne Bezahlung zwar, aber wir würden dafür Arbeiterverpflegung erhalten. Da uns dieses graue Einerlei Tag für Tag sowieso bis obenhin steht, wollen wir sofort. Bereits am Nachmittag werden wir zur Kleiderkammer geholt und bekommen Arbeitssachen. Bei dieser Gelegenheit frage ich in der Kleiderkammer gleich, ob ich nicht meine Hautcreme bekommen könnte, die ich in den anderen Haftanstalten auch auf der Zelle haben durfte. Hier hat man mir bis jetzt nur Kleidung und Waschutensilien ausgehändigt. Ich bekomme zur Antwort, daß die Creme aus Westdeutschland ist, und es ist nicht gestattet, westdeutsche Erzeugnisse auf den Zellen zu haben. Zuerst bin ich sprachlos, dann versuche ich, die Meisterin herumzubekommen, indem ich argumentiere, daß westdeutsche Sachen ja auch des öfteren bei uns im Handel zu haben seien. Da komme ich aber gut an. Recht lautstark wird mir begreiflich gemacht, ich habe nicht zu diskutieren, keine eigene Meinung zu haben, sondern zu gehorchen! Sonst hätte ich eben zu Hause bleiben sollen, wenn mir hier etwas nicht paßt! Jetzt reicht es mir. Noch bin ich nicht verurteilt und muß mich behandeln lassen wie ein kleines Schulkind. Ich werde ebenfalls laut und halte mit meiner Meinung nicht hinter dem Berg. Meine Mitgefangenen stehen sprachlos und so unauffällig, wie es nur irgend geht, an der Seite und hoffen nur, daß das gut ausgeht. Durch das Gebrülle wohl aufmerksam geworden, erscheint Frau Obermeister. Sofort läßt sie sich berichten, was denn eigentlich los ist. Ich verbitte mir ganz energisch diese unsachliche Anbrüllerei durch die Frau Meister. Dann erzähle ich ihr noch, wodurch der Wortwechsel eigentlich zustande gekommen ist. Ihr ist die ganze Sache wohl etwas peinlich. Auf der einen Seite sieht sie, daß ich im Recht bin, auf der anderen Seite kann sie ihr unterstelltes Personal unmöglich vor uns herunterputzen.

So werden wir ohne weiteren Kommentar in unsere Zelle zurückgeschlossen.

Am nächsten Tag händigt mir Frau Obermeister ganz persönlich eine Cremedose aus. Sie hat sie leer von zu Hause mitgebracht und meine Creme darin umfüllen lassen. So zufrieden ich mit diesem Ausgang auch bin, so viel Verrücktheit von seiten der Anstaltsleitung ist mir unverständlich. Daher aber kommen solche Anordnungen.

Bereits am nächsten Morgen werden wir zur Arbeit geholt. Halb fünf wecken, um fünf raustreten. Wir sehen, man hat die Untersuchungsgefangenen aus fünf Verwahrräumen zu einer Arbeiterbrigade zusammengestellt. Das Kommando hat die Küchenchefin, ebenfalls eine Strafgefangene. Wir haben noch keine Ahnung, was wir eigentlich tun sollen. Zuerst kommt das Organisatorische. Zu zweit hintereinander aufstellen, Verlesen der Namen. Auf eine komische, uns neue Art. Durch eine Frau Meister wird jeweils ein Familienname aufgerufen, die Betreffende hat darauf wie aus der Pistole geschossen mit Vornamen und Geburtsdatum zu antworten. Ein nettes Spielchen. Es wiederholt sich von nun an jeden Morgen. Dann geht es los. Über den Hof, wo alle erst einmal tief Luft holen, runter durch die große Küche in ein finsteres Kellerloch. Anders kann man diesen Raum wirklich nicht bezeichnen. In einer abgetrennten Box liegen Unmengen Kartoffeln. An den Wänden entlang sind schmale Holzbänke aufgestellt, auf denen wir Platz nehmen. Jeder erhält einen Eimer, vor je zwei Frauen wird ein großer Kübel gestellt. Dazu bekommt jede von uns einen Kartoffelschäler in die Hand, für den wir unterschreiben müssen. Dann geht es los. Zuerst erklärt die Küchenchefin das Wichtigste, dann sind wir mit dem Brigadier, einer Strafgefangenen, allein. Die ehemalige Kartoffelschälbrigade muß in der Stadt Messehallen einräumen, darum hat man aus Untersuchungshäftlingen eine neue Brigade zusammengestellt. Zwei werden eingeteilt, um die Kartoffeln aus der Horde in die Vorschälmaschine zu befördern. Vorher müssen sie die Kartoffeln mit dem Schlauch abspritzen. Wir haben inzwischen jede eine Blechschüssel auf den Knien, in die wir von den beiden Frauen regelmäßig vorgeschälte Kartoffeln eingeschüttet bekomen. Die Maschine schält sehr schlecht. Viel anders als vorher sehen die Kartoffeln, die rauskommen, auch nicht aus. Dann schälen wir aus Leibeskräften. Die fertigen Kartoffeln kommen vor uns in die Eimer, wer einen Eimer voll hat, muß ihn vom Brigadier eintragen lasen, dann darf er ihn in den Kübel schütten. Der Brigadier kontrolliert die geschälten Kartoffeln, weist darauf hin, daß wir jedes kleine Pünktchen zu entfernen haben, und schleppt volle Kübel weg. Unsere Kartoffelschäler sind vollkommen stumpf und bereits nach einer Stunde haben wir alle dicke Blasen. In diese mischt sich, wenn sie aufplatzen, der Kartoffeldreck, und das Ganze tut ganz einfach abscheulich weh. Vom Brigadier erfahren wir, daß sonst auch nur mit Messern geschält wird, aber Untersuchungshäftlingen dürfen keine Messer gegeben werden. Das hebt natürlich unsere Stimmung ungemein.

Plötzlich kommt von oben das Kommando: »Alle raustreten!« Wir steigen aus dem Keller hoch und müssen über den Hof. Dort stehen mehrere LKW, die von uns abgeladen werden sollen. Und nun schleppen wir. Gemüsekisten, Brotkisten, Fleischkisten. So schwer, daß wir manche kaum hochbekommen. Es nützt nichts, der dabeistehende Posten treibt uns an, und wir geben unser Äußerstes. Wir schleppen, was wir können, stets drei Treppen hoch zum Vorratsraum. Auf der Treppe, wo wir nicht gesehen werden können, setzen wir keuchend für einige Minuten ab. Doch viel hilft das auch nicht. Hinterher kommt uns alles um so schwerer vor. Am schwersten sind die Brote und die Fleisch- und Wurstkisten. Die Fahrer der LKW's stehen im Hausflur und unterhalten sich halblaut. Wie wir vorbeigehen, hören wir: »Das ist doch keine Arbeit für Frauen!« Was soll's, die Gefängnisleitung scheint nicht ganz dieser Meinung zu sein. Also weiter. Nachdem wir fertig sind, geht es wieder zurück in den Kartoffelkeller. Weiterschälen. Da sitzen wir nun. Fünfundzwanzig Frauen der verschiedensten Altersgruppen. Schälen und klönen. Die meiste Zeit sind wir unbeaufsichtigt, also fließt die Unterhaltung rege. Nach kurzer Zeit kennen wir uns. Viele erzählen, warum sie hier sind. RF, Assi, Betrug, Diebstahl. Wer nicht erzählen möchte, weshalb er hier sitzt, über den wissen andere Bescheid. Flüsternd und unter dem Siegel der Verschwiegenheit werden auch diese Geschichten erzählt. So kennt bald jeder jeden.

Hauptthema aber ist die erwartete Amnestie. Darüber wird laut und leise diskutiert, jeder weiß etwas anderes, Genaueres, Besseres. Jeder hat eine Quelle, die noch zuverlässiger ist als die seiner Schälnachbarin. »Der Rechtsanwalt hat gesagt...« »...mein Staatsanwalt hat durchblicken lassen, ich muß von meiner Strafe ja gar nicht mehr viel absitzen!« »Mein Rechtsanwalt hat gemeint, wer weiß, ob es überhaupt noch zu einer Verhandlung kommt!« So geht es stundenlang. Alle horchen begierig, um ja kein Wort zu verpassen. Und alle hoffen und hoffen – es ist schon jetzt nicht vorzustellen, wieviel Enttäuschung das gibt, wenn trotz aller Vorausagen doch keine Amnestie kommt. Aber was soll's. Pessimisten, zu denen auch ich zähle, werden in diesen Diskussionen glatt überstimmt. Die Amnestie kommt!! Sie hat einfach zu kommen, denn wenn der Jahrestag kein Anlaß ist, was dann. Außerdem haben bisher alle anderen irgendwie aufzählbaren Länder zu solchem Anlaß eine Amnestie herausgebracht, also können wir uns nicht ausschließen! Also nur keine Bange und noch ein wenig Geduld, die paar Wochen sitzen wir auch noch ab.

Wir lachen, schwatzen und schälen. Zwei Eimer sind immer ein Kübel. Schnell geht es nicht gerade, bis ein Kübel voll ist. Der Brigadier meint, daß wir sehr langsam sind, hoffentlich bekommen wir keinen Ärger. Sie sagt dies nicht böse, aber sie ist verantwortlich und muß den Buckel herhalten, wenn etwas schief läuft. Wir schälen, was wir können, aber schließlich hat keine von uns diese Arbeit vorher in Leistung betrieben. Die körperlichen Schmerzen tun auch ein übriges, um die Leistung nicht gerade zu steigern. Der Hintern schmerzt von den schmalen Holzbänken, den Rücken können alle vor Schmerzen kaum noch gerade biegen, da die gebückte Haltung beim Schälen ungewohnt ist. Die Schuhe sind bei allen völlig vom Wasser durchnäßt, welches beim Abspritzen der Kartoffeln durch den ganzen Keller fließt. Dazu sind wir noch geschafft von der Anstrengung des Kistenschleppens. Meine Arme sind wie lahm. Der Brigadier hat uns ein paar alte Lappen besorgt, die wir in Fetzen gerissen und um die Blasen gewickelt haben. So drückt wenigstens nicht noch der Schäler auf die offenen Hautstellen an den Fingern, und es läßt sich einigermaßen ertragen. Die Schäler sind total stumpf, und wir kommen und kommen einfach nicht auf das erforderliche Tempo. Wir bekommen das Soll gesagt – sechs Kübel, also zwölf Eimer. Keine von uns kann sich vorstellen, wie sie das schaffen wird.

Frühstück! Alles atmet auf. In Gruppen zu fünft gehen wir nach oben in einen kleinen Raum mit einem Tisch und Stühlen darum. Er ist von der Küche durch eine spanische Wand abgetrennt. In der Küche arbeiten ebenfalls nur Strafgefangene. Von ihnen bekommen wir unser Frühstück. Jeder ein Brötchen, ausreichend Schnitten. Dazu Marmelade, Margarine, und wer möchte, kann noch ausgelassenes Fett erhalten. Das Schönste aber, wir bekommen einen Becher Milch! Herrlich! Nach einer Viertelstunde geht es wieder runter, die nächste Gruppe erscheint zum Frühstück.

Wieder schälen wir. Schälen, schälen, schälen. »Achtung!« Gewohnheitsmäßig schnellen wir bei diesem Ruf alle in die Höhe, die Schüsseln vor dem Bauch. Eine Frau Unterleutnant steht in der Tür. Sie stellt sich vor uns hin und schaut erst einmal alle lange an. Ich blicke ihr ebenfalls in das Gesicht. Irgendwie muß sie das irritieren, denn sie fragt mich barsch: »Warum gucken Sie so, Inhaftierte?« Was soll ich darauf entgegnen, ich sage einfach: »Ich gucke immer so, Frau Unterleutnant!« Hätte ich das nur nicht gesagt! Keine zwei Minuten später weiß ich, daß diese Arbeit eine Auszeichnung für mich bedeutet, daß viele andere Inhaftierte froh wären, wenn sie hier arbeiten dürften, und daß ich nur nicht frech werden solle. Nur ruhig, nur ruhig! In mir kocht es, aber ich gebe mir größte Mühe, mich nicht zu einer Entgegnung hinreißen zu lassen. Hoffentlich bin ich in Zukunft nicht viel auf diese Frau Unterleutnant angewiesen, bei ihr werde ich bestimmt nichts mehr zu lachen haben. Unterleutnant Meier, ich merke mir den Namen gut. Dann muß der Brigadier Rede und Antwort stehen, warum wir mit dem Schälen noch nicht weiter sind, in der Küche würden baldigst die Kartoffeln gebraucht. Anschließend erhalten wir eine Strafpredigt verabreicht, die nichts zu wünschen übrig läßt. Keine sagt einen Ton. Frau Unterleutnant hat Haare auf den Zähnen, eine Kostprobe davon bekamen wir ja schon geliefert. Also sind alle hübsch ruhig und unauffällig. Das Argument mit den stumpfen Kartoffelschälern ist zwar nicht von der Hand zu weisen, unsere wunden, verwickelten Hände sind auch nicht zu übersehen, aber es ist ausschließlich unsere Sache, wie wir auch mit stumpfen Schälern genügend schälen. Erstens hätten wir nicht hierzusein brauchen und zweitens sollen wir uns ein bißchen zusammennehmen. Inhaftierte dürfen nun einmal keine Messer ausgehändigt bekommen. Basta.

Frau Unterleutnant geht. Wir schälen. Als wir sie sicher außer Hörweite wissen, machen wir zwar unserem Herzen Luft, doch was hilft es. Die leeren Kübel sind nicht zu übersehen. Also schälen wir.

Mittagessen. Gutes Essen, mit bedeutend mehr Fleisch als auf der Zelle. Wieder essen wir in Gruppen. Vom Salat bekommen wir die feinen zarten Innenblätter, die äußeren, derben gehen auf die Zellen. Ja, wer in der Untersuchungshaft in der Küche arbeiten kann, steht sich nicht schlecht, was die Verpflegung angeht. Die Küchenarbeiterinnen sind alle schon Strafgefangene und hoffen alle, ihre Strafzeit hier einigermaßen gut über die Runden zu bringen. Sie glauben alle fest an die kommende Amnestie und sehen sich schon in wenigen Monaten in Freiheit. Eine Viertelstunde Zeit auch für das Mittagessen, dann geht es in gewohnter Weise unten weiter. Als die Zeit bis zum Feierabend nicht mehr lang ist, steht es fest – wir schaffen die benötigten Kartoffeln nicht. Unser Mittagessen lag viel zeitiger als das der übrigen Inhaftierten und war vom Vortag gekocht. Aber das Essen muß raus, zumal von der Gefängnisküche noch verschiedene Außenstellen der Polizei mit versorgt werden. Es ist sowieso schon viel zu spät geworden. Also beschließt die Küchenchefin, die bereits geschälten Kartoffeln für den nächsten Tag zu verwenden, in Windeseile waschen wir Kartoffeln und schichten sie dann in Einsätze für die großen Kessel ein. Es gibt Pellkartoffeln!

Vom Personal läßt sich niemand mehr blicken. Als wir fertig sind, säubern wir den Keller, dann stehen wir herum. Das Küchenkommando ist mit seiner Arbeit noch nicht fertig, und extra wird unser Schälkommando nicht hochgeschlossen. Auch diese Zeit vergeht, warten sind wir ja gewöhnt. Die Küchenchefin hat eine Uhr, wir warten bereits über eine Stunde. Dann ist auch in der Küche alles sauber. Frau Unterleutnant erscheint, nimmt die Meldung entgegen, dann schließt sie uns raus. Da wir noch keinen Rundgang hatten, dürfen wir den jetzt nachholen. In nassen und verdreckten Sachen. Aber es ist noch schöner Sonnenschein, und so macht es uns nichts weiter aus. Jeder genießt die abendliche Luft in vollen Zügen. Jetzt laufen wir im Innenkreis, wir sind ja bedeutend weniger, als sich sonst beim Rundgang auf dem Hof befinden, und da kann man uns im kleinen Kreis besser überblicken. An manchen Fenstern erkennen wir Männergesichter. Plötzlich ruft es von irgendwo: »Strengt euch mal bißchen an! Wegen euch mußten wir also heute Pellkartoffeln essen!« Frau Unterleutnant schaut zwar sofort in die entsprechende Richtung, aber es ist durch die Lichtspiegelungen völlig unmöglich, herauszubekommen, von wo der Ruf kam. Wir grinsen alle, aus den Fenstern der Männer tönt lautes Gelächter. Natürlich ist unsere Bewacherin wütend, aber sie kann nichts unternehmen. Also gibt sie über Sprechfunkgerät, welches alle Wachpersonen bei sich haben, irgendwelche Anweisungen nach innen. In kurzer Zeit ist kein Männergesicht mehr an den Fenstern zu erkennen.

Nach dem Rundgang wird uns gesagt, daß es heute zum Duschen zu spät ist, wir werden auf unsere Zellen geschlossen. Vollkommen erschöpft ziehen wir uns erst einmal aus, dann fallen wir auf die Stühle. Wie gern würden wir uns jetzt mit den Rückenschmerzen, die wir alle haben, auf die Betten fallen lassen. Leider dürfen wir dies noch lange nicht.

Das Abendbrot steht schon auf dem Tisch. Es ist in unserer Abwesenheit hereingestellt worden. Nachdem wir uns gewaschen haben, essen wir. Reichhaltiger, denn es gibt ja für uns nun Arbeiterverpflegung! Das bedeutet: Mehr Margarine, ein größeres Stück Wurst und zusätzlich ein paar Radieschen an diesem Tag.

Als endlich Nachteinschluß vorbei ist, sind wir schon mit dem Schließen des Riegels in den Betten. Vollkommen geschafft. Selbst was Manfred da mit seiner Eri flüstert, kann uns nicht mehr wach halten. So schnell und fest schliefen wir lange nicht mehr.

Punkt halb fünf klopft es an die Zellentür. »Aufstehen!« Uns ist, als wären wir eben erst eingeschlafen. Auf und weiter geht's.

Waschen, anziehen – die Klamotten stehen von Kartoffelstärke. Essen, Kaffee ist noch nicht da, also geht's auch ohne. Raustreten, Antreten, Verlesen der Namen, Meldung. Abmarsch.

Zu unserer Überraschung bekommen wir heute vor der Arbeit Messer ausgehändigt. Mit der Belehrung, wenn ein Messer fehlen sollte, wird gesucht, bis es wieder da ist! Hoffentlich kommt das nie vor. Dann unterschreiben wir alle, ein Messer erhalten zu haben.

Jetzt geht das Schälen besser und schneller. In den nächsten Tagen schaffen es etliche von uns, auf die geforderte Anzahl Kübel zu kommen. Das Gespräch dreht sich in der Hauptsache jeden Tag um das gleiche Thema: Amnestie! Aber nur leise wird darüber gesprochen. Wenn ein Posten oder eine andere Aufsichtsperson hereinschaut, ist sofort Stille. Sogar der Herr Oberleutnant läßt sich sehen und fragt, ob wir Beschwerden hätten. Selbstverständlich haben wir keine. Wir schleppen weiter Wurstkisten, Fleischkisten und Gemüsekisten, mehrmals täglich, und wir schälen.

Langsam gewöhnen wir uns an die Arbeit. Das Schleppen ist zwar nach wie vor eine Viecherei, aber mit dem Schälen kommen die meisten von uns nun auf das gewünschte Soll. Wer es nicht schafft, das sind doch einige, für den schälen die ganz Schnellen mit. Wir sind alle froh, aus der Isolation der Zelle heraus zu sein. Wir haben wenig auszustehen. Da wir die Arbeit jetzt schaffen, läßt sich vom Personal niemand mehr blikken. Nur die Küchenchefin schaut ab und zu herunter zu uns. Wenn es besonders gutes Essen gibt, stopfen wir uns voll, so gut wir können. Denn jede weiß, daß diese gute Zeit nicht ewig dauern wird. Wir hoffen nur, das normale Küchenkommando möchte noch recht lange zum Einräumen der Messehallen brauchen.

Kommen Kisten mit Obst oder mit Radieschen, so schlagen wir uns den Bauch voll. Heimlich natürlich. Die Küchenchefin weiß es, sie macht es genauso. Überhaupt alle, die hier unten arbeiten. Man darf sich nur nicht erwischen lassen, dann geht es schlimm aus. Aber das tun wir auch nicht. Der Keller hat genug finstere Gänge und beim Abladen der Gemüsekisten steht der Posten oben. Also kann uns unten beim Aufstapeln niemand sehen. Und wer weiß später schon, wie voll die Kisten waren? Von diesen Sachen sehen wir normalerweise oben auf den Zellen nichts, die kommen zum Personal und in die Polizeiküche. So ist es nicht verwunderlich, wenn alle ihren Heißhunger auf etwas Frisches hier nicht mehr bremsen können. Zuerst sind wir noch sehr zaghaft. Als wir aber mitbekommen, daß die Äpfel und die Radieschen stets erst zur Verarbeitung hochgegeben werden, wenn schon ein gutes Drittel zu faulen beginnt, verliert sich das. So beugen wir ja nur vor, damit nicht so viel umkommt!

Mitten im Schälen wird von oben heruntergerufen: »Inhaftierte Siegert, zum Sprecher!« Mir war zwar der Termin bekannt, aber ich hatte angenommen, daß ich mich vorher noch umziehen kann. Nun eben nicht! Also marschiere ich in den von Kartoffeldreck und Stärke stehenden und stinkenden Arbeitssachen los. Oben nimmt mich ein Posten in Empfang, durch lange Korridore, an einer Schleuse vorbei geht es in den anderen Flügel des Gefängnisses, den die Besucher nur zu sehen bekommen. Hier finden auch die Besuche der Rechtsanwälte statt, hat man mir berichtet. Zu den Verhören mußte ich ebenfalls hierher, allerdings in einen anderen Raum. Jetzt werde ich zum Sprecherraum geführt. Frau Obermeister erwartet mich schon, und ich bin eigentlich erleichtert, daß sie es ist, die beim Besuch dabeisein wird. Gar nicht auszudenken, wenn Frau Unterleutnant Meier . . . Na, ich habe Glück.

Der Raum ist durch eine tischähnliche Barriere in der Mitte in zwei Hälften unterteilt. Auf dieser Barriere sind Glasscheiben mit kleinen Unterbrechungen angebracht, durch die man sich die Hand reichen oder etwa geben kann. Auf beiden Seiten dieses »Hindernisses« stehen Stühle. Ich darf schon Platz nehmen, nach der üblichen Meldung, versteht sich. Links von mir, drei Stühle entfernt, sitzt schon ein junger Mann. Er unterhält sich durch die Glasscheibe mit seiner Mutter.

Kaum sitze ich, geht die Tür auf der anderen Seite der Barriere auf, Peter wird hereingelassen. Es ist schon ein seltsames Gefühl, auf beiden Seiten. Durch das Loch in der Scheibe reichen wir uns die Hand, dann setzt sich jeder auf seiner Seite. Wie viele Wochen sind vergangen, seit wir uns das letzte Mal gesehen haben! In unsere anfängliche Verlegenheit mischt sich Frau Obermeister, die neben mir Platz genommen hat. Sie weist uns darauf hin, daß Gespräche über die Straftat verboten sind, nur rein persönliche Gespräche sowie Gespräche über aktuell-politische Ereignisse sind erlaubt. Als wenn wir auf letzteres scharf wären! Also unterhalten wir uns rein privat. Peter mustert fragend meinen vollkommen verdreckten Anzug und fragt, ob ich wohl von Arbeit komme. Ich will gerade antworten, da läßt mich ein diskretes Räuspern von der linken Seite verstummen. Das zählt also nicht zum privaten Bereich.

Ich erfahre, wie es den Kindern geht, daß Dieter noch keine Sprecherlaubnis gehabt hat, daß draußen schönes Wetter ist. Worauf ich antworte: »Ich weiß, wir kommen täglich eine halbe Stunde an die Luft!« Ein kurzer Blick von mir zur Seite – Frau Obermeister lächelt! Also war dieser kurze Einblick in meinen Alltag gerade noch erlaubt. Peter hat mir Fotos mitgebracht, von unserer Familie. Ich freue mich, alle haben hier Fotos von ihren Angehörigen. Drei darf ich mir heraussuchen, aber vorher werden sie von Frau Obermeister ganz genau unter die Lupe genommen. Dann darf ich sie behalten. Peter hat mir noch mehr mitgebracht, eine Tüte Bonbons und einen Beutel mit Obst. Er darf es mir nicht geben. »Die Inhaftierten haben Einkauf und können sich Süßwaren kaufen, die Verpflegung ist auch ausreichend!« Wollte ich den letzten Teil von Frau Obermeisters Satz widerlegen, wäre das nicht mehr privat. So wende ich nur ein, daß ich keinen Einkauf habe, weil unser gesamtes Geld beschlagnahmt worden ist. Sichtlich erstaunt horcht Peter auf. Es hilft mir nichts. Die Sache mit dem Einkauf ist meine Angelegenheit, es dürfen keine Ausnahmen gemacht werden. Süßwaren und Lebensmittel sind nun mal nicht erlaubt, nur Kosmetiksachen dürfen mitgebracht werden. Kosmetiksachen hat Peter natürlich nicht mit, er konnte nicht ahnen, daß ich dergleichen benötige. Also bitte ich wieder Frau Obermeister um eine Sondergenehmigung für ein Kosmetikpaket. Ohne Geld kann ich mir keine Seife und keine Zahnpasta kaufen, ich brauche beides aber dringend. Ich bekomme die Genehmigung, auch für Haarwäsche. Man wird Peter den Schein zuschicken, dann darf er mir diese Sachen schicken.

Nie hätte ich gedacht, daß eine halbe Stunde so schnell vergehen kann. Wir werden aufgefordert, uns zu verabschieden. Der nächste Sprecher für uns wäre in vier Wochen.

Wieder ein kurzer Händedruck durch die Glasscheibe, »Tschüß, halt den Kopf hoch, wird schon gut gehen!«, dann bin ich wieder allein.

Mit Frau Obermeister, versteht sich.

Ich werde zurückgebracht und vor der Küchentür abgestellt. Sie ist verschlossen, Frau Obermeister hat keinen Schlüssel. Aber sie wird einen Posten schicken, der mich reinschließt. So stehe ich also wieder einmal und warte. Eine Uhr habe ich zwar nicht, doch eine Stunde vergeht bestimmt. Dann erscheint ein Posten. Er ist sichtlich erstaunt, mich hier allein zu sehen. »Auf wen warten Sie denn?« Ein Glück, daß er zufällig vorbeikam. Wer weiß, wie lange ich sonst hier noch gestanden hätte. Als ich durch die Küche gehe, fragt mich die Küchenchefin: »Na, Sprecher gehabt?« Ich nicke nur. In meiner Kehle ist ein Gefühl, welches mir zur Zeit jede Unterhaltung unmöglich macht. Doch das ist hier nichts Neues, es geht jedem so, der zum ersten Mal Besuch hatte. Dann geht alles wieder seinen gewohnten Gang.

Wir sind schon die zweite Woche hier unten beschäftigt und haben auf Umwegen über die Küchenchefin zu hören bekommen, daß das richtige Küchenkommando seine Arbeit in der Innenstadt wohl bald beenden wird. Also kann es mit unserer Arbeit hier unten auch nicht mehr lange dauern. Obwohl wir hart ran müssen, tut es allen ein bißchen leid. Es gibt zum Mittagessen Buletten. Da sehr viele übrig sind, können wir uns nachnehmen, so viel wir wollen. Wir besorgen uns Papier und wickeln welche ein. So haben wir mehr zum Abendessen, denn jetzt haben wir uns ja sattgegessen. Wir sitzen schon wieder beim Schälen, da bemerkt unser Brigadier, was wir eingewickelt haben. Und wir erfahren, daß man hier unten zwar so viel essen kann, wie man will, aber es ist verboten, Eßwaren mit auf die Zelle zu nehmen. Also packen wir alles wieder aus und essen, was wir können. Bei der siebenten Bulette macht sich ein komisches Gefühl in meinem Magen breit. Anderen geht es ebenso, aber da so etwas Köstliches, und dazu noch in solchen Mengen, wohl nie wiederkehrt, schaffen wir dann vereint doch alle Vorräte. So haben wir wenigstens mal gut gelebt! Heimlich mit hochnehmen wäre nicht drin gewesen, denn an manchen Tagen werden wir kontrolliert, wenn wir einrücken. Wenn da bei einem etwas gefunden wird, geht er in Arrest.

Kurz vor Feierabend kommt die Küchenchefin zu uns runter. Sie hat mit Frau Obermeister gesprochen, wir dürfen ausnahmsweise die Buletten zum Abendessen mit auf die Zellen nehmen! Uns ist bald schlecht vom vielen Reinstopfen! Wir ärgern uns, aber was ändert das. Zum Feierabend bekommen wir jede einen Apfel.

Dann stürze ich beim Verlassen des Frühstücksraumes unglücklich über eine Stufe auf den Steinfußboden. Im Handumdrehen schwillt das Knie an, ich habe ziemlich starke Schmerzen. Ein Posten wird herbeitelefoniert, zwei Frauen stützen mich beim Laufen und bringen mich auf unsere Zelle. Sie gehen zurück zur Arbeit, ich bleibe und erhalte die Genehmigung, mich hinzulegen. Nachmittags kommt der Arzt, da soll ich vorgestellt werden. Ich schlafe erst einmal eine große Runde. Unsanft werde ich geweckt, weil die Tür aufgeschlossen wird. Meine spezielle »Freundin«, Frau Unterleutnant Meier, steht in der Tür und brüllt mich an, was ich auf dem Bett zu liegen habe, und überhaupt, warum ich nicht zur Arbeit gegangen sei. Ich kläre den Sachverhalt, beim Anblick meines dicken und inzwischen dunkelblau gefärbten Knies – ich kann nicht einmal richtig stehen, ohne große Schmerzen zu haben – muß sie doch klein beigeben. Ich sehe es ihr an, sie tut es äußerst ungern. So darf ich mich wieder hinlegen, mit der Auflage, mich heute nachmittag zum Arzt zu melden. Am Nachmittag und am Abend geschieht nichts. Als ich mir endlich ein Herz fasse und klingle, erfahre ich, daß der Arzt schon wieder weg ist. Am Abend bringen meine drei Zellengenossinnen Eier mit, wir leben gut! In den folgenden Tagen melde ich mich zum Arzt, so oft ich jemand vom Personal zu Gesicht bekomme. Ich merke, ich falle ihnen schon lästig damit. Ich muß jeden Tag mit zur Arbeit, worüber ich einesteils doch froh bin. Denn den ganzen Tag allein auf der Zelle – ich weiß ja nicht! Das Knie schmerzt fürchterlich, schimmert in allen Farben und schwillt auch noch nicht wesentlich ab. Was tut's. Beim Schälen sitze ich ja, und wenn es ans Tragen der Kisten geht, darf ich nach Rücksprache mit irgend einem Posten sitzen bleiben. Es wird von allein auch wieder. Die Schmerzen beim Laufen bleiben zwar noch, aber die Färbung verschwindet nach und nach. Nur zum Arzt komme ich nicht. Da kann ich mich melden, so oft ich will.

Wir bekommen gesagt, daß dies unser letzter Tag in der Schälküche ist. Nicht zu ändern. Doch irgendwie ist es schade.

Jetzt sitzen wir wieder im grauen Einerlei der Zelle und verdösen unsere Zeit. Lotte versucht hin und wieder, eine Unterhaltung in Gang zu bringen. Keiner hört richtig hin. Ab und zu sagt eine von uns: »Ja, ja« oder »ach so«, damit sie den Eindruck hat, wir hörten alle aufmerksam zu. Das genügt ihr vollkommen. Uns interessiert es wenig, wo sie mit welchem Russen was hatte. Sie erzählt nur ihre Abenteuer mit russischen Soldaten, es müssen nicht wenige gewesen sein. Das heißt, Soldaten können es auch nicht gewesen sein, denn solche bekommen ja allein gar keinen Ausgang. Also Offiziere und dergleichen. Wenn ich Lotte ansehe, kann ich mir nichts von ihrem Erzählten als Wahrheit vorstellen. Nun, vielleicht war sie in Freiheit etwas besser zurecht gemacht. Wenn das überhaupt helfen kann. Wie sie hier auf ihrem Bett sitzt und Hühneraugen auspult, ist sie mir widerlich. Nicht nur mir. Dann erzählt sie von ihren Kindern. Zwölf oder dreizehn, das ändert sich von Zeit zu Zeit. Alle sind im Heim. Wie wir heraushören, hat sie die Heimkosten monatelang nicht bezahlt. Das letzte Kind ist gerade drei Monate alt, und Lotte erzählt, es sei so niedlich, daß ihre Staatsanwältin es adoptieren will. Jetzt können wir uns das Lachen doch nicht mehr verbeißen. Auf unsere Bemerkung, sie möchte doch etwas weniger dick auftragen, schweigt sie beleidigt. Leider nicht lange, dann hören wir ihre nächste Lebensgeschichte. Aus all dem Gehörten machen wir uns unser Bild. Sie muß hier sein wegen asozialen Lebenswandels, Arbeitsbummelei, Vernachlässigung der Aufsichtspflicht und der Unterhaltspflichten. Wenn es gut geht, kommt noch Prostitution dazu. Ihre Verhandlung ist am nächsten Tag. Vollkommen gelassen geht sie hin. Wir sind alle gespannt, wie sie wiederkommt. Inge ist neugierig und kramt während Lottes Abwesenheit in deren Fach. Sie bringt die Anklageschrift zum Vorschein und liest daraus vor. Das ist zwar nicht in Ordnung, aber wen interessiert das schon. Unsere Vermutungen waren richtig. Allerdings erfahren wir auf diesem Wege auch noch, daß Lotte bereits zum zweiten Mal in Haft ist. Wegen der gleichen Sache. Ein Jahr Freiheitsstrafe hat sie schon abgesessen und kam dann durch eine Amnestie eher raus. Also wird sie jetzt keine niedrige Strafe mehr bekommen können. Sorgfältig baut Inge die Anklageschrift wieder an ihren alten Platz ein.

Nach dem Mittagessen kommt Lotte zurück. Ruhig und gelassen, wie sie ging. Setzt sich an den Tisch und genießt das warmgestellte Essen. Als wir endlich vorsichtig fragen, was sie denn bekommen hat, meint sie: »Eins bis zwei AE.« Das heißt zu gut deutsch: Ein bis zwei Jahre Arbeitserziehung. Diese Strafen sind ohne begrenzte Zeitangabe, der Entlassungstermin richtet sich nach der Führung. Lotte scheint nicht im geringsten erschüttert. Wir wissen, sie lügt. Denn beim zweiten Mal gibt es wegen dieser Delikte bereits zwei bis fünf Jahre Arbeitserziehung. Auch im späteren Verlauf des Tages merken wir ihr keine Regung an. Sie freut sich, daß sie nun endlich in den Strafvollzug kommt. Wir begreifen nichts mehr.

Am nächsten Tag wird Lotte bereits verlegt, in die Zellen derer, die in den nächsten Tagen auf Transport gehen werden.

Das leere Bett bleibt unbelegt. Zu dritt langweilen wir uns schon den dritten Tag. Recht deutlich bemerken wir den Unterschied zwischen Arbeiter- und Nichtarbeiterverpflegung. Die Schnitten werden wieder gemeinsam geschmiert. Inge erzählt von ihrer Kindheit und Jugend in verschiedenen Kinderheimen, sie ist hier, weil sie zwei Wochen nicht auf Arbeit war. Sie wollte eine andere Arbeitsstelle, die Jugendfürsorge war dagegen. So blieb Inge einfach zu Hause. Als sie merkte, was sie sich da einhandelte, war es zu spät. Morgen hat sie Verhandlung, ihr merkt man die Aufregung an. Wir reden ihr gut zu. Das Gericht wird ihre Vergangenheit berücksichtigen, denken wir. Und vierzehn Tage, das zum ersten Mal – wenn sie Glück hat, bekommt sie Bewährung.

Am nächsten Tag kommt eine vollkommen in Tränen aufgelöste Inge von der Verhandlung zurück. Sie ist überhaupt nicht fähig zu sprechen. Als sie sich endlich ein wenig beruhigt hat, bringt sie es unter Schluchzen heraus: »Eins bis zwei AE!« Wir können es nicht glauben. Sie ist doch noch ein großes Kind! Ob sie aus der Arbeitserziehung gebessert herauskommt? Bei solchem Umgang wie zum Beispiel Lotte? Wir trösten sie, so gut wir können, da denkt keiner an seine eigenen Sorgen und Schwierigkeiten. Noch am Abend wird Inge verlegt. Also geht sie mit Lotte zusammen auf Transport.

Jetzt sind wir nur noch zwei auf der Zelle. Margit ist furchtbar mit den Nerven herunter und dadurch sehr gereizt. Wenn sie einen Brief von ihrem Mann erhält, schluchzt sie hemmungslos, verkriecht sich damit in die hinterste Ecke der Zelle und weint stundenlang. Kein Zureden hilft. Nach dem Sprecher mit ihrem Mann ist sie überhaupt nicht mehr zu beruhigen. Abends nach dem Nachteinschluß bekommt sie Migräne. Wir klingeln und bitten um eine Tablette. Vor der Tür müssen den Stimmen nach zwei Wärterinnen sein. Für einen kurzen Moment wird die Klappe am Spion weggeschoben, wir hören, wie eine zur anderen sagt: »Was will die denn, die sieht doch noch ganz gut aus!« Nach Nachteinschluß werden die Zellen nur im äußersten Notfall geöffnet, es gibt auch keine Medikamente mehr. Wir hätten es früher melden müssen.

Inzwischen geht es Margit wirklich zum Erbarmen. Sie muß sich mehrmals übergeben, dann liegt sie auf ihrem Bett und jammert leise vor sich hin. An Schlafen ist nicht zu denken. Ich versorge sie in regelmäßigen Abständen mit kalten Waschlappen, die sie auf die Stirn legt. Dann versuche ich nochmals, eine Tablette für Margit zu bekommen und klingle. In der nächsten Stunde rührt sich auf mein Klingeln überhaupt nichts. Nach einer Ewigkeit schlurft draußen jemand herbei, ich erkenne an der Stimme die Frau Meister, die schon vorher an der Türe war. Zuerst handele ich mir einen mächtigen Anranzer ein, was ich mir denn herausnehme, wegen so einer Lappalie schon wieder zu klingeln. Mir ist jetzt schon alles egal. Ich gebe ihr zu verstehen, daß ich mich beim Anstaltsleiter beschweren werde. Unter unzähligen harten Worten erklärt sie sich daraufhin endlich bereit, eine Tablette zu suchen. Wieder vergeht eine Ewigkeit. Dann wird aufgeschlossen, und zu zweit stehen sie draußen. Nochmals bekommen wir zu hören, ob denn das wirklich nötig sei, dann erhält Margit eine Tablette Gelonida. Schon ist die Tür wieder zu. Die Tablette hilft so gut wie nichts, Margit quält sich weiter. Ich ziehe mir die Bettdecke über die Ohren und versuche zu schlafen. Am Morgen sind wir beide wie gerädert.

Nach dem Zählappell wird die Tür nochmals aufgeschlossen, Frau Obermeister erkundigt sich nach Margits Befinden. Sie hat im Streifenbuch von der nächtlichen Klingelei gelesen. Kurze Zeit darauf reicht sie noch zwei Tabletten herein. »Falls sie noch benötigt werden«, sagt sie. Dann wird die Tür wieder geöffnet, eine junge Wachtmeisterin schaut herein und läßt sich die obligatorische Meldung machen. Danach fragt sie: »Wer ist Verhaftete Siegert?« Ich melde mich. »Sie hatten sich zum Arzt gemeldet? Bitte kommen Sie!« Jetzt lache ich aber laut, was sie sichtlich irritiert. Sie bittet sich mehr Disziplin aus. Was soll ich beim Arzt nach vierzehn Tagen? Das Knie heilt längst von allein, beim Sitzen in der Zelle wird es sowieso nicht mehr angestrengt. Und an die Schmerzen habe ich mich langsam gewöhnt. Trotzdem nimmt sie mich mit zum Arzt. Der wirft einen kurzen Blick darauf und wundert sich, warum ich überhaupt zu ihm komme. »Das heilt jetzt von allein, müssen Sie arbeiten?« Ich verneine und bin entlassen.

Wieder sind wir allein. Wir unterhalten uns nur wenig. Wenn man längere Zeit schon zusammen ist, verringert sich der Gesprächsstoff. Margit ist wegen einer Unterschlagungssache hier, in die sie ihr Chef reingeritten hat. Der Chef muß zwar zu Vernehmungen auch hier erscheinen, aber er befindet sich auf freiem Fuß und markiert den Kranken. Das macht Margit fertig. Nach jeder Gegenüberstellung mit ihrem Chef weint sie stundenlang. Ich kann nicht viel dazu sagen.

Zu lesen haben wir zwar, aber jedem Buch fehlen Dutzende von Seiten. Dafür sind ganze Seiten von Häftlingen beschrieben worden, mit Fluchtplänen, verschlüsselten Adressen, Liebeserklärungen von Zelle zu Zelle, Amnestievoraussagen und anderem. Auch gewisse deutliche Zeichnungen fehlen nicht. Ich bin so wütend, weil ich mit Lesen nicht weiterkomme, daß ich das Buch im hohen Bogen vor die Tür knalle. Es ist sowieso nichts mehr daran zu verderben. Ausgerechnet in diesem Moment schaut eine Frau Meister durch den Spion und öffnet sofort. Ich muß Rede und Antwort stehen und nehme auch kein Blatt vor den Mund. Langsam bin ich auf dem Punkt angelangt, wo man sich sagt: »Was kann dir noch viel passieren! Die machen mit dir doch, was sie wollen.« Seltsamerweise passiert auch nichts weiter. Frau Meister läßt sich das Buch zeigen, stellt fest, daß man es tatsächlich nicht lesen kann und nimmt es mit. Nichts weiter.

Nun haben wir nur noch »Karl Marx, Leben und Werk« auf der Zelle. Dann langweile ich mich schon lieber zu Tode.

Nichts rührt sich. Der Rundgang ist die einzige Abwechslung, mit Blicken und gelegentlichem heimlichen Flüstern verständigen wir uns mit unseren Bekannten aus der Schälküche. Einige sind schon weg, verurteilt und verlegt. Das Wetter ist herrlich, um so schmerzlicher ist die Rückkehr in die Zelle.

Wir waschen nach Nachteinschluß Haare und drehen sie mit selbstgebauten Papierlockenwicklern ein. Dann waschen wir im kalten Wasser noch die Pullover durch, ein wenig Waschpulver gibt es jede Woche auf die Zelle. Die Pullis hängen wir auf Bügel so ans Bett, daß es von außen nicht oder nur durch einen unglücklichen Zufall zu sehen ist. Es ist verboten, Sachen an die Betten zu hängen. Andere Möglichkeiten der Aufhängung sind jedoch nicht vorhanden, ausgenommen die Handtuchhaken.

Am nächsten Tag die gleiche Langeweile. Keine Nachricht von Dieter, keine Post, kein Rechtsanwalt. Es hat den Anschein, als wäre ich von der Außenwelt abgeschnitten.

Dann geschieht doch etwas. Frau Obermeister kommt wieder einmal und fordert uns auf, unsere Sachen zu packen. Wir sollen verlegt und zu einem neuen Arbeitskommando zusammengestellt werden, für das sie nur die besten Inhaftierten ausgewählt hat. Welche Ehre! Trotzdem freuen wir uns, ist doch endlich Abwechslung in Aussicht!

Nach einer guten Stunde holt uns Frau Obermeister. Unser Bündel samt Bettwäsche und Decken unter dem Arm werden wir über den Gang geführt und nur wenige Zellen weiter wieder eingeschlossen. Kurz darauf geht die Tür wieder auf, Neue kommen herein. Bald ist die Zelle voll belegt. Bis auf eine Ausnahme kennen wir uns alle von der Schälküche her. Auf eine Art freuen wir uns, auf die andere sind wir skeptisch. Zehn Frauen auf einer Zelle – wird das gut gehen?

Nach dem Einräumen und Bettenüberziehen bilden sich schon die ersten Grüppchen. In jeder Ecke sitzt und schnattert ein Trupp. Es gibt unheimlich viel zu erzählen. Besonders die jungen Mädchen sind gleich ein Herz und eine Seele.

Wir haben mit dieser Zelle einen guten Tausch gemacht, stelle ich fest. Es ist eine große Zelle, und sie liegt nach dem großen Freihof, wo wir jeden Tag unseren Rundgang absolvieren. Nicht nur wir, fast alle Inhaftierten. Es gibt zwar noch einen kleineren Hof, aber da laufen nur wenige Inhaftierte. Und das Besondere und einzige an dieser Lage ist, unsere Zelle hat keine Blechkästen vor dem Fenster! In allen anderen Zellen ist der Ausblick versperrt. Wir jedoch können jetzt auf den Hof blicken, außerdem zu den Zellen der Männer, sofern sie nicht in unserem Flügel liegen. Das eröffnet ungeahnte Möglichkeiten und für mich die, daß ich eventuell das Glück haben könnte, Dieter zu sehen. Ich freue mich riesig, obwohl noch gar nicht abzusehen ist, ob sich meine Hoffnung erfüllen wird. Selbstverständlich darf sich niemand am Fenster erwischen lassen, aber davor ist mir nicht bange. Irgendwie schafft man hier die unmöglichsten Dinge!

Ich freunde mich mit Lisa an. Sie gleicht mir, da sie auch mehr zum Einzelgänger neigt. Dem Alter nach könnte sie meine Mutter sein. Ich habe sofort Vertrauen zu ihr. Nach kurzer Zeit wissen wir viel voneinander. Auch Lisa ist wegen RF hier. Sie wollte zusammen mit ihrem Sohn über die Grenze der ČSSR in die Bundesrepublik flüchten. Sie waren zusammen bereits die ganze Nacht durch tschechischen Wald gelaufen, unheimliche Kilometer, hatten auch schon zwei Stacheldrahtzäune überwunden. Da wurden sie von Posten gestellt. Lisa ist die gleiche Zeit wie ich in Haft, auf den Tag genau. Nur hat sie die ersten Wochen in der ČSSR absitzen müssen. Als sie mir davon erzählt, schaudert es mich. Dagegen geht es uns hier ja blendend!

Lisas ganze Sorge gilt ihrem Sohn, dem »Willische«. Jeder dritte Satz beginnt: »Es Willische ...« Dabei ist Willi bereits fast achtzehn Jahre alt und ein baumlanger Kerl nach Lisas Beschreibung. Sie hat ihn schon mehrere Male am schräg gegenüberliegenden Fenster sehen können und auch ein paar Worte hinübergerufen. Ihr Mann ist bereits vor einem Jahr bei einem Verwandtenbesuch in der Bundesrepublik geblieben. Sie hatten gehofft, daraufhin als Familie wieder zusammenzukommen, aber diese Hoffnung erwies sich als zu kühn. Für solche Fälle gibt es keine Familienzusammenführung, das hatte sie erfahren. Nun hatte sie ihr Schicksal selbst in die Hand genommen. Wer kann wohl nicht verstehen, daß eine Frau zu ihrem Mann will?

Weiter geschieht an diesem Tag nichts. Zum Abendessen sitzen wir alle zusammen an drei großen Tischen in der Mitte des Raumes, und das Erzählen und Schwatzen nimmt kein Ende.

Dann ist Nachteinschluß. Da irgend ein verbesserungswütiger Spaßvogel einen Neuerervorschlag betreffs Bettenbau unterbreitet hat, müssen wir seit einigen Tagen die Decken jeden Morgen abziehen und den Bezug gesondert über das Bett spannen. Am Abend dürfen wir dann die Decken wieder beziehen. So übt man sich wenigstens.

Jetzt geht ein unbeschreibliches Gerenne zur Toilette los. Bei zehn Personen im Raum ist das alles andere als angenehm. Nimmt denn das nur überhaupt kein Ende? Und ich habe wieder einmal das zweifelhafte Glück, im Bett angrenzend an die Toilette zu schlafen.

Endlich sind alle gewaschen und auch sonst fertig, einige sitzen auf den Betten und unterhalten sich, andere liegen bereits. Die Fenster stehen schön weit offen, draußen ist milde, warme Frühlingsluft.

Da geschieht etwas für mich vollkommen Neues. Zwei Frauenstimmen beginnen an irgend einem Fenster zu singen. Es schallt über den gesamten Freihof und ist wohl in allen Zellen deutlich zu hören. Zwei Frauen singen, zuerst »Die Mühle im Schwarzwäldertal«, zweistimmig. Als sie fertig sind, geht an allen Fenstern ein Geklatsche und Gerufe los, daß man denkt, im Zirkus zu sein. Laute Beifallsrufe und Rufe nach Zugaben. Die beiden lassen sich nicht lange bitten – es folgt das »Zillertal«. Ebenfalls zweistimmig, nicht besonders schön, aber auch nicht häßlich. Wieder Beifallsstürme. Dann singt nur eine, wir hören den »Bajazzo«. Danach tobt wilder Beifall an allen Fenstern. Es wird an Gittern gerasselt und mit Fensterklappen in rasendem Tempo geklappert. Im Wachtturm, den wir aus unseren Fenstern erspähen können, erscheint ein Posten. Von den Männern ist er ebenfalls schon entdeckt worden, irgend einer ruft: »Achtung, Turmeule!« Sofort ist draußen nur noch die Stille einer Sommernacht. Nicht lange. Sobald die ersten bemerken, daß der Posten seinen Platz verlassen hat, geben sie die Nachricht weiter. Im Chor wird gerufen: »Leila, singen! Leila, singen!« Und wieder hören wir das »Zillertal.« Das Repertoire scheint begrenzt zu sein. Dann wird es allgemein auf dem Hof lebendig. Ein Rufen hebt an, von Fenster zu Fenster, von Zelle zu Zelle. Wir sind mit Lauschen und Lachen vollauf beschäftigt, es ist bald wie im Kino. Nur sehen können wir niemanden. Dafür hören wir so einiges. Es ist zum Totlachen! »Erwin ruft Renate! Erwin ruft Renate!« Renate meldet sich. Ein Liebesgeflüster hebt an, wie es im schönsten Film nicht besser geboten wird. Inzwischen sucht aber Klaus die Verbindung zu Ursula. Es scheint nicht einfach zu sein, unbemerkt ans Fenster zu kommen, denn Ursula meldet sich erst nach längerem Rufen und erzählt Klaus, daß die Wärterin ständig durch den Spion schaut und sie schon einmal vom Bett heruntergerufen hat. Die Frauen in den kleinen Zellen müssen auf das oberste Bett unter dem Fenster steigen, um einigermaßen aus der Blechklappe rufen zu können. Dabei müssen sie aufpassen, daß kein Posten sie erwischt, denn Gerufe und Verbindungsaufnahme sind streng verboten. Wer mehrmals ertappt wird, kommt für die Nacht in Einzelhaft, meist wird er mit Handschellen in einem Kellerraum an die Heizung angeschlossen und muß dort stehen. Dieser Kellerraum heißt im Jargon der Inhaftierten und Strafgefangenen »die Mumpe«. Warum, weiß niemand zu sagen, aber »Mumpe« ist einfach für jeden ein Begriff. Ungeachtet aller Hindernisse und drohender Einzelhaft lebt die Unterhaltung draußen immer mehr auf. Siegbert sucht Helga. Das geht nicht, von einer anderen Zellengenossin bekommt er gemeldet, daß Helga heute verlegt wurde, sie liegt jetzt nach dem kleinen Hof raus. Siegbert nimmt dies nicht besonders tragisch, sofort versucht er, die Verbindung zu der eben in Erscheinung getretenen Freundin Helgas zu halten. Es gelingt ihm nicht. Auf dem Gang vernehmen wir lautes Gekeife und Geschimpfe. Frau Meister sorgt wieder einmal dafür, daß die weiblichen Gesprächspartner von den Betten herunterkommen. Bei nochmaliger Verwarnung droht sie mit Einzelhaft. Doch Frau Meister ist allein auf weiter Flur, das wissen wir alle. Und der Korridor ist lang, mit unheimlich vielen Zellen. Sie ist noch nicht am Ende des Ganges, da herrscht an den ersten Fenstern bereits wieder rege Betriebsamkeit.

Nun sucht sich Siegbert mittels einer mündlich durchgegebenen Annonce eine neue Gesprächspartnerin. Hübsch soll sie sein, nicht länger als ein Jahr abzusitzen haben und im Alter zwischen zwanzig und zweiundzwanzig. Daraufhin bekommt er in allen Lautstärken ein halbes Dutzend Angebote. Wir im Zimmer halten uns schon die Bäuche vor Lachen. Es dauert eine Weile, bis Siegbert die Stimmen sortiert hat. Nebenbei unterhalten sich ja noch unzählige andere Paare. Siegbert entscheidet sich für Waltraud. Er läßt sich beschreiben, wie sie aussieht, sie will sich morgen beim Rundgang den Schuh zubinden, damit er sie erkennen kann. Nun lachen wir aber, was wir können. Waltraud liegt in unserer Nachbarzelle, und vom Sehen kennen wir sie alle. Da wird sie wohl ein Mädel auf ihrer Zelle beauftragen müssen, sich den Schuh zuzubinden, denn Waltraud ist weit über vierzig, was man trotz hochgebundenem Pferdeschwanz und superkurzem Rock auch von den obersten Fenstern aus erkennen würde. Nun, Siegbert hat von alledem keine Ahnung und benimmt sich wie ein Auerhahn auf Balz. Da, neben unserer Zelle geht Gekeife und Gezeter los. Frau Meister ist auf leisen Sohlen durch den Gang geschlichen und hat Waltraud auf dem Bett erwischt. Waltraud ruft nur noch in höchster Not nach außen: »Kann nicht mehr!«, dann hören wir den Dialog neben uns. Draußen geht es inzwischen lustig weiter. Kaum ist Frau Meister weg, ruft Waltraud schon wieder am Fenster.

Und Horst sucht eine Freundin, Paul sucht etwas Reiferes und findet es auch, und Gottfried macht Liesbeth eine Szene, weil sie sich tagsüber, wenn er auf Arbeit ist, mit Paul unterhält.

Es ist unterhaltsam und amüsant, wir liegen auf den Betten und lauschen. Bis tief in die Nacht ertönt noch Liebesgeflüster von Fenster zu Fenster. Frau Meister ist wohl heute nicht recht in Stimmung, in der Mumpe landet niemand. Oder sieht sie die Sinnlosigkeit ihres Unternehmens ein? Schließlich siegt doch in allen Zellen die Müdigkeit, und die Unterhaltungen verstummen von selbst.

Am nächsten Tag nach dem Frühstück kommt Frau Obermeister zu uns und klärt vorerst Organisatorisches. Rosi, ehemalige BGL-Vorsitzende in den Fünfzigern, wird zur Verwahrraumältesten sowie zum Brigadier erklärt. Am nächsten Tag werden wir mit unserer neuen Arbeit beginnen. Wie wir erfahren, Sortieren von Katalogblättern in einem Bodenraum. Gegen eine geringe Bezahlung und Arbeiterverpflegung. Nun, uns soll's recht sein. So vergeht wenigstens die Zeit schneller. Wir werden noch eindringlich gebeten, nicht an die Fenster zu gehen. Unser Raum hat als einziger keine Blechblende, weil er oft zu Arbeitszwecken benutzt wird, wo gutes Licht wichtig ist. Sollten einige von uns doch am Fenster gesehen werden, würden die Scheiben weiß gestrichen. Natürlich versprechen wir hoch und heilig, nie aus dem Fenster zu blicken oder zu rufen. Im stillen ist jeder von uns fest entschlossen, unter Waltung aller Vorsichtsmaß-

nahmen dies doch zu tun. Diese Möglichkeit kann man sich
schließlich nicht entgehen lassen.

So sind wir heute noch unbeschäftigt.

Dann hören wir unten den beginnenden Rundgang der Männer. Allen Versprechungen zum Trotz hängen wir am Fenster.
Bettina ist abkommandiert zum Kämmen, sie steht lässig vor
dem Spiegel und kämmt sich, kämmt sich. So verdeckt sie die
Blickrichtung vom Spion zum Fenster, und auf den ersten Blick
kann vom Gang aus unser Fenster nicht gesehen werden. Unsere
Köpfe sind alle knapp über dem Fensterbrett erkennbar, denn
von außen darf uns der Posten nicht erblicken. Doch wir sehen
so ganz gut. Die untersten Scheiben waren schon einmal weiß
gestrichen, irgend jemand hat Löcher gekratzt, was uns nun zu-
gute kommt. Wir können alles gut erkennen. Auf dem Hof laufen vielleicht hundert Männer im Kreis. Nach der ersten Runde
weiß ich, Dieter ist nicht dabei. Damit wird für mich das Weitere uninteressant und ich überlasse meinen Platz anderen. Lisa
sucht ihr Willische. Auch sie hat keinen Erfolg. Monika hat
einen Bekannten entdeckt und winkt ihm. Wir erschrecken und
ziehen sie schnell vom Fenster weg. Wenn man sie erwischt,
schadet es uns allen.

Noch zwei weitere Rundgänge mit Männern sehen wir. Ohne
Erfolg für die, die jemanden suchen. Dann kommen die Rundgänge der Frauen. Viele sind uns vom Sehen bekannt, und fast
über jede gibt es etwas zu tratschen. Bettina sind schon die Arme
steif vom Kämmen. Macht nichts, morgen ist eine andere von
uns an der Reihe. Dann kann sie mit gucken. Daß wir uns in
dieser Beziehung verrechnet haben, soll der kommende Tag
zeigen.

An diesem Tag passiert nichts weiter. Oder doch. Wir werden
jetzt beim Essenausteilen immer gefragt, wieviele Brote wir haben wollen. Das ist bei zehn Mann nicht leicht vorauszusagen.
So verrechnen wir uns und haben am Ende eine Menge geschnit-
tenes Brot übrig, das in Ermangelung einer Tüte bald hart ist.
Am vergangenen Tag gaben wir diese Scheiben wieder mit hinaus, um sie nicht umkommen zu lassen. Mit dem Ergebnis, daß
wir heute halb so viel bekommen und nicht reichen. Also tun
wir ab sofort, was in anderen Haftanstalten schon lange gang
und gäbe ist – wir versenken das überflüssige Brot in der Toi-

lette. So gehen wir allen unliebsamen Diskussionen aus dem Weg. Wenn der Belag mies ist, haben wir wenigstens genügend Brot, um uns an den trockenen Scheiben satt zu essen. Und gibt es mehr, als wir erwarten, was man ja vorher nicht wissen kann, so geht eben der Rest den vorgegebenen Weg. Auch daran gewöhnt man sich, manche eben leichter und manche weniger leicht. Aber man gewöhnt sich daran, wie überhaupt an alles.

Mit dem nächsten Morgen geht es los. Wir müssen antreten, Rosi meldet, dann werden wir etliche Stockwerke höher geführt, in einen großen Bodenraum. Hier ist ein Herr des Betriebes anwesend, für den die Kataloge sortiert werden sollen, und erklärt uns die nötigen Arbeitsgänge. Viel ist nicht zu erklären, wir werden noch belehrt, nicht aus dem Fenster zu rufen und keine unnötigen Pausen zu machen, dann sind wir allein. Wir richten uns den Arbeitsablauf so ein, wie wir es für das Günstigste halten. In der Mitte des Raumes stellen wir sämtliche Tische zu einer langen Reihe zusammen, darauf legen wir eine Klemmrückenmappe an die andere. Danach sortieren wir die Stapel der herumliegenden Blätter in die richtige Reihenfolge. Ein Stapel Blatt eins, ein Stapel Blatt zwei und so weiter. Als das getan ist, beginnt die eigentliche Arbeit.

Lisa und Rosi übernehmen das Austeilen. Wir laufen nacheinander sämtliche Mappen ab und legen immer ein Blatt ein. Die erste macht ihre Runde mit Blatt eins, die nächste legt Blatt zwei ein, die folgende versorgt alle Mappen mit Blatt drei. So organisiert, geht das Einsortieren eigentlich ganz schnell von der Hand. Nur an ein einheitliches Tempo müssen wir uns gewöhnen. Da manche von uns die Blätter langsamer einhängen, entstehen hin und wieder Lücken, und die Nachfolgenden müssen warten. Das ist nicht weiter schlimm. Aber als Bettina in solch einer Wartepause vom Tisch weggeht, um kurz aus dem Fenster zu sehen, und Moni als ihr Nachfolger einfach weitergeht, da passiert es. Leider merken wir es erst, als Bettina wieder an die Arbeit geht und den Anschluß nicht vorfindet. Inzwischen sind schon mindestens fünf Blätter mehr eingelegt worden, und das bei etwa sechzig Mappen. Also das Ganze zurück, das fehlende Blatt einsortiert und wieder von vorn. So etwas passiert noch öfter, zum Glück bemerken wir es immer kurze Zeit später.

Es ist ein einziges Gerenne um die riesige Tischreihe. Wir sind bereits auf ein beachtliches Tempo gekommen. Vom Personal erscheint niemand. So können wir uns auch hin und wieder eine kurze Pause leisten. Stühle sind genügend da. also gibt es ab und zu eine sogenannte »Raucherpause«. Rosi ist großzügig in dieser Hinsicht, bei der Arbeit aber fordert sie. So kommen wir gut aus. An sämtlichen Wänden türmen sich die eingepackten Stapel mit Blättern, die noch sortiert werden müssen. Mappen sollen noch nachgeliefert werden. Es ist vorerst nicht abzusehen, wie lange unsere Arbeit hier dauern wird. Wie wir erfahren haben, verdienen wir ungefähr eine Mark in der Stunde. Nun, besser als nichts. Und für mich bedeutet das, beim nächsten Einkauf dabeizusein.

Wir hören, wie unten auf dem Hof der Rundgang beginnt. Wenn wir heimlich aus dem Fenster schauen, nützt uns das nicht viel. Unser Raum liegt so hoch, daß wir die unten Laufenden so gut wie nicht erkennen können. Bettina ist ärgerlich. Da hatte sie nun gehofft, heute mit gucken zu können, und es klappt nicht. Lisa kann ihr Willische nicht suchen, und ich kann nicht nach Dieter Ausschau halten. Also bleiben uns nur die Wochenenden, wo wir auf der Zelle sein werden und von dort wieder zum Hof hinunterschauen können. Ein Trost.

Noch am gleichen Tag erfahren wir, daß auch sonnabends gearbeitet wird, weil die Arbeit drängt. So ein Mist! Dann eben nur Sonntag!

Als unten sämtliche Rundgänge vorbei sind, werden wir runtergeholt. Allein absolvieren wir unseren Rundgang. Dann geht es oben weiter.

Zum Mittagessen werden wir rausgeschlossen und auf die Zelle gebracht. Unterwegs im Treppenhaus begegnen wir einem Trupp männlicher Gefangener. Schon kommt das Kommando: »Gesicht zur Wand!« Wir tun es, doch natürlich schaut trotzdem jeder von uns zur Seite. Es ist doch einfach lachhaft.

Nach dem Mittagessen bleibt uns noch lange Zeit, dann erst werden wir wieder abgeholt. Dieses Mal kommt Frau Obermeister mit und läßt sich von Rosi zeigen, was schon geschafft wurde. Erstens hat sie nicht die geringste Ahnung, wie viel in dieser Sache an einem halben Tag zu schaffen ist, und zweitens sieht sie uns im Moment unentwegt um den Tisch flitzen und einsortieren. So findet sie uns sehr gut und lobt uns, weil wir bereits so viel geschafft haben. Wir grinsen innerlich. Kaum ist Frau Obermeister wieder draußen und das Schließen der letzten Blechtür sagt uns, daß sie ungehört nicht zurückkommen kann, da sitzen wir zur ersten Pause. So läßt es sich aushalten. Wir schaffen auch so genug. Wer will uns schon sagen, wie viel wir in dieser Sache schaffen müssen?

Es wird ziemlich spät, als wir endlich auf die Zelle zurückgebracht werden. Der Tag vergeht mit Rauchen, Erzählen, Nichtstun. Etlichen von uns gehen die Zigaretten zu Ende, also müssen wir uns nach Ersatz umsehen. Darin bin ich firm. Bereits in den hinter mir liegenden Wochen habe ich mitbekommen, was man eigentlich alles rauchen kann. Da gibt es die tollsten Möglichkeiten. Einmal eignet sich Matratzenfüllung zum Rauchen. Das komische Gemisch aus Stroh und Seegras stinkt nur fürchterlich, also muß man es abends rauchen, wenn kein Posten mehr zu erwarten ist. Denn erlaubt ist dieses Vorgehen mit Gewißheit nicht.

Dann kann man Schuhsohle rauchen, falls so etwas zur Hand ist. Hier scheitert die Durchführung meistens an der Materialfrage, außerdem stinkt und qualmt dies so unerträglich, daß zu diesem Mittel wirklich nur im äußersten Notfall gegriffen wird.

Als dritte Möglichkeit bietet es sich an, »Frische« zu drehen. Bei diesem Vorschlag horchen einige meiner Zellengenossinnen interessiert auf. Ihr Zigarettenvorrat ist bereits auf ein Minimum geschrumpft, also wäre ihnen eine Aussicht auf Ersatz schon recht. So beginne ich mit der Fabrikation und werde von zehn Augenpaaren neugierig beobachtet. Ja, im Knast kann man nur dazulernen und ich habe es bereits gründlich getan.

Ich reiße Toilettenpapier in kleine Stücke, auf welche ich ziemlich dick Zahnpasta streiche. Diese Stücke lege ich dann vorsichtig auf die Heizung zum Trocknen. Nach kurzer Zeit sind sie trocken und können zusammengerollt werden. Diese winzigen Gebilde sehen aus wie die Miniausgabe richtiger Zigaretten. Als die ersten von uns probieren, kann man sich über die Gesichter totlachen. Aber es schmeckt nicht so übel, wie man vorher annimmt. Gewöhnung ist eben auch hier alles. Und schließlich ist es wichtig, daß man bis zum nächsten Einkauf zu rauchen hat.

Als wir abends in den Betten liegen, fängt die Unterhaltung auf dem Hof wieder an. Zuerst nur zögernd und leise, aber bald schon werden es so viel Teilnehmer, daß nur noch Brüllen hilft, um sich zu verständigen. Zwischendurch der warnende Ruf aus irgendeiner Zelle: Turmeule!« Kurz folgende Stille. Kaum ist der Posten vom Turm verschwunden, wird Entwarnung gegeben, und es geht weiter. Wir horchen und lachen. Nicht schlecht diese abendliche Abwechslung. Vom Korridor aus hören wir irgend eine Frau Wachtmeister ziemlich verzweifelt gegen die aufkommenden Gespräche ankämpfen, viel nützt es nicht. Sie kann schließlich stets nur durch einen Spion schauen, das weiß sie so gut wie wir. Doch sie erwischt eine von den Frauen auf frischer Tat. Wir hören, wie die Zellentür am Ende des Ganges aufgeschlossen wird, dann einen endlosen Wortwechsel. Die Ertappte streitet frech alles ab, obwohl Frau Wachtmeister sie buchstäblich mit dem Kopf aus der Fensterklappe geholt hat. Als Frau Wachtmeister droht, weiteres Personal hinzuzuholen, kommt sie endlich weiter. Wir hören das Verriegeln der Zelle, dann Frau Wachtmeisters Stimme: Kommen Sie, kommen Sie, runter die Treppe und links rum! Bißchen schneller!« Dann erneutes Schließen.

Aus dem Fenster ruft eine Frauenstimme: »Inga kann nicht mehr kommen, die ist in der Mumpe!«

In unserer Nachbarzelle ist Waltraud am Fenster. Sie hat freie Fahrt, da Frau Wachtmeister noch nicht wieder hoch gekommen ist. Anscheinend macht sie im Dienstzimmer erst einmal Pause, denn viel Sinn hat ihre Rumschleicherei sowieso nicht. Und das weiß das Personal sehr gut. Waltraud nimmt inzwischen die Komplimente ihres neuen Liebhabers entgegen. Er hat sie auf dem Hof beim Rundgang gesehen, sie hatte sich ja wie abgesprochen den Schuh zubinden wollen. Nun findet er sie bildhübsch und sexy und nimmt Anlauf, um ihre Adresse herauszubekommen. Wir lauschen gespannt, wissen wir doch ziemlich genau, daß es nicht Waltraud gewesen ist, die sich den Schuh zugebunden hat. Ein junges Mädchen aus ihrer Zelle hat das getan. Und diese hält Siegbert eben nun für Waltraud. Lange kann das doch nicht gut gehen. Wir warten noch gar nicht lange, da platzt auch schon die Bombe. Mitten in Waltrauds und Siegberts Liebesgeflüster ruft es, laut und deutlich: »Das war heut beim

Rundgang gar nicht Waltraud, das war ich! Waltraud ist 'ne ganz alte frigide Krähe!« Siegbert versucht weiterzufragen, er bekommt keine Antwort mehr. In unserer Nachbarzelle hören wir einen langgezogenen Wutschrei, dann ein entsetzliches Poltern und Rumoren. Wir hören Keuchen, Stöhnen, Angstschreie, dann nur noch das dumpfe Hämmern von Schlägen und das Herumwälzen der Leiber. Da wird auch nebenan schon die Klingel betätigt und eine Frauenstimme ruft schrill und ängstlich: »Hilfe, Hilfe!« Im Haus rührt sich nichts. Wenn sonst wegen jedem unerlaubten Furz, den einer macht, ein Posten zur Stelle ist, heute bleibt alles wie ausgestorben. In unserer Zelle spricht niemand ein Wort, alle lauschen. Mehr oder weniger sensationslüstern, die meisten genießen die unerwartete Abwechslung, und helfen kann sowieso keiner. Nebenan wird verbissen weitergekämpft. Wir hören das Rollen der Leiber, Stühle fallen um. Dann nur noch Wutschreie und Schläge. Dazu ununterbrochen die Klingel, die von der dritten jungen Frau betätigt wird. Das Rufen um Hilfe hat sie inzwischen aufgegeben. Jetzt beginnt jemand langezogen zu heulen, die Schläge hämmern weiter. Endlich hören wir Frau Wachtmeister die Treppe heraufkommen. Langsam. Sie stellt als erstes die Klingel ab, dann schaut sie durch den Spion. Jedes Wort, das sie sagt, geht im Gepolter und Getobe in der Zelle unter. Dann hören wir sie die Treppe herunterrennen. Kurz darauf kommt sie mit Verstärkung zurück – ein Meister, wie wir der Stimme entnehmen. Die Zelle wird aufgeschlossen, ein kurzes Handgemenge ist noch zu hören. Dann nur Heulen. Die beiden Kampfhähne werden die Treppe heruntergeführt, eigentlich schade, daß wir sie nicht sehen können. Moni läßt sich in der allgemeinen Stille zu der Bemerkung hinreißen: »Schad't der alten Ziege gar nischt!«

Nebenan ist Ruhe, auf dem Hof die gewohnte Unterhaltung. Daß Waltraud in der Mumpe ist, braucht man Siegbert nicht zu berichten. Er hat sich bereits anderweitig getröstet. Vielleicht hat er diesmal mehr Glück? Leicht ist es nicht, bei diesem ständigen Radau auf dem Hof einzuschlafen. Wenn wenigstens Leila und ihre Mitschwester mit dem blöden »Zillertal« aufhören würden! Aber es klatschen immer wieder irgendwelche Idioten Beifall, und so fühlen sie sich verpflichtet, eine Zugabe nach der anderen zu geben. Ich kann das bald nicht mehr hören!

Gewöhnung, Gewöhnung! Das ist im Knast das Wichtigste. Und ein dickes Fell.

Beides glaube ich noch nicht zu haben, aber ich schlafe trotzdem mit jedem Abend besser ein. Und als an einem trüben Abend draußen seltsamerweise kein richtiges Gespräch aufkommen will, ist mir, als fehlt etwas.

Dann geht es Schlag auf Schlag. Als ich schon knapp am Verzweifeln bin und fest überzeugt davon, daß es bis zu unserer Verhandlung noch ewig dauern wird, geschieht endlich etwas.

Wir sind zur Mittagspause in der Zelle, als aufgeschlossen wird. »Inhaftierte Siegert, mit Schuhen raustreten!« »Mit Schuhen« – das heißt, Vernehmung oder ähnliches. Fragend schauen mich alle in meiner Zelle an, ich zucke nur die Achseln, während ich die Schule so schnell wie möglich anwürge. Dann stehe ich draußen auf dem Gang einem jungen Mann gegenüber, der sich als Rechtsanwalt ausweist. Ich kann es kaum fassen – ein Rechtsanwalt! Er erklärt mir, nur der Mitarbeiter unseres von meinem Mann angeschriebenen Rechtsanwaltes zu sein. Da dieser aber heute unabkömmlich ist und unser Prozeß bereits in einer Woche stattfinden soll, will er erst einmal die notwendigen Vorgespräche führen.

Im Nebentrakt des Gefängnisgebäudes, wo Besuche und sonstiges stattfinden, sitzen wir uns in einem kleinen, spärlich möblierten Raum gegenüber. Ich bin geschafft. Das kann doch nicht wahr sein! Da wartet man Wochen und Monate, und dann bekommt man Knall und Fall gesagt: »In einer Woche ist Ihre Verhandlung!« Ich frage den Rechtsanwalt, ob die Zeit bis zur Verhandlung für ihn nicht ein bißchen kurz ist, aber er meint, es ist zu schaffen. Nun dann.

Er läßt sich von mir den »Tathergang« berichten. Darin habe ich inzwischen Routine. Einmal durch die endlosen Verhöre, zum zweiten erzählt jeder auf der Zelle oft genug seine Geschichte. Also erzähle ich. Als ich geendet habe, höre ich, daß das nicht weiter schlimm werden kann, es gäbe einen Paragraphen – freiwilliger Rücktritt vom Versuch –, der sei hier wohl anwendbar. Und da könne man mit Bewährung rechnen. Ich solle mir nur keinen Kopf machen!

Der hat gut reden. Soll er mal hier monatelang sitzen und

sich dabei keinen »Kopf machen«. Nun, für ihn ist die Sache damit schon erledigt. Anschließend wird er noch zu Dieter gehen, wie er sagt. Ob er ihn von mir grüßen soll. Dumme Frage. Natürlich soll er.

Aber das eben Gehörte arbeitet noch in meinem Gehirn. So einfach soll mit einmal alles sein?

Ein Posten bringt mich zurück. In der Zelle ist niemand mehr, alle arbeiten schon wieder. Ich werde allein eingeschlossen. Eine Weile vergeht, dann schließt Frau Obermeister auf und reicht mir ein paar Blätter Papier herein. Beim näheren Hinschauen sind es drei – unsere Anklageschrift! Ich bekomme die Auflage, sie zu lesen, in einer halben Stunde wird sie sie wieder abholen. Es ist Republikflüchtigen nicht gestattet, ihre Anklageschrift auf der Zelle zu behalten. Als Frau Obermeister wieder draußen ist, denke ich so bei mir, wie gut doch alles eingefädelt ist. Ich bekomme meine Anklageschrift so, daß kein anderer Einblick nehmen kann. Allein auf der Zelle. So kann ich hinterher meinen Zellengenossinnen zwar viel erzählen, aber beweisen werde ich nichts können.

Dann lese ich, bemüht, so viel wie irgend möglich von dem Geschriebenen im Gedächtnis zu behalten. Tathergang, kein näheres Eingehen auf irgendwelche Hintergründe, lediglich den Tathergang. Gefaßt bei dem Versuch, die Deutsche Demokratische Republik illegal zu verlassen! Das darf doch wohl nicht wahr sein! In mir beginnt es zu toben, ich kann es nicht fassen. Diese Schufte! Was wollen die uns da in die Schuhe schieben? Wir wollten unsere Kinder zurücklassen? Ohne Papiere, ohne Geld, ohne Verpflegung, nur mit dünnen Sommersachen bekleidet wollten wir an dem bewußten Abend über die Ostsee?? Wer ist denn nun hier verrückt? Habe ich denn nicht in jeder Vernehmung ausgesagt, daß das nur ein rein informatorischer Spaziergang war? Es soll mir einer noch einmal persönlich sagen, daß wir unsere Kinder zurücklassen wollten, aber dann weiß ich nicht mehr, was ich tue. Ich weiß es schon jetzt bald nicht mehr. Und am Schluß dieses Wisches die Forderung nach strengster Bestrafung. Diese Halunken, diese Verbrecher, wofür denn? Ich merke gar nicht, daß ich dies alles halblaut vor mich hingemurmelt habe, erst als die Frau Obermeister mit fragendem Blick neben mir steht, wird es mir bewußt. Egal, mir ist alles egal.

Gibt es denn so viel Ungerechtigkeit in diesem Staat, daß selbst Tatsachen und protokollarische Aussagen nach Belieben verdreht werden dürfen?

Ich habe das Schließen vollkommen überhört, bin weder aufgestanden, noch habe ich Meldung gemacht. Frau Obermeister ignoriert dies alles. Es ist auch das Klügste, was sie im Moment tun kann, sonst würde ich explodieren, ohne auf die Folgen zu achten, die dies für mich haben kann. Sie streckt die Hand wortlos nach den drei Blättern aus, ich gebe sie ihr zurück mit der Bemerkung, daß kein Wort von dem stimmt, was darin steht. Sie schaut mich an, zieht sehr gekonnt die Augenbrauen hoch und meint nur: »Na, etwas muß doch wohl stimmen, denn sonst wären Sie ja wohl nicht hier!«

Ich sage nichts mehr.

Eigentlich war mir Frau Obermeister bisher ja immer recht sympathisch. Ich werde wieder auf den Boden zu den anderen gebracht. Ohne Kommentar reihe ich mich in die Sortierenden ein. Als sich die letzte Blechtür hinter Frau Obermeister geschlossen hat, kommen die ersten fragenden Blicke. Dann »Na, erzähl mal, was war denn los!« Jeder, der nichts zu verbergen hat, erzählt solche Sachen. Ich habe nichts zu verbergen, noch nicht ein einziges Mal seit unserer Verhaftung hatte ich auch nur das Gefühl, etwas Unrechtes getan zu haben. Für andere vielleicht, aber nicht vor meinem Gewissen!

So erzähle ich. Von der Unterredung mit dem Rechtsanwalt und von der Anklageschrift. Lisa hat sich unbemerkt an meine Seite geschoben und flüstert mir fast unhörbar zu: »Sei vorsichtig!« Recht hat sie, sie hat es mir schon oft gesagt, man kann nie wissen, wer mit auf der Zelle ist. Überall gibt es Spitzel, vom Staatssicherheitsdienst, der STASI, eingeschleust. Das habe ich auch von anderen schon zu hören bekommen, die erschrocken waren über meine zeitweilige Offenheit. Es ist ein großer Fehler von mir, stets das zu sagen, was ich denke. Gut, daß Lisa mich im rechten Augenblick daran erinnerte. Der Ärger und die angestaute Wut in mir sind so groß – ich war wieder auf dem besten Wege, etwas zu viel zu sagen. Also halte ich mich zurück und erzähle nur im Groben, ohne persönliche Meinungsäußerung. Es ist besser so. Die allgemeine Neugierde ist damit auch befriedigt.

Abends im Bett erzähle ich Lisa flüsternd alle Einzelheiten. Ich weiß nicht, ich habe ganz einfach das Gefühl, als könne ich Lisa bedingungslos vertrauen. Das Gleiche, was ich erzähle, steht Lisa alles noch bevor. Sie versteht mich. Aber sie ist älter und nicht mehr so impulsiv, sie könnte meine Mutter sein. Und so nimmt sie alles viel gelassener auf. Immer wieder mahnt sie mich, vorsichtig in der Wahl meiner Worte zu sein.

Am nächsten Tag geht alles wieder seinen Gang. Nichts geschieht, was mit unserer Verhandlung zu tun haben könnte. Wenn ich es nicht schwarz auf weiß gesehen hätte, daß diese in sieben Tagen stattfindet – ich würde es nicht glauben.

Unsere Arbeit im Bodenraum verläuft ruhig. Da wir gut vorwärts kommen, schaut das Wachpersonal äußerst selten nach uns. Wir werden nur zum Essen und zum Rundgang rausgeschlossen, die andere Zeit sind wir uns selbst überlassen. Den täglichen Rundgang absolvieren wir jetzt zusammen mit den Kalfaktoren. Diese verrichten alle anfallenden Arbeiten im Haus, angefangen von der Wäscheannahme und -ausgabe, über sämtliche Reinigungsarbeiten, Badeaufsicht bis zur Essensausgabe. Alle außerhalb der Zellen anfallenden Arbeiten fallen in den Bereich der Kalfaktoren, es sind teils noch Untersuchungshäftlinge wie wir, teils aber auch schon abgeurteilte Strafgefangene, die wegen ihrer guten Führung hier in der Anstalt bleiben »dürfen«. Von ihnen erfahren wir in unbeobachteten Momenten manche Neuigkeit, auch Nachrichten untereinander werden auf diesem Wege weitergegeben. Im Moment beschränken sich die diskutablen Neuigkeiten auf die kommende Amnestie. Sie kommt! Niemand ist davon so fest überzeugt wie die Kalfaktoren. Sie berichten von erlauschten Gesprächen zwischen dem Personal und von geheimnisvollen Andeutungen. Wir haben wieder Diskussionsstoff.

Zwei Frauen aus unserer Zelle werden verlegt. Es kommt ganz plötzlich und ohne vorherige Ankündigung. Renate wird aus unserem Arbeitskommando genommen, weil von unten auf dem Hof gesehen wurde, daß sie sich mit ihrem Mann unterhalten hat. Sie hatte ihn auf dem Rundgang entdeckt. Gleich danach mußte Rosi zu Frau Obermeister zum Rapport, und sie wird wohl nicht dicht gehalten haben. Also Renate wird aufgefordert, ihre Sachen zu packen und sich fertig zu machen. Sie schimpft in wüsten Kraftausdrücken auf uns alle, am meisten auf Rosi. Sie heult, zetert und schreit, es nützt ihr nichts. Fünf Minuten später wird sie rausgeschlossen und kommt in eine andere Zelle – mit Blechblende vor dem Fenster. Sie kommt nicht mehr mit zur Arbeit, womit für sie jegliche Abwechslung flachfällt, ebenfalls die Arbeiterverpflegung. Minuten später ruft sie über den Hof: »Rosi, du feiges Schwein! Ihr dämlichen Fressen! Wartet nur, ich verzink alle, die aus dem Fenster gucken! Als ob ich das nur alleine war. Ich werde . . .« Was sie vorhat, erfahren wir nicht mehr. Der Schlüssel zu ihrer Zelle klappert, ein Wortwechsel mit Frau Obermeister folgt, dann marschiert Renate ab in Arrest.

Monika wird verlegt, weil sie in den nächsten Tagen auf Transport kommen soll. Sie hatte schon Verhandlung. Ein bis zwei Jahre Arbeitserziehung warten auf sie. Es ist bereits das zweite Mal, daß sie einsitzt. Das erste Mal wurde sie vorzeitig entlassen, bereits nach sechs Wochen war sie wieder im Bau: Arbeitsbummelei.

Noch am gleichen Tag bekommen wir zwei »Neue« ins Zimmer. Eine kennen wir vom täglichen Rundgang und trauen unseren Augen nicht – es ist Leila! Die andere noch recht junge Frau ist uns unbekannt.

Mit Leila ist für die nächsten Tage die Langeweile behoben. Bereits am Abend wissen wir alle, warum sie hier ist. Ein Raubüberfall auf einen älteren Mann, zusammen mit zwei Freunden. Erbeutet wurden zweihundert Mark. Leila hatte bereits Verhandlung, das Urteil lautete für sie zwei Jahre Freiheitsentzug, aber sie sowie ihre Mittäter gingen in Berufung. Nun wartet sie auf den nächsten Termin. Sie wartet mit sichtlichem Genuß, denn solange sie nicht rechtskräftig verurteilt ist, muß sie nicht in den Strafvollzug, muß sie nicht arbeiten. Es gefällt ihr in der U-Haft, sie findet es amüsant. Immerhin genießt sie dieses Vergnügen schon seit neun Monaten. Sie erzählt uns von ihrem Rechtsanwalt, dem daran liegt, die Verhandlung so lange wie möglich hinauszuziehen, weil er angeblich fest davon überzeugt ist, daß eine Amnestie kommt. Somit würde Leila aus der Untersuchungshaft ohne Strafhaft entlassen werden, und darauf ist sie aus. Wird es ihr gelingen, die nächsten vier Monate – denn so lange dauert es noch, bis die Amestie fällig wäre – in Untersuchungshaft zu verbringen? Auf alle Fälle hat Leila ein unheimliches Talent, allem Unangenehmen aus dem Wege zu gehen und sich überall gut durchzuschlängeln. Wir staunen, wie sie es nur anstellt. Bei jedem Rundgang hebt sie Kassiber auf, die ihr von einem ihrer Mittäter aus dem oberen Stockwerk zugeworfen werden. Sie tut dies so geschickt, daß sie nie erwischt wird. Andere von uns haben dies auch schon versucht, sie kamen gar nicht erst zum Bücken.

Leila unterhält sich abends aus dem Fenster, laut und lange, als Frau Wachtmeister unerwartet durch den Spion schaut, ist sie die Unschuld in Person. »Frau Wachtmeister, ich habe mir doch nur die Haare gekämmt, ich habe doch nicht gerufen.« Dazu ein engelhaftes Lächeln – nur wer sie näher kennt, weiß, was dahinter steckt. Frau Wachtmeister ermahnt Leila, sich nicht mehr am Fenster zu kämmen – das ist alles. Wir sind überzeugt, für jede andere von uns wäre es nicht so ausgegangen. Fünf Minuten später gibt Leila am Fenster wieder aufgeregt Zeichen. Wir stöhnen nur hilflos und hoffen auf ein Wunder.

Bei der Arbeit macht Leila so gut wie nichts, sie hat schlimme Füße als Folge eines Unfalles und kann schlecht laufen. Auch beim täglichen Rundgang tritt sie oft einfach zur Seite und gibt vor, keinen Schritt mehr gehen zu können. Wer ihre Füße gesehen hat, glaubt es ihr. Wer sie allerdings abends sieht, wenn sie wie der Blitz von ihrem oberen Bett herunterfährt, um am Fenster zu antworten, der beginnt zu zweifeln. Trotzdem kann ihr keiner böse sein, wenigstens nicht ernsthaft. So ist Leila. Sie heißt natürlich nicht Leila, aber sie findet es schick, sich so zu nennen.

Mit Leila kommt die Kosmetik in unseren Verwahrraum. Sie hat jede Menge Creme mitgebracht, beim Sprecher hereingeschmuggelt, ebenso einen Augenbrauenstift. Lockenwickler bringt sie auch mit, allerdings erlaubterweise. Also cremen wir uns abends dick ein, um nach der Haft auch noch schön und attraktiv zu sein. Als wir wieder einmal für einen halben Tag über die Anstaltsschere verfügen dürfen, machen wir uns ans Haareschneiden. Ich schneide Leila einen ganz süßen Popschnitt, vier andere von uns haben danach ihre Skepsis vor meinen Haarschneide.künsten überwunden und lassen sich ebenfalls verschönern. Am Abend gelingt es uns, von einer jungen Wachtmeisterin warmes Wasser erlaubt zu bekommen. Das heißt, wir dürfen uns auf dem Flur an der Wasserleitung Wasser holen. Dann beginnt allgemeines Haarewaschen und Lockeneindrehen. Die vorhandenen Lockenwickler reichen nicht, also werden welche aus Papier selbst angefertigt. Auch eine Erfindung Leilas. Als das vorhandene Zeitungspapier nicht ausreicht, werden noch ein paar Vorlagen verarbeitet. Allerdings müssen diejenigen, die die Vorlagenlockenwickler auf dem Kopf haben, beim abendlichen Zählappell hinten stehen. Diese Materialverwertung würde wohl von der Anstaltsleitung nicht so ohne weiteres gebilligt werden. Wir bekommen ohnehin allesamt eine Rüge, denn Haareeindrehen ist erst nach dem Zählappell gestattet.

Mit Leila kommt noch mehr zu uns, die Massage und die Spielleidenschaft, das »Aus der Hand lesen« und das Kartenlegen. Ein Kartenspiel wird von Leila in einer knappen Stunde selbst angefertigt, das vorhergehende wurde ihr beim Umzug in unsere Zelle abgenommen, weil sie es doch nicht gut genug versteckt hatte. Jetzt bekommen wir alle gesagt, wieviel Monate oder Jahre uns hinter Gittern erwarten, ob die Männer treu bleiben werden und viele andere »Wahrheiten«. In ganz kurzer Zeit hat Leila über jeden in der Zelle das in Erfahrung gebracht, was sie für ihre Kartenlegerei braucht. Durch ihre vertrauensseligen Gespräche erfährt sie alles, ohne daß die Betreffenden es selber merken. Sie sind dann nur erstaunt, als in den Karten genau das steht, was auf sie zutrifft. Und das Vertrauen zu Leila wächst ungemein, sie ist beliebter denn je.

In unserer Zelle ist von Langeweile nichts mehr zu spüren. Abends massiert jeder jeden. Leila findet, es ist ein gutes Mittel, sich fit zu halten, also wird massiert. Öl ist dazu nicht vorhanden, so heben wir vom Abendessen etwas unausgelassenes Schweineschmalz auf, welches sich bis auf den Geruch auch ganz gut dazu eignet.

Die einzigen, die bei all diesem Trubel und den vielen Neueinführungen nicht so ganz mitmachen, sind Lisa und ich. Wir haben uns zwischen Fenster und Doppelstockbett eine ruhige Ecke auserkoren, wo man sich ungestört unterhalten kann und trotzdem alles im Blick hat. Wir lernen uns kennen und schätzen in dieser Zeit. Aber wir schließen uns auch nicht aus vom allgemeinen Treiben, hin und wieder haben wir alle viel Spaß. Rosi als Verwahrraumälteste hat alle Hände voll zu tun. Sie muß nur noch vorausschauend amtieren, um unnötigen Lärm und unerlaubte Sachen einzudämmen. Denn in jedem Falle trifft es zuerst sie, wenn ihr Verwahrraum unangenehm auffällt. Und unangenehm auffallen beginnt hier eben bereits bei lautem Lachen, auf dem Bett sitzen oder am Fenster gesehen werden.

Seit Leila da ist, vergeht die Zeit bedeutend schneller. Bei der Arbeit haben wir zur Abwechslung Musik. Leila, die abends nicht mehr ihr Zillertal singen kann, weil sich trotz aller Überredung niemand von uns breitschlagen ließ, die zweite Stimme zu singen, singt uns jetzt vor. Sie hat ein ungeheures Repertoire, von der Arie des Bajazzo bis zum Kondor, der vorbeiflog, zu Rosamunde – und so weiter. Immer, wenn wir aufatmend hoffen, jetzt ist sie am Ende, fällt ihr prompt etwas Neues ein. Sie singt nicht gut, sie singt nicht schlecht, die Beurteilung ist eigentlich reine Geschmacksache. Manchmal geht sie uns mit ihrem ewigen Gesinge derart auf die Nerven, daß wir ihr das unverblümt sagen. Das Ergebnis ist eine kurze Pause, dann singt sie frisch erholt weiter. Es ist ein Problem mit Leila. Wir mögen sie und wir mögen sie auch nicht. Sie hängt sich in alles rein, sie denunziert und redet sich dann wieder wunderbar heraus, spielt die Zerknirschte und versteht es, um den Finger zu wickeln, wen sie will. Man muß sich mit ihr gut stellen, wenn man mit allen anderen einigermaßen auskommen will. In der Zelle sind außer Rosi, Margit, Lisa und mir nur junge Mädchen, die Leila buchstäblich hörig werden. Rosi hält es mit niemandem, sie schlichtet nur unparteiisch und kommt damit am besten durch. Margit verhält sich passiv, tuschelt und zischelt stundenlang mit Rosi, und keiner von uns weiß, worum es geht. Mit Lisa verbindet mich inzwischen echte Freundschaft, das macht uns unsere Lage etwas erträglicher. Alles andere außerhalb der Arbeitszeit dreht sich um Leila, die der Mittelpunkt der jungen Mädchen ist. Es geht um Sex, um Männer, Kartenlegen, Kosmetik und oft auch um die Amnestie. Alles, was Leila sagt und vorschlägt, ist richtig. Und als sie eines Tages so ganz nebenbei beim Frühstück eröffnet, sie sei lesbisch, aber wir hätten von ihr nichts zu befürchten, da findet auch niemand etwas dabei. Jedenfalls enthält sich jeder der Stimme.

Im Privatleben ist Leila einmal geschieden, dann wieder verheiratet und hat eine kleine Tochter. Diese erwähnt sie nur einmal.

Bettina hat Termin. Verheult kommt sie wieder. »Ein bis zwei Jahre AE.« Sie bleibt aber noch bei uns in der Zelle.

Ich lerne unseren eigentlichen Rechtsanwalt kennen. Ohne Vorbereitung heißt es mitten bei der Arbeit: »Inhaftierte Siegert, kommen Sie bitte mit zum Rechtsanwalt.« Ich werde rausgeschlossen und durch viele Türen und Gänge ins Besucherzimmer gebracht. Unser Rechtsanwalt ist ein älterer beleibter Herr mit einem nichtssagenden Gesicht und einer dicken Zigarre. Den soll Dieter bestellt haben? Nein, ich höre, daß der von Dieter angeschriebene Rechtsanwalt keine Zivilstrafsachen mehr übernimmt und uns an einen Kollegen weitergegeben hat. Auf die Frage, ob ich denn mit unserer Verteidigung durch ihn einverstanden wäre, bleibt mir nur die Zustimmung. In vier Tagen ist unsere Verhandlung. Viel bleibt mir nicht zu erzählen. Der Rechtsanwalt hat sich in unseren Akten vollkommen informiert, sieht restlos klar. Daß er auf »freiwilligen Rücktritt vom Versuch« plädieren kann, wie sein junger, enthusiastischer Stellvertreter mich hoffen machte, glaubt er nicht. Schließlich sind wir durch äußere Umstände gezwungen worden, von dem Vorhaben Abstand zu nehmen. So sieht er die Sache. Er versichert mir aber, daß er sein möglichstes für uns tun wird. Hierzu denke ich mir nur mein Teil.

Kurz und gut, der Eindruck, den dieser Rechtsanwalt auf mich macht, ist niederschmetternd. Von Vertrauen kann gar keine Rede sein. Jetzt bin ich wirklich auf das Schlimmste gefaßt.

Er gibt sich sehr nett, jovial, bietet mir zu rauchen an, was ich dankend ablehne und grüßt mich sogar von Dieter, bei dem er vorher war. Grüße zu bestellen, scheint erlaubt zu sein.

Es gibt nichts mehr zu sagen. Mit »Kopf hochhalten« und dem Hinweis auf sein nochmaliges Erscheinen vor unserem Termin verabschiedet er sich. Als er sich vom Stuhl erhebt und mir die Hand reicht, sperrt sein Mantel oben etwas auf und ich sehe ein kleines Abzeichen. Zwei ineinander verschlungene Hände . . .

Ich werde zu den anderen zurückgebracht. Natürlich möchten sie viel wissen, ich hülle mich weitgehend in Schweigen. In einer Raucherpause sitze ich mit Lisa abseits. Jetzt ist sie genauso niedergeschlagen wie ich. Wir können nichts tun als abwarten. Aber gut sieht es nicht aus.

Lisa hat noch gar keinen Rechtsanwalt, aber ihr Termin muß auch bald bekanntgegeben werden. Schließlich ist sie auf den Tag genau so lange in Haft wie ich.

In der Zelle übernimmt Lisa die Initiative. Wir wollen Würfelspiele machen zur Abwechslung, und dazu fehlen uns Würfel. Also macht sie welche. Jetzt staunen wir alle. Sie nimmt Brot, kaut es gründlich durch, formt Kügelchen daraus und aus diesen Kügelchen dann Würfel. Mit Zahnpasta und einer bis dahin geheimgehaltenen Sicherheitsnadel bringt sie die weißen Punkte an. Dann liegen acht dieser Wunderwerke zum Trocknen auf dem Fensterbrett. Auf der Heizung würden sie zu schnell hart werden und reißen. Am nächsten Morgen sind die Würfel trocken und bis auf ihre bräunliche Farbe von fabrikneuen nicht zu unterscheiden. Wir alle staunen über Lisa. Sie sagt, sie hat dies in der Tschechei gelernt, da gab es immer viel Brot auf die Zelle, aber weiter nichts dazu. Wir lachen. Keiner hätte dies von Lisa gedacht. Nach der Arbeit vertiefen wir uns in Würfelspiele. Wer bisher noch keine konnte, lernt sie hier. Wir spielen »Straße«, »Max«, was aber »mäx« gesprochen wird, und »Schwindelmax«. Wir haben einen Heidenspaß dabei. Allerdings müssen wir wachsam sein und mit Tarnung spielen. Jeder hat neben sich einen Zettel und einen Stift liegen. Wird durch den Spion geschaut, so sieht es aus, als machten wir ein Schreibspiel. Die Würfel läßt immer derjenige unauffällig verschwinden, bei dem sie gerade sind. Es glückt auch immer. Wir sind alle am Tisch, nur Leila sitzt auf ihrem Bett wie in einem Schmollwinkel. Sie fühlt sich gekränkt, weil sie heute nicht Mittelpunkt sein kann. Als sie abends doch noch zum Kartenlegen aufgefordert wird, ist sie wieder mit uns versöhnt.

Aufpassen müssen wir ständig. Würfelspiele und Kartenspiele sind streng verboten. Es gibt nur Schach, Mühle, Dame und Halma auf den Zellen. Eine Neuerung wird eingeführt. Zuerst spricht Frau Obermeister mit uns, um dem Ganzen den Anschein zu geben, als ob wir Mitspracherecht hätten. Wir riechen natürlich sofort den Braten. Es ist zu unüblich, daß wir gefragt werden. Sonst wird hier bestimmt.

Wir dürfen laut Anstalts- und anderer Verordnungen, solange wir uns in Untersuchungshaft befinden, unsere eigenen Sachen und eigene Unterwäsche tragen. Da in dieser Anstalt kein Wäschetausch mit Verwandten stattfinden darf, bleibt es nicht aus, daß die Wäsche auf den Zellen gewaschen werden muß. Mit kaltem Wasser und Seife meistens, denn Waschpulver gibt es nur einen Zahnputzbecher die Woche für uns alle. Ab und zu ergattern wir auch warmes Wasser vom Korridor. Aber dies ist nicht das eigentliche Problem. Dieses ergibt sich erst mit dem Trocknen. Es bleibt immer unserem Erfindergeist überlassen, wo und wie wir die Wäsche trocknen können. Tagsüber ist es nicht erwünscht, Wäsche hängen zu sehen. Manches Personal sieht zwar großzügig darüber hinweg, weil bekannt ist, daß dieser Zustand mehr als mangelhaft ist, aber einige Wachhabende machen ein unmögliches Geschrei, wenn sie tagsüber Wäsche herumhängen sehen. Da man nie weiß, wer vorbeikommt, wäscht man vorsichtshalber fast immer abends. Dann wird die Wäsche kunstgerecht über die ganze Zelle verteilt, auf drei vorhandenen Bügeln an die kleinen Wandschränke, über die Kopf- und Fußteile der Betten und an die Fensterkreuze. Und dann geht es los, wenn die erste Kontrolle durch den Spion schaut: »Nehmen Sie die Wäsche von den Fußenden! Jedes Bett muß eingesehen werden können! Die Wäsche vom Fenster kommt ebenfalls herunter, verstanden?« So. Also nehmen wir die Wäsche von den Fußenden auf die Kopfenden und die Wäsche vom Fensterkreuz verteilen wir über die Hocker. Eine Weile ist Ruhe, dann kommt die nächste Kontrolle. Wir grinsen schon, als durch den Spion gerufen wird: »Nehmen Sie schleunigst die Wäsche von den Kopfenden! Das Fenster muß zu sehen sein!« Gegen das Trocknen auf den Hockern gibt es anscheinend nichts einzuwenden. Nehmen wir die Wäsche also herunter und tun so, als würden wir uns etwas anderes überlegen. Kaum ist das Licht aus, legen wir sie wieder fein säuberlich über die Bettgestelle. Auch das Personal wird müde, zu kontrollieren. Dieses Spielchen ist nicht neu.

Und um eben dieses Problem geht es jetzt. Damit der Ärger mit der Wäsche aufhört, sollen wir Unterwäsche von der Anstalt bekommen. Wöchentlich vier Schlüpfer, einen BH und ein Hemd. Getauscht werden soll beim wöchentlichen Duschen. Frau Obermeister redet mit Engelszungen – wir wollen nichts von all dem wissen. Schließlich geht sie ohne Erfolg zu den nächsten Inhaftierten. Sie sagt uns, es würde noch darüber abgestimmt.

Von Abstimmung merken wir nichts. Bereits am nächsten Morgen noch vor der Arbeit heißt es »Antreten«, dann geht es geschlossen in die Kleiderkammer. Wir müssen unsere gesamte Unterwäsche mitnehmen, abliefern und erhalten anstaltseigene Wäsche. Ein Kommentar dazu von unsrer Seite ist nicht erlaubt, wer zu reden anfängt, dem wird sofort von zwei anwesenden Aufsichtspersonen das Wort verboten. Wir bekommen alte, ausgeleierte Büstenhalter, riesige Großmutterschlüpfer und dicke Achselhemden. Größenprobleme werden nur grob berücksichtigt, wir sollen auf der Zelle tauschen, wenn wir passendere Sachen haben wollen. Die ganze Umkleideaktion ist schnell abgeschlossen, und wir werden zurückgebracht. In den darauffolgenden Wochen trägt keiner mehr ein Hemd, da sämtliche Hemden so lang sind, daß sie entweder unter dem Rock vorgucken oder gar nicht in die langen Hosen reingehen. Einen passenden BH zu bekommen, wird zu einem Lottogewinn, den man sich mitunter mit einigen Zigaretten erkaufen kann, und Schlüpfer werden wortlos übernommen, wie sie sind, weil es sinnlos ist, darüber zu diskutieren. Wieder haben wir ein Stück unseres eigenen »Ichs« aufgeben müssen.

Mit unserer Arbeit kommen wir gut vorwärts, wir haben schon die dritte Ladung Kataloge und Mappen bekommen. Beim Einkauf bin ich wieder nicht dabei, es dauert eine Weile, bis das Geld kommt, und dann muß auch alles erst verbucht und eingetragen werden. Lisa kauft sich weniger Zigaretten und bringt mir eine Tüte Bonbons und eine Packung Keks mit. Natürlich freue ich mich riesig, und wenn ich mir bisher aus Bonbons auch nicht viel gemacht habe, hier wird man anderer Meinung.

Leila gibt wieder einmal eine Einlage. Sie zieht unter den Rock eines von unseren Superhemden an und erscheint am Wochenende so zum großen Rundgang. Beim Heruntergehen auf der Treppe wird es vom Personal nicht bemerkt, und auf dem Hof ist es zu spät. Die Männer an den Fenstern johlen um die Wette, das Hemd reicht Leila knapp bis auf die Knöchel. Dazu der Rock in Mini – ein Bild für Götter. Alles gröhlt und lacht, die zwei aufsichtführenden jungen Wachtmeisterinnen fürchten um die Ordnung und fordern über Funk Verstärkung an. Allein kann man Leila nicht wieder hoch in die Zelle schicken, also läuft sie weiter mit uns. Es ist ein herrlicher Spaß. Der Rundgang wird vorzeitig beendet, aber man kann Leila nichts anhaben, es war ein Hemd, wie wir es alle tragen sollen.

Bei der nächsten Wäscheausgabe fehlen die ganz großen Hemden. Von dem Erfolg wissen wir aber zu diesem Zeitpunkt noch nichts.

Dann heißt es wieder: »Verhaftete Siegert, zum Rechtsanwalt!« Das Gespräch ergibt auch dieses Mal nichts Neues für mich. Oder doch – wie man es nimmt. Ich erfahre, daß das Ergebnis der Haussuchung bei uns gleich Null war, wie ich nicht anders erwartet hatte. Und ich bekomme die Beurteilung vorgelesen, die das Gericht von meiner Schule angefordert hat. Sie ist niederschmetternd. An mir ist kein guter Faden mehr. Ich begreife nur nicht, wie man dieser Kollegin, die hier in der Beurteilung geschildert wird, leitende Tätigkeiten anvertrauen und sogar Auszeichnungen verleihen konnte. Hier in dieser Beurteilung steht klipp und klar, daß ich wenig getaugt habe, mit vielen kleinen unüberhörbaren Unterstellungen gewürzt. Ich höre mir die drei Seiten Lügen an, und es regt mich nicht einmal sonderlich auf. Was hatte ich denn erwartet? Etwa Hilfe von einer Einrichtung, in der stets das Politische und die gesellschaftliche Betätigung an erster Stelle kamen und dann erst die Kinder und noch viel später die Lehrkräfte? Nein, wenn ich darauf im stillen doch noch gehofft habe, ohne es mir selbst auch einzugestehen, dann waren es freundliche Illusionen. Jetzt bin ich sie los. Ich sage dem Rechtsanwalt ohne große Umschweife, daß jedes Wort in diesem Wisch gelogen ist. Und ich habe den Eindruck, er glaubt es mir sogar. Er nickt und bestätigt mir, daß er sich das schon so gedacht hatte. Aber wir können nichts dagegen unternehmen, gibt er mir zu verstehen. Sämtliche Kollegen waren zu der Versammlung beordert worden, auf der meine Beurteilung entstand. Die Staatssicherheit sowie die gesamte Direktion waren anwesend. Da konnte gar niemand ein anderes Wort, geschweige denn ein gutes Wort über mich sagen. Von allen wurde unser Schritt auf das Schlimmste verurteilt und zum Schluß des Schreibens fordert man die strengste Bestrafung.

Nun weiß ich ja, was so ungefähr auf mich zukommt. Der Rechtsanwalt nennt mir noch die Namen derer, die als Vertretung der Schule erscheinen werden. Zusätzlich meine unmittelbare Vorgesetzte und der Leiter des Stadtbezirkes, er macht den »Gesellschaftlichen Ankläger«. Davon habe ich bisher nie etwas gehört, und ich werde aufgeklärt, dies sei auch nicht immer üblich. Ich habe das Gefühl, als soll für unsere Schule aus meinem Fall ein Präzedenzfall gemacht werden. Dieter hat mit seiner Beurteilung mehr Glück, wie ich erfahre. Sein Betrieb versucht ihm durch ein glänzendes Zeugnis herauszuhelfen, auch sie werden einen Vertreter schicken, aber zur Verteidigung.

So liegen also die Dinge. Der Rechtsanwalt belehrt mich noch, daß ich mich gegenüber den vorgebrachten Beschuldigungen verteidigen könne, aber nur, wenn man mir das Wort erteilt. Ich hatte gehofft, er unternimmt da etwas. Wozu ist er eigentlich da? Für rein organisatorische Sachen brauchten wir ihn nicht, da konnten wir das Geld sparen. Na, nun ist alles zu spät, ich glaube an gar nichts mehr.

Übermorgen ist unsere Verhandlung.

In der Zelle sieht man mir wohl an, daß ich nicht die besten Hoffnungen habe. Es geht auch keiner darauf ein, und ich bin froh darüber. Nur mit Lisa gehe ich alles durch. Aber raten und helfen kann sie mir auch nicht. Dieter habe ich trotz aller Aufmerksamkeit bis jetzt nicht wieder zu sehen bekommen. Wenn wir auf dem Boden arbeiten, ist die Entfernung zu groß, als daß man auf dem Hof beim Rundgang jemand erkennen könnte. An den Wochenenden habe ich zwar aufmerksam jeden Rundgang der Männer verfolgt, doch nie war Dieter dabei. Wie ich erfahren habe, gibt es noch einen kleinen Hof, in den wir keinen Einblick haben. Dort wird er wohl laufen. In solchen Sachen ist die Organisation hier wirklich gut. Wenn es nur mit anderen Dingen auch so klappen würde.

Jede zweite Woche ist Schreibtag, ich habe die Genehmigung, einen Brief an meine Eltern und einen an meine Kinder zu schreiben. Mit Dieter ist mir jede Verbindung verboten. Ich bekomme auch Post, jede zweite Woche einen Brief mit einem Kinderbrief darin. Das ist das einzige, was einen mit der Außenwelt verbindet. In diesen Briefen darf nur über familiäre und gesellschaftliche Dinge geschrieben werden. Alles andere, was irgendwie mit unserer Strafsache in Verbindung steht, ist nicht erlaubt. Zweimal bekomme ich einen Brief zurück, weil ich darin meine Mutter bitte, ein paar Zeilen an unsere Bekannten in Westdeutschland zu schicken, damit sie Bescheid wissen. Erst beim dritten Mal gelingt es mir, im Kinderbrief getarnt die Adresse rauszuschmuggeln. Jeder Kontakt nach Westdeutschland ist überhaupt für unsere Bewacher wie ein rotes Tuch. Wir haben auf unserer Zelle noch eine Moni. Sie sitzt ebenfalls, weil sie eine Zeitlang nicht gearbeitet hat. Ihr Vater hat sie aus Westdeutschland unterstützt, er war oft auf Geschäftsreise hier und kaufte ihr alles, was sie wollte. Nur jeder Ausreiseantrag, den er für seine Tochter stellte, wurde abgelehnt. Moni darf ihrem Vater nicht schreiben, obwohl sie sonst keinerlei Verwandte hier hat. Sie kann ihn nicht benachrichtigen, er weiß nicht einmal, daß sie hier in dieser netten Umgebung ist. Jeder Brief kommt zurück. Geld für einen Rechtsanwalt hat sie nicht. Ihr kleiner Junge ist im Heim. Sie ist ziemlich verzweifelt, weil ihre Lage so aussichtlos erscheint. Auch sie müssen wir immer aufmuntern.

So hat jeder seine Probleme, und wie oft wird gemeinsam alles begutachtet. Ist es da ein Wunder, wenn man sich an den Gedanken von einer kommenden Amnestie geradezu klammert? Vielen geht es schon so.

In dieser Nacht glauben wir, es ist soweit. Wir sind gerade kurz vor dem Einschlafen, da wird auf dem Gang der Lautsprecher angestellt. Wie auf Befehl sitzen wir alle in den Betten. Dann folgen Sprechproben durch den Lautsprecher. Mir klopft das Herz bis zum Hals. Allen anderen geht es ebenso. Sollten wir wirklich solch einmaliges Glück haben? Stimmt es also doch, daß die Amnestie vor dem Jahrestag kommt und wir bis dahin bereits alle entlassen sind? In meinem Kopf dreht es sich wie ein Kreisel. Leila sitzt wie wir alle auf ihrem Bett und flüstert immer wieder: »Die Amnestie! Die Amnestie! Ich hab's ja gewußt!« Wie aufgezogen. Erkennen kann man nicht viel, aus irgend einer Ecke schluchzt es leise. Niemanden interessiert das jetzt, alle lauschen. Jetzt ist draußen nichts zu hören. Auf dem Hof werden an den Fenstern flüsternde Stimmen laut. Im Flüsterton, aber laut genug für alle zu hören, fragt eine Frauenstimme zu den Männern rüber, ob bei ihnen auch die Lautsprecher angestellt sind. Es wird von den Männern bestätigt. »Da ist was im Gange«, flüstern sie zurück. Ich schaue auf die Uhr.

Fünf Minuten lauschen wir erst und es kommt uns vor wie eine Ewigkeit. Einmal kommen noch Sprechproben: »Eins, zwei, drei . . .«, dann Stille.

Wir lauschen und hoffen noch eine ganze Stunde lang. Dann baut sich die unerträglich gewordene Spannung ab. Einer nach dem anderen läßt sich in sein Bett zurückfallen. Leila seufzt laut. Das Schluchzen in der Ecke verstärkt sich, um dann schlagartig aufzuhören. Über den Hof brüllt eine Männerstimme: »Amnestie!« Wie auf Befehl antworten ein Dutzend andere: »Kommt nie!« Dann wieder gespenstisch dunkle Stille. Leila gibt noch einen Kommentar: »Scheiß-Amnestie!« Laut und deutlich. Es antwortet niemand.

Am Morgen sehen wir alle leicht übernächtigt aus, aber das nächtliche Vorkommnis wird von niemandem erwähnt. Alles geht wieder seinen Gang.

Dann ist es soweit. »Inhaftierte Siegert, raustreten zum Termin!« Ich bin aufgeregt wie lange nicht mehr, mir zittern wieder einmal die Hände, und die Schuhe bekomme ich fast gar nicht an vor lauter Aufregung. Lisa hat mir am Abend zuvor die Haare gewaschen und eingedreht, damit ich einigermaßen vernünftig aussehe. Denn da die Leute vom Gericht das Innere eines Gefängnisses wohl nur von »Schönwetterbesuchen« kennen, werden sie kaum wissen, was für ein Problem nach zwölf Wochen Haft Haare darstellen können, und demzufolge auch kein Verständnis für dererlei Probleme aufbringen. Also hat mich Lisa auch noch so schön wie möglich gekämmt, was nicht ganz einfach war. Aus der Kleiderkammer habe ich nach mehreren Gesuchen und persönlichen Anfragen an Frau Obermeister endlich meine »bessere« Bluse holen dürfen, und so sehe ich einigermaßen vernünftig aus. Sogar Schnürsenkel sind wieder in den Schuhen. Am Abend vor dem Termin wird nochmal gefragt, ob man alles hat, um anständig vor Gericht zu erscheinen. Für den Fall, daß die eigenen Sachen bereits allzu schäbig und abgesessen sind oder nicht mehr passen, da ja mancher in Haft unheimlich zunimmt, stehen sogar Sachen zum Ausleihen zur Verfügung. Nun, ich brauchte nichts dergleichen zu beantragen, mir paßt alles, und Schnürsenkel habe auch auf diesem Wege auch endlich wieder. Also, auf geht's. Die junge Frau Wachtmeister, die mich zum Gericht bringen soll – rundherum rund, ungepflegte Haare und abgebissene Fingernägel, obwohl sie es darin doch viel einfacher hat als wir – zeigt Ungeduld. Ein kurzes »tschüß« zu meinen Zellengenossinnen, Lisa drückt kurz die Daumen, was aber nur für mich sichtbar ist, dann bin ich auch schon draußen. Neun Frauen warten jetzt, wie es ausgeht. Sechs tippen auf Bewährung, vier auf mindestens ein Jahr. Ich selbst habe überhaupt keine Meinung mehr. Gespannt schaue ich nach allen Seiten, denn irgendwo muß ich ja heute Dieter zu sehen bekommen. Und das ist mir im Moment das Wichtigste.

Die Wachtmeisterin belehrt mich, was ich im Falle eines Fluchtversuchs zu erwarten habe, dann geht es endlich los. Durch Türen mit Sicherheitsschlössern und automatischer Öffnung, zwei Stockwerke tiefer. Dann wird mir gesagt, daß ich hier stehenzubleiben und zu warten habe. Rechts von mir eine freistehende Treppe zum Obergeschoß, links die Tür zu einer Art Pförtnerzimmer. Darin verschwindet Frau Wachtmeister. Nach wenigen Minuten erscheint sie wieder und händigt mir eine Tüte mit zwei Schnitten, einem Apfel und einer Rolle Drops aus. Marschverpflegung! Ich überlege mir, wie lange das alles dauern wird, wenn man sogar Verpflegung mitbekommt. Als hätte Frau Wachtmeister meine Gedanken erraten, klärt sie mich auf. Alle, die Termin haben, sind für den entsprechenden Tag vom Mittagessen gestrichen. Dies ist also mein Mittagessen. Komisch, schon so viele habe ich zum Termin gehen sehen, und noch nie ist über dieses Detail gesprochen worden. An einem solchen Tage spielt Essen wohl doch nur eine sehr untergeordnete Rolle.

Ich habe wieder zu warten. Auf der Treppe neben mir höre ich Männerstimmen und erkenne im ersten Moment Dieters Stimme. Er kommt mit einem jüngeren Wachtmeister herunter. Auch er hat mich sofort entdeckt, und um uns herum existiert nichts mehr. Wir sehen uns an und sehen uns an – das ist alles. Als Dieter knapp vor mir steht, sagt er leise: »Tag, Tina!« Ich bringe kein Wort heraus. Es ist auch nicht nötig. »Gesicht zur Wand! Was fällt Ihnen ein!«, brüllt es neben uns. Warum sehen diese Wachtmeister und Wachtmeisterinnen nur alle so nett und zugänglich aus und haben dann so ein verteufelt unmenschliches Wesen! Das begreife ich nie. Was ist nur dabei, wenn sich Mann und Frau nach zwölf Wochen Trennung wiedersehen, in einem

Fall, wo sowieso alles schon gelaufen ist und feststeht, wovon ich überzeugt bin. Man sieht uns als Staatsfeinde, und man behandelt uns entsprechend. Alles andere ist unwichtig, nur diese Tatsache zählt.

Der Wachtmeister verschwindet im Zimmerchen, und von uns denkt keiner mehr daran, mit dem Gesicht zur Wand zu stehen. Dieter steht an der gegenüberliegenden Wand, und wir genießen diese wenigen Minuten ohne Aufsicht, obwohl wir uns nichts sagen können. Dieter lächelt mir fortwährend zu, was so viel heißt wie: »Sei nur ganz ruhig. Es wird schon alles gut werden.« Er weiß genau wie ich, daß es nicht so ist, aber er versucht mir eben Mut zu machen. Ihm ist bestimmt genauso jämmerlich zumute wie mir. Warum müssen Männer nur immer ihre Gefühle krampfhaft verbergen. Jämmerlich sieht Dieter aus. Der gute, ehemals beste Anzug total ausgebeult und verschlampt. Ob er so einen vorteilhaften Eindruck auf das Gericht macht? Nun, ich sehe beim näheren Betrachten bestimmt ähnlich aus. Was soll's, wir kommen nicht aus dem Urlaub.

Es geht los. Dieter vorweg, dann der Wachtmeister, dann ich, dann die Frau Wachtmeister. Alle schön in einer Reihe. In der »Minna« werde ich ins Käfterchen eingeschlossen, Dieter sitzt vor meiner Blechtür auf der Bank. Seitlich von ihm, durch ein Drahtgitter getrennt, unsere Bewachung. Man gibt uns noch zu verstehen, daß jegliche Unterhaltung während der Fahrt verboten ist.

Wir fahren. Durch den Lüftungsschlitz in meiner Blechtür am Fußboden sehe ich Dieters Schuhe. Es ist ein beruhigendes Gefühl zu wissen, daß er jetzt bei mir ist. Für wie lange? Auf einmal ist sie da, die Hoffnung. Es wird alles gut gehen. Bestimmt erkennt man bei der Verhandlung, daß wir ja noch gar nichts gemacht hatten. Man kann uns doch dafür nicht so streng verurteilen. Wir bekommen Bewährung und gehen am Nachmittag zusammen nach Hause. Bestimmt. So wird es kommen. Ich glaube plötzlich fest daran. Warum soll nicht alles noch gut werden?

Dieters Schuhe beruhigen mich ungemein. Er ist da. Wenn wir schon so weit sind, dann haben wir bestimmt auch ein bißchen Glück.

Die Minna hält und meine Träume brechen ab. Es muß wieder alles sehr schnell gehen. Zuerst steigt Dieter aus und wird vom Wachtmeister in Empfang genommen. Ich sehe, wie er Handschellen umbekommt. Wir müssen nur über den Bürgersteig, dann sind wir schon im Gericht. Ich kenne diese Straße genau. Rechts und links von unserem Auto stehen neugierige Passanten. Viele Kinder. Dieter verschwindet mit seinem Bewacher im Haus, vorher lächelt er mir noch einmal zu. Sicher wird heute alles gut werden. Sicher.

Frau Wachtmeister hüpft vom Auto, ich hinterher. Wie gewohnt will ich über den Bürgersteig und ebenfalls ins Haus, um möglichst schnell von dieser gaffenden Menge wegzukommen. Aber da habe ich die Rechnung ohne meine »nette« Frau Wachtmeister gemacht. Sie herrscht mich an, stehenzubleiben, und ehe ich mich recht besinne, habe ich ebenfalls Handschellen um. Im ersten Moment bin ich nur maßlos überrascht, dann sehe ich die neugierigen Gesichter um mich, und aus dem sekundenlangen Gefühl der Erniedrigung wird Wut. Kalte Wut. Ich bin zu keinem klaren Gedanken mehr fähig. Nie hatte ich bis jetzt Handschellen um, auf keinem Transport. Und dieses junge Ding behandelt mich hier vor allen Leuten wie einen Schwerverbrecher. »Vorwärts, los!« höre ich neben mir. Nun, das kann sie haben. Durch meine Handfessel bin ich mit der Wachtmeisterin verbunden. Ich stürme los, als seien Hunde hinter mir. Frau Wachtmeister muß hinter mir her, ob sie will oder nicht. Vorerst ist sie nur überrascht. Ich stürme ins Gebäude, die Treppen hoch, immer meine Bewacherin hinter mir herzerrend. Es ist ein öffentliches Gebäude, erstaunte Blicke folgen uns. Ich rase die Treppe hoch, so schnell ich kann, Frau Wachtmeister immer hinter mir her. Es muß ein Anblick für Götter sein. Und gerade das Gefühl, diese dumme, eingebildete Kuh von Wachtel lächerlich zu machen, beflügelt mich ungemein. Sie zerrt an der Fessel, schreit mich an, sofort stehenzubleiben, ich denke gar nicht daran. Durch kräftiges Rucken an der Kette versucht sie mir Schmerzen beizubringen, damit ich stehen bleibe. Ich will nicht. Jetzt nicht mehr. Monatelang habe ich sinnlosen Befehlen widerspruchslos gehorchen müssen, aber von so einem dummen Ding lasse ich mich nicht behandeln wie der letzte Dreck. Die Schmerzen beflügeln mich geradezu. Ohne zu wissen, wo ich hin soll, stürme ich weiter. Dieter, den ich ab und zu auf einem Treppenabsatz gehen sehe, zeigt mir, daß ich auf dem richtigen Wege bin. Also weiter. Was kann mir passieren? Das ist kein Ausbruchsversuch sondern ein Einbruch. So schnell hat bestimmt noch niemand in das Gericht reinzukommen versucht. Hinter mir keucht die Wachtel, sie kann nicht mehr. Ich kann noch gut, trotz des monatelangen Sitzens. Ich habe ja auch kein Gramm Fett an mir, im Gegensatz zu meiner Bewacherin, die davon ganz schön trieft. Sie sollte mehr auf ihre Figur achten. Wir sind jetzt im dritten Stockwerk. Ich sehe Dieter gerade noch hinter einer Tür verschwinden. Also wird hier wohl vorläufig Endstation sein.

Mit einem Ruck bleibe ich stehen. Das Schmuckstück hinter mir ebenfalls. Sie ist nicht fähig, auch nur ein Wort vorzubringen. Ich kann es. »Würden Sie mir jetzt bitte die Handfessel abnehmen?«, frage ich höflich. Der ironische Unterton ist für die auf diesem Gang anwesenden Leute nicht zu hören. Widerstandslos bekomme ich die Handschelle aufgeschlossen. Ich halte meinen Arm weit von mir, drehe ihn hin und her, beschaue ihn aufmerksam. Dicke rote Striemen sind zu sehen. Jetzt merke ich, daß er höllisch schmerzt. Ich tue nicht dergleichen, sondern sage eisig und so laut, daß andere gut mithören können: »Wenn Sie diese Antreiberei noch einmal mit mir machen, Frau Wachtmeister, lege ich Haftbeschwerde ein!« Frau Wachtmeister bringt noch immer außer kurzen, abgehackten Atemstößen nichts Brauchbares hervor. Dafür sprechen ihre Blicke Bände. In einer Ecke des Ganges steht ein Tisch, eine Bank dahinter. Sie bedeutet mir, mich dahinzusetzen. Auch sie setzt sich und würdigt mich keines Blickes mehr. Meine Arme lege ich schön sichtbar vor mich auf den Tisch. Der linke hat nicht so viel abbekommen, dafür spricht das rechte Handgelenk von der Gewalteinwirkung Bände.

So warten wir. Gegenüber an der Wand zeigt eine große runde Küchenuhr, wie langsam Minute für Minute vergeht. Nach einer halben Stunde erscheint unser Rechtsanwalt. Er begrüßt mich und schaut fragend auf mein nun schon angeschwollenes rotes Handgelenk. »Ich war Frau Wachtmeister nicht schnell genug«, antworte ich auf seine unausgesprochene Frage. Er wechselt geschickt zu organisatorischen Dingen über. Einige belanglose Worte, ich habe aufzustehen, wenn das Gericht erscheint, ich habe nicht unaufgefordert zu reden und allen Anordnungen des

Gerichtes Folge zu leisten. Nun, das dachte ich mir schon. Dann noch einmal der Hinweis, ich solle nur ruhig bleiben und die Nerven behalten, dann könne man noch mit allem rechnen. Was meine er nur mit »allem«? Dann erhebt sich unser rechtlicher Beistand und sagt mir, daß er nun meinen Mann aufsuchen wolle.

Wieder warten wir. Ab und zu wirft mir Frau Wachtmeister einen nicht sehr freundlichen Blick zu, aber sie sagt nichts. Bei mir macht sich nun die Aufregung bemerkbar. Ein dringendes Gefühl sagt mir, daß es besser wäre, noch vor der Verhandlung die Toilette aufzusuchen. Also sage ich dies meiner Bewacherin. Unfreundlich zeigt sie mir den Weg und öffnet die Toilettentür, um mich hineinzulassen. Kaum bin ich drin, stellt sie den Fuß dazwischen. »Die Tür bleibt offen!« Was soll ich machen? Also verrichte ich hinter Frau Wachtmeisters Rücken mein Geschäft.

Dann sitzen wir wieder und warten. Warum die Zeit nur so kriecht! Es ist ja nicht zum Aushalten mit dieser Warterei! Jetzt werde ich nervös. Ich versuche zwar, mich zur Ruhe zu zwingen, aber es nützt nichts. Da sich Aufregung bei mir stets in einer bestimmten Richtung auswirkt, muß ich nach zehn Minuten bereits wieder den Weg zum stillen Örtchen antreten. Wortlos werde ich wieder hinbegleitet, wieder sehe ich Frau Wachtmeisters breiten Rücken vor mir. Dann weiter warten. Noch zwanzig Minuten! Du meine Güte, wie soll ich das überstehen? Ich muß schon wieder! Wieder wortlose Begleitung, Frau Wachtmeister kann sehr deutlich hören, daß ich sie nicht ärgern will. Wieder sitzen wir. Frau Wachtmeister packt ihre Frühstücksbrote aus. Hmmm, Schinken und harte Wurst. Ich muß noch mal, das darf doch nicht wahr sein! Frau Wachtmeister packt wortlos wieder ein. »Sind Sie blasenkrank?«, fragt sie. Nein, bin ich nicht. Sie schüttelt nur den Kopf. Dann darf ich noch mal. Ob es nun gehen wird, ist mir nicht ganz klar, ich bin aufgeregt wie vor der Abiturprüfung.

Frau Wachtmeister kommt nicht mehr zum Essen — welche Ironie auch, wie kann man jetzt essen wollen — die Tür des gegenüberliegenden Zimmers wird geöffnet, und unser Rechtsanwalt winkt uns einzutreten.

Endlich! Es geht los!

Ich hatte mir einen Gerichtssaal vorgestellt, nun sehe ich, wie falsch meine Vorstellungen waren. Das Zimmer hat die Größe eines kleinen Klassenzimmers. Links von der Tür eine Reihe Klappsitze, auf denen Dieter bereits mit Bewachung sitzt und wo ich ebenfalls Platz zu nehmen habe. Links neben mir ein leerer Stuhl, dann Dieter. Rechts neben mir ein leerer Stuhl, dann die Wachtel, daneben der Wachtmeister. Durch das seitliche Fenster sehe ich die mir altvertraute Umgebung unserer Stadt. Zu weiteren Betrachtungen bleibt mir vorerst keine Zeit.

An der rechten Seite neben der Tür befindet sich noch eine Reihe Klappsitze, darauf sitzen sechs Personen: Meine Schulleiterin, mein gesellschaftlicher Ankläger. Keiner von beiden würdigt mich eines Blickes. Drei mir nicht weiter bekannte Personen. Und der Kollege meines Mannes, der als Vertreter des Betriebes hier ist. Ich kenne ihn. Er schaut zu uns herüber und lächelt uns aufmunternd zu. Begrüßt mich mit einem Nicken. Alle anderen haben steife, nichtssagende Gesichter. Vor unserer Sitzreihe steht Stuhl und Tisch für den Rechtsanwalt, vor der anderen Stuhlreihe noch einmal das gleiche für den Staatsanwalt. Der Staatsanwalt ist eine Frau. Etwa in der Mitte des Raumes befindet sich ein Rednerpult. Dahinter, quer zu den beiden anderen Wänden, der Richtertisch.

In der allgemeinen Stille wird die Tür geöffnet. Da alle Anwesenden aufstehen, stehen wir ebenfalls auf. Das Gericht erscheint! Eine Frau Richterin im schwarzen Kostüm, zwei Schöffen und die Schreiberin. Alle nehmen an dem querstehenden Tisch Platz, die Richterin stellt die Anwesenden vor und eröffnet die Verhandlung. Unsere Verhandlung! Zwölf Wochen Ängste, zwölf Wochen Erwartungen, zwölf Wochen Vermutungen und Hoffnungen – alles soll heute hier in diesem Raum und von diesen Leute geklärt werden. Lieber Gott, wird das gut gehen? Warum sehen sie alle so ernst aus, warum hat keiner einen freundlichen Blick für uns? Lieber Gott, hilf uns! Bitte! Dieter muß wohl ähnliche Gedanken haben. Ich sehe es.

Unsere Verhandlung. Zuerst wird die Anklageschrift von der Richterin verlesen. Ungeheuerlich! Ich hatte sie gar nicht mehr so scharf im Bewußtsein. Dieter und ich haben je ein Exemplar ausgehändigt bekomen und können mitlesen. Hatte ich wirklich noch vor einer Stunde in der »Minna« die Hoffnung, heute Nachmittag heimzukönnen? Jetzt ist mir anders zumute.

Es geht alles schneller, als ich vermutet hatte. Wir dürfen uns zur Anklageschrift äußern. Dieter und auch ich sagen, daß wir an diesem bewußten Abend niemals die Absicht hatten, die DDR zu verlassen, ja, daß wir es überhaupt nicht mehr wollten. Daß unsere Kinder im Bett waren, die wir niemals zurückgelassen hätten. Außerdem, wie sollten wir, ohne Lebensmittel und Papiere, ohne warme Bekleidung, überhaupt weg? Nichts von alledem hatten wir mit. Sind das nicht Beweise genug? Die Aufhängung unseres Bootes war defekt, wir hatten keinerlei Anstalten gemacht, sie reparieren zu lassen – eben, weil wir es nicht mehr für nötig hielten. Das ist doch gleichfalls ein Beweis für den Rücktritt von unserem Vorhaben. Diese Fakten zählen wir auf, so gut es uns in der Erregung möglich ist. Zuerst ich, dann Dieter. Schnell sind wir damit fertig. Unser Rechtsanwalt nickt uns zu. Das ist alles. Wir dürfen uns setzen.

Der Staatsanwalt, nein, die Frau Staatsanwältin meldet sich zu Wort. All dies würde nichts an der Tatsache ändern, daß wir uns mit dem Gedanken trugen, die DDR illegal zu verlassen, und schon das ist strafbar. Außerdem hatten wir uns ja gut vorbereitet, sogar unsere Kinder von unserem ungeheuerlichen Vorhaben bereits unterrichtet. Unnachahmlich, wie spitz und betont sie dieses »ungeheuerlich« ausspricht. Jedenfalls wissen wir nun Bescheid, wo es langgeht.

Dann folgt die Vernehmung der Zeugen. Das ist erst einmal meine Vorgesetzte, stellvertretende Schulleiterin. Sie tritt nach vorn an das Rednerpult, schwarzes Kostüm, beantwortet alle Fragen zu ihrer Person hoheitsvoll und sich ganz ihrer Wichtigkeit bewußt. Dann erfahren wir alles, was ich in den langen Jahren meiner Arbeit mit Kindern geleistet habe: So gut wie nichts. »Die Kollegin Siegert hatte in den letzten Wochen ihrer Arbeit ein gespanntes Verhältnis zu ihren Schülern, das wurde von mehreren Lehrkräften beobachtet.« Ich kann mich nicht mehr beherrschen. »Das stimmt nicht!« Ehe ich es will, ist die Feststellung draußen. Ein zorniger Blick trifft mich und die Bemerkung der Frau Richterin, nur zu reden, wenn ich dran bin. Unser Rechtsanwalt schaut beschwichtigend nach hinten. Dieter legt beruhigend seine Hand auf meine, was zum Glück nicht bemerkt wird. Ich darf mir weiter anhören, was alles mit mir nicht in Ordnung war. »Die Kollegin Siegert hat sich sogar ge-

weigert, bei der Gestaltung einer Wandzeitung mitzuhelfen!«
Da soll doch – jetzt reicht es. Ich stehe auf, ehe es jemand
verhindern kann. »Das ist eine Unverschämtheit, hier solche
Lügen aufzutischen! Wir hatten ein ganzes Jahr lang keine
Wandzeitungen mehr in der Schule, weil sich niemand fand,
die Bretter zu sägen!« So weit komme ich gerade noch. Ich ignoriere die beschwörenden Blicke des Rechtsanwaltes. Dieses Rind-
vieh, warum sagt er nichts? Wozu haben wir ihn denn? Wie
hier vorgegangen wird, darf doch nicht wahr sein! Doch, es
darf. Jetzt werde ich zusammengedonnert. Wenn ich noch einmal störende Einrufe mache, bekomme ich eine Ordnungsstrafe.
Von mir aus! Was haben wir denn noch zu verlieren. Dieter
versucht mit allen Mitteln, durch Blicke und Gesten, mich zu
beruhigen. Es nützt nichts, ich bin außer mir. Ich könnte heulen vor Wut. Warum hilft uns denn keiner? Warum müssen
wir uns das alles gefallen lassen?

Als meine Vorgesetzte fertig ist, bekommt der gesellschaftliche Ankläger das Wort. Alles wiederholt sich, wir bekommen
im wesentlichen nichts Neues zu hören. Ja, er findet es rücksichtslos und nur auf den eigenen Vorteil bedacht, daß ich den
Antrag stellte, an eine Schule versetzt zu werden, an der ich
nur vormittags zu arbeiten brauchte. Daß ein krankes, vielzu-
viel alleingelassenes Kind der Grund dafür war, interessiert
nicht. Überhaupt, es gibt wohl nichts mehr an meiner Arbeit
und meinen Handlungen, was zu billigen wäre. Auch er fordert
im Namen aller Kollegen strengste Bestrafung.

So. Unsere Rechtsanwalt wird aufgefordert zu sprechen. Er
meint erst zum Gericht, ich hätte wohl zu dem allem etwas zu
sagen. Genehmigt. Jetzt darf ich. Ich sage klipp und klar, daß
das meiste an diesen Aussagen gelogen ist.

»Mäßigen Sie sich bitte!«

»Ich kann es beweisen! Wir hatten keine Wandzeitungen!«

»Das zu überprüfen ist nicht unsere Aufgabe!«

»Ich wurde dieses Jahr bereits zum zweiten Mal aufgefordert,
die Leitung des Ferienlagers zu übernehmen!«

Einspruch der Schulleiterin – ich habe es nur wegen persönlicher Vorteile machen wollen. Ich protestiere, bereits wieder
unter strafenden Blicken von allen Seiten. Ich habe es nicht machen wollen, habe mich nicht angeboten, sondern ich bin mehr-

mals förmlich bekniet worden, es wieder zu machen. Ob es vielleicht ein Vorteil für mich sei, acht Wochen getrenntes Familienleben zu haben?

»Bitte werden Sie nicht unsachlich!« Ob ich noch etwas zu sagen hätte.

Langsam resigniere ich. Wozu rede ich denn, wenn mir doch nur das Wort im Munde herumgedreht wird? Einen letzten Versuch wage ich noch. Ich führe an, zweimal ausgezeichnet worden zu sein. Gut und schön, aber was hat das hier zu sagen?

»Das tut nichts zur Sache! Nehmen Sie Platz!«

Unser Rechtsanwalt hat das Wort. Es rauscht an mir vorbei. Was er vorbringt, könnte er sich sparen. Es ist doch nur eine mildernde Zusammenfassung des bereits Gesagten. Ich höre gar nicht hin. Ich schaue nur verzweifelt zu Dieter. Viel hoffnungsvoller guckt er auch nicht. Unser Rechtsanwalt ist fertig. Die Schreiberin ist nicht ganz nachgekommen. ». . . deshalb bitte ich, die ungenügenden Wohnverhältnisse und die schwierigen familiären Umstände doch etwas mehr in Betracht zu ziehen.« Nun hat sie es schriftlich. Weiter geht es.

Dieters Arbeitskollege erhält das Wort. Jetzt kommt das genaue Gegenteil des Vorangegangenen. Er berichtet nur das Beste über Dieter, er redet, was er reden kann, nur um hier noch etwas zu retten. Wenn Dieter auf Bewährung verurteilt würde, wäre der Betrieb bereit, die Bürgschaft zu übernehmen. Er bittet das Gericht, dies in Betracht zu ziehen. Mehr kann er nicht tun. Er ist schnell fertig mit seinem Vortrag. Der Rechtsanwalt hat nichts dazu zu sagen, es hat niemand mehr etwas dazu zu sagen. Dieter soll zu alledem jetzt noch Stellung nehmen. Er sagt, wie leid es ihm tut, sich zu diesem Schritt entschlossen zu haben, daß es eine Fehlentscheidung war und er es nie wieder tun würde! Wie gut er lügen kann! Ob es die anderen wohl alle glauben? Das einzige, was man jetzt hier noch nutzbringend tun kann, ist lügen. Aber es wird uns auch nicht helfen, es rundet nur den gesamten Eindruck ab.

Das Gericht unterbricht für eine Viertelstunde. Wir stehen alle, während die Richterin samt Schöffen und Schreiberin hoheitsvoll hinausrauscht. Dieter bleibt mit dem Wachtmeister im Zimmer, ich werde auf den Gang gebracht. Wieder warten wir. An der Tür zu unserem Verhandlungsraum kann ich jetzt ein

Schild erkennen. »Keine öffentliche Verhandlung!« Ja, das ist wohl besser für die Veranstalter. Öffentlich wäre das Ganze hier auch nicht denkbar. Das Schild war mir beim Eintritt entgangen. Frau Wachtmeister ißt, ich könnte keinen Bissen herunterbringen. Der Rechtsanwalt läuft auf dem Gang auf und ab und blättert in einer Mappe. Auf jeden Fall bewahrt er gut die Haltung.

Es geht weiter. Was jetzt noch kommt, ist Routine. Zuerst hält die Staatsanwältin ihre Rede, dann unser Rechtsanwalt. Die Staatsanwältin verurteilt unsere Handlung auf das schärfste, schreibt mir einen labilen Charakter zu, Dieter ebenfalls, sonst hätte er so etwas nicht angefangen. Die Verhandlung hat ergeben, daß wir beide uns unserer Verantwortung als Staatsbürger und als Erziehungsträger nicht bewußt sind und uns von persönlichen Vorurteilen leiten ließen. Das Ganze gipfelt in dem Antrag auf Freiheitsentzug von einem Jahr und vier Monaten.

Wir schauen uns wortlos an, jetzt ist Dieters Gesicht auch nicht mehr zuversichtlicher als meines. Nun ist unser Rechtsanwalt an der Reihe. Er beurteilt die Vorwürfe der Schule gegen mich als sachlich nicht ganz korrekt, stellt unsere Familiensituation in den Vordergrund, kommt auf die kurze Vorbereitungszeit für unser Vorhaben zu sprechen und versucht, das Ganze als eine Art Affekthandlung hinzustellen. Es ist wohl das einzige, worauf er hinauskann, will er nicht seine eigene Stellung gefährden. Seine Forderung liegt bei einer Bestrafung auf Bewährung oder bei einer wesentlich kürzeren Haftstrafe als der geforderten.

Das wär's. Dieter hat seine Hand wieder auf meiner, schaut mich an wie: »Na bitte, ist ja noch alles drin!« Dran glauben tut er wohl genauso wenig wie ich. Aber hoffen kann man ja bis zuletzt. Nun kann es nicht mehr lange dauern, bis wir Gewißheit haben. Denken wir. Unsere kurze »Zwiesprache« wird jäh unterbrochen.

»Das Gericht vertagt die Verhandlung bis morgen. Die Urteilsverkündung findet morgen zwölf Uhr im gleichen Gebäude statt.« Schon stehen wir, und das hohe Gericht verschwindet. Im Nu ist der Raum leer, der Rechtsanwalt sagt noch ein paar Worte zu Dieter. Dann wird Dieter schon vom Wachtmeister weggeführt. Zur Verabschiedung bleibt uns keine Zeit. Ich muß warten, bis Dieter außer Sichtweite ist. Bleibt mir ein Moment, um unseren Rechtsanwalt noch schnell zu fragen, wie denn seiner Meinung nach das Urteil ausfallen wird. Seine Antwort trifft mich wie ein Blitz. »Sechzehn Monate, das ist doch klar!« Kann es so einen Rechtsanwalt überhaupt geben? Und ausgerechnet wir werden damit bestraft, daß er uns vertritt. Na, nun ist sowieso alles zu spät.

Ohne Handschellen werde ich diesmal zur Minna gebracht. Dieter sitzt schon im Kasten, ich komme auf die Bank. Neben mir, durch die Drahttür getrennt, wieder das Personal, was jede Unterhaltung mit Dieter von vornherein unmöglich macht. Wieder sehe ich durch den Lüftungsschlitz Dieters Schuhe. Ich bin zufrieden. Nur Ruhe will ich jetzt haben, weiter nichts. Abstand gewinnen von all dem Ungeheuerlichen, das wir hören mußten. Von einer völlig unsachlichen Verhandlung, in der auf nichts Wesentliches eingegangen wurde. Wenn mir das jetzt nicht gelingt, ist es irgendwann mit meiner Beherrschung vorbei. Davor fürchte ich mich. Ich weiß, daß ich dann losbrülle und alles Unrecht aus mir heraus muß. Dann kann man nicht mehr mit mir reden, ich habe es unbewußt im Gefühl und bemühe mich nur krampfhaft, ruhig zu bleiben. Ich weiß, was mir blüht, wenn ich das nicht schaffe. Es wird sofort als Widerstand gegen die Staatsgewalt ausgelegt, als Aufsässigkeit. Ich kann meine Verzweiflung nicht hinausschreien, damit würde ich uns nur die letzte, winzige Chance verbauen. Unglaublich, was ein Mensch alles in sich hineinfressen kann.

Aus dieser dumpfen Lethargie komme ich erst in der Zelle wieder richtig zu mir, als die anderen von der Arbeit zurückgeschlossen werden und mich sofort mit Fragen bestürmen. Mir ist der forschende Blick der Frau Obermeister beim Zuschließen der Zelle nicht entgangen, ich ignoriere sie. Auf sämtliche Fragen antworte ich überhaupt nicht, es würde ja doch zu nichts führen. Lediglich, welche Strafe beantragt wurde, sage ich dann doch endlich. Alle hatten erwartet, heute schon das Urteil zu hören. An Bewährung glaubt jetzt keiner mehr, das merke ich deutlich. Dann wäre ich heute nicht erst wieder erschienen. Nach dem Abendessen setzt sich Lisa zu mir in die Ecke. Ihre Anteilnahme ist mehr als Neugier, aber eben nur ihre. Viel reden wir nicht, aber in meiner Verfassung schweigt es sich zu zweit besser. Vor dem Nachteinschluß fragt Frau Obermeister, ob ich ein Beruhigungsmittel für die Nacht möchte. Natürlich möchte ich! Denn daß ich in dieser Verfassung kein Auge zumachen kann, weiß ich hundertprozentig. Ich liege zwar trotzdem noch lange wach, und die Zeit erscheint mir wie eine Ewigkeit, aber dann wälze ich mich doch in den Schlaf. Morgen. Morgen weiß ich alles. Und was ist schon ein Tag verglichen mit den Wochen, die hinter mir liegen. Ich träume von Thomas und Barbara.

Morgen.

Als ich wieder aufwache, ist mir, als wäre ich eben erst eingeschlafen. Zum Glück bleibt mir nicht viel Zeit zum Überlegen, wie immer geht alles zügig vorwärts. Ich muß noch mit zur Arbeit, worüber ich richtig froh bin. Der heutige Vormittag hier allein in der Zelle wäre schrecklich. So habe ich wenigstens einigermaßen Ablenkung.

Trotz alledem sind meine Gedanken nur rund um dieses Thema zu finden. Was erwartet uns? Ist es so, wie der Rechtsanwalt voraussagte?

Dann werde ich geholt.

Es ist alles das gleiche wie am Vortag. Warten auf Dieter, die Fahrt in der »Minna«, wieder sehe ich Dieters Schuhe durch den Lüftungsschlitz, der kurze Weg über die Straße zum Gericht – dieses Mal ohne Handfessel für mich, weil eine andere Frau Wachtmeister dabei ist –, dann warten wir wieder. Dieter in irgendeinem winzigen Kabüffchen, ich auf der Korridorbank. Die Arbeitskollegen erscheinen, der Rechtsanwalt begrüßt mich und versucht, mich irgendwie aufzumuntern, was ich gar nicht recht zur Kenntnis nehme. Alle sitzen wir auf dem schmalen Flur herum und warten. Nur Dieter ist nicht dabei. Sonst könnten wir uns ja durch Blicke verständigen, und das geht nun wirklich nicht.

Pünktlich dürfen wir unsere Plätze einnehmen, und ebenso pünktlich erscheint das Gericht. Nichtssagende, unnahbare Gesichter, die nur geradeaus gucken können. Mir ist unheimlich elend zumute, selbst Dieters aufmunternd gemeintes Lächeln ändert daran nichts. Ohne irgendein Wort vorher zu sagen, erhebt sich das Gericht, und wir stehen automatisch alle mit auf. Die Schreiberin setzt zum Schreiben an, die Richterin liest.

»Im Namen des Volkes ergeht folgendes Urteil! Die Angeklagten Dieter und Kristina Siegert haben . . .« Ich schaue Dieter an. Wie einen letzten Halt. Nur mühsam kann ich meine Erregung noch verbergen. Ich nehme das Vorgelesene zwar auf, doch nur Fetzen davon bleiben mir im Gedächtnis haften. ». . . unter Mißachtung der Gesetze zum Schutze der Staatsgrenze der DDR . . . in Tateinheit mit Paragraph . . . erschwerend muß gewertet werden, daß das Vergehen von einer Gruppe begangen wurde.« Himmel, sind denn die ganz verrückt geworden? Bei »Gruppe« sind die Strafen doch strenger, das ist doch nicht möglich, eine Familie als Gruppe zu rechnen! Was kommt denn nun noch? Dieter schaut genauso fassungslos wie ich. ». . . äußerst intensive Planung und Vorbereitung der Tat . . . persönliche Schwierigkeiten wären zu lösen gewesen . . . die Angeklagten haben zu wenig Vertrauen zu unserem Staat bewiesen. Im Namen des Volkes werden die Angeklagten Dieter und Kristina Siegert zu je einem Jahr und vier Monaten Freiheitsentzug verurteilt. Außerdem werden folgende, zur Tat benutzte Gegenstände entschädigungslos eingezogen: Ein Pkw Marke . . ., vier Kissen, eine Luftmatratze, eine Schwimmweste, ein Schwimmgürtel . . ., zwei Landkarten, ein Kompaß, ein Fernglas . . . zwei Thermosflaschen, vier Regenmäntel, eine Autoplane . . .« Und, und und! »Dieses Urteil ist rechtskräftig mit dem Datum vom . . ., die Zeit der Untersuchungshaft ist anzurechnen.«

Schluß. Das Gericht erhebt sich und verläßt den Raum. Das war alles. Ich könnte schreien. Nein, nein, das darf nicht wahr sein! Denkt niemand an die Kinder? Über ein Jahr werden sie ohne Eltern sein. Wofür? Was haben wir getan? Ach, es ist ja so sinnlos. Das Schlimmste, was man überhaupt tun kann, haben wir getan. Ich kann und kann es nicht fassen. Meine Gedanken überschlagen sich in den wenigen Sekunden, als alle noch sitzen. Dieters Gesicht sieht sehr grau aus, jede Hoffnung ist daraus verschwunden. Es sagt mir alles. Und der Haß, der in seinem Gesicht zu lesen ist, ist nicht nur für mich sichtbar.

Es kommt Bewegung in die Anwesenden. Einer nach dem anderen verläßt ohne ein Wort den Raum. Meine Schulleiterin geht an mir vorbei. Ich sehe es, sie möchte keine Regung in meinem Gesicht verpassen. Unter Aufbietung aller Kräfte lächle ich sie an, gelassen. Schnell geht sie weiter. Sicher ist sie enttäuscht, mich nicht bitterlich schluchzen zu sehen. Nein, diesen Triumph soll niemand von denen hier haben. Niemand braucht zu wissen, wie verzweifelt ich bin. Ich lächle, lächle, lächle. Mein Gesicht ist nur eine Maske. Dieter tut genauso. Sein Arbeitskollege geht an uns vorbei. Er wünscht uns halblaut alles Gute. Kein Wachtposten schreitet ein.

Nur Dieter und ich sind jetzt noch im Raum und der Rechtsanwalt. Und unsere Bewacher, versteht sich.

Der Rechtsanwalt fragt uns, ob wir das Urteil annehmen werden. Ich denke nicht daran, ich bin fest entschlossen, Berufung einzulegen. Dieter ist unschlüssig. Jetzt, wo alle Zuschauer weg sind, haben wir beide keine Masken mehr. Wozu, vor uns? Das Wachpersonal ist mir scheißegal, diese auf Sozialismus getrimmten Arschkriecher. Nie weiß man, was sie denken. Nicht hinsehen, das einzige, was man tun kann. Es ist das erste Mal, daß unser Rechtsanwalt mit uns beiden zugleich sprechen darf. Er diskutiert mit Dieter. Wir sollen das Urteil annehmen, es wäre das Beste, was wir tun können. Wir wären sowieso bei der ganzen Sache noch gut weggekommen, es hätte auch mehr werden können. Na, ich weiß ja nicht. Auf alle Fälle überzeugt er uns davon, daß es ohnehin sinnlos wäre, in Berufung zu gehen. In einem Punkt hat er Recht, mit ihm als Rechtsanwalt wäre es sinnlos. Da wir uns keinen anderen leisten könnten, fügen wir uns.

Wir nehmen das Urteil an.

Daraufhin sind wir kurze Zeit mit den beiden Posten allein. Aber es ist uns keine Unterhaltung gestattet. Also schauen wir uns an. Wer weiß, wann wir das wieder können.

Der Rechtsanwalt beantragt bei der Richterin Sprecherlaubnis für uns beide. Die Verhandlung ist vorbei, wir nehmen das Urteil an, also müßte man es uns genehmigen. Nach kurzer Zeit ist der Rechtsanwalt zurück. Die Sprecherlaubnis ist erteilt. Für eine Viertelstunde! Der Zeitpunkt wird von der Anstalt bestimmt werden.

Ich bin vollkommen verzweifelt, Dieter ist es auch. Es nützt nichts, wir können nichts tun. Als wir uns verabschieden sollen, hänge ich Dieter am Hals. Das ist nun laut Anstaltsordnung bestimmt nicht gestattet, aber was schert mich das. Schlimmeres kann uns sowieso nicht mehr passieren. Ich klammere mich an

Dieter und zittere am ganzen Körper vor Erregung, und Dieter versucht krampfhaft, mich zu beruhigen. Dabei geht es ihm genauso. Frau Wachtmeister fordert uns nochmals äußerst ruhig zum Verabschieden auf. In mir ist kein Funken Vernunft mehr. Wenn mich jetzt einer anfaßt, ist es mit aller Beherrschung vorbei. Ich heule nicht, aber so ist es viel schlimmer. Dieter schafft es, mich einigermaßen zur Vernunft zu bringen. Diese lange Zeit – wie soll das bloß werden. Mit hängenden Armen und wohl dem elendsten Gesicht der Welt stehe ich da und sehe zu, wie man Dieter zuerst wegführt. Mit Handschellen. Als er außer Sichtweite ist, gehen wir hinterher. Seltsamerweise sitzt Dieter dieses Mal in der Minna auf der Bank und ich muß an ihm vorbei ins Käfterchen. Noch eine geschenkte Sekunde!

Wir fahren. Diese eisige Ruhe, die sich jetzt in mir ausbreitet, ist mir selber unheimlich. Ich hatte immer angenommen, wenn mir einmal so etwas verkündet wird, heule ich fassungslos und kann mich gar nicht mehr beruhigen. Nichts. Ich bin eiskalt und ruhig. Und jeder Gedanke ist reine Verzweiflung, aber jeder Gedanke kapituliert auch vor den nackten Tatsachen. Ich schaue nur auf Dieters Schuhe. Dann höre ich mich laut sagen, und es kommt mir vor, als bin ich es gar nicht, die da spricht: »Na Dieter, hast du nun mehr Vertrauen zu unserem Staat?« Der Posten brüllt los, wenn ich noch eine derartige Äußerung mache, ist es aus mit unserer Sprecherlaubnis. Dieters erschrockene, beschwichtigende Worte fallen fast mit denen des Posten zusammen »Um Himmels willen, Tina, sei bloß ruhig, bitte!« Er hat Angst. Angst um mich, daß es noch schlimmer kommt.

Ich sehe Dieter nicht mehr. Er wird vor mir weggebracht und ich bekomme erst Luft zu sehen, als er bereits im Gefängnisgebäude verschwunden ist. Irgendwie berührt es mich nicht einmal weiter. Ich bin in einem so sonderbaren Zustand wie im Traum, mir ist eiskalt im Kopf und ich denke eigentlich überhaupt nichts. Automatisch gehe ich den Weg durch die vielen Gänge und über unzählige Treppen und bemerke im Unterbewußtsein, wie hinter mir der Schlüssel herumgedreht wird. Die anderen sind noch nicht zum Mittagessen dagewesen. Ich stelle mich an das offene Fenster, trotz aller Verbote, schaue in den blauen Himmel und atme gierig die warme Frühlingsluft. Ich kann keinen klaren Gedanken fassen, was ist nur los mit mir. Ich friere entsetzlich. Ich strecke instinktiv die Hände durch das Gitter, um sie in der Sonne zu wärmen. Um mich verschwimmen alle Geräusche so sonderbar, mir ist auch entsetzlich weich in den Knien – ich versuche noch, mich am Gitter festzuhalten, als mir sterbenselend wird – dann ist es schon vorbei.

Im Bett werde ich wieder munter und als erstes sehe ich Lisa. Sie legt mir kalte Waschlappen auf die Herzgegend und schaut auch nicht viel fröhlicher als ich. Ich hatte Glück im Unglück, die anderen wurden heute später als üblich zum Mittagessen gebracht. So fand man mich wohl gleich nach meinem Sturz. Lisa sagt mir, daß ein Sani da war und etwas von »Kreislaufkollaps, die Aufregung und nicht weiter schlimm« gesprochen hat. Die anderen sind wieder zur Arbeit, Lisa mußte bei mir bleiben. Willenlos lasse ich mir die bereitstehende Medizin geben, sie schmeckt nach Baldrian. Lisa fragt nichts, ich bin unsagbar müde und vollkommen zerschlagen. Wieder diese Herzschmerzen. Kurz darauf schlafe ich wieder.

Richtig wach werde ich erst, als alle von der Arbeit zurückgeschlossen werden. Jetzt bin ich auch geistig wieder voll da. Alle sind sehr zurückhaltend und auch mitfühlend. Ich werde nicht mit Fragen bestürmt, wie es eigentlich üblich ist nach einer Verhandlung, ich sage in der unsicheren Stille von selbst: »Ein Jahr und vier Monate!« Klar und nicht mehr rückgängig steht das Wort im Raum, das Urteil ist angenommen. Wenn ich mich längere Zeit hinsetze, wird mir schwindlig, das Abendessen bekomme ich ins Bett, und zum Nachteinschluß darf ich liegenbleiben. Ich bekomme noch einmal Medizin hereingereicht, wohl irgendein Beruhigungsmitel, dann schlafe ich tief und traumlos die ganze Nacht. Beim Erwachen ein kurzes Zurechtfinden – dann nur ein Gedanke.

Ein Jahr und vier Monate!

Gerade heute ist unsere Arbeit mit den Katalogen beendet, es müssen nur noch vier Mann hoch zum Aufräumen. So bin ich nicht allein in der Zelle. Das ist gut. Einmal kippe ich noch um, werde wieder zum Bett geschleift. Vom Rundgang bin ich befreit und darf liegen bleiben. Als ich abends zum Waschen aufstehe, bin ich zwar noch recht unsicher, aber es geht wieder. Alles geht weiter. Noch dreizehn Monate.

»Strafer«

In unserer Zelle wird es wieder erdrückend langweilig. Zu erzählen gibt es nicht mehr viel, jeder weiß über jeden Bescheid, und die bis zu diesem Zeitpunkt nichts erzählen wollten, tun es auch jetzt nicht. Bei der Essenausgabe sind sich die Kalfaktoren nicht einig, ob wir nun noch Arbeiterverpflegung bekommen oder nicht. Die um Rat gefragte Frau Unterwachtmeister weiß auch nicht recht – man möchte auf gar keinen Fall etwas falsch machen. Frau Obermeister wird gerufen und klärt den Fall. Wir erhalten weiter unsere Arbeiterverpflegung. Erstens hätten wir sehr gut gearbeitet und zweitens würden wir bald wieder Arbeit bekommen. Über diese Entscheidung sind wir recht froh, denn, wie in vergangenen Zeiten, wieder bei halber Ration zu sitzen, das wäre schon eine schmerzliche Umstellung gewesen.

Ich werde jetzt nicht mehr mit »Inhaftierte« angesprochen sondern mit »Strafgefangene«. Das ist aber auch das einzige, was sich für mich geändert hat. Ich denke immer, bald auf den Transport zu kommen. Auf meine diesbezüglichen Fragen antwortet Frau Obermeister nur ungenau. Es könne noch etwas dauern. Mir auch recht. Ist ja schließlich egal, wo ich meine Zeit rumbringe.

Mit der Besserung meines Gesundheitszustandes hat sich auch mein Gemütszustand erheblich gefestigt. Ich bemühe mich, das Unabänderliche als unabänderlich hinzunehmen. Wie vielen geht es ebenso! Und es gelingt mir sogar, eine kleine Portion meines alten Humors hervorzukramen. So trägt es sich besser.

Gleich am Tag nach der Urteilsverkündung betritt Frau Obermeister überraschend die Zelle und fordert mich zum Mitkommen auf. »Strafgefangene Siegert, Sie haben Sprecher mit ihrem

Mann!« Jetzt bin ich zwar wieder aufgeregt, aber ohne diese
unerträgliche Spannung, die sich vor alledem immer in mir breit
machte. Vielleicht macht dies die Tatsache, daß die Ungewißheit
weg ist. Ich weiß jetzt, wie lange alles dauern wird, und darauf
stellt man sich ein. Mag sein, daß es daran liegt.

Ich werde in den Männerflügel gebracht, dort einem Obermeister übergeben. Dieser führt mich in eine winzig kleine Einzelzelle, Dieter ist bereits anwesend. Wir werden aufgefordert,
uns nur mit Handschlag zu begrüßen und nur über persönliche
Dinge zu sprechen. Sprechzeit – eine Viertelstunde! Dann nehmen wir Platz. Dieter und ich gegenüber, an den Schmalseiten
eines kleinen Tisches, gleich neben uns der Obermeister. Was
sollen wir uns unterhalten! Das, was man sagen möchte, ist
nicht für dritte Ohren bestimmt, das, worüber man noch sprechen würde, ist verboten – also, was soll's! So plaudern wir über
die Zeit, wenn wir wieder in Freiheit sein werden, nichtssagende
Sätze und sind uns so nah wie lange nicht mehr. Es genügt, daß
wir uns sehen und zusammensein dürfen. Selbst für eine so
kurze Zeit ist man hier dankbar. Beide wissen wir, es ist für
lange, wahrscheinlich für sehr lange Zeit das letzte Mal, daß wir
uns sehen. Ein gemeinsamer Sprecher während der Haftzeit
dürfte unwahrscheinlich sein, wenn es auch den Erzählungen
anderer nach durchgeführt wird. Es soll äußerst selten sein, dieses Glück zu haben. Warum sollten also ausgerechnet wir damit
rechnen? Darüber reden wir, es scheint in den erlaubten Bereich
der Gespräche zu fallen. Der Obermeister mischt sich ein, es
wäre durchaus nicht unmöglich, daß wir uns einmal sehen könnten. Ist mir auch egal, ich werde um nichts betteln und die Zeit
der Verbannung wird so auch nicht kürzer. Sechzehn Monate
sind sechzehn Monate. Wir werden sie rumkriegen, so schwer
es auch ist. Unser Gespräch ist wirklich belanglos, und doch
versucht einer den anderen zu ermutigen, ich glaube zu hören,
wie Dieter mir Mut macht. »Kopf hoch, auch das kriegen wir
rum!« Da sagt er es schon! »So lange ist es ja gar nicht mehr,
bald ist alles vorbei!« Na ja, bald. Auch ein ziemlich relativer
Begriff. Trotzdem unterhalten wir uns, als ob es uns kaltließe.
Vor dem Personal werde ich keine Schwäche mehr zeigen, darin
bestärkt mich Dieters Haltung. Über Barbara und Thomas sprechen wir noch. Das ist schmerzlich, aber ohne es recht zu wollen,

ist das Gespräch an diesem Punkt angelangt. Nun, wir wissen sie jetzt wenigstens in guten Händen. Wenn nur die Zeit schon herum wäre!

Wie schnell können fünfzehn Minuten vergehen! »Bitte verabschieden Sie sich!« Der Obermeister erhebt sich, wir ebenfalls. Ein kurzer Händedruck, noch ein Blick – vorbei. Schon bin ich aus der Zelle. Von dieser letzten Begegnung werden wir ein Jahr lang zehren dürfen. Aber es war schön, noch einmal den anderen zu sehen. Zu wissen, daß man immer füreinander da ist. Wir werden es schaffen.

Ich bekomme jetzt jeden Morgen irgendwelche Tropfen für den Kreislauf und abends Tropfen zum besseren Einschlafen. So geht es mir nicht schlecht, was das Gesundheitliche anbelangt. Vorläufig sind wir auf der Zelle, von Arbeit ist konkret noch nicht wieder gesprochen worden. Unsere Arbeiterverpflegung erhalten wir, was wollen wir mehr. Nach dem Frühstück wird kurz aufgeräumt und sauber gemacht. Dann vertreiben wir uns die Zeit mit Würfelspielen oder auch nur mit Erzählen. Beim Einkauf bin ich dieses Mal dabei, unser Geld ist ja jetzt freigegeben worden, es ist das einzige, was nicht beschlagnahmt wurde. Wohl auch nur, damit wir den Rechtsanwalt bezahlen können. Nun, jedenfalls ist genügend da, daß wir jetzt einkaufen können. Zehn Mark sind gestattet. Auf eine selbstgefertigte Liste schreibt jeder auf, was er haben möchte. Das Angebot liegt uns in Form einer anderen Liste vor, mit Preisen. So kann man gut ausrechnen, was man sich leisten kann. Für die Raucher ist es schlecht, sie bestellen fast nur Zigaretten, weiter reicht es nicht. Ich rauche nicht. Also bestelle ich Haarwäsche, Creme, Süßtafeln, weil diese schön billig sind, einen Block, Bleistift, Spitzer und Bonbons. Erstaunlich, was man für so wenig Geld doch noch bestellen kann.

Am Nachmittag kommt die Lieferung. Jeder bekommt eine Tüte hereingereicht, und ohne vorher kontrollieren zu können, müssen wir den Empfang quittieren. Dann geht es ans Auspacken. Bereits wenige Minuten später bin ich in dicken Qualm eingehüllt, denn ich bin die einzige Nichtraucherin. Ich bin richtig freudig erregt beim Auspacken, doch Minuten später ist auch das vorbei. Es ist ja zum Verrücktwerden. Süßtafeln waren alle, also hat man mir für das Geld Zigaretten reingelegt. Ein kurzer

Hinweis verständigt mich davon. So habe ich lediglich eine Tüte Bonbons und den andern Kram. Mein erster Einkauf! Kurze Zeit danach bin ich mit Leila im Geschäft. Sie möchte unbedingt die zwei Packungen Zigaretten erhandeln. Reden kann sie! Dann bin ich Besitzerin einer Schreibmappe aus Kunststoff, auf die ich eigentlich nie Wert gelegt habe, und Leila ist um zwei Packungen Zigaretten reicher.

Die anderen rauchen, was die Lungen hergeben, bis man langsam anfängt einzuteilen. Erst nächste Woche ist wieder Einkauf!

Ich lutsche Bonbons, froh, überhaupt etwas zu haben. Warum nur mein genehmigtes Kosmetikpaket nicht kommt? Weiß der Kuckuck, wo das hängt. Fürs erste habe ich etwas.

Noch werde ich behandelt wie die anderen, nicht Abgeurteilten, auch. Vielleicht ist das der Grund, warum mich Frau Obermeister nicht in eine Transporterzelle verlegt, wie es sonst eigentlich üblich ist. So habe ich noch Einkauf wie alle anderen, nur schreiben darf ich nicht mehr alle vierzehn Tage wie vorher. Jetzt bin ich offiziell »Strafer« und unterstehe anderen Gesetzen. Alle vier Wochen ein Brief an meinen Mann wird mir gestattet, im gleichen Zeitraum ein Brief an meine Eltern, weil sich die Kinder dort befinden. Für die Kinder darf ich ein Blatt einlegen. Erlaubt ist jetzt eine große Briefseite, vorn und hinten beschrieben, die Briefe sind offen herauszugeben. So schreibe ich am Schreibtag an Dieter, der sich nur ein paar Wände weiter befindet, und an die Eltern. Für die Kinder male ich etwas, sie sollen sich freuen, wenn das überhaupt möglich ist. Dann warte ich auf Antwort. Was ist schon Zeit. Davon hat man hier wahrhaftig genug.

Leila hat wieder einen neuen Einfall. Sie möchte unbedingt mehr Brust bekommen. Dafür läßt sie sich abends kaltes Wasser in eine Schüssel und taucht dann ihre Brust hinein. Wir kichern alle, sie läßt sich durch nichts beirren. Moni hat dermaßen zugenommen, daß ihre Hosen beim besten Willen nicht mehr passen. Sie hat sich bereits von der Anstalt einen Arbeitskittel geben lassen müssen, den sie nun jeden Tag über dem Pullover trägt. Draußen hat sie ja niemanden, der ihr etwas bringen könnte. Sprecher wird nur mit Verwandten genehmigt, und ihrem Vater darf sie noch immer nicht schreiben. Also läuft sie im verwaschenen, geflickten Kittel herum. Nun kommt sie auf die

Idee, zur Wiederherstellung ihrer ursprünglichen Figur Sport zu betreiben. Acht von zehn von uns machen also abends Gymnastik. Leila macht aus Protest nicht mit, weil dieser Einfall nicht von ihr stammte, und ich habe absolut keine Lust. Ich bin dünn genug, also was soll das Ganze! Ich habe auf dem Bett meinen Beobachterposten; da der Sport nach dem Nachteinschluß stattfindet, ist auf dem Bett liegen gestattet. Ich skizziere Moni. Ein dankbares Objekt. Die schönen runden Hüften, der zum Platzen gespannte, runde Po, nur bekleidet mit Schlüpfer und BH – nun, alle erkennen auf den ersten Blick Moni. Sie selbst ist zuerst erschlagen von ihrer Figur und fragt wohl jeden von uns dutzende Male, ob sie wirklich so aussieht. Dann aber findet sie sich damit ab und hebt sich das »Gemälde« gut auf. Ich bekomme gleich neue Aufträge, doch nun habe ich keine Lust mehr, und dann wird's auch nichts.

Wir sitzen bereits den dritten Tag ohne Arbeit rum. Da kommt es auf uns zu! Frau Meister Schulze, auf der Skala der Beliebtheit in der Mitte rangierend, und wegen ihrer zeitweiligen Grobheit »Die Stute« genannt, fordert uns ganz überraschend zum Verlassen der Zelle auf. In einer leeren Zelle am hinteren Ende des Ganges finden wir uns eingeschlossen wieder und können darüber nachdenken, was das nun wieder bedeutet. Die alten Hasen unter uns haben schnell des Rätsels Lösung. »Razzia!« Durchsuchung der Zelle. Warum wohl? Ja, wer wird das jemals wissen. Als wir nach einer ziemlich langen Zeit wieder zurückgeschlossen werden, sieht es in unserer Zelle lustig aus. Bettwäsche und Matratzen sind herausgerissen und liegen nun kreuz und quer auf den Betten, der Inhalt der Wandschränke ist um- und umgestülpt und liegt zum Wiedereinräumen bereit. Ein strafender Blick von Frau Meister erübrigt sowieso jede Diskussion. Wir haben unsere Beschäftigung und machen uns ans Aufräumen. Als alles wieder an seinem Platz ist und jeder von uns das Seinige auf Vollständigkeit kontrolliert hat, wissen wir um den Zweck der Razzia. Es fehlen unsere Würfel, Leilas Kartenspiel, etliche innerhalb der Zelle verschickte Briefchen und Monis »Konterfei«. Am ärgerlichsten ist Moni, wir anderen fügen uns alle mehr oder weniger gelassen in das doch Unabänderliche.

Leila malt bereits ein neues Kartenspiel und läßt sich dabei nur zu dem halbblauten Ausruf »blöde Stute« hinreißen. Lisa kaut eifrig Brot, um den Nachschub an Würfeln zu sichern. Bereits mittags ist alles wieder beim alten, auf der Heizung trocknen sechs neue Würfel, Leila legt Karten, und nur Moni ist noch nicht ganz getröstet. Aber ich verspreche ihr ein neues Gemälde, wenn mir wieder einmal danach ist.

Beim Nachteinschluß bekommen wir gesagt, daß es aller Voraussicht nach am nächsten Tag Arbeit für uns gibt. Weiter tut sich nichts. Wir liegen auf den Betten, dösen oder quatschen und warten auf die beginnenden Gespräche von Fenster zu Fenster. Das bringt doch wenigstens eine gewisse Abwechslung mit sich. Es ist ganz amüsant, diese Sachen zu verfolgen. Man bekommt mit, wer wann entlassen wird, wer sich mit wem wann und wo treffen wird und vieles andere. Die unmöglichsten Knastfreundschaften werden geschlossen, und wir haben oft zu lachen. Auch die Amnestie ist bereits wieder im Gespräch, aber wir enthalten uns der Stimme. Mögen viele doch daran glauben, laut wird davon bei uns vorläufig nichts mehr. Zwei neue Sänger haben sich gefunden. Dieses Mal junge Burschen. Sie singen jetzt zu zweit, aber mit einer Stimme, die neuesten Schlager. Solange die Turmeule nicht einschreitet, versteht sich. Die Damenwelt spart nicht mit Beifall, was die beiden Sänger noch mehr beflügelt. Heute haben sie sich einen neuen Höhepunkt einfallen lassen. In die gespannt lauschende Stille hinein singen sie das Lied von der Autobahn. »Er fährt einen Dreißigtonner Diesel . . . und sein Zuhause ist die Autobahahaaan!« Der Beifall übertrifft alles bereits Dagewesene. Dieses Mal werden Klappfenster betätigt. Viele, viele Klappfenster, immer auf und zu, dazu Beifallsrufe und Klatschen aus den anderen Fenstern – es ist ein unbeschreiblicher Lärm auf dem Hof. Kein Posten läßt sich blicken. Rufe werden laut, »Zugabe! Zugabe!« Ja, da muß man ja auf die Hörerwünsche eingehen.

Also noch einmal ». . . Er ist ein Kerl, ein ganzer Mann, und sein Zuhause ist die Autobahahaaan!!«, heult es wieder effektvoll von der Männerseite. Der einsetzende Lärm auf dem Hof ist nicht mehr zu überbieten. Fenster, Hände, Rufe – das war noch nie da. Dieses Fenstergeklappere! Man denkt, das ganze Gebäude stürzt zusammen. Da – mit einem Schlag Totenstille. Nicht einmal »Turmeule« ruft noch irgend ein Spaßvogel. Taghell ist es auf dem Hof, ein Scheinwerfer leuchtet Fenster um Fenster ab. Als er endlich ausgeschaltet wird, ist doch in der Dunkelheit die Silhouette des Postens auf dem Turm deutlich zu erkennen. Für dieses Mal bleibt es still. Wahrscheinlich hat niemand Lust, in Arrest, besser gesagt in die »Mumpe«, zu wandern. Die Lust zu Gesprächen ist vergangen.

Wieder die alte Leier. Wecken, Aufstehen, Waschen, Zählappell, Frühstücksausgabe. Überflüssiges Brot wandert ins Klosett, denn das vom Vortag ist bereits hart geworden. Unten hört man schon den ersten Rundgang der Männer. Mann, sind die heute zeitig! Die halbe Besatzung unserer Zelle hängt am Fenster, die anderen sind auf der Lauer, um rechtzeitig eventuell kommendes Personal ankündigen zu können. Ich bin nicht mehr am Fenster, was soll's. Lisa hat noch nicht aufgegeben. Heute ist sie mit einmal aufgeregt. »Tina, komm schnell mal, das sind andere Männer!« Das wirkt. Mit einem Satz bin ich am Fenster und überblicke den Rundgang. Ich brauche gar nicht weiter zu suchen, auf den ersten Blick sehe ich Dieter. Er sieht mich auch sofort, ohne daß ich mich bemerkbar zu machen brauche. Das da unten kommt mir vor wie ein Märchen. Wochenlang habe ich gewartet und gesucht, nun, wo ich aufgegeben habe, sehen wir uns. Wir freuen uns beide unbändig, es ist wohl an unseren Gesichtern abzulesen.

Neben mir ist Lisa ganz verrückt vor Freude, denn kurz hinter meinem Dieter hat sie ihr »Willische« entdeckt. Immer, wenn Dieter an unserem Fenster vorbei ist und ich ihn nicht mehr sehen kann, muß ich schnell Platz machen, damit Lisa ihren Sohn noch kurz ganz nahe sieht. Eine Runde darf sie den besseren Platz haben, die andere Runde bin ich wieder vorn. Es ist wie ein Feiertag, wer es nicht selbst erlebt hat, wird das nicht begreifen. In unserer Zelle verstehen es alle und passen mit auf, daß wir nicht erwischt werden. Unten ist von unserem Fenster aus kein Posten zu sehen. Dieter gibt uns verstohlen Zeichen, wir haben von unten nichts zu befürchten, der Posten steht am Eingang und kann unser Fenster nicht sehen. Wieder eine Runde – ich möchte die Zeit anhalten! Welch ein Geschenk, wenn man sich nur sehen darf! Wieviel Runden noch? Da, Dieter gibt uns zu verstehen, daß es bei der nächsten Runde hineingeht. Die ersten des Rundganges sind wohl schon am Einrücken. Schade. Aus der Zauber. Trotzdem bin ich für heute glücklich und dankbar. Das war mehr, als ich von diesem Tag erwartet hatte. Auch Lisa schaut heute glücklicher drein.

Die Zelle ist in Ordnung gebracht worden, wir sind alle am Erzählen und am Nichtstun. Da wird an der Tür geschlossen. Im Nu stehen wir alle, es ist nun einmal Vorschrift, sich beim Eintritt von Personal zu erheben, und wenn alle fünf Minuten jemand kommt. Meldung muß nur gemacht werden, wenn der betreffende Posten an diesem Tag noch nicht bei uns aufgekreuzt ist. Es ist Frau Obermeister, sie hat den Zählappell geleitet, und Rosi braucht nicht noch einmal zu melden. Hinter Frau Obermeister sehen wir jetzt zwei der Kalfaktoren, Frau Kramer und Hexe. Sagenhaft, wie man trotz strengster Abgeschiedenheit über jeden Bescheid weiß! Beide ziehen unförmige, riesengroße Säcke hinter sich her, Frau Obermeister gibt die Tür frei, die Säcke werden in unsere Zelle geschoben und geschleift. Noch drei weitere dieser großen, weißen Säcke folgen. Rosi und Margit müssen mitgehen, sie sollen in der Wäschekammer Nähzeug abholen.

Wir sind wieder eingeschlossen. Leila ist schon dabei, einen Sack aufzubinden. Neugierig drängen wir uns alle um sie herum. Kurz entschlossen schüttet sie den ganzen Inhalt des Sackes auf den Fußboden, denn daß er für uns bestimmt ist, scheint klar. Du liebe Güte! Das allgemeine Stöhnen zeigt, wie begeistert man von der neuen Arbeit ist. Männerwäsche! Schlafanzugjacken und Schlafanzughosen, alle blau-weiß gestreift. Und in einem Zustand! Manche Männer scheinen ihre Wut an der Wäsche auszulassen. Die ersten Wäschestücke, die wir in Augenschein nehmen, sehen schaurig aus. Nicht ein einziger Knopf an den Jacken, Ärmel eingerissen, die Bänder zum Einbinden der Hosen fehlen fast völlig, ansonsten Risse, Risse und nochmals Risse. Nun, da haben wir Arbeit.

Kurze Zeit später werden Rosi und Margit zurückgeschlossen. Sie haben weißen Zwirn und fünf Nadeln, Knöpfe waren nicht da, Schere gab es nur eine. Das Fehlende soll noch besorgt werden. Also wechseln wir uns vorerst ab, fünf nähen, fünf sorgen für Unterhaltung. Die Risse werden fest zugezogen, alle Jacken mit fehlenden Knöpfen kommen auf einen Haufen, alle Hosen mit fehlenden Bändern auf einen zweiten. Bis zum Mittag ist der zweite Sack leer – was nicht fertig bedeutet. Wegen des fehlenden Materials kann man vorerst gar nicht viel tun. Bei der Essenausgabe läßt sich Frau Obermeister Bericht erstatten, sie will sich darum kümmern, daß wir bald das Fehlende erhalten. Nachmittags tun wir nicht mehr viel. Als Attrappe für durch den Spion blickendes Personal haben wir zwar alle ein Wäschestück auf dem Schoß, aber viel wird nicht. Ist ja auch sinnlos bei fünf Nadeln und einer Rolle Zwirn für zehn Frauen. Es kümmert sich auch niemand darum, Frau Obermeister ist längst außer Dienst.

Zum Abendessen gibt es wieder eine dicke Scheibe Blutwurst, quergeschnitten kriegt man zwei Schnitten damit belegt, außerdem unausgelassenes Schweinefett und für jeden ein paar Radieschen. Würden wir keine Arbeiterverpflegung mehr bekommen, hätten wir lediglich den Miniwürfel Margarine und die Hälfte der Wurst. Wenn es auch nicht die schönste Arbeit ist – egal. Sollen die Männer ruhig weiter Jacken und Hosen zerreißen, solange wir dafür besseres Essen bekommen, tun wir auch jede Arbeit. Schneller als wir dachten, haben wir Knöpfe, Bänder, Stopfgarn und Nadeln. Frau Obermeister hat wieder Frühschicht und reicht es zur Frühstücksausgabe herein. Bei einer Schere bleibt es, mehr wäre zu gefährlich. Aber wozu haben wir Zähne! Jetzt müssen wir etwas mehr tun, ob wir Lust haben oder nicht. Überarbeiten wird sich trotzdem keine.

Der Rundgang fällt aus, für uns wie für die Männer, es gießt in Strömen. Scheußliches Wetter. Moni hat Termin. Ohne Rechtsanwalt, ohne ihren Vater benachrichtigt zu haben. Wir warten alle unruhig auf sie, ein richtiges Gespräch will nicht in Gang kommen. Meine Güte, ist das dunkel in der Zelle, man sieht ja kaum, was man näht. Wir klingeln. Draußen rührt sich nichts. Was nur das Personal macht! Wenn wir nun aus einem ernsten Anlaß klingeln würden, Unglücksfall oder so! Nicht dran denken, zum Glück ist es nicht ernst. Nach unserer Schätzung ist mindestens eine Stunde vergangen, als die Stute ungnädig durch den Spion plärrt, warum wir denn unentwegt klingeln. Blöde Kuh! Aus Spaß bestimmt nicht, die Lust zu derartigen Scherzen ist uns längst vergangen. Sie denkt gar nicht daran, uns das Licht anzumachen. Es wäre noch hell genug, und überhaupt, wo kämen wir denn hin, wenn hier jeder tagsüber Licht haben wolle! Weg ist sie. Nähen wir weiter im Halbdunkel, auf Schönheit kommt es sowieso nicht an. Draußen gießt es inzwischen wie aus Eimern. Ein trostloser Tag. Frau Obermeister schaut herein. Wie es denn so vorwärts geht und warum wir denn im Dunkeln nähen? Schon haben wir Licht. Stute erwähnt wohlweislich niemand, denn bekäme sie von Frau Obermeister gesagt, daß wir uns beschwert haben, würden wir das nur auszubaden haben. Auch hier gilt das Gesetz des nach unten Tretens.

Ein Austausch findet statt. Frau Heller, mit der niemand weiter Kontakt hatte, muß ihre Sachen packen und wird verlegt. Dafür kommt Irene. Knapp dreißig, dick verweinte Augen, blaurote Abdrücke am Hals, rotverschwollene, zerschundene Handgelenke. Selbstmordversuch. Am Abend wissen wir von ihr alles. Sie wollte sich an der Heizung in ihrer Einzelzelle aufhängen. Ihr Hemd hatte sie dazu in Streifen gerissen. Als sie bereits ohnmächtig war, wurde sie zum Glück entdeckt, bekam dafür Handschellen um und durfte die Nacht stehend in der »Mumpe« zubringen. Jetzt ist sie geschafft und todmüde. Aber bis zum Abend ist es noch lang. Sie soll in unserer Zelle durch die Arbeit und die vielen Leute etwas mehr Ablenkung haben. Auch sie ist mit ihrem Mann hier, Diebstähle in Warenhäusern. Nichts Neues. Dieser Tag vergeht überhaupt nicht. Zu Mittag ist bereits der zweite Sack fertig. Jetzt noch einer, dann haben wir erst mal Ruhe. Denken wir.

Mittags gibt es wieder Eintopf. Erbsen, Möhren, Kartoffeln, ein wenig Schweinskopf in der fettlosen, mehlgebundenen Brühe schwimmend. Die meisten essen nur zur Hälfte auf, das restliche Essen verschwindet auf dem üblichen Weg. Ob es dem Personal noch nie aufgefallen ist, daß an bestimmten Tagen um die Mittagszeit auffallend viel die Toiletten gespült werden?

Dann werden drei Frauen aus unserer Zelle zur Wäschekammer beordert. Rosi geht, sie bestimmt noch Margit und Lisa. Sie schleppen die fertigen, schweren Säcke aus der Zelle, wir hören noch, wie sie sie die Treppe hinunterschleifen. Eine Zeit vergeht, dann hören wir sie wieder die Treppe heraufkommen. Ächzend und keuchend schleifen sie jede einen neuen Sack in die Zelle. Wir sind bedient. Was hilft's, also wird weitergenäht. Die einen spezialisieren sich auf Knöpfe, die anderen auf Bändchen, und der Rest näht Risse und Löcher zu.

Moni wird reingeschlossen. Sie wirft sich auf ihr Bett und heult, heult, heult. Zwischen stoßweisem Schluchzen erfahren wir das ganze Unglück. Ein bis zwei Jahre AE. Sie ist vollkommen erledigt. Daß sie von der Unterstützung ihres Vaters gelebt hat, durfte sie überhaupt nicht anbringen. Als sie davon begann, sagte die Richterin nur, sie wolle es nicht gehört haben. Also Arbeitsbummelei, ab in die Arbeitserziehung. Sie bekommt noch einen Termin, da will man ihr den Kleinen absprechen. Zur Adoption freigeben. Mit der Begründung, daß sie ihn die Woche über doch nur im Heim hatte und mit ihrer Einstellung zur Arbeit nicht in der Lage sei, ein Kind zu erziehen. Moni schluchzt erbarmungswürdig. Wir stehen alle um sie herum, und keine weiß, was sie sagen soll. Monikas Söhnchen ist zwei Jahre alt. Als sie arbeitete, war sie gezwungen, den Kleinen in ein Heim zu geben, sonst hätte sie als Kellnerin nicht im Schichtdienst arbeiten können. Als sie mit dem Kleinen zu Hause blieb, war es auch nicht richtig. Was soll man dazu sagen. Moni ist vollkommen verzweifelt. Da keinerlei Aussicht besteht, daß sie sich beruhigt, nähen wir weiter. Ein richtig beschissener Tag ist das.

Zu allem Überfluß bekommt Lisa am Nachmittag auch noch ihre Anklageschrift samt Termin hereingereicht. In einer Woche hat sie Verhandlung. Die Anklageschrift liest sie laut vor, obwohl es verboten ist. Bis auf einige örtliche Fakten ähnelt sie der meinigen sehr. Nach einer kurzen Zeit muß sie die Anklageschrift wieder herausgeben. Frau Leutnant erledigt das persönlich. Lisa hat noch keinen Rechtsanwalt, denn der von ihr angeschriebene ist unglücklicherweise noch in Urlaub. Sie wird von Frau Leutnant gefragt, ob sie die Verhandlung verschieben lassen möchte oder ohne Rechtsanwalt bleiben wolle. Lisa ist für »ohne«. Sie will endlich alles hinter sich haben. Die Erfahrung mit mir hat ihr gezeigt, daß selbst mit Rechtsanwalt bei Republikflucht nicht viel zu machen ist. Jetzt ist auch sie aufgeregt. Verständlich.

Am Abend weint Moni immer noch, sie ist fix und fertig. Wir können sagen, was wir wollen, es hilft nichts. Sie weint sich in den Schlaf. Auf dem Hof will keine rechte Stimmung aufkommen. Das trübe Wetter legt sich auf die Gemüter. Selbst der Beifall für den »Dreißigtonner Diesel« ist äußerst mäßig.

Wir flicken und ziehen Löcher zusammen, nähen Knöpfe an

und versorgen jede zweite Hose mit neuen Bändern. Ab und zu dürfen zwei bis drei von uns die fertigen Sachen runterbringen in die Wäschekammer und neue abholen. Rosi hat es endlich fertig gebracht, auch mal anderen von uns die Abwechslung des Wäschewegschaffens zu gönnen. Jetzt war fast jeder schon mal unten. Unten, das heißt: über einen langen Korridor, eine steile, zweigeteilte, mit Netzen abgesicherte Treppe nach unten und dort nochmals einen langen Korridor entlang, an dessen Ende sich die Wäschekammer befindet. In der Wäschekammer ist die Gäblern, dick, rund und gemütlich. Und mitteilsam. Sie weiß immer etwas zu berichten, und die wenigen Augenblicke, in denen die Wäsche abgegeben und neue aus der hinteren Kammer geholt wird, sind ohne Bewachung. Das Personal schließt nur aus der Zelle raus und kommt dann nach geraumer Zeit wieder zum Einschließen. Alles andere ist unsere Sache, auch die Dauer der Unternehmung. Man darf es nur nicht übertreiben, dann wird auch niemand nachschauen kommen. Also in jenen Momenten werden Nachrichten weitergegeben. Die Gäblern ist an der Quelle, hier laufen alle Fäden zusammen. Und sie schnappt auch viel vom Personal auf. Ob sie es immer richtig mitbekommt, ist eine andere Sache. Jedenfalls kommt aus der Wäschekammer die feste Gewißheit, daß wir durch die Amnestie bald alle frei sein werden. Die Gäblern wird das nicht mehr betreffen, sie ist schon lange Strafer und ihr Antrag auf Straferlaß ist bereits unterwegs, aber sie hält wegen der anderen die Augen und Ohren offen. Sagt sie immer. So bringen die Wäscheabholer ständig eine Neuigkeit mit. Einmal hat das Wachpersonal sich unterhalten, daß in die Küche sowieso bald alles Neue kommen werden – wenn das kein Beweis ist! Das nächste Mal werden die unteren Zellen schon alle geräumt und gestrichen, wir können sogar im Vorbeigehen die Maler sehen, also das ist ja nun wirklich ein sicheres Zeichen. Für Abwechslung ist wieder gesorgt, für Diskussionsstoff auch. Leila möchte am liebsten jeden Tag die Wäsche tauschen gehen, obwohl die Säcke sehr schwer sind und sie sich im Normalfall mit einem Hinweis auf ihre Beine bestimmt davor drücken würde. Aber hier darf man nichts verpassen, was Hoffnung macht.

Der Gefängnisalltag läuft. Ich werde allmählich ungeduldig. Niemand sagt mir, wann ich fortkomme, geschweige denn, wohin. Vermutungen gibt es genug, doch Gewißheit wäre mir endlich lieber. Seit unserer Verhandlung sind bereits drei Wochen vergangen, und ich sitze immer noch hier herum und flicke Wäsche. Wie wird es weitergehen?

Rosi hat ihre Verhandlung gehabt. Sie kommt ruhig und gelassen wieder. Zehn Monate und den Ausschluß aus der Partei hat sie bekommen. Sie rechnet fest damit, schon eher wieder rauszukommen. Die Unterschlagung von Gewerkschaftsgeldern scheint nicht das Schlimmste zu sein. Ich mag Rosi gern, aber hier kann ich doch nicht ganz frei von Bitterkeit bleiben.

Lisa hat Verhandlung. Als sie zurückkommt, ist sie vollkommen fertig, sieht grau und elend aus und scheint um Jahre gealtert. Am schwersten hat man es ihr angerechnet, daß sie ihren Sohn mitnehmen wollte. Wenn man sich das überlegt! Sie wollte mit ihm zu seinem Vater! Nein, sie hätte ihren Sohn besser erziehen sollen und auf diese Art kommt sie nie zu ihrem Mann, hat man ihr gesagt. Als Lisa darauf laut antwortete, sie würde es immer wieder versuchen, verbot man ihr nur den Mund. Das gab ein Jahr und zwei Monate Freiheitsentzug für sie und neun Monate Freiheitsentzug für ihren Sohn. Daß ihr Willi nicht Bewährung bekam, kann sie überhaupt nicht verwinden. Sie sagt immer wieder: »Er ist doch minderjährig, er mußte doch machen, was ich wollte, und jetzt sperre se mir den Bub ein!«

Gabi aus der Nachbarzelle hatte Verhandlung. Ein Jahr und vier Monate wegen Republikflucht. Sie ist ledig, hat ein Kind bei der Mutter, das zweite im Heim. Das zweite Kind wird ihr abgesprochen und zur Adoption freigegeben. Mit der Begründung, sie hätte es ja doch hier lassen wollen. Dies erfahren wir über Margit, die beim Arzt war. Als Moni davon erfährt, ist sie überhaupt nicht mehr zu beruhigen. Sie hat eine wahnsinnige Angst davor, daß man ihr den Kleinen wegnimmt. Wir wissen auch nicht, was wir zu diesem Thema noch mit ihr reden sollen. Hier ist man machtlos.

Noch einmal sehe ich Dieter. Wir sitzen alle und nähen, am Fenster ist der Rundgang der Männer zu hören, aber gucken will keine mehr. Es wird eben alles zur Gewohnheit. Das Fenster ist lediglich offen. Plötzlich höre ich laut und deutlich, wie unter unserem Fenster »Tina« gerufen wird. Das gibt's doch nicht – ohne darauf zu achten, wohin das Nähzeug fällt, bin ich am

Fenster. Dieter ist bereits unter unserem Fenster vorbei und für einen Moment außer Sichtweite, bis er an der Mauer ankommt und ich ihn wieder sehen kann. Runde um Runde. Als er wieder unter unserem Fenster ist, flüstert er nach oben: »Ich komme morgen auf Transport!« Schon ist er wieder weiter, er darf keine Minute den Rundgang zum Stocken bringen; wenn man unsere Flüsterei bemerkt, handelt er sich ganz schön was ein. Wir haben Glück, der Posten scheint nicht sehr auf Draht zu sein. Bei der nächsten Runde flüstert Dieter nach oben, wohin er kommt. Wie er das nur erfahren hat. Dann schauen wir uns nur noch an. Der Rundgang ist viel zu kurz. Es ist das letzte Mal, daß wir uns hier sehen. Wer weiß, wann wir uns jetzt wiedersehen werden.

Nach dieser letzten Begegnung bin ich ganz ruhig geworden. Es wird schon alles zu überstehen sein, und auch diese Zeit geht einmal vorbei. Hier hilft kein Aufbäumen, kein »sich wehren«, hier hilft nur Geduld und Gleichgültigkeit gegen alles. Wer so weit ist, der kommt am besten durch.

Am nächsten Morgen werde ich herausgeholt. »Strafgefangene Siegert, zur Kammer!« Ich muß alle meine Sachen zusammenpacken, nur Waschzeug und Jacke dürfen auf der Zelle bleiben. Mit sämtlichen Sachen auf dem Arm habe ich im Flur zu warten. Eine Zelle nach der anderen wird aufgeschlossen, einzelne Gefangene kommen heraus. Wir kennen uns alle vom Sehen, vom wöchentlichen Duschen, vom Rundgang und auch von Arztbesuchen. Schließlich sind wir sechzehn, jede hat ihr Bündel auf dem Arm. Treppab geht es zur Kleiderkammer. Wieder Anstellen. Jetzt dauert es eine Weile, bis alle durch sind. Ein Karton mit meinen persönlichen Sachen wird auf den Tisch gestellt; ich muß mit dem Inhaltsverzeichnis vergleichen, ob alles vorhanden ist. Dann muß ich die Anstaltsunterwäsche ausziehen und bekomme meine eigene zum Anziehen. Ein merkwürdiges Gefühl, in jedem Wäschestück ein großes eingenähtes Schild mit meinem Namen. Bald werden wohl alle meine Sachen so gezeichnet sein. Wir ziehen uns aus und ziehen uns wieder an – sechzehnmal das gleiche. In den Händen bleibt nichts mehr, alles wird im Karton verpackt und plombiert, Dann kommt der Anhänger dran mit Namen und Bestimmungsort. Wir können nichts erkennen, denn dies geschieht weiter hinten, damit wir

nicht erfahren, wohin es geht. Ich kenne die junge Frau, die hier
Kalfaktor macht, vom Rundgang her. Als sie wieder vorne am
Tisch ist, flüstert sie mir, für andere unhörbar, zu: »Nach Dessau! Nicht weitersagen!« Ich nicke unmerklich. In dem Gewühl
hat niemand etwas bemerkt. Nach Dessau also! Nie davon gehört, daß da überhaupt ein Frauengefängnis ist. Ich hatte mit
Berlin gerechnet, auch mit Görlitz oder Hoheneck, aber Dessau
– na, wir werden ja sehen. Eine Frau weint. Sie ist etwa 40 und
hält krampfhaft ein Foto mit einem Baby fest, das sie um keinen Preis zum Einpacken geben will. Erst als die Frau Meister
sie anbrüllt, sie solle sich nicht so haben, früher hätte sie auch
nicht an ihr Baby gedacht, gibt sie wortlos das Bild über den
Tisch. Sie schluchzt weiter.

Endlich sind wir alle sechzehn fertig. Schon geht es zurück in
die Zellen. Die Frau, die eben noch so weinte, ist auf der Treppe
neben mir und flüstert mir zu: »Ihr kommt nach Dessau, ich war
im Krankenhaus und muß wieder hin. Es ist nicht schlecht dort.
Alles offen und auf dem Hof Blumen. Sogar stricken darf man.«
Die Meisterin dreht sich um und blickt nach hinten. Sofort verstummt das allgemeine Flüstern. Ich weiß nun hundertprozentig, woran ich bin. In der Zelle bestürmen mich sofort alle mit
Fragen. Von Dessau hat bisher keiner etwas gehört. So kann
man das Gespräch nicht weiter ausbauen, denn über Unbekann-
tes gibt es eben noch nichts zu erzählen. Ich sitze mit Lisa zusammen. Sie weiß noch nicht, wann sie hier wegkommt und wohin. Wir wissen aber unsere Adressen und wollen uns besuchen,
wenn das Ganze vorbei ist. Auch Lisa rechnet damit, daß eine
Amnestie kommt. Hoffentlich erfüllt sich diese Hoffnung.

Mittagessen bekomme ich noch auf der Zelle. Leila erteilt mir
Ratschläge, wie ich mich am besten verhalten soll, wenn ich mit
Lesbischen zusammenkomme, denn davon soll es in den Frauen-
gefängnissen eine Menge gehen. Du liebe Güte, hoffentlich
bleibt mir das wenigstens erspart! Moni fragt mich immer und
immer wieder, was nach meiner Meinung mit ihrem kleinen
Jungen wird – damit schafft sie seit Tagen alle in unserer Zelle.
Aber jeder macht ihr Mut. So sage auch ich ihr noch ein letztes
Mal, daß es da bestimmt noch eine andere Regelung geben wird,
obwohl ich selber nicht daran glaube. Rosi verabschiedet sich
von mir, wenn wir auch in unserer weltanschaulichen und politi-

schen Einstellung grundverschieden sind, als Menschen sind wir uns doch nicht unsympathisch gewesen. Sie gibt mir ihre Adresse, prägt sich meine ein, obwohl ich hundertprozentig weiß, daß ich sie nie besuchen werde. Macht nichts, hier wird sowieso viel versprochen und wenig gehalten. Dann verabschiede ich mich noch von den anderen allen, das lange Zusammensein auf dem kleinen Raum hat doch alle zu einer Gemeinschaft werden lassen, wenn auch unfreiwillig. Wir wissen mehr voneinander als draußen manche jahrelangen Bekannten. Leila meint noch: »Wart nur, Tina, ich komme dir sicher bald nach!« Irgendwie sagt sie es, als wäre das so gut wie abgemacht. Das wäre wirklich das letzte, worauf ich großen Wert legen würde. Wo ich froh bin, diese Nervensäge endlich los zu sein! Natürlich sage ich das nicht. Ich antworte nur, daß ja sowieso bald die Amnestie kommt und wir dann alle raus sind. Jetzt ist es an Leila, mich sprachlos anzusehen, auch alle anderen Gespräche verstummen schlagartig. So habe ich noch nie gesprochen, und das fällt auf! Aber an meinem Grinsen sehen sie schon, wie ich darüber denke. Dann ist alles wieder beim alten.

Ohne nochmalige Verabschiederei gehe ich. Wieder muß ich auf dem Gang warten, wieder werden nacheinander alle sechzehn Frauen rausgeschlossen. Es ist Nachmittag. Wir werden zur Wäschekammer gebracht, erhalten dort eine Decke, dann müssen wir an der Wand stehen und warten. In der einen Hand den Beutel mit Waschzeug, in der anderen Hand die Decke. Eine Frau flüstert: »Das geht heute noch gar nicht los! Wir müssen noch eine Nacht in der ›Mumpe‹ verbringen!« Wie bitte? Ich glaube, ein Märchen zu hören. Was soll das? Warum läßt man uns dann nicht diese eine Nacht noch in der Zelle? Bestimmt spinnt sie, denke ich so bei mir. Leider spinnt sie dann doch nicht. Frau Obermeister höchstpersönlich erscheint und schließt uns in eine Zelle ein – die Mumpe!

Ich bin erschlagen. Den anderen geht es ebenso. Der Raum ist etwa sieben kleine Schritte lang, drei Schritte breit. An den beiden Längsseiten je eine schmale Bank aus zwei Holzbrettern. In der Ecke die Toilette, daneben das Waschbecken mit einer Spiegelscherbe darüber. Auf diesen Bänken sitzen wir nun, hüben vier und drüben vier. Die anderen acht sind nebenan, wo noch so ein Raum sein muß, sie machen sich durch Klopfzeichen bemerkbar. In Kürze wissen wir, daß es da drüben genauso aussieht. Trostloser geht es nicht. Wie soll das nur in der Nacht werden. Vorerst wird darüber kein Wort verloren. Wahrscheinlich, weil sowieso jeder die eindeutige Lage sieht und es von vornherein zwecklos ist, darüber auch nur ein Wort zu verlieren. Ein Gespräch ist schnell in Gang. Jede unterhält sich mit jeder, in Kürze wissen wir Namen, Alter, Delikt und was sonst noch interessant ist. Es sind zwei tüchtig zwielichtige Gestalten dabei, mit denen ich lieber nicht nähere Bekanntschaft schließen möchte. Ich tue mich mit Susi und Melanie zusammen, beide noch jung und ganz nett. Die eine verurteilt wegen rückständiger Unterhaltsschulden, was mir nicht ganz glaubhaft erscheint, die andere wegen Republikflucht. Wollte zu ihrem Verlobten. Schon haben wir ein gemeinsames Thema – so schnell geht das hier. Beide sind fest von der kommenden Amnestie überzeugt, fester geht es nun wirklich nicht mehr. Da wird sogar solch Zweifler wie ich wankend. Melanies Vater ist Werkdirektor, sie zeigt mir einen Brief, den sie im Schlüpfer versteckt hatte, und ich lese es schwarz auf rosa: »Mußt Dir keine Gedanken weiter machen, ich bin zu einem Lehrgang, aber im Oktober habe ich es geschafft!« Nach Melanies unumstößlicher Gewißheit kann das nur ein deutlicher Hinweis darauf sein, daß im Oktober etwas kommt. Ihr Vater meint das so, und er würde es sonst nicht schreiben! Das ist ihre feste Meinung. Hoffentlich behält sie recht. Zu Susi hat gar der Vernehmer gesagt, sie solle sich keinen Kopf machen wegen der paar Monate bis Oktober, das sitzt sie doch auf einer Backe ab. Na ja, er muß es wissen. So laufen die Gespräche sich heiß, immer wieder um dieses eine Thema, jeder weiß phantastischere Beweise anzuführen.

Leider ist die Frau, die über Dessau Bescheid wußte, in der Zelle nebenan. Die Klopfzeichen endeten damit, daß wir von außen lautstark verwarnt wurden.

Das einzige Thema, für das ich mich interessieren könnte, ist unser Bestimmungsort. Alle anderen Gespräche rauschen an mir vorbei. Es ist ja doch immer das gleiche, und ich habe diese Vermutungen, all das Gespinne, satt bis obenhin. Mehr ist es in meinen Augen nicht, wenn ich auch manche Tage zu gern selbst daran glauben würde. Ich kann es nicht. Und dabei verfolgt mich das Gerede schon im Schlaf.

Der Nachmittag vergeht nicht. Es ist furchtbar, dieses Gewarte! Der Hintern tut uns allen schon weh von den zwei schmalen Holzbrettern, auf denen wir sitzen. Durch das winzig kleine Fenster im oberen Drittel der Wand können wir auch nicht erkennen, wie spät es wohl sein mag, denn wie überall versperrt ein Blechkasten davor jegliche Sicht. Nur ein kleines Stückchen Himmel verdunkelt sich unendlich langsam. Wir hören, wie in anderen Zellen Zählappell und Nachteinschluß gemacht wird. Nun wird's neckisch. Wir haben ja noch nicht einmal etwas gegessen! Unsere Tür wird aufgeschlossen. Wir stehen, aber es meldet niemand. Erstens hat keiner von uns Lust dazu, und zweitens sind wir wütend. Also sagen wir unverblümt, daß wir hungrig sind. Erstaunte Blicke von seiten des Personals werden gewechselt, dann eine Anfrage an die Kalfaktoren, die sich noch im Treppenhaus aufhalten: »Hat denn hier noch niemand Essen hereingegeben?« Draußen aufgeregte Stimmen – man hat uns vergessen. Guter Rat ist teuer, denn sämtliches Essen ist bereits wieder zurück an die Küche gegeben worden, und da ist längst Feierabend. Nach einem kurzen Wortwechsel, bei dem die Kalfaktoren nicht gerade gut wegkommen, reicht man uns einen Teller Schnitten und einen Teller Marmelade herein, dazu ein Messer und eine Kanne Tee. Schon sind wir wieder eingeschlossen. Ich übernehme das Schmieren der Brote, und bald essen wir alle. Trocken Brot mit Marmelade. Für keinen hier unbekannt. Aus den Waschbeuteln holen wir die Zahnputzbecher, es reicht für jeden zu einer halben Tasse Tee. Der gröbste Hunger ist gestillt, was wollen wir noch mehr. Unsere Zelle wird nicht mehr aufgeschlossen, durch den Spion bekommen wir lediglich die Anweisung: »Fertigmachen zur Nachtruhe!« Welche Ironie!

Große Wäsche lassen wir ausfallen, da gar kein Nachtzeug da ist, das wir anschließend anziehen könnten. Über das »Wie« unserer Nachtruhe brauchen wir uns keine weiteren Gedanken zu machen, da die Möglichkeiten ohnehin auf eine einzige beschränkt sind. Jede von uns hat eine Decke. Also kommen vier Decken auf den Steinfußboden, als Kopfkissen nehmen wir Mäntel und Anoraks, dann legen wir uns hin. Obenauf wieder vier Decken. Daß so etwas hier einem Menschen überhaupt zugemutet werden kann! Erst denke ich, es ist hier unmöglich, länger als eine Stunde zu liegen. Die anderen sind der gleichen Meinung. Wir stöhnen und schimpfen. Mit dem Kopf liegen wir unter der einen Bank, mit den Füßen unter der anderen. Allein das Vergessen dieser Tatsache bringt Susi eine tolle Beule ein, als sie zur Toilette will. Vor Schmerz läßt sie sich gleich wieder nach hinten fallen und jammert vor sich hin. Wir sind dann nach kurzer Zeit mehr oder weniger alle am Ende. Der Steinfußboden ist unerträglich hart und kalt dazu. Um wärmer zu werden, ziehen wir die Mäntel an. Jetzt haben wir nichts mehr unter den Kopf zu tun als die Waschbeutel. Und die sind alles andere als weich. Wir liegen Körper an Körper, es ist wahnsinnig eng. Umdrehen ist nur auf Kommando möglich. Dazu kommt noch, daß jetzt im Klosett die Ratten lebendig werden. Es scharrt und nagt, uns ist allen unheimlich. Schlafen kann keiner. Mehr als einmal hebt sich der Klosettdeckel und fällt klappernd wieder zu. Dann sitzen wir alle im Nu. Es ist fürchterlich. Wir liegen auf dem harten Steinfußboden aneinandergedrängt und horchen auf die Geräusche der Ratten. Zum Glück siegt doch die Müdigkeit und wir dämmern nacheinander ein. Aber es ist kein fester Schlaf, im Unterbewußtsein höre ich ständig Jammern und Stöhnen und die vergeblichen Versuche von irgend jemandem, sich umzudrehen.

Als wir geweckt werden, ist es draußen noch stockdunkel, soweit sich das durch das Minifenster erkennen läßt. Wir sind nur noch halbe Menschen. Alle Knochen schmerzen, wir finden kaum zu uns. In der Zelle ist ein unerträglicher Gestank von Schweiß und sonstigen Abgasen. Neben mir versucht Susi, sich die Haare zu ordnen. Sie stinkt dermaßen, daß mir übel wird. Ich muß mich schnell umdrehen. Viel Waschen ist nicht möglich, die meisten von uns hatten anstaltseigene Waschlappen und haben nun gar keine mehr. Zum Ausziehen ist es viel zu eng, außerdem wird schon das Frühstück hereingegeben und zur Eile gemahnt. So tut jeder das, was er für nötig hält, um sich einigermaßen herzurichten. Ich wasche mich, so gut es auf die Schnelle geht. Die meisten kämmen sich nur. Das Frühstück ist die Wiederholung des Abendbrotes, wieder ein Messer und ein Teller für alle. Dazu schwarzer Kaffee. An diesem kalten, dunklen und unfreundlichen Morgen wird mir auf einmal richtig bewußt, wie rechtlos und ausgeliefert ich hier bin. Wofür? Mir steigen die Tränen in die Augen, und ich könnte losheulen. Ich tu's nicht. Aber diese Katerstimmung ist allgemein, gesprochen wird kaum ein Wort.

Wir hören das Küchenkommando ausrücken. Also ist es erst fünf Uhr. Dann müssen wir raustreten. Die Decken werden abgegeben, wir stehen wie immer in einer Reihe und warten. Ich schaue mir die Frauen aus der Nachbarzelle an. Unwillkürlich gehen meine Gedanken dahin, mit wem ich wohl in Zukunft zusammensein möchte. Es ist nicht eine dabei. Ich bemerke, daß eine junge Frau schwanger ist, am Abend vorher war es mir gar nicht aufgefallen. Sie macht den Eindruck, als sei ihr hundeelend. Kein Wunder auch nach dieser Nacht, die schon einem »normalen« Menschen zu schaffen macht. Unsere Familiennamen werden verlesen, wir müssen mit Vornamen und Geburtsdatum antworten. Ein Meister kommt, wohl der, der uns fahren soll. Er blickt uns der Reihe nach an, bei der schwangeren jungen Frau stutzt er. »Im wievielten Monat?« »Im achten, Herr Meister!« Er wendet sich an die wachhabende Frau Leutnant. »Nehme ich nicht mit, die Verantwortung übernehme ich nicht!« Dann halblautes Getuschel, von dem wir kein Wort verstehen. Der Meister geht zurück, er will irgendwo anrufen. Nach einer Weile ist er wieder da. Er verliert kein Wort mehr über das Thema, wir müssen hintereinander antreten und bekommen jeder den Pappkarton mit unseren Sachen zum Tragen ausgehändigt sowie eine Tüte mit Verpflegung. Schon geht es los. Zu zweit aufrücken und ohne Tritt marsch. Neben mir läuft Melanie. Wir haben nichts Eiligeres zu tun als möglichst unauffällig die Schilder auf den Pappkartons herumzudrehen um zu sehen, wohin es nun wirklich geht. Wieder eine Enttäuschung! Es ist gar nicht der Karton mit unseren Sachen, irgend ein Männername samt Bestimmungsort steht darauf. So was Blödes! Wir haben schon die Minna erreicht. An den Stimmen hören wir, daß im hinteren Teil bereits die Männer sitzen. Wir müssen erst die Pakete nach vorn geben, sie werden in den Wagen geschmissen. Unwillkürlich muß ich an meine Brille denken und ob ihr das wohl bekommt. Doch wen interessiert das. Dann dürfen wir einsteigen. Es ist eine große Minna, unser Abteil ist in der Mitte noch einmal mit Draht unterteilt. Wir fahren. Es rumpelt und poltert unwahrscheinlich, Gespräche sind nicht erlaubt, vor unserem Gitter sitzt mit unbeweglicher Miene ein Posten. Die Männer quatschen trotzdem, ab und zu schnauzt der Posten sie kurz an, aber schon kurz darauf wird nebenan wieder dröhnend gelacht. Ein Gemüt haben die! Mir ist nach Lachen nicht zumute.

Durch das Fenster hinter dem Rücken des Postens kann ich unseren Weg verfolgen. Alles bekannte Straßen. Wann werde ich dort wohl als freier Mensch wieder entlanggehen? Schon kann ich den Bahnhof erkennen. Wir fahren hintenherum, zur Güterabfertigung. Im stillen atme ich auf. Ein Glück! Also geht es auch hier wieder in einen ganz hinten abgestellten Waggon. Nur keine Leute sehen.

Wir halten. Irgendwo hinten, ich habe die Orientierung doch etwas verloren. Aussteigen! Die Männer bleiben noch in ihrem Käfig. Wir werden gleich nach dem Verlassen der Minna zu zweit aneinandergefesselt, mit einer Doppelacht. In die freie Hand bekommen wir wieder jeder ein Paket gedrückt, mit der anderen halten wir die kleine Tüte mit Verpflegung. Dann setzt sich unser Zug in Bewegung. Vorn zwei Posten mit Gewehr, hinter uns ein Posten, ebenfalls mit diesem Schießprügel. Dazwischen wir Frauen, zwei und zwei. Treppauf, über Gleise, in Richtung Bahnhofsgebäude. Was denn, steigen wir nicht hinten ein? Fragende Blicke untereinander, vorn stockt es.

»Weitergehen!«, brüllt es von hinten. Immer weiter geht es auf das zur Personenbeförderung benutzte Bahnhofsgelände zu. Nein, nein, das darf doch nicht wahr sein! Wir schauen alle genauso ratlos. Immer weiter auf die Menschenmenge zu, die dort im Urlaubsverkehr auf die Züge wartet. Schon sind wir mittendrin. Automatisch bildet sich eine Gasse, wir marschieren hindurch. Aneinandergefesselte Frauen, Verbrecherinnen! So komme ich mir vor. Kein Wort fällt, nur der übliche Bahnhofslärm um uns ist zu hören. Neugierige, fragende Blicke treffen uns von allen Seiten. Muß denn das sein? Diese Demütigung, warum hat man uns das nicht erspart? Ich schaue nicht rechts und nicht links. Wie in Trance gehe ich durch die Menschenmenge, den Kopf hoch. Ich habe nur den einen Gedanken, es möge niemand von unseren Bekannten hier stehen und mich in diesem unwürdigen Aufmarsch sehen. Wenigstens ich will niemand erkennen müssen. Dies sind die erniedrigendsten Minuten für mich, die ich seit unserer Verhaftung durchmache. Wenn mir das vorher jemand erzählt hätte, ich hätte ihn ausgelacht für so viel Phantasie. Nun bekomme ich die Wirklichkeit zu spüren. Wir sind nichts mehr wert, nichts! Wir haben das schlimmste Verbrechen begangen, das es überhaupt gibt. Republikflucht! Republikflucht! Man hätte uns noch ein Schild umhängen sollen. Ich hasse in diesen Augenblicken alle, die Posten und den ganzen Staat, der so etwas zuläßt. Und das alles soll den Sinn haben, mich zu »bessern«, mich veranlassen, zu diesem Staat »Ja« zu sagen? Niemals!

Ich sehe vor mir nur das Bahnhofsgebäude und habe nur noch den einen Gedanken, alles möge schnellstens in irgendeinem Waggon enden. Für einen Moment bin ich versucht, wegzulaufen. Einfach die Hand aus der Acht zu ziehen, die mir ohnehin riesengroß ist, und in die Menschenmenge zu laufen. Wahnsinnige Idee. Was soll das helfen?

Da, endlich, unser Abteil. Rechts und links Posten, wir steigen ein. Wieder ganz kleine Käfterchen mit schmalen Holzbänken. Vier Sitze in unserem. Es dauert eine ganze Weile, bis ich aus meiner Erstarrung zurückfinde. Ich muß das alles erst verkraften. Viel mehr kann nun nicht kommen, das war das Schlimmste, denke ich.

Als ich langsam zu mir selbst finde, nimmt auch die Gegenwart wieder für mich Gestalt an. Neben mir sitzt die Frau, die angeblich schon in Dessau war. Uns gegenüber zwei junge Mädchen. Die beiden Mädchen schwatzen lustig. Die Frau neben mir hat offenbar wie ich auch noch damit zu tun, das Vorhergegangene zu verarbeiten. Unscheinbar sieht sie aus, sehr wenig Haare zu einem Knoten geschlungen. Ich sehe sie im Geist vor mir, weinend, das Bild ihres Babys in der Hand. Für ein Baby sieht sie recht alt aus. Langsam kommen wir dann ins Gespräch.

Von den Mädchen uns gegenüber wissen wir in Kürze alles. Sie sind bereits längere Zeit in Haft und waren nur im Krankenhaus. Jetzt fahren sie zurück, sie mußten vierzehn Tage auf diesen Transport warten. Eine ist am Blinddarm operiert worden. Beide sind der gleichen Meinung – nie mehr ins Haftkrankenhaus. Die ältere Frau stimmt dem zu, sie kommt ja auch von dort. Es gibt im Haftkrankenhaus kein Pflegepersonal, um die Frischoperierten kümmern sich die, die bereits wieder auf den

Beinen sind. Wer sich besser fühlt, wird zum Kartoffelschälen und Abwaschen eingeteilt, Reinigungsarbeiten sind Sache der Kranken. Ich kann das Gehörte kaum fassen. Sollte das wahr sein? Dann wünsche ich mir nur das eine – nie krank zu werden.

Die Mädchen haben Arbeitserziehung, eins bis zwei. Sie sind in Halle, im »Roten Ochsen«. Ich kenne es vom Hörensagen, dort ist das berüchtigtste Lager für Arbeitserziehung. Sie erzählen haarsträubende Dinge, ich mag gar nicht zuhören. Ich werde schon noch selber sehen, wie alles ist. Viel mehr interessiert mich, etwas über meinen zukünftigen Aufenthalt zu erfahren. Aber ich bekomme nicht wesentlich mehr heraus, als ich in Stichworten auf der Treppe bereits zugeflüstert bekam. Das Gespräch ist bald auf einem toten Gleis angelangt. Fahren wir denn immer noch nicht? Wir stehen und warten, wie schon immer. Warten gehört wohl hier zur Hauptaufgabe unseres Daseins. Aus den Ansagen des Bahnhofslautsprechers kann ich mir ein Bild machen, wie lange wir stehen.

Nach knapp fünf Stunden geht endlich ein Ruck durch unseren Zug – wir fahren. Unsere Verpflegung ist längst alle, sie bestand aus zwei doppelten Broten, belegt mit »toter Oma«. Das ist der im Knast übliche Name für Blutwurst. Die »tote Oma« verschenkte ich, die Schnitten aß ich zusammen mit Ei und Apfel, nun lutsche ich wie alle anderen auch an der Rolle Drops, die noch bei der Verpflegung war. Sind wir denn nicht bald da? Der Tag nimmt und nimmt kein Ende. Uns steckt allen noch die Nacht in der »Mumpe« in den Knochen, denn auch die aus dem Krankenhaus kommenden mußten das ja mitmachen.

Da, der Zug hält. Es steigen Neue ein, und aus unserem Abteil werden die beiden jungen Mädchen herausgeholt. Also sind wir in Halle. Dann kann es nicht mehr lange dauern, bis auch wir es geschafft haben. In unser Abteil kommen keine Neuen, so bleiben wir für den Rest der Strecke allein. An ein vernünftiges Gespräch ist nicht zu denken, die Frau neben mir ist unmöglich. Hoffentlich bin ich in Zukunft nicht mit ihr zusammen. Entweder berichtet sie vom Krankenhaus oder von ihren Krankheiten – ich kann das bald auswendig nachplappern. Mit Müh und Not bekomme ich aus ihr heraus, welche Arbeitsmöglichkeiten auf mich warten. Es sind mehrere. Ein Teil der Frauen arbeitet als Dreher, der andere in der Filmfabrik und wieder andere dort, wo Vorlagen und Verbandszeug hergestellt werden. Das sind die einzigen Arbeitsbereiche, die es gibt. Aber das Lager ist noch im Aufbau, und es sollen neue geschaffen werden, erzählt sie mir noch. Dann höre ich schon wieder Gejammere.

Endlich sind wir da. Aussteigen. Von Posten mit großen Schäferhunden werden wir in Empfang genommen und durch unterirdische Gänge, in denen es von Schmutz und Ratten nur so wimmelt, zu einer bereitstehenden Minna gebracht. Uns ist alles egal, nur nicht wieder über den Bahnhof. An Aufschriften sehen wir, daß wir uns noch in Halle befinden, weiß der Kuckuck, wo wir herumgefahren und rumrangiert sind. Wir sitzen in der Minna und warten. Wieder sind im hinteren Teil schon einige Männer. Worauf warten wir nur? Des Rätsels Lösung kommt bald in Form einer anderen Minna. Acht Frauen steigen zu, bei uns hinterm Gitter wird es ziemlich eng. Vom alten Transport sind wir nur noch vier, die hier weiterfahren, Susi, die ältere, ständig jammernde Frau, Reni, die ich vom Sehen kenne und ich. Dazu die Neuen – so sind wir nun zwölf Frauen. Und wissen mit ziemlicher Sicherheit, wo es hingeht. Die Strecke zieht sich in die Länge, beim Durchfahren einer größeren Ortschaft erspähen wir ein Hinweisschild »Dessau«. Also war unsere Ahnung richtig, hat man mir beim Packen in der Kammer doch das Richtige zugeflüstert.

Zuerst fahren wir zum Jugendstrafvollzug in der Stadt, soweit sind wir schon informiert. Dort befindet sich die Kleiderkammer, wo wir eingekleidet werden. Davor graut mir, den anderen aber auch, wie sich im Gespräch ergibt. Dann sind wir da. Rein ins Gebäude, wieder Aufstellung in einer Reihe. Verlesen der Namen. Warten. Die Uhr im Gang zeigt uns, daß uns hier vor allem eins beigebracht werden soll – Geduld! Wir müssen stehen, dürfen uns nicht anlehnen und können verfolgen, wie sich der Zeiger Minute für Minute vorwärts schiebt. Fast zwei Stunden gehen vorbei, bis sich etwas tut. Eine Frau Leutnant tritt aus der Tür, neben der wir stehen, und fordert uns zum Mitkommen auf. In den Keller geht es, dort befindet sich die Kleiderkammer. Wir dürfen vor der Tür wieder in einer Reihe antreten, dann erklärt Frau Leutnant in sehr freundlichem, leisem Ton, sie würde bei der Einkleidung äußerste Ruhe und Disziplin von uns erwarten. Wir schauen uns an – der Ton zumindest ist neu! Wir sind fast nur noch Geschrei und Brüllen gewöhnt, da berührt einen solche Behandlung direkt befremdend. Also tun wir Frau Leutnant den Gefallen und sprechen so wenig wie möglich. Bei Frauen ist das durchaus nicht einfach, es gibt einfach immer etwas zu bequatschen. Frau Leutnant zieht sich in die Kleiderkammer zurück, eine Strafgefangene verrichtet hier Dienst und erledigt alle notwendigen Handgriffe. Frau Leutnant sitzt lediglich am Tisch, schaut mit Argusaugen auf alles und schreibt.

Nacheinander werden wir aufgerufen. Von außen verfolgen wir mit höchstem Interesse die Vorgänge in der Kammer. Zuerst Auspacken des Kartons mit den persönlichen Sachen, alles wird aufgeschrieben, quittiert und in einem Sack verstaut. Dies alles macht Roswitha. Sie ist nett, das gibt uns wieder ein bißchen Mut. Es folgt das Ablegen der privaten Kleidung. Dazu tritt der Betreffende auf eine Decke, die so hinter der Ecke des Zimmers liegt, daß wir von außen wenigstens nicht zusehen können. Es ist auch so peinlich genug. Die ausgezogenen Privatsachen wandern ebenfalls in jenen Sack. Dann wird das Kosmetikzeug, welches jede von uns noch bei sich hat, durchgesehen und alles Überflüssige zu den anderen Utensilien in den Sack befördert. Zu »Überflüssigem« zählen Haarwäsche und desodorierende Stifte. Die junge Frau, die als erste dran ist, hat wirklich Pech. Ihr wird dies alles abgenommen. Sobald wir draußen alles mitbekommen haben, ergreifen wir heimlich und leise vorbeugende Maßnahmen. Frau Leutnant kann uns nicht sehen, sie sitzt hinter der Tür. So schleichen wir nacheinander zu den Mauervorsprüngen hinter uns im Gang, von denen es hier im Keller viele gibt. Kurze Zeit darauf liegen hinter jedem Vorsprung die von Frau Leutnant für »überflüssig« erklärten Kosmetika. Es sind ohnehin nicht viele, aber jeder von uns weiß, vorläufig gibt es keinen Einkauf! Privatgeld wird in der Kammer ebenfalls abgerechnet und darf nicht mehr verwendet werden, also sind wir von nun an auf das angewiesen, was wir verdienen werden. Das aber kann noch lange dauern. Wir hoffen nur, unsere Schummelei möge gut gehen und Frau Leutnant nichts bemerken. Deshalb darf sie, solange diese Aktion läuft, auf keinen Fall aus der Kammer kommen. Dann sind wir geliefert. Nun, vorläufig tut sie uns den Gefallen und befaßt sich ausschließlich mit den organisatorischen Dingen des Registrierens. Unser Gemurmel wird ihr wohl zu laut – in höflichem Ton bittet sie uns, wir möchten doch etwas mehr Ruhe halten, schließlich seien wir erwachsene Menschen! Donnerwetter, ist eigentlich toll, daß das mal jemand merkt. Wir grinsen. Für eine Weile ist wieder Ruhe.

Die erste ist fertig und verläßt die Kammer. Es ist Reni, die es zuerst erwischt hat. Bei ihrem Anblick verschlägt es uns glatt die Sprache. So was gibt es doch nicht – höchstens im Film – wie sieht die denn nur aus! Reni selbst weiß nicht recht, wie sie reagieren soll. Mit einem hilflosen Lächeln steht sie vor uns. An den Füßen dünne, flache Slipper, schwarz-weiß abgesetzt. Ich taufe sie auf den ersten Blick »Pinguinschuhe«. Die Beine stecken in dunkelbraunen, vorsintflutlichen Strümpfen mit Naht – ich kann mich deutlich entsinnen, bei meiner Großmutter solche platierten Strümpfe als Neuheit gesehen zu haben. Von den Beinen als solchen ist aber gar nicht allzuviel zu sehen, denn da Reni sehr klein ist, kam man wohl mit den Größen bei ihr nicht ganz zurecht. Der schwarze dicke Wollrock reicht weit über die Waden, darüber hat sie eine schwarze ausgediente Uniformjacke, wie sie das Personal trägt, nur ohne Rangzeichen, versteht sich. Von Passen kann auch bei der Jacke keine Rede sein, sie hängt auffallend lose um Renis Körper, die Ärmel hat sie umgeschlagen. Unter der Jacke sehen wir noch die Bluse, auch eine alte Uniformbluse, in olivgrün. Total verschossen. Aber sie paßt wenigstens etwas, denn dies ist der einzige Körperteil, an dem wir Renis Figur noch ahnen können. So marschiert sie die Reihe entlang und stellt sich hinten an. Bei anderen Gelegenheiten hätten wir vielleicht darüber lachen können – aber hier wäre es der glatte Hohn.

Die nächste ist schon in der Kammer und unterzieht sich der gleichen Prozedur. Da Reni uns flüsternd informiert, daß ihr auch noch Creme und Haarspangen abgenommen wurden, beginnt wieder das lautlose Schleichen durch den Gang. Wer irgendetwas an solchen Dingen noch hat, läßt es schnellstens verschwinden. Roswitha kann uns bei ihrer Arbeit in der Kammer nebenbei beobachten und bekommt alles genau mit. Unmerklich grinst sie. Wir sind sicher, sie wird uns nicht verraten.

Die nächste ist fertig und kommt ebenfalls als Vogelscheuche verkleidet heraus. Über dem Arm wie Reni die restliche Wäsche. Langsam aber sicher werden wir alle unsere Sachen los. Wie gebannt schauen wir zur Tür, wenn wieder eine von uns eingekleidet heraustritt. Es gibt lediglich drei Varianten, was die Paßform anbelangt: »Paßt, paßt einigermaßen, paßt nicht.« Ich zähle zur Kategorie »paßt nicht«. Mein Abtritt aus der Kleiderkammer ist wirklich ein einziger Lacher, weniger für mich, aber dafür um so mehr für die Zuschauer. Da mir die meisten Röcke zu weit sind, muß ich den Kleiderrock anziehen, der sonst zur »Reservegarderobe« gehört. Es gibt nur zwei Sorten Kleiderröcke, wie ich bemerke: Normale Röcke und ganz große. In der Mitte sehe ich fast normal aus, von oben bis unten gesehen »groß«, also greift Roswitha zu den ganz großen. Ich bin erschüttert. Frau Leutnant meint, ich könne mir den Rock ja ein wenig abändern. Ich wage nicht zu widersprechen. Der Kleiderrock ist ein fürchterliches Monstrum, schwarzes Wolltuch von einer Dicke, die einen unwillkürlich an eine Ritterrüstung erinnert. Wenn ich das Ding hinstelle, steht es bestimmt. Leider habe ich keine Zeit, das hier auszuprobieren. Roswitha tut die Sache mit einem einzigen Wort ab: »Paßt!« Und schon hält sie mir eine der schwarzen Jacken hin, mit der Bemerkung, daß ich wirklich Glück hätte, in meiner Größe noch so eine schöne Jacke zu bekommen. Die großen seien alle weg. Zu dem langen, steifen Kleiderrock, der mir bis weit über die Knie geht und den Umfang einer Tonne hat, kommt mir die Jacke vor wie ein Bolerojäckchen. An den Füßen Pinguinschuhe, darüber dunkelbraune Strümpfe, in der Mitte wandelnde Tonne, oben Pennäler – so stehe ich vor den anderen. Jetzt fühle ich mich wirklich zur Vogelscheuche herausgeputzt. Doch ich kann nichts gegen diesen Aufzug machen, es hätte gar keinen Zweck, in der Kammer etwas zu sagen. Wir hören ja von draußen, wie höflich, aber eindeutig geantwortet wird, wenn eine von uns wagt, ein Kleidungsstück etwa zurückzuweisen. »Wir sind hier kein Modeinstitut, sie können sich die Sachen ja ein wenig ändern.« Punkt – aus. Keine Widerrede. Anproben gibt es ohnehin höchstens zwei. Passen bei der ersten Anprobe irgendwelche Sachen wirklich auffallend schlecht, so sucht Roswitha – nachdem sie sich mit einem Kopfnicken Frau Leutnants Zustimmung geholt hat – aus den Beständen im Regal ein anderes Stück. Entweder das paßt nun besser, oder es bleibt bei den vorherigen Sachen. Nur bei Schuhen ist es erlaubt, etwas länger zu suchen.

Kurz und gut, wenn das Ganze nicht so entsetzlich herabwürdigend und viehisch ernst wäre, könnte man es als eine einzige Gaudi betrachten. So bleibt es jedem einzelnen überlassen, als was er, je nach Gemütsart, dies alles verkraftet. Wer fix und fertig mit seiner sämtlichen übrigen Kleidung auf dem Arm herauskommt, sucht sich heimlich und unauffällig die abgelegten Kosmetika wieder zusammen. Es ist alles gut gegangen, Frau Leutnant hat nichts bemerkt.

Es dauert ziemlich lange, bis die gesamte Einkleidung beendet ist, obwohl wir nur zwölf Frauen sind. Als wir herauskommen und wieder in die Minna klettern, dämmert es bereits. Zu Scherzen ist keine von uns mehr aufgelegt, alle brüten wir stumpfsinnig vor uns hin. Unsere einzige Aufmerksamkeit gilt dem Kleiderbündel samt Waschzeug, welches uns in scharfen Kurven ständig herunterzurutschen droht. Von der Außenwelt können wir nichts erkennen. Wie lange wir fahren, wissen wir auch nicht, denn unsere Armbanduhren haben wir soeben für längere Zeit zum letzten Mal gesehen. Geschätzt dauert die Fahrt eine halbe Stunde. Dann halten wir, Frau Leutnant steigt aus, draußen werden Worte gewechselt, und wir hören das unverkennbare Rollen eines großen Tores. Frau Leutnant steigt wieder ein, schließt die Blechtür, wir fahren wieder und passieren anscheinend das Tor. Erneutes Halten, diesmal endgültig. Wir steigen aus. Zwölf erbarmungswürdig aussehende Frauen, wirklich Vogelscheuchen ähnlich. Auf dem Arm die Sachen. Jetzt sehen wir endlich, wo wir uns befinden. Na dann gute Lust! Im Geiste mache ich einen Seufzer nach dem anderen. Frau Leutnant hat noch Organisatorisches zu erledigen, in der Zeit können wir uns umsehen.

Das also ist die Frauenstrafanstalt! Zuerst sind wir durch ein großes Tor gefahren, in einen hoch ummauerten Hof. Auf den Mauern Stacheldraht. Auf der linken Seite des Hofes ein flaches Gebäude mit Posten, anscheinend An- und Abmeldung. Es ist ganz schön groß, müssen wohl mehrere Räume darin sein. In eben diesem Gebäude ist Frau Leutnant verschwunden. Aus dem Fenster guckt ein Posten zu uns herüber. Dieser Hof liegt im rechten Winkel zu einem zweiten, kleineren, der durch enorm starken Drahtzaun abgetrennt ist. Am Tor keine Klinke. Erst später erfahre ich, daß das, was ich jetzt als Hof bezeichne, die »Schleuse« ist. Hinter der Schleuse kommt erst das eigentliche Lager. Zwei langgestreckte Baracken aus Holz, in der Mitte ein ungepflasterter Hof, in dessen Mitte eine große Wiese und ein Blumenrondell. Zwischen Wiese und Blumenrondell wieder ein Trampelweg. An den Baracken zu beiden Seiten davor Blumen, vor diesen Blumenrabatten auf dem Weg einige Bänke. Alles macht einen sauberen, ja friedlichen Eindruck. Hinter den Baracken, das ganze Lager umfassend, ein breiter Streifen frisch umgegrabene Erde – Niemandsland. Vor dem Streifen ein flach gespannter Draht, wie ich richtig annehme, elektrisch geladen. Hinter dem Erdstreifen, mit hohen Gittern abgetrennt, der Hundelaufgang. Darin kläffen wütend eine ganze Menge Schäferhunde. Ich möchte keinem davon im Freien begegnen. Der Hundelaufgang endet mit einer sehr, sehr hohen Mauer, auf der Spitze Glasscherben. Das Ganze wird noch vervollständigt durch den Wachtturm, der an der einen Seite das Lager weit überragt. Wir können den Posten gut sehen. Der Turm steht außerhalb des Lagers. Nach dieser internen Besichtigung sind wir uns wohl alle über eines im Klaren: Wer hier versuchen will, herauszukommen – vor seinem Entlassungstag, versteht sich – der kann besser gleich Selbstmord begehen.

Nirgendwo sehen wir die anderen Gefangenen, mich befremdet das einigermaßen. Denn Arbeitszeit ist vorbei, warum ist es so gespenstisch ruhig im Lager?

Frau Leutnant kommt zurück. Sie öffnet das Tor zur Schleuse, das heißt, sie drückt nur. Der Posten am Fenster drin betätigt irgendeinen Kontakt und das Tor läßt sich öffnen. Auch so eine gut ausgeklügelte, schlaue Gemeinheit! Wir passieren die Schleuse und stehen nun im eigentlichen Lager. Frau Leutnant verschwindet in der ersten Baracke, nicht ohne uns noch vorher ermahnt zu haben, hier ruhig in einer Reihe zu warten.

Da stehen wir nun, jämmerliche Klamottenhaufen. Jetzt erst bemerken wir, daß das Lager gar nicht so »tot« ist, wie es zuerst den Anschein hatte. Die Barackenfenster haben ganz dünne Metallscherengitter davor, und hinter diesen Gittern sind die meisten geöffnet. Dort erkennen wir Gesicht an Gesicht, es kommen immer mehr dazu. Leise Rufe werden laut, trotzdem gut von uns zu verstehen: »Eh, die Dicke dort, das wird meine Biene!« »Iih, wie die aussehen!« »Halt doch die Schnauze, siehst selber nicht viel besser aus!« »Reni, Reni! Du mußt unbedingt zu uns aufs Zimmer! Ist noch ein Bett frei! Nummer acht!« Reni traut sich nicht einmal zu winken, sie kann beim besten Willen nicht erkennen, welche Knastbekanntschaft hier Erstlingsrechte fordert. Die Zurufe werden lauter. »Meensch, sind die häßlich! Solche Vögel! Hitchcockvögel!« Wir sind von dem freundlichen Empfang bedient. Zwar haben die Ruferinnen mit der Bezeichnung »Hitchcockvögel« nicht einmal so sehr daneben getroffen, doch was können wir für den Aufmarsch! Die ersten, die hier eintrafen, haben bestimmt mal bessere Sachen erhalten. Ich bin sauer, die anderen nicht weniger. Man sieht es an den Mienen. Die ältere Frau heult schon wieder – was verspricht sie sich nur davon!

Da, man hat sie aus dem Fenster erkannt. »Die Frenzel ist wieder da! Du Scheiße! Hoffentlich kommt sie nicht zu uns ins Zimmer!« »Wo denn?« »Mensch, sperr doch deine Glotzen off, dort isse doch! Hat bloß ihre Perücke nicht auf. Vielleicht darf se das nicht mehr!« Höhnisches Gelächter. Der Frenzeln laufen dicke Tränen über das Gesicht, ich warte nur darauf, daß sie laut zu heulen anfängt. Na ja, ein Gemüt wie ein Bär scheint man hier haben zu müssen.

Die Ruferei hört schlagartig auf, als Frau Leutnant wieder aus der Baracke zurückkommt. Wir werden allesamt aufgefordert, mitzukommen. Zur anderen Baracke hinüber. Frau Leutnant geht hinter dem elektrischen Draht entlang, wir davor. Was soll das, kann sie auf einmal nicht mehr neben uns gehen? Sie schließt die Baracke auf, stellt sich neben die Tür und läßt uns eintreten. Am ersten Zimmer rechts ist zu lesen »Erzieherzimmer«, sonst sind rechts keine weiteren Zimmer mehr, nur Fenster. Der Gang ist schmal, auf der linken Seite des Korridores befindet sich Tür an Tür. Außer zwei jüngeren Frauen auf dem Gang, die eine blaue Armbinde mit der gelben Aufschrift »Ordner« tragen, ist keine Menschenseele zu sehen. Unsere Frau Leutnant winkt die Ordner heran, diese machen Meldung und bekommen dann aufgetragen, uns mit Hilfe der Brigadeleiter auf die noch freien Betten in den einzelnen Zimmern zu verteilen. »Jawohl, Frau Leutnant!« Frau Leutnant verschwindet im Erzieherzimmer. Du lieber Himmel, bin ich hier beim Militär gelandet? Die eine der beiden Ordner ruft mit Donnerstimme über den Gang: »Brrrigadeleiter, rrraustreten!« Daß in diesem winzigen Persönchen eine derartige Stimme steckt, hätte ich nicht für möglich gehalten. Wir zucken alle ordentlich zusammen.

Jetzt kommt Leben in die Baracke. Fünf Frauen, eine davon im weißen Kittel, kommen sofort geflitzt. Und an sämtlichen Türen erscheint ein Kopf über dem anderen im Türspalt. Die kleine Brüllerin, von der wir gleich mitkriegen, daß sie Betsy heißt, donnert wieder mit rollendem »R« über den Korridor: »Die Köpfe rrrein und Türen zu!« Keiner hört. Nun, sie scheint ihre Pflicht getan zu haben. Der andere Ordner ruft dafür gar nichts, anscheinend hat Betsy die bessere Stimme. Die Brigadeleiter wissen von selbst, was sie zu tun haben. Nach kurzem Rundblick fordern sie uns zum Mitkommen auf und die Suche- rei nach freien Betten geht los. Im vorderen Teil der Baracke ist alles belegt, aber hinten finden sich noch viele freie Betten. Nach- einander verschwinden wir in den Zimmern, alle einzeln. Wenn sich zwei vorgenommen hatten, zusammenzubleiben, so müs- sen sie diese Hoffnung hier begraben. Man scheint Wert darauf zu legen, alle auseinanderzubringen. Mir ist es vollkommen gleich, wo ich lande. Willenlos lasse ich mich in dem allgemei- nen Durcheinander in ein Zimmer schieben, mich starren zehn neugierige Frauenaugen an, ich blicke in die Runde und sehe – Anita!

Ich kann es einfach nicht fassen, aber vor mir steht wirklich und wahrhaftig Anita! Blitzartig sind meine Gedanken für Bruchteile von Sekunden wieder in der Untersuchungshaft. Ja, sie ist es, das gleiche hübsche Gesicht, die gleichen Beine – an anderen Merkmalen könnte ich Anita jetzt beim besten Willen nicht erkennen. Sie steckt genau wie ich in einem dicken wolle- nen Kleiderrock der größten Größe, und dieser Kleiderrock um- hüllt mit seiner schwarzen Farbenpracht diskret alles. Aber auch wirklich alles! Er reicht bis weit über die Waden, und Anita kommt mir darin vor wie eine überdimensionale Raupe, die sich in einem schwarzen Kokon eingesponnen hat. Als wir den ersten Moment des Staunens überwunden haben, lachen wir beide laut los. Dann umarmen wir uns zwar nicht, was ich wirklich vor Freude tun könnte, aber wir schütteln uns unter ziemlich sinnlosen, wirren Sätzen die Hände, als gälte es, eine Meisterschaft zu gewinnen. Die anderen Frauen in Anitas Zimmer schauen diesem komischen Gebaren reichlich verwundert zu. Anita dreht sich ihnen zu, nachdem sich der erste Begrüßungssturm gelegt hat und sagt kurz und knapp: »Also das ist Tina, die bleibt bei uns. Ist schwer in Ordnung.« Ich bin nicht wenig stolz über diese Beurteilung, denn Vorurteile im Knast können das Leben zur Hölle machen. So viel habe ich schon mitbekommen.

Durch diese Einführung von Anita bin ich sofort in die neue Gemeinschaft aufgenommen und werde voll akzeptiert, was sich andere Neue erst in langwierigen Kraftproben erkämpfen müssen. Wie schon in alten Zeiten hat Anita im Nu meine Sachen auf ein freies Bett befördert, dann sitzen wir am Tisch und erzählen erst einmal. Umringt von neun neugierig fragenden Augenpaaren. Wieviel hast du bekommen, woher kommst du jetzt, – das sind so die ersten, eigentlich obligatorischen Fragen. Anita hat sechs Monate Freiheitsentzug aufgedonnert bekommen, ich freue mich für sie, daß es nicht mehr geworden ist. Obwohl mir auch im gleichen Moment bewußt wird, daß ich dann ja nur noch zwei Monate mit ihr zusammen sein kann. Egal, erst mal bin ich hier und ich werde mich schon eingewöhnen. Anita betrachtet sich bereits als Abgang und macht ihre Witze darüber. »Die zwei Monate, die sitze ich doch beim Pförtner auf der Rasierklinge ab!« Alles lacht schallend. Ja, sie hat es gut, wenn ich an die Zeit, die vor mir liegt, denke – nein, ich darf diese Gedanken einfach nicht aufkommen lassen. Wir möchten noch endlos erzählen, aber vorerst wird das leider unterbrochen. Eine nette Frau, mittlerer Jahrgang, im weißen Kittel schaut herein und schreibt die Neuzugänge auf. Hier bin ich es nur. Namen, Adresse, wie lange – schon ist sie im nächsten Zimmer. »Das war Walli, Krankenschwester vom Knast, zwei Jahre wegen Unterschlagung«, werde ich von Anita unterrichtet. Hier muß wohl jeder jedem bekannt sein. Auf dem Flur ist ziemlicher Tumult, von vorn hören wir eine energische Stimme rufen: »Strafgefangene Kröger, wenn Sie nicht in der Lage sind, hier für Ordnung zu sorgen, muß ich Sie ablösen lassen und neuen Ordnungsdienst bestimmen!« Sofort ruft Betsy zurück: »Entschuldigung, Frau Leutnant, das ist nur so ein Durcheinander durch die Neuen!« Die Stimme von vorn wird gefährlich laut. »Was heißt hier Neue, interessiert mich nicht! Dann bringen Sie denen doch Benehmen bei!« Eine Tür knallt. Betsy fängt sofort an, uns Benehmen beizubringen. Ich möchte zur Toilette und strecke erst einmal vorsichtig die Lage peilend den Kopf zur Tür hinaus. Darauf hat sie nur gewartet. »Sofort zurück in den Verwahrraum, jetzt ist kein Toilettengang!« Ist ja gut, ist ja gut, ich bin schon drin. Im Zimmer grinsen mich alle an. »Mach dir nichts draus, Tina, das ist Betsy, die ist so. Wenn sie ihre Arbeit als Ordner ordentlich macht, wird sie vielleicht eher entlassen.« Ich verstehe.

»Die Neuzugänge rrraustreten zur Kleiderkammer!« Fragend schaue ich Anita an. Die nickt nur und schiebt mich raus. »Nu mach schon, jetzt kriegst du Bettwäsche und Nachthemd und solches Zeug!« Ich bin draußen, überall auf dem Gang stehen genau solch hilflose und verwirrte Geschöpfe herum wie ich. Betsy kommandiert uns mit Trompetenstimme vor zum Ausgang. Dort stehen wir in einer Reihe, wie schon so oft gehabt und warten. Verflixte Warterei. Das ist ja nicht zum Aushalten. Die Zellen sind zwar alle offen, doch die Eingangstür kann nur vom Personal aufgeschlossen werden. Und wenn gerade keins da ist? Ja, das ist anscheinend Pech, denn wie wir mitbekommen, hat Betsy keinerlei Möglichkeit, jemanden zu rufen. Sie hat ihre Vorschriften, und uns bleibt gar nichts anderes übrig, als zu warten. Wir, das sind die zwölf Frauen vom Transport und noch einige andere, bereits eingekleidete Strafgefangene. Sie mustern uns alle neugierig, einige versuchen, ein Gespräch anzufangen. Der Erfolg ist unterschiedlich. Mein Bedarf ist für heute gedeckt, ich verhalte mich nur noch abwartend. Die »Alteingesessenen« halten Schuhe ohne Absätze in der Hand oder auch Blusen. Sie wollen tauschen gegen neue Sachen. Ab und zu erscheint vorsichtig ein Kopf in einer der vielen Türen, Betsy brüllt alle unbarmherzig an und erreicht damit, daß die Köpfe genauso schnell wieder verschwinden. Bis auf einen Punkt. Eine ganz junge Strafgefangene, feuerrotes Haar, enganliegender kurzer Rock – verflixt, wie macht sie das bloß, daß sie trotz der Klamotten so gut aussieht –, läßt sich trotz Betsys Gebrüll nicht davon abhalten, den Gang entlangzukommen. Nicht eben gewählt ruft sie schon von weitem: »Du kannst mich mal, jetzt hab ich die Schnauze voll! Wenn ich muß, dann muß ich, oder soll ich dir dann meine beschissenen Hosen bringen?« In Betsy kocht es, doch sie macht keinerlei Eindruck auf das junge Ding, auch nicht, als sie mit einer Meldung droht. Da sie merkt, daß sie hier den kürzeren ziehen wird und an etlichen Türen bereits neugierige Gesichter zu sehen sind, macht sie aus der Not eine Tugend. »Toilettengang!« Auf das Signal scheint man allerorts nur gewartet zu haben, aus sämtlichen Räumen kommen sie, alte und junge Frauen, hübsche, gewöhnliche und häßliche dabei, dann stehen sie in einer Reihe vor der Toilette. Ich mit. Drei Toiletten für annähernd zweihundert Frauen, wie ich schätze. Ist das nicht ein bißchen wenig? Alle schimpfen laut über diese Zustände, schneller kommt dadurch keine dran. Betsy hat alle Hände voll zu tun, um den Tumult in Grenzen zu halten.

Mit einem Schlag ist alles ruhig, die vordere Eingangstür wird aufgeschlossen, und die mir schon bekannte Frau Leutnant erscheint. Streng schaut sie den Gang entlang, kann aber nichts entdecken, was ihre Mißbilligung erregt. Ich bekomme von Betsy einen Schubs in den Rücken und die Aufforderung, schnellstens wieder in meine Reihe vorzugehen. Ich schaffe es gerade noch, als letzte rauszukommen, dann wird die Tür schon wieder zugeschlossen. Also war es wieder nichts mit Austreten, du meine Güte, hier werde ich ja noch blasenkrank! Mir bleibt keine Zeit, meinen Gedanken weiter nachzuhängen, in einer Reihe überqueren wir den Hof, Frau Leutnant hinter und wir vor dem Draht, der in Kniehöhe den Weg vom normalen Hof trennt. Vor der anderen Baracke, die der eben verlassenen wie ein Spiegelbild gleicht, bleiben wir stehen, werden scharf gemustert, dann schließt Frau Leutnant auf, und wir dürfen eintreten. »Stellen Sie sich in einer Reihe an der Wand auf!« Wir stehen, Frau Leutnant schließt zu. Auch hier das gleiche Bild wie in der anderen, »unserer« Baracke. Eine Seite Gang mit Fenstern, andere Seite Tür an Tür. Hier ist das Erzieherzimmer links aus dem Gang herausgebaut, ich sehe es an der Aufschrift an der Tür. Mir ist nicht ganz klar, was das soll. Wozu brauchen wir denn Erzieher? Wir sind doch nicht im Kinderheim! Vorerst bekomme ich keine Erklärung auf all diese Fragen. Auch hier das gleiche Bild wie drüben, Ordner, die sich vergeblich bemühen, vollkommene Ruhe auf dem Gang zu erreichen, und neugierige Gesichter an den Türen. Erst als allgemein die Anwesenheit Frau Leutnants erkannt worden ist, wird es ruhiger und die letzten Köpfe verschwinden in den Türen. Frau Leutnant ruft eine der Ordnerinnen heran und übergibt uns. Sie selbst verschwindet im Erzieherzimmer. Wir traben hinter dem jungen Mädchen her, welches hier als Ordner eingeteilt ist. Schon sind die Türen wieder offen. Wir werden eingehend gemustert, alte Bekannte finden sich, wenig schmeichelhafte Bemerkungen über unser Aussehen fallen.

Wir warten vor der Kleiderkammer. Auch hier arbeitet eine Strafgefangene. Die »Alteingesessenen« hinter uns meutern. Sie kämen schließlich von der Arbeit und wollten auch zuerst bedient werden. Wir hätten sowieso nichts zu tun. Bitteschön, schon sind sie vor uns. Wir wagen es gar nicht, hier ein Wort der Widerrede fallen zu lassen, und die junge Frau in der Kammer will offensichtlich auch allem Streit aus dem Wege gehen.

Schließlich sind wir doch an der Reihe. Nacheinander erhält jede von uns die noch fehlenden Sachen. Bettwäsche, Nachthemd, ein zweites Paar Strümpfe mit dem Hinweis, daß es keine neuen mehr gibt während der Haftzeit. Wie gut, daß ich nur noch ein Jahr vor mir habe – da schaffe ich es vielleicht mit zwei Paar Strümpfen. Es gibt noch zwei Taschentücher, zwei Handtücher, eine zweite Bluse, und die ihn noch nicht haben, bekommen hier den halben Rock. Wer allerdings gleich in der großen Kleiderkammer mit dem halben Rock ausgestattet wurde, kann heute keinen Kleiderrock bekommen, weil im Moment keine mehr da sind. Aber sie kommen wieder. Wir nehmen es gelassen hin. Was tut's, wir haben keine Eile, wir bleiben ja.

Dann gibt es noch schwarze Pantoffeln aus Kunstleder, auf den ersten Blick als Häftlingsarbeit zu erkennen. Von diesen Dingern ist offenbar nur eine Größe vorhanden, fast alle rutschen wir mit den Zehen vorne durch. Es hilft nichts, andere gibt es nicht. Diskussion überflüssig. Als letztes bekommen wir unsere Effektennummer mitgeteilt, die wir in jedes Stück unseres neuen »Eigentums« sticken sollen. Wir gehen zurück, die Nummer vor uns hinmurmelnd. An der Tür nehmen wir wieder Aufstellung und warten. Die »Alten« stehen hier ebenfalls schon und warten. Was haben sie nun von ihrer Drängelei gehabt?

Auf alle Fälle haben sie uns beigebracht, wer hier der Herr im Hause ist. Das war sicher auch der ganze Sinn der Übung. Frau Leutnant läßt sich Zeit.

Als sie endlich erscheint, beginnt wieder die gleiche Prozedur wie gehabt. Warten, bis kein Wörtchen mehr zu vernehmen ist, – diese Frau Leutnant scheint's mächtig mit der Disziplin zu haben, das kann ja heiter werden –, dann werden wir rausgeschlossen und nach kurzem Marsch über den Hof wieder rein in die andere Baracke. Damit ist für diesen ersten Tag in der neuen »Zwangsheimat« das Offizielle eigentlich schon gelaufen.

Ich bin wieder in meinem Verwahrraum, sitze neben Anita am Tisch und unterhalte mich bunt durcheinander mit allen. Ich stutze – du meine Güte, woher kenne ich denn nur diese kleine junge Frau dort drüben? Noch sage ich nichts, aber ich zermartere mir neben der Unterhaltung das Gehirn. Von allen Seiten werde ich ausgefragt, ich antworte mehr nebenbei und bin ständig am Überlegen. Amnestie?? Ach so, ja, ja, die kommt. Sicher. Alle Anzeichen deuten darauf hin. Die hat gesagt und die, und die weiß es aus ganz sicherer Quelle – lieber Himmel, woher kenne ich sie nur –, bedeutungsvolle Blicke werden nach allen Seiten weitergegeben, seht ihr, die Neue, die Tina hat auch schon davon gehört. Also ist was dran. Ach ja, laßt mich doch nur in Ruhe mit dem Quatsch, wartete bis zum Oktober, dann werden wir sehen, ob was dran war. Das sage ich natürlich nicht laut, ich bin doch nicht verrückt und verscherze mir von vornherein alle Sympathien. Wäre ja blöd. Immer bißchen nach dem Mund reden, bißchen so tun, als wäre eigene Meinung dabei, so kommt man hier am weitesten. Hab ich längst begriffen. Anita grinst mich unmerklich an. So ein Luder, die sieht doch genau durch. Na ja. Woher kenne ich nur – da fällt der Groschen. Große Klarheit auf einmal. Das ist doch Nati! Verflixt, sie ist es wirklich! Mir bleibt auch nichts erspart. Nati, mit der ich zusammen auf Transport war und die mich zu gerne in die Geheimnisse der Eröffnung eines privaten Puffs eingeweiht hätte. Blitzschnell fällt mir der Brief ihres Mannes ein, auch das noch. Trotz all dieser Erkenntnisse lächle ich zu ihr hinüber, und sie freut sich offensichtlich, als sie mitbekommt, daß mir ein Licht aufgegangen ist. »Ich hab dich gleich erkannt, Tina!« Freut mich, freut mich. Ob denn hier noch mehr solche Typen sind?

Beim Abendessen habe ich Gelegenheit, mir alle in Ruhe anzuschauen. Das Ergebnis ist nicht gerade umwerfend. Nun ja, es bleibt einem keine Wahl.

Die Neuzugänge erhalten noch kein Essen, sie sind erst für den nächsten Tag der Küche gemeldet. Trotzdem bekomme ich zwei hauchdünn geschmierte Schnitten, eine von Anita und eine von anderswo, ich muß die ganzen Namen erst einmal mitbekommen. Brot gibt es genügend, Belag mehr als spärlich. Wie ich entsetzt bemerke, müssen von dem kleinen Stückchen Margarine und dem einen winzigen Ring fettiger Leberwurst auch noch die Arbeitsschnitten geschmiert werden, denn ich bin unter die Nachtschicht geraten. Ein wahres Kunststück. Mehr als eine Doppelschnitte zu belegen, ist nicht drin. Und das erfordert auch schon einige Übung.

Das Essen ist erledigt, die Teller, Tassen und Bestecke werden zurückgebracht zu der kleinen Küche in der Mitte der Baracke. Es ist keine richtige Küche, hier werden nur die Brote und der Belag zimmerweise zurechtgelegt und verteilt. Die richtige Küche ist in der anderen Baracke, obwohl auch dort nicht gekocht wird. Das wiederum spielt sich im Jugendstrafvollzug drinnen ab. Von dort kommt das Essen in die große Küche, wo auch Tee gekocht wird, um sodann in entsprechender Anzahl zu uns herübergebracht zu werden. Das geht nicht immer ganz ohne Schwierigkeiten vor sich, weil ja die Türen gut verschlossen sind. Personal aber ist so einfach nicht greifbar.

So weit bin ich also schon unterrichtet, erlebt habe ich noch nichts von alledem. Aber in den Genuß werde ich sicher noch kommen.

Der erste Abend schleicht zäh dahin. Zählappell. Ich bin vollkommen eingegliedert, stehe wie alle anderen auch in der Doppelreihe, als Babsy, die Verwahrraumälteste meldet: »Herr Meister, Verwahrraum 15 mit 11 Strafgefangenen vollzählig anwesend, fertig zum Zählappell, meldet Strafgefangene Hills!« Der Meister sagt kurz »Danke«, schreibt irgendetwas in sein Büchlein, wendet sich dem Schrank zu. Wir halten alle den Atem an, ich bereits unwillkürlich mit, obwohl ich noch gar nicht weiß, was kommen kann. Gleich bin ich schlauer. Meine Sachen, die alle noch lose im Fach liegen, werden mit mißbilligendem Augenaufschlag in die Höhe gehalten. »Und was soll das hier, Strafgefangene Hills?« Babsy läßt sich nicht aus der Ruhe bringen. Sie grinst. »Neuzugang, Herr Meister, werden morgen einsortiert!« Der Meister ist zufriedengestellt. »Lassen Sie rühren!« Mit einem kurzen Blick auf mich verläßt er den Raum. Er ist noch sehr jung an Jahren. Babsy glüht, andere streichen sich die Haare zurecht. Na ja. Wir warten noch, bis wir den Meister auf dem Gang zurücklaufen hören. Eine junge Wachtmeisterin ist dabei, bei uns schaute sie nur kurz um die Ecke. Zählappell nimmt immer irgend ein Meister ab, anderes Personal geht meistens mit.

Jetzt sind draußen keine Schritte mehr zu hören, dafür wird es auf dem Gang wieder lebhaft. »Toilettengang!«, verkündet Betsy mit Generalsstimme. Ein unmögliches Gerenne geht los. Schreien, Kreischen, Lachen, Schimpfen – alles bunt durcheinander. Auf den Toiletten wüstes Handgemenge, Betsy muß ihr ganzes Organ einsetzen, um endlich alle in eine Reihe zu bekommen. Lächerlich das Ganze. Zweihundert Frauen und drei Toiletten. Gegenüber sind noch einmal drei, doch da hängt ein Schild mit der Aufschrift »Revier«. Ins Krankenrevier habe ich bereits einen kurzen Blick geworfen, es ist ein dauerndes Kommen und Gehen an der Tür, wenn kein Personal in der Baracke ist. Zur Zeit liegen zwei Frauen darin. Wenigstens die dürfen zum Örtchen, wann sie wollen.

Jetzt ruft Betsy verwahrraumweise zum Waschen auf. Immer drei Verwahrräume. Es gibt zwei Waschräume und einen kleinen Duschraum mit vier Duschen. Also dürfen zwei Zimmer waschen und eins duschen. Natürlich gibt es deswegen auch Streit, und Betsy kündigt an, sie werde sich eine Liste anlegen, damit ihr niemand mehr reinreden kann. Unser Zimmer ist mit Waschen dran, ich ergattere sogar mit dem ersten Anlauf ein Waschbecken; da nur acht vorhanden sind, steht der Rest von uns an der Wand und wartet gelangweilt. Nach dem Waschen wieder das Affentheater mit dem Antreten. Wer fertig ist, darf nicht etwa in seinen Verwahrraum zurück, nein, es wird draußen vor dem Waschraum gewartet, in einer Reihe, versteht sich. Erst als alle fertig sind, dürfen wir geschlossen zurück. Man scheint es gewöhnt zu sein, denn jeder schickt sich ohne viele Worte in das Unvermeidliche.

Damit ist der Abend gelaufen. Eigentlich ist der Zählappell

immer nach dem Waschen, so daß man sich nochmals anziehen muß. Heute scheint etwas schief gegangen zu sein. So können wir gleich die Nachtsachen anziehen. Nun warten wir noch auf den Nachteinschluß. Das heißt, zugeschlossen werden die Zimmer ja nicht, aber es muß noch einmal Meldung gemacht werden, daß alle zur Nachtruhe fertig sind. Dann darf zu Bett gegangen werden. Das ist kurz vor zwanzig Uhr. Ich bin ziemlich durcheinander. Wie ich bemerke, haben nicht alle aus unserem Zimmer Nachtschicht, nur vier. Diese sitzen schon angezogen und warten. Es erscheint eine kleine Wachtmeisterin, nimmt die Meldung entgegen, daß wir alle fertig zur Nachtruhe sind, vier bereit zur Nachtschicht, ein kurzer Rundblick im Zimmer, daraufhin sind wir wieder allein. Nun ist endgültig Schluß mit der Melderei und wir dürfen uns hinlegen. Die Nachtschicht sitzt am Tisch und wartet, wir anderen quatschen, der eine mehr, der andere weniger.

Etwa eine halbe Stunde vergeht, dann wird die Eingangstür geschlossen. »Junkerloh, raustreten!«, ruft eine energische Stimme. Damit ist unsere Nachtschicht gemeint, die Firma, wo sie arbeitet, heißt Junkerloh. Blitzartig sind unsere vier draußen, wieder geht mächtiges Gerenne los. Vom Nebenraum müssen alle zur Nachtschicht. Im Gang nehmen sämtliche Frauen Aufstellung, dann hören wir eine ganze Weile nur noch leises Flüstern. Danach die Meldung, dann das Klapp-Klapp der Pinguinschuhe. Die Eingangstür wird wieder verschlossen. Es mag nochmals eine halbe Stunde vergangen sein, da hören wir das Öffnen des großen Tores. Es klingt wie Donnergrollen, wenn es aufrollt. Ein Auto ist zu hören, welches hereinfährt, wieder grollt es. Nach einer weiteren kleinen Ewigkeit grollt es erneut, wir hören das Auto wegfahren und das Tor zugehen. Dann ist Ruhe. Auch bei uns im Raum legt sich die Gesprächswut. Für mich ist alles neu, ich nehme jeden Laut begierig auf und suche seine Bedeutung zu ergründen. Für die anderen ist es Alltag.

Es muß gegen einundzwanzig Uhr sein, etwa um diese Zeit verläßt stets das Auto mit den Arbeiterinnen den Hof. Außer den Brigadeleitern hat niemand hier eine Uhr. Die Uhr des Frauenstrafvollzuges ist der Tagesablauf. Man kann sich einigermaßen danach richten, wenn man erst einmal mit allem vertraut geworden ist. Stimmt etwas nicht, schleicht irgendeine in einem unbeobachteten Moment zum Brigadeleiterzimmer und erhascht, wenn sie Glück hat, einen Blick auf den dort stehenden Wecker. Das ist die einzige Uhr in der ganzen Baracke. Sie ist wohl auch nur genehmigt worden, um einen einwandfreien Tagesablauf zu gewährleisten, da das Personal sich mitunter verspätet.

Mich wundert die Müdigkeit der anderen. Ich bin hellwach, trotz der vorangegangenen unbequemen Nacht und des Transportes. Aber es sind wohl mehr die Nerven, die mich wach liegen lassen. Die vielen neuen Eindrücke wollen verarbeitet sein und lassen mich nicht zur Ruhe kommen. Und es ist wahrhaftig nicht wenig, was heute an Neuigkeiten auf mich eingestürmt ist und von mir erst einmal eingeordnet werden muß! Wie anders hatte ich mir alles vorgestellt! Erst einmal die offene Anordnung der Verwahrräume. Allein das blöde Wort »Verwahrraum«! Als ob nicht auch Zimmer genügt. Jedem Verwahrraum steht eine Verwahrraumälteste vor, der alle zu gehorchen haben. Sie bestimmt, sie ordnet an, sie meldet. Es ist dies bei weitem nicht immer die Älteste, wie man nach dem Namen annehmen sollte, nein, in unserem Fall ist es sogar eine der Jüngsten. Irgendeine wird ausgewählt, die von der Anstaltsleitung für befähigt gehalten wird. Die Verwahrraumälteste muß für alle Vorkommnisse geradestehen, für alles den Kopf hinhalten. Zu beneiden ist sie nicht. Trotzdem haben viele Frauen wohl ein Auge auf solch einen »Posten«, denn wenn alles klappt, wenn die Verwahrraumälteste es versteht, sich Beliebtheit zu verschaffen, hat sie immerhin die Chance, eher entlassen zu werden.

Über der Verwahrraumältesten steht der Brigadeleiter, ebenfalls eine Frau, eine Strafgefangene. Nach welchem Prinzip ausgewählt wird, ist nicht immer ganz klar. Unsere Brigadeleiterin heißt Gerti, hat wegen irgendeiner Unterschlagung zwei Jahre bekomme und ist bereits das zweite Mal im Knast. Nun, man kann sich seine Gedanken zu alldem machen. Nur nicht darüber reden, das ist besser.

Hat die Verwahrraumälteste nur einen Raum zu betreuen, so sind es für den Brigadeleiter stets mehrere Zimmer. Sie ist für die gesamte Brigade zuständig, das sind je nach Größe manchmal zwei, manchmal auch drei Räume. In unserer Baracke gibt es zum jetzigen Zeitpunkt drei Brigadeleiterinnen; es sollen mehr werden, wenn neue Arbeitsmöglichkeiten eingerichtet sind. In Kürze, wie man sagt.

Über den Brigadeleiterinnen steht die Barackenälteste, sie hat wieder das Geschehen in der ganzen Baracke zu überwachen, vom ersten Aufstehen bis zum Schlafengehen des Letzten. Ich beneide sie nicht. Beim geringsten Vorkommnis muß sie Meldung an das Personal machen. Es ist gut, sich ihr Wohlwollen zu sichern. Aber sie ist eine nette, sympathische Frau von noch nicht vierzig Jahren. Annelie. Man staunt, was sich hier so zusammenfindet. Die Brigadeleiter, die Barackenälteste und die GW-Schwester schlafen gesondert in einem Raum. Sie haben auch die Erlaubnis, sich tagsüber einmal auf das Bett zu legen, was uns gewöhnlichen Sterblichen nicht gestattet ist. Sie besitzen schon einige Vorteile durch ihre Stellung. Sie dürfen sich frei in der Baracke bewegen, können in jeden Raum. Alle anderen Strafgefangenen können sich lediglich innerhalb ihrer Brigade frei von einem Zimmer in das andere bewegen, und selbst dazu braucht man, je nach Laune der gerade Aufsichthabenden, hin und wieder die Erlaubnis. Trotzdem sind die Brigadeleiter für ihre Arbeit nicht zu beneiden, sie sind zuerst dran, wenn etwas nicht klappt, stehen ständig auf Abruf. Denn es bedarf nur eines Wortes und sie sind abgesetzt. Genug Neue warten darauf, sich »lieb Kind« zu machen. Von all diesen Intrigenspielen habe ich noch nichts zu spüren bekommen, doch man müßte schon taub und blind sein, um nicht bereits am ersten Tag dergleichen zu ahnen.

Äußerlich sind die Verwahrraumältesten an einem weißen Streifen auf dem linken Ärmel, handbreit unter der Schulter, zu erkennen. Die Brigadeleiterinnen haben an der gleichen Stelle zwei Streifen, die Barackenälteste drei und die Lagerälteste, die ich aber noch nicht kenne, von deren bloßer Existenz in der anderen Baracke mir lediglich berichtet wurde, trägt vier Streifen. Soweit ist alles prächtig durchorganisiert, mir drängen sich gewisse Vergleiche mit früheren Zeiten auf. Das Personal läßt sich nur noch berichten und Meldung machen, viel mehr bleibt ja nicht. Der ganze Lagerbetrieb läuft durch die Organisation der Strafgefangenen selbst, läuft er einmal nicht wie gewünscht, werden entsprechende »personelle Veränderungen« vorgenommen. Sehr schnell. Man sieht genügend Strafgefangene mit verblichenen, streifenförmig dunklen Stellen am Ärmel. Abgesetzt. Damit ist ihre Chance, eher entlassen zu werden, ziemlich sicher hin. Denn die frühzeitige Entlassung ist hier für alle der Köder. Und wer beißt da nicht an.

Diese ganze Lagerordnung schießt mir durch den Kopf, kreuz und quer, während ich hier meinen ersten Knastschlummer im neuen Bett herbeisehne. Wenigstens das Bett ist in Ordnung. Neue Matratzen, eine Decke unter dem Laken, eine Decke als Kopfkissen, eine Decke zum Zudecken. Noch ist es Sommer, ich friere nicht. Die Decken sind neu und mollig warm. Draußen patrouilliert in regelmäßigen Abständen ein Meister mit Hund vorbei, der Hund macht an unserem Fenster Männchen und schaut herein, dann ist der Spuk schon vorüber. Die Schäferhunde, die im Laufgang rund um das Lager verteilt sind, heulen erbärmlich. Daran muß man sich sicher auch erst gewöhnen, um schnell einschlafen zu können.

Am nächsten Morgen werde ich mehr als zeitig geweckt, die Brigadeleiterin schaut herein und säuselt: »Guten Morgen, aufstehen, es ist schon drei Uhr dreißig!« Na gute Fuhre, was geht jetzt los? Verschlafen komme ich hoch, da wird mir schon von Anita bedeutet, daß ich noch liegen bleiben kann, es handelt sich nur um die Frühschicht. Noch gehöre ich zu keiner Schicht. Also sinke ich erleichtert in die Decken zurück, die Müdigkeit nach der fast durchwachten Nacht in der Mumpe macht sich jetzt doch recht stark bemerkbar. Wie durch eine Gardine beobachte ich die anderen. Alles ist eingespielt. Geredet wird wenig, jeder ist müde. Waschen, Frühstück holen, frühstücken und Arbeitsschnitten zurechtmachen – ob ich das Kunststück wohl auch mal lerne? – anziehen. In Jacken sitzen alle da und warten. Draußen ist es schon ziemlich hell. Die Betten sind gebaut, das Zimmer aufgeräumt, alle sitzen und warten.

Es mag eine Stunde vergangen sein, als Gerti erscheint und zum Raustreten auffordert. Ich bleibe allein zurück und hoffe auf noch ein wenig Schlaf. Ich höre an den flüsternden Geräuschen, daß die anderen noch im Korridor stehen. Sie warten darauf, herausgeschlossen zu werden. Dann wird vorne geschlossen, ich höre noch die Meldung und den Abmarsch, danach Stille. Herrlich. Nur noch ein wenig schlafen. Da, Tor auf, Auto kommt, Tor zu. Kurz darauf kommen sie, in langer Reihe. Türen klappen. Die Nachtschicht! Das Abfahren der Tagschicht nehme ich bei all der Bewegung kaum noch wahr. Unsere Nachtschichtler kommen herein. »Morgen.« Schnittenbeutel aufs Bett, Waschsachen gegriffen. Ab zum Waschen. Wieder versuche ich ein paar Minuten Schlaf. Hat keinen Zweck. Stille wird nicht mehr. Auch nebenan Gerenne, Gemurmel, Geschimpfe, »seid doch leise-Rufe« der Verwahrraumältesten, was das Ganze noch lauter macht. Unsere kommen zurück, hauen sich mit Sachen auf die Betten, in der Gewißheit, daß jetzt noch kein Personal vorbeikommt.

Wecken. Die nette Frau aus dem Arztbereich, ausgebildete Krankenschwester, von allen nur »GW-Mieze« gerufen, erscheint in der Tür und erklärt mir als einziger, die Nachtruhe wäre beendet. Nun ja, ich habe es auch schon bemerkt. Also stehe ich auf und marschiere allein zum Waschen. Jetzt früh geht alles etwas weniger militärisch geordnet vor sich. Die meisten sind zur Frühschicht, die Nachtschicht nicht ansprechbar, wer soll da schon groß kommandieren? Personal ist noch keins zu sehen. Eine Brigade ist im Haus und eine Menge Neue, auch schon länger anwesende Strafgefangene, die aber noch keiner Arbeit zugeteilt sind, wie ich so heraushöre. So geht es mit dem Waschen flink vor sich. Die GW-Mieze steht lässig auf dem Flur und überwacht das Ganze etwas.

Danach Betten bauen. Verrückt. So was ist mir noch nicht vorgekommen. Es genügt nicht, daß ich mein Bett äußerst sorgfältig und glatt hingekriegt habe. Oh nein. Mich irritiert dabei schon etwas, nämlich die neugierigen, betont unauffälligen Blicke der anderen. Als ich endlich fertig bin und zufrieden mein Werk betrachte, schwingt sich Babsy in ihrer Eigenschaft als Verwahrraumälteste vom Bett. Wortlos nimmt sie meine Decken und reißt sie herunter. Grinsen ringsum. Ich halte es für besser, nichts zu sagen. Jetzt beginnt Babsy mein Bett zu bauen. Die Ecken des Lakens müssen senkrechte Striche bilden, auf den Längsseiten darf kein noch so kleines Fältchen zu sehen sein. Danach die bezogene Decke, welche zum Zudecken benutzt wird. Leider ist der Bezug kariert. So müht sich Babsy ab, die Decke vorne solcherart einzuschlagen, daß das Karo eine gerade Linie bildet. Auf der Umschlagkante muß genau der Strich zu sehen sein. Auch Falten sind hier untersagt. Dann das Nachthemd zusammengelegt auf das Fußende, darauf die unbezogene Decke, die sonst als Kopfkissen benutzt wird. Auch sie muß auf eine merkwürdig verschachtelte Art zusammengelegt werden, damit sie genau die Breite des Bettes bekommt. All dies hat Babsy relativ schnell fertig, es ist zu merken, daß sie Übung darin hat. Seit drei Monaten ist sie hier. Ein Blick zu mir – morgen kannstes alleene, klar – schon schwingt sie sich wieder auf ihr Oberbett.

Die Nachtschicht döst auf den Betten, ich sitze auf dem Stuhl, dieweil Bettsitzen für mich verboten ist. Frühstück! Gerenne geht los, wer es bis zur Küche zuerst schafft, holt auch zuerst. Margarine, Marmelade und Schnitten. Dazu lauwarmer, dünner Kaffee. Wir speisen. Es wird wieder herausgeräumt, schon hat eine von irgendwoher einen Besen in der Hand, kehrt rasend durch das Zimmer, die anderen ordnen alle etwas, eine an den Kleiderröcken und Jacken, eine andere die Zahnputzbecher, ich komme so schnell gar nicht dahinter. Die ganze Aufräumerei ist im Nu beendet. Die Nachtschichtler ziehen sich aus und verschwinden in ihren Betten, jetzt anscheinend offiziell. Ich bin ratlos. Was soll ich tun? Den ganzen Tag hier sitzen bleiben und keinen Ton von mir geben? Das kann heiter werden. Aber es bleibt mir keine andere Wahl. Die Nachtschicht schläft, ich bin zum Stillsein verurteilt. In der ganzen Baracke ist es jetzt recht ruhig, man hört nur hin und wieder schlüsselklapperndes Personal irgendwo vorbeigehen, einzelne Türen klappen, ein paar Stimmen. Ich hole mir den Nähkasten und beginne, in meine sämtlichen Sachen die Effektennummer zu sticken. So bin ich erst einmal beschäftigt.

Wie wird das wohl weitergehen? Hoffentlich bekomme ich bald Arbeit. Das ist jetzt mein einziger Wunsch. Bei Arbeit läßt sich alles viel leichter ertragen, und die Zeit vergeht schneller. Vorerst sitze ich und sticke, schräg über mir liegt Babsy und schnarcht, die anderen schlafen etwas leiser.

Die Zeit dehnt sich endlos. Wieviel Stunden mögen wohl schon vergangen sein? Der weiße Zwirn ist alle. Ist ja scheißegal, sticke ich eben mit schwarz weiter. Hauptsache, eine Nummer. Den Brusthalter ändere ich, es ist ein Stillbüstenhalter, und ich kann ihn fast zweimal rumwickeln. Hierzu findet sich noch rosa Stopfgarn. Überhaupt äußerst spärlich, der Nähkasteninhalt. Die Zeit vergeht nicht. Ich kann schon nicht mehr sitzen, alles kribbelt. Also stehe ich auf und drehe leise ein paar Runden um die drei Tische. Wohl doch noch zu laut, zwei der vier Schläferinnen drehen sich kurz herum, schauen mich mit großen, vorwurfsvollen Augen an, um sich aber sogleich wieder auf die andere Seite zu werfen. Ja, ja, ich bin ja schon leise! Möchte mal sehen, wie es euch an meiner Stelle ginge.

Mitten in diesem ereignisreichen Vormittag öffnet GW-Mieze leise die Tür und bedeutet mir, herauszukommen. Auf dem Gang erfahre ich den Grund. »Alle Neuen vors Erzieherzimmer zum Eingangsgespräch!« Aber nicht mit Schlappen, sagt mir ein entsetzter Blick auf mein Schuhwerk. Also nochmals ins Zimmer geschlichen, Pinguinschuhe angezogen – ach du Schreck, die Dinger drücken ja abscheulich, kam mir beim ersten Mal gar nicht so zu Bewußtsein – und dann schnellstens vor zum Erzieherzimmer. Es befindet sich gleich vorn neben dem Eingang, Dort stehen Sie schon, die Neuzugänge. Ich bin eine der letzten, die angetrödelt kommt. Wir kennen uns alle vom Sehen und begrüßen uns, je nach Bekanntheitsgrad, mehr oder weniger laut. Wohl doch nicht leise genug, die Tür des Erzieherzimmers wird aufgerissen, eine kleine Person – an den Schulterklappen lese ich »Leutnant« ab – steht wütend im Türrahmen und herrscht uns zornbebend an, etwas ruhiger zu warten. Auf den ersten Blick ist sie mir unsympathisch. Mittelgroß, rote Haare zu einem Schwänzchen zusammengebunden, Sommersprossen, dunkle Brille. Nicht häßlich, aber ich merke sofort, ich kann sie nicht ausstehen. Allein ihr herrisches, anmaßendes Wesen in diesem einen Augenblick stößt mich ab. Schon ist sie wieder hinter ihrer Tür verschwunden. »Das war Leutnant Schrecker«, erfahre ich von einigen schon länger anwesenden.

Auch sie kommen erst heute zum Aufnahmegespräch dran. Eine Strafgefangene nach der anderen verschwindet im Erzieherzimmer und kommt nach geraumer Zeit wieder heraus. Vom Inhalt der Gespräche erfahren wir leider nichts, GW-Mieze wacht darüber, daß jede sofort ihren Verwahrraum aufsucht. Was auch getan wird, denn daß mit Frau Leutnant nicht zu spaßen ist, ist wohl jeder klar geworden. Es vergeht eine Menge Zeit. Mir ist es gleich, ob ich nun im Zimmer herumsitze oder hier warte. Endlich bin ich an der Reihe. Ich habe direkt Herzklopfen, als ich eintrete. Frau Leutnant empfängt mich mit durchdringendem Blick und nimmt ohne ein Wort meine Meldung entgegen. Kein Wort, keine Aufforderung, Platz zu nehmen. Also stehe ich mitten im Zimmer, komme mir vor wie im luftleeren Raum und warte. Frau Leutnant blättert in meiner Akte. Als ich einen Schritt näher zum Tisch herangehen will, wird mir mit verhaltener Handbewegung bedeutet, stehen zu bleiben. Dann nicht. Jetzt! Frau Leutnant blickt auf, ihr Bild über meine Person ist wohl fertig. »Sie sind wegen Republikflucht inhaftiert?« »Ja!« »Und Sie sind Lehrerin?« »Ja.« »Ja, schämen Sie sich gar nicht, mit ihrer Ausbildung unseren Staat so hintergangen zu haben?« Schweigen meinerseits. Soll mich nicht so blöd angucken, die dämliche Ziege. In diesem Augenblick hasse ich sie. Was weiß die denn schon von alledem. Wie alt wird sie ungefähr sein? Knapp über zwanzig, viel älter bestimmt nicht. Hat die überhaupt schon mal richtig gearbeitet? Hier rumbrüllen und kommandieren, das ist wohl auch alles, was sie kann. Ich schweige, Frau Leutnant schaut mich unentwegt an. Ihre Augen kann ich nicht erkennen, die Brille ist zu dunkel. Was mir meine Gesprächspartnerin nicht unbedingt sympathischer macht. Schließlich wird ihr das Schweigen zu bunt. »Ja, haben Sie denn gar nichts dazu zu sagen?« Blöde Frage, was soll ich denn dazu sagen. Der Tonfall wird schärfer: »Würden Sie denn diesen Fehler noch einmal machen, haben Sie sich wenigstens darüber Gedanken gemacht?« Ich ringe mir die Antwort ab. Ich will keinen Wutanfall heraufbeschwören. »Natürlich würde ich es nicht mehr tun. Es war eben eine Kurzschlußhandlung.« Na, zufrieden? Wenn die wüßte, was ich wirklich so denke. Ich glaube, sie ahnt es. Wieder ein vernichtender Blick. Das ungemein gute Verständnis ist gegenseitig.

Frau Leutnant blättert in den Akten, ich stehe und warte. »Wenn Sie Lehrerin sind, spielen Sie sicher ein Instrument?« »Ja.« »Auch Akkordeon?« »Ja, etwas.« »Gut, dann werden Sie in dieser Baracke einen Chor auf die Beine stellen. In der Baracke zwei ist eine Lehrausbilderin, die ebenfalls Akkordeon spielt. Dort existiert schon ein Chor. Sie werden das hier übernehmen.« Für Frau Leutnant ist damit alles klar. Um so entsetzter ist ihr Blick, als meine Antwort kommt. Klar und deutlich.

»Nein, Frau Leutnant!« Diese drei Worte stehen im Raum, wir schauen uns an, als wollten wir Kräfte messen. »Sagten Sie nein?« »Ja, ich sagte nein. Ich mache das nicht!« Jetzt ist Frau Leutnant fassungslos. »Und warum nicht?« Ihre Frage ist gefährlich nah am Brüllen. »Ich habe kein Interesse daran, in dieser Umgebung zu musizieren. Ich musiziere, wenn ich fröhlich bin. Das kann ich zur Zeit nicht von mir behaupten. Ich bin mit den Nerven fix und fertig und lege nicht den geringsten Wert darauf, hier Musik zu machen. Das ist wohl auch nicht der Sinn meiner Verurteilung gewesen!« Ich habe das absichtlich kurz und knapp formuliert, um nicht ein langes Gespräch aufkommen zu lassen. Nein, sie brüllt nicht. Sie ist jetzt wieder ganz ruhig. »Strafgefangene Siegert! Wenn Sie Wert darauf legen, hier nicht Ihre ganze Zeit abzusitzen, dann rate ich Ihnen zu tun, was von Ihnen verlangt wird! Sie können sich das Ganze noch überlegen, aber mit dieser Einstellung werden Sie wohl kaum zu einer vorzeitigen Entlassung kommen. Denn dazu werden Sie von *mir* vorgeschlagen!« Das war deutlich. Trotzdem bringt es mich nicht dazu, hier etwas zuzusagen, was vollkommen gegen meine Überzeugung gehen würde. Denn ich bin mir im Klaren, welche Lieder ich einüben müßte. Frau Leutnant begreift wohl, daß aus mir im Moment nichts mehr herauszuholen ist.

»Haben Sie sonst noch eine Frage?« Oh, mit so viel persönlicher Anteilnahme hatte ich gar nicht mehr gerechnet. Ich frage, wie das werden soll mit meinem Herumgesitze, ob ich in den nächsten Tagen mit zur Arbeit kann. Die Antwort ist niederschmetternd. Vorerst sind keine Arbeitsplätze frei, alle Brigaden sind voll belegt. Wir Neuzugänge sind nur vorläufig hier untergebracht. Es werden neue Brigaden gebildet, wenn neue Arbeitsmöglichkeiten bestehen. Wann das ist, kann sie noch nicht sagen. Außerdem müsse ich vorher zur ärztlichen Untersuchung. Na, da kann ich mir ein Bild machen. Keine Arbeit. Warten, warten und nochmals warten! Wann hört das eigentlich einmal auf? Ich wage eine letzte Frage. »Kann ich jetzt an meinen Mann schreiben?« Blättern in den Akten. »Sie schreiben an ihre Eltern? Sind Ihre Kinder dort?« Ich bejahe. »Wegen der Schreibgenehmigung für Ihren Mann muß ich mich erst erkundigen. Sie erfahren das dann über den Brigadeleiter.« Damit bin ich entlassen. Eine Handbewegung bedeutet mir, daß ich mich abmelden kann. Frau Leutnant ist schon wieder mit ihren Akten beschäftigt.

Im Korridor schauen mich die Wartenden neugierig an. »Warum hat die denn so gebrüllt?« Ich habe keine Lust zu antworten. Nur weg hier. In meinem Verwahrraum sitze ich am Tisch und würde am liebsten heulen. Aber was soll's. Ich bin maßlos enttäuscht und verbittert. So also geht es hier lang. Ja, was hatte ich mir eigentlich unter »Sozialistischem Strafvollzug« vorgestellt? Darüber hatte ich nie nachgedacht. Auch nicht, als mir Frau Obermeister am letzten Tag sagte: »Sie kommen in einen neuen Sozialistischen Strafvollzug! Das ist eine Auszeichnung für Sie. Da kommt nicht jeder hin!«

Ich pfeife auf die Auszeichnung und auch auf die Tatsache, daß hier nicht jeder hinkommt. Wer nicht herkommt, hat nichts verpaßt! Und außerdem hätten sich alle zusammen diese dämliche Auszeichnung sparen können. Ich wäre viel lieber zu Hause, bei den Kindern, bei Dieter. Immer wieder drängt sich mir der Gedanke auf, den ich weit weg schieben möchte. »Warum bin ich hier? Warum?« Damit werde ich einfach nicht fertig. Und daraus resultiert auch meine Ablehnung und mein Widerwille gegen all diese aufgezwungenen Erziehungsmaßnahmen. Man soll mich in Ruhe lassen.

»Neuer sozialistischer Strafvollzug«

Ich bin mit meiner Stickerei längst fertig und verdöse die Zeit, als auf dem Korridor endlich Löffelgeklapper zu hören ist. Im Nu sind die Schläfer wach, ziehen sich Rock und Bluse über das Nachtzeug und gehen Essen holen. Ich mit. Das Essen ist abscheulich. Graupen mit ein paar Fleischfasern darin, einige Kartoffelstücke, sonst nichts. Ich fische die Kartoffeln heraus, das andere kriege ich gar nicht erst hinter. Seltsam, auch wenn ich mich zum Essen zwingen will – es geht nicht. In mir sagt etwas unbestimmtes »Achtung« und ich merke, wie die ganze Verdauung anfängt, rückwärts zu arbeiten. Nein, dann lieber aufhören. Das Essen ist sehr schnell beendet, dann schlafen unsere vier wieder und ich sitze auf meinem alten Platz. Gegen vierzehnuhrdreißig kommt endlich Bewegung in die Szene, die Tagschicht kommt zurück. Jetzt wird es laut. Die Nachtschicht braucht gar nicht mehr an Schlafen zu denken, also steht sie auch auf. Die Tagschicht holt ihr Essen, meckert zwar kräftig von wegen alle Tage dieser Saufraß und so, aber gegessen wird eben doch. Dann ist Ruhe. Oder auch nicht. Je nach dem, ob man hinhört oder nicht. Jedenfalls offiziell ist Ruhe.

Anita und Irmela – Irmela hat ein Jahr acht Monate wegen Staatsbeleidigung, man kann gut mit ihr auskommen – also diese beiden bemühen sich, mir das Päckchenbauen beizubringen. Päckchenbauen, das heißt, alle Wäsche, die nicht angezogen wird, zu einem Paket zu schichten. Aus Zeitungspapier werden zur besseren Bewerkstelligung Schablonen gefaltet und mit Hilfe dieser hat sich nun jedes Wäschestück nach den Maßen fünfzehn mal fünfzehn in ein flaches, mit scharfen Kanten versehenes, ebenmäßiges Päckchen zu verwandeln. Alle Stücke aufeinandergestapelt ergeben dann ein ansehnliches Häufchen, bei dem alles Kante auf Kante und haargenau gerade zu sein hat. Dieses Häufchen kommt links in das offene Fach, über das jede Strafgefangene verfügt und muß immer akkurat aussehen, da ständig mit einem Stubendurchgang zu rechnen ist. Von Stubendurchgang habe ich zwar noch nicht die geringste Ahnung, aber als ich Anitas und Irmelas Bemühungen sehe, alle Schlüpfer und Hemden auf dieses Einheitsmaß zu trimmen, wird mir der Ernst der Lage durchaus klar. Allein, meine Versuche, einen Schlüpfer aus Großmutterzeit mit schönen langen Beinen in die gewünschte geometrische Figur zu verwandeln, scheitern kläglich. Wer hat sich das nur ausgedacht. Obwohl ich schließlich nichts tue als zusehen, wächst der Stapel und liegt bald vorschriftsmäßig in meinem Fach. Was zu tun ist, wenn ich ein Wäschestück wechseln will, daran wage ich gar nicht zu denken. Jedesmal diese Friemelei, nein, da muß ich mir etwas einfallen lassen.

Abends wird mir klar, daß den anderen zu diesem Problem längst etwas eingefallen ist! Nach der abendlichen Wäsche wäscht jede ihren benutzten Schlüpfer im Handwaschbecken durch, mit Seife, etwas anderes ist kaum da, danach werden sämtliche Schlüpfer im Zimmer über die Heizung gehängt, die noch schön warm ist. Hört man draußen Schlüsselklappern, rafft schnell der Nächststehende alle Schlüpfer zusammen und läßt sie unter irgendeiner Decke verschwinden. Es ist offiziell verboten, Wäsche auf der Heizung zu trocknen. Inoffiziell tun es alle, was auch beim Personal bekannt ist. Ist die Luft wieder rein, ist auch die Wäsche wieder da. Es bestehen außer den Wasch- und Duschräumen gar keine Trockenmöglichkeiten für die Wäsche. Ausgenommen ein kleines Fleckchen am Heizungskessel, das aber meistens von den Brigadeleitern schon besetzt ist. Dann weiß ich auch bereits, daß man auf seine Wäsche, speziell Schlüpfer, BHs und Blusen, sehr aufpassen muß! Denn wer neue oder auch nur andere haben möchte, holt sie sich einfach von der Leine! Es ist also auf jeden Fall besser, alle Sachen, die sich gut verstecken lassen, irgendwie heimlich im Zimmer zu trocknen. Was hier mit aller List praktiziert wird. Zum Nachteinschluß ist die Heizung wieder leer, der prüfende Blick der Meisterin kann nichts entdecken. Wir sehen es ihr an, sie riecht den Braten genau. Aber zum Suchen hat sie wohl auch keine Lust mehr.

Außer GW-Behandlung am Nachmittag hat dieser Tag auch gar nichts Neues mehr auf Lager. GW-Behandlung, das heißt, vor dem Arztzimmer in einer endlos langen Schlange zu stehen und zu warten, bis man an der Reihe ist und seine drei oder mehr Tabletten für diesen Tag in Empfang nehmen kann. Es ist nur Medikamentenausgabe und Verbandwechsel, durchgeführt von einem Meister des Gesundheitswesens (abgekürzt GW) mit Unterstützung der GW-Mieze. Wohl dem, der nichts zu kriegen hat, er erspart sich stundenlange Steherei. Ich bekomme auch noch nichts, muß erst zum Arzt. Und wann der wieder kommt, weiß keiner. Von diesem Arztbesuch hängt ebenfalls die Einschreibung zur Diätkost ab. Nun, irgendwann wird es schon werden.

Nach zwei Tagen endloser Herumsitzerei und Gammelei, die sich vom ersten durch nichts unterscheiden, ist Wochenende. Endlich! Mit dem Einrücken der Mittagsschicht ist erst einmal Schluß, die Nachtschicht atmet auf, beginnt doch nun wieder normaler Tagesablauf für sie. Am Sonnabend mittag ist also Ruhe. Niemand weiß recht, was er tun soll, alle sitzen mehr oder weniger ratlos auf ihren Stühlen herum. Kurz vor der Abendessenausgabe erscheint Gerti, die Brigadeleiterin. Sie »darf« fünf aus jedem Verwahrraum zum Fernsehen am Abend vorschlagen. Als Auszeichnung! Sie wird diese fünf namentlich schriftlich bei Frau Leutnant einreichen, dort müssen sie genehmigt werden. Also kommen nur die Besten in Frage. Die Besten – das sind die mit den höchsten Arbeitsergebnissen, mit der besten Disziplin. Nun, die Auswahl geht ohne Schwierigkeiten vor sich, es reißt sich auch keine danach, aufgeschrieben zu werden, da allgemein bekannt ist, daß der Fernsehapparat um einundzwanzig Uhr ausgeschaltet wird. Was immer bedeutet, der Spielfilm oder die Unterhaltungssendung läuft noch mindestens zwanzig Minuten. Ja, so sind die Vorschriften.

Am Abend rücken diese Fünf mit Stühlen aus zum Fernsehraum, dem einzigen Gesellschaftsraum in der ganzen Baracke. Wir Übriggebliebenen gammeln weiter. Kurz nach dem Nachteinschluß sind die Fernsehleute wieder da. Der Film war ganz gut, nur der Schluß fehlt eben. Wir liegen schon in den Betten, wen interessiert das überhaupt. Es ist draußen heiß und schwül, keine hat sich zugedeckt. Trotzdem ist es nicht einfach, einzuschlafen. Die Fenster stehen weit offen, die Hunde heulen, der Meister macht seine Runde. Hier und da verhaltenes Lachen, wir drehen uns in den Betten, stöhnend vor Hitze, von einer Seite zur anderen. Manche unterhalten sich flüsternd. Es ist alles zum Kotzen langweilig. Zu diesem Schluß komme ich nach den ersten drei Tagen.

Sonntag. Wecken eine halbe Stunde später als sonst. Sieben Uhr. Anziehen, Betten bauen, Frühstück. Danach die Durchsage von Zimmer zu Zimmer: »Stubendurchgang!« Es beginnt hektische Betriebsamkeit. Rennen nach den Wischeimern, fünf sind nur da. In hartem Endspurt erwischen wir einen. Wer später kommt, hat das Nachsehen. Soll er doch sehen, wie er rechtzeitig mit seiner Bude fertig wird. Stühle werden auf die Betten geräumt, Tische zusammengeschoben. Zwei putzen in einer Ecke Schuhe, zwei wischen, eine oben, eine unten. Der Schrankdienst sortiert Röcke und Jacken nach der Länge im Schrank ein, knöpft zu und entfernt Überflüssiges aus den Taschen. Danach kontrolliert er die Zahnputzbecher, Seifendosen, Kämme. Der Besen wird gekämmt, jede Sprosse zwischen den Betten abgewischt. Ich überblicke mit den wenigen, die heute nicht beteiligt sind, von den oberen Betten dieses mehr oder weniger geordnete Chaos. Nächste Woche bin ich bestimmt mit angestellt, es gibt einen Ämterplan. Er hängt am Schrank und wird jede Woche erneuert. Stubendienst, Waschraumdienst, Schuhdienst, Schrankdienst, Tischdienst. Hier wirken alle zusammen, und nach einiger Zeit ist aus dem scheinbaren Durcheinander wieder ein geordnetes Zimmer geworden. Gerade zur rechten Zeit, denn Babsy, die von der Tür aus heimlich den Flur beobachtet hat, verkündet gerade: »Sie kommen!« Wir hüpfen alle von den Betten, streichen glatt, wo es schon gar nichts mehr glatt zu streichen gibt – in meinen Augen wenigstens – Babsy kontrolliert. Sie hat auch bisher nur dabei gesessen und zugesehen, höchstens mal hier und dort einen Handgriff gemacht. Als Verwahrraumälteste braucht sie sich an allen Diensten innerhalb des Zimmers nicht zu beteiligen. Jetzt streicht sie mit dem Finger prüfend über die Rippen der Heizkörper, stellt sich auf die untere Rohrleitung und sucht nach Staub auf dem oberen Heizungsrohr, dann fahndet sie nach Staub zwischen den Bettstäben. Als sie nichts findet, läßt sie sich seufzend auf ihren Stuhl fallen. Betsy steckt den Kopf zur Tür herein und informiert uns leise: »Sie sind schon in Verwahrraum fünf!« Haben wir ja noch eine Weile Zeit.

In allen Verwahrräumen ist eiserne Ruhe, ich frage mich, warum wegen dieses Stubendurchganges solch eine Spannung über der ganzen Baracke liegt. Ist doch alles ordentlich, was soll schon passieren!

Dann kommen sie. Sie, das sind: Zwei weibliche Leutnants – Schreckern dabei, ein durchbohrender Blick trifft mich – eine Frau Wachtmeister, die Brigadeleiterin und die Barackenälteste. Letztere mit aufgeschlagenem Buch und gezücktem Kuli in der Hand. Eine richtige Abordnung. Ich bin platt. Nach Babsys Meldung verlassen wir alle im Gänsemarsch das Zimmer und stellen uns draußen im Korridor in Reih und Glied an der Wand auf. Lang eingespielte Ordnung, wie ich mitbekomme. Nur Babsy bleibt im Zimmer. Wir stehen und warten, von drinnen ist so gut wie nichts zu hören. Nach einiger Zeit kommt die ganze Abordnung wieder heraus, die Barackenälteste mustert uns mit einem hilflosen, nur für uns sichtbaren Achselzucken, Gerti murmelt zwischen den Zähnen »achtkommafünf«, schon verschwinden alle im nächsten Verwahrraum. Wir stürmen ins Zimmer, Gerti jetzt mit, denn der nächste Verwahrraum gehört nicht zu ihrer Brigade. Alles fragt und schimpft durcheinander. Wieso denn achtkommafünf, war doch alles sauber, Scheißwachteln, sollen daheim ihre eigene Bude kehren, wer weiß, wie die aussieht. Von nebenan wird an die Wand geklopft und laut nach Ruhe gebrüllt. Tonlage Schrecker. Gerti bemüht sich verzweifelt, uns zur Ruhe zu bringen. Endlich glätten sich die ersten stürmischen Wogen. Babsy zeigt uns die Ursache der schlechten Beurteilung. Vier Betten sind aufgeschlagen – Muster lief schief. Komisch, wir hatten nichts bemerkt. Drei Paar Schuhe liegen außerhalb des Regals – kaum sichtbare Spuren von Erde an den Sohlen. Drei Zahnputzbecher stehen auf dem Tisch, wo sie auch nicht hingehören, was selbst mir als Neuling deutlich sagt, daß hier etwas dran sein muß. Stimmt, bei näherem Hinsehen finden sich im Inneren Spuren von Zahnpasta. Zwei Jakken liegen draußen – trotz Kontrolle war an jeder Jacke ein

Knopf nicht geschlossen. Ein Kamm auf dem Tisch – wie können aber auch Haare im Kamm bleiben! Der Besen steht vor dem Schrank – in ihm sind bei näherem Untersuchen ebenfalls ein paar Haare zu finden. Obwohl er gekämmt wurde und ich solch sauberen Besen sonst wirklich kaum gesehen habe. Den Abschluß bildet ein Taschentuch, es wurde unter Natis Kopfkissen hervorgeholt, und unter dem Kopfkissen hat nun mal laut Lagerordnung nichts zu sein. So. All dies bekommen wir von Babsy und Gerti gemeinsam aufgezählt. Zusammengenommen ergeben alle diese Dinge einskommafünf Punkte Abzug, nämlich für jedes »unordentliche« Ding einen zehntel Punkt. Zehn Punkte sind bei jedem Stubendurchgang zu erreichen, alles, was nicht vorschriftsmäßig befunden wird, bringt einen zehntel Punkt Abzug. Und zehn minus einskommafünf sind halt achtkommafünf. Nur! Ich bin geschafft, wir alle sind geschafft, was soll da das ganze Gewühle vorher, wenn die Punktabzüge doch an den Haaren herbeigezogen werden. Es dauert eine ganze Weile, bis sich die Gemüter beruhigen. Babsy nimmt das Ganze am gelassensten auf, sie ist überhaupt so leicht nicht aus der Ruhe zu bringen. Mit ihrem fetten Hintern sieht sie nur immer zu, wo sie irgendwie einen Stuhl bekommt und möglichst wenig auffällt. Sie gibt viel auf Ruhe.

Draußen schallt Betsys Stimme: »Stubendurchgang beendet!«, wir hören, wie das Personal die Baracke verläßt, um das gleiche in der anderen Baracke vorzunehmen. Sofort kommt wieder Leben in die Baracke. Wer wenig Punkte hatte, schimpft, wer gut abgeschnitten hat, sagt nichts, für Abwechslung ist gesorgt. Babsy hat sich doch von ihrem Stuhl erhoben und erkundigt sich auf dem Gang nach den anderen Beurteilungen. Na ja, die Schlechtesten sind wir noch nicht, der letzte Verwahrraum hat nur achtkommazwei. Beruhigt kann sich Babsy wieder setzen. Zweimal soll es neunkommaneun gegeben haben – ist ja sowieso alles Schiebung, wird in einem Zimmer gebrüllt – dann regt sich bereits alles merklich wieder ab. Ich kann mich gar nicht genug wundern. Auf meine Fragen, was denn das Ganze soll, bekomme ich lediglich von Anita grinsende Antwort. Ihr Gegrinse regt mich schon langsam auf, kann die denn nie mal ernst sein? Sie zählt schon die Tage bis zu ihrer Entlassung. Dreiundvierzig. Ihr ist bereits alles scheißegal, richtige Abgangsstimmung. Kann einen, der noch ein Jahr vor sich hat, direkt krank machen. Also sie grinst und erklärt mir wie einem Erstkläßler, daß das Ganze nichts weiter auf sich hat als einen kleinen, innerbetrieblichen – sprich innerbaracklichen – Wettbewerb um das beste Zimmer. Der beste Verwahrraum hat dann hin und wieder mal die Aussicht auf ein Sonderfernsehprogramm, bis zum Ende sogar. Auch wird durch diesen Wettbewerb ständig eine gewisse Rivalität wachgehalten, es kommt nicht zu viel Miteinander zwischen den einzelnen Verwahrräumen auf, denn wer verrät schon seine besten Kniffe, wenn sie Punkte bringen. Außerdem haben die Verwahrraumältesten der besten Räume wiederum die Aussicht, als Belohnung etwas eher entlassen zu werden. Und wer möchte das nicht. Besonders hier. Die schlechtesten Verwahrräume dagegen werden öfter als üblich zu irgendwelchen Sonderarbeiten innerhalb des Lagergeländes herangezogen. Und das will schon gar keiner. Denn die Arbeiten sind dementsprechend. Ich weiß noch nichts davon. Ich soll nur abwarten, das trifft mich auch noch. Dann werde ich ja sehen. So weit Anita.

Der Rest des Vormittags vergeht wieder im Nichtstun. Alles atmet auf, als draußen zu hören ist, daß das Essen gebracht wird. Heute ist viel los auf dem Korridor, zum Sonntag sind alle Brigaden im Haus. Eine junge Wachtel patrouilliert im Gang auf und ab und sorgt für Ruhe, somit hat Betsy weniger zu tun. Auch sie muß ja zwischendurch mal essen. Ich wundere mich überhaupt, wie sie das schafft. Täglich nach der Schicht Ordnungsdienst, an arbeitsfreien Tagen immer. Jeden Tag bis zum Nachteinschluß. Man traut dem kleinen, zierlichen Persönchen diese Energie nicht zu. Das ständige Stehen würde manch einen Kräftigeren fertig machen.

Es gibt Wellfleisch, Sauerkraut, Kartoffeln. Tolles Sonntagsessen. Vom Fleisch ist fast nur Fett zu sehen, die wenigsten essen davon. Die Kartoffeln schwarzfleckig und matschig. Igittigitt! Wir quälen uns alle ein paar Bissen rein, damit der Hunger nicht zu stark wird. Der Nachmittag ist lang. Nach dem Essen stehen die Schweinekübel gefüllt in einer Reihe. Beredtes Zeugnis von der Schmackhaftigkeit des Essens. Hoffentlich komme ich bald zum Arzt und erhalte Diätessen. Aber wer weiß, wie das ist. Ich habe bereits einiges darüber gehört. Abwarten.

Nach dem Mittagessen geschieht erst mal nichts. Es ist draußen drückend heiß geworden, auf die Barackendächer brennt die Sonne. Das Innenklima ist entsprechend. Wir schwitzen in unseren Blusen, es ist kaum zum Aushalten. Dazu noch die dicken Kleiderröcke, die viele tragen, weil sie noch keinen halben Rock haben. Ärmel hochkrempeln ist verboten, Kragen aufknöpfen ebenfalls. Trotzdem tun wir wenigstens das letztere, kommt Personal vorbei, kann man es nötigenfalls schnell wieder ordnen.

Dann sind wir plötzlich nur noch acht Frauen im Raum. Ich kann es nicht recht verstehen, herausgegangen ist doch niemand, jedes Gerenne auf dem Gang ist von Betsy lautstark untersagt worden. Ich schaue mich um und zähle – acht! An Zauberei glaube ich zwar nicht, aber dies hier grenzt nahe daran. Alle anderen hängen mehr auf den Stühlen als daß sie sitzen und dösen vor sich hin, müde zum Umfallen. Auf die einfachste Art, die es überhaupt geben kann, bekomme ich des Rätsels Lösung demonstriert. Anita erhebt sich und – ja, das gibt es doch gar nicht – sie legt sich unter ein Bett! Jetzt sehe ich, wo die anderen, von mir Vermißten sind. Ebenfalls unter irgendwelchen Betten! Da liegen sie und schlafen friedlich. Auf dem Bett ist es verboten, dann eben darunter. Nach und nach, als sich auf dem Gang nichts tut, verkrümeln sich alle. Irmchen auf dem Fußboden zwischen zwei Betten, Babsy in gleicher Stellung gegenüber, jede findet ein Fleckchen. Lähmende Ruhe liegt über der ganzen Baracke. Dazu brütende Hitze. Ich versuche ebenfalls ein Schläfchen auf dem Fußboden. Nach allerkürzester Zeit habe ich sämtliche Stellungen durchprobiert und kann überhaupt nicht mehr liegen. Sämtliche Knochen schmerzen. Es gehört wohl auch Übung dazu, in diesen Stellagen schlafen zu können. Die anderen können es. Ich sitze schon bald wieder auf meinem Stuhl. Wieviel Zeit vergeht – wer weiß es. Bewegung kommt erst wieder in den Bau, als vorn Schlüsselgeklapper zu hören ist und sofort danach Betsys Stimme: »Ferrrtigmachen zur Orrrdnungsübung!«

Sofort sind alle auf den Beinen. Babsy schnellt zur Tür, ruft fragend nach vorn: »Mit Strümpfen und Jacke?« In der darauffolgenden Stille zieht Betsy Erkundigungen ein, dann schallt es zurück: »Jawohl, mit Strümpfen und Jacke!« Durch das Zimmer geht ein Aufstöhnen, dann beginnt die Anzieherei. Strumpfhaltergürtel – du lieber Schreck, ich habe meinen vorher nicht anprobiert, jetzt habe ich die Bescherung. Er rutscht glattweg an mir herunter. Alle grinsen. Ohne Strümpfe darf aber niemand erscheinen! Anita erbarmt sich schnell. Sie zieht ihren Strumpfhaltergürtel grundsätzlich nicht an, heute tut sie es. Mir zuliebe. Ich bekomme ihre Gummis und wickle sie mir oben um die Strümpfe. Hoffentlich hält das. Wir sind kaum alle angezogen, als auf dem Gang schon wieder das nächste Kommando ertönt. »Raustreten!« Sämtliche in der Baracke befindlichen Strafgefangenen stellen sich der Größe nach ausgerichtet vor ihrem Verwahrraum auf. Vorweg die Verwahrraumältesten. Ein tolles Bild. Kurze, Lange, Dicke, Dünne, ordentlich Frisierte, verwahrlost Rumlaufende, Hübsche, Häßliche, alle Arten von Frauen sind hier wohl vertreten. Und alle haben eines gemeinsam: Die »Uniform«. Pinguinschuhe, dicke braune Strümpfe, schwarze dicke Röcke, ebensolche schwarze Jacken. Zugeknöpft. Ein Zug von schwarz verpuppten Raupen. Manche sehen in ihrer Verkleidung zum Kotzen aus, jämmerlichere Gestalten kann man sich nicht vorstellen. Als ob hier eine böse Fee ihre Hand im Spiele hatte, die schnurrte: »Kommt her, meine Täubchen, ich will euch häßlich machen! Die schlechtesten Sachen sind gerade noch gut genug für euch!« Ich grinse selbst über meine Gedankengänge. Und ich gehöre zu diesen Gestalten, nach denen man sich auf der Straße umdrehen und denen man hinterherjohlen würde. Ich muß unbedingt sehen, daß ich irgendwie zu einem anderen Rock komme. Und wenn ich ihn mir klauen muß, selbst dazu bin ich jetzt fest entschlossen. Es gibt auch hübsche unter den Strafgefangenen. Ganz junge Mädchen, die allein durch ihre Gesichter, durch ihre natürliche Schönheit angenehm auffallen. Ich staune über ihre kurzen Röcke. Gut sieht das aus. Wenigstens etwas Normales unter diesen vielen Verkleideten. Auch die Verwahrraumältesten und die Brigadeleiter fallen durch passendere Kleidung aus dem Rahmen des Schauerlichen. Die Verwahrraumältesten haben dieses Wunder durch einfache Bestechung fertiggebracht. Für sie ist es nicht schwer, in Ausübung ihres Amtes die Kleidung zu tauschen, bis sie passende haben. Sie zeigen sich dann bei anderer Gelegenheit erkenntlich, drücken auch mal beide Augen zu. Durch diese Fähigkeiten sehen sie besser angezogen aus. Gar nicht zu reden von den Brigadeleitern, die wohl in der Kleiderkammer zu Hause sein müssen. Sie haben so gut sitzende Uniformen, daß sie im Aussehen mit einer Wachtel konkurrieren könnten. Und an den Beinen hauchdünne Strümpfe. Schau, schau . . ., doch nicht alle gleich.

Der Zug der Schwarzvermummten setzt sich in Bewegung. An der Tür vorn steht rechts eine Wachtel, Leutnant, links die Barackenälteste. Alle Vorbeikommenden werden von oben bis unten gemustert, die jungen Mädchen mit den kurzen, normalen Röcken müssen die Jacken hochheben. Aus der Traum vom hübscher Aussehen. Alle Röcke fallen. Sie waren oben umgekrempelt. Wütende Blicke, zorniges Gezische sind die Reaktionen. Bereits hinter der Tür krempeln die ersten wieder. Draußen wird Aufstellung zu einem riesengroßen Block genommen, brigadeweise. Dann geht es vorwärts. In der Mitte, auf dem Rasen stehen die besser Angesehenen, Brigadeleiter, Barackenälteste, Lagerälteste. Eine Brigadeleiterin beginnt. »Aaachtuuung!! Reeechts um! Iiim Gleichschritt maaarsch! Zwei, drei, vier! Links, links, links zwo drei vier. Links, links, links zwo drei vier!« Der Riesenzug setzt sich in Bewegung. Nach einigen Stolperschritten bin ich drin im Takt. Links, links, links zwo drei vier, ununterbrochen wird vom Rasen aus kommandiert. Ist ein Brigadeleiter erschöpft, löst ihn der nächste ab. Vom Rande beobachten zwei Wachteln und ein Wachtmeister. Alles läuft in eigener Regie ab. In der Mitte die Besseren, wir gewöhnlichen Strafgefangenen auf unbefestigten, vom letzten Regen noch ausgefurchten und dann wieder verkrusteten Sandwegen. Unendliche Runden. Links, links, links zwo drei vier. Dann das Kommando: Aaachtung, halt! Bei »Achtung« trampeln alle auf der Stelle, versuchen die Abstände auszugleichen, bei »Halt« noch ein paar vereinzelte Stampfer, die mit mißbilligenden Blikken fast erdolcht werden, dann steht das Ganze. Leutnant Schrecker erscheint, mustert zuerst uns schweigend, dann sind die Brigadeleiter dran. Warum das Ganze so ein Sauhaufen wäre, sie sollten sich die unmöglichen Abstände ansehen, überhaupt, unmöglich. Wenn es nicht besser klappt, wird den ganzen Nachmittag marschiert! Die Brigadeleiter nicken, »Ja, Frau Leutnant, selbstverständlich, Frau Leutnant«, dann sind wir wieder dran. Jeder informiert seine Brigade, scheißt die zusammen, die beim Laufen zu viel gequatscht haben oder die, denen überhaupt egal ist, wie sie laufen. Dann geht es weiter. Links, links . . .

Über uns der strahlend blaue Sommerhimmel, sengende Sonne. Es ist heiß wie in den Tropen. Unsere schwarze Vermummung tut ihre Wirkung. Den ersten rennt bereits der Schweiß in Strömen vom Gesicht. Dies sind meist die Älteren. Die Jüngeren spielen Gelassenheit. Mich drücken meine neuen Pinguinschuhe. Mit jeder Runde beginne ich mehr zu hinken. Nicht nur ich hinke, alle Neuen hinken. Diese verdammten Zehnmarkschuhe. Manche, die sehr auffällig hinken, werden vom Brigadeleiter aus dem marschierenden Haufen herausgewinkt. In die Mitte. Dort müssen sie ihre Hacken zeigen. Sind diese erst gerötet, so marschieren die Betreffenden bei der nächsten Runde wieder mit. Zeigen sich bereits Blasen, wird der Brigadeleiter bei irgendeiner Wachtel vorstellig. Ein kurzer Blick auf die Hacken, die meisten Blasen wandern zurück zum Verband. Wer allerdings schon blutige Hacken vorzuweisen hat, braucht nicht mehr mitmarschieren. Die Glücklichen, oder Unglücklichen, es kommt auf den Standort des Betrachters an, um dies zu beurteilen, diese also dürfen sich einreihen in ein kleines Häufchen Strafgefangener, das bereits von Anfang der Prozedur an langsam über ein Rasenstück am Ende des langgestreckten Innenhofes trabt. Ohne Kommando. Einfach so. Es sind die »Kranken«, die aus irgendwelchen Gründen durch den Arzt oder durch den Sanitätsmeister vom Marschieren befreit wurden. Auch sie tragen volle Uniform, aber sie dürfen sich frei auf dem Rasen bewegen. Dorthin wandern jetzt die mit den blutigen Hacken. In zwanglosen Grüppchen schlendern sie nebeneinander her und plaudern. Gute Gelegenheit, sich kennenzulernen und Neuigkeiten zu erfahren. Die Glücklichen!

Wir indessen marschieren unverdrossen weiter. Das Kommando in der Mitte wird laufend gewechselt, damit niemand heiser wird. Wir üben halten, wir üben auf der Stelle trampeln, wir üben Umkehren. Wir üben marschieren. Links, links, links zwo drei vier. Ein Ende ist nicht abzusehen. Am Rande Frau Leutnant, Frau Meister. Herr Wachtmeister scherzt mit den Hunden im Laufgang. Wir marschieren. Frau Leutnant scheint jetzt zufriedener geworden zu sein. Bei einer erneuten Pause ruft sie über den Hof: »Singen!« Auch das noch! Eine Strafgefangene in der ersten Reihe einer anderen Brigade hebt die Hand und ruft: »Ein Lied!« Das also ist Lena, Chorleiterin der anderen Baracke, Lehrausbilderin im freien Leben. Schon kommandiert sie: »Drei, vier!« Dann beginnt der Gesang. Lena beginnt, der erste Ton schwebt noch in der Luft, schon fallen die anderen ein. »Es blies ein Jäger wohl in sein Hohohorn, wohl in sein Horn. Und was er blies, das war verlohohorn, das war verlorn. Vidirallala . . .« Nicht besonders schön, aber laut. Es scheint vorerst das einzige Lied zu sein, das eingeübt wurde. Als alle Strophen durchgesungen sind, schaut Lena fragend auf Frau Leutnant, diese verzieht keine Miene, aus der Mitte tönt verlegenerweise schon wieder: Links, links . . ., Lena hebt erneut die Hand, das »Links« verstummt, dafür ruft Lena wieder: »Ein Lied!« und das gleiche beginnt von vorn. »Es blies ein Jäger . . .!«

Wir marschieren. Eine Runde nach der anderen. Eine Brigadeleiterin gibt uns heimlich zu verstehen, daß das Gelatsche noch eine Weile dauern kann. Frau Leutnant hat eine Stunde angesetzt, die übliche Zeit für Ordnungsübungen. ». . . ich habe großen Hunde, die holen dihihich«, singt der Chor. Dummes Zeug, die sollen lieber dieses Monstrum einer Frau Leutnant holen, die da lässig am Zaun lehnt, nur mit der dünnen Bluse bekleidet. Eine ältere Frau kippt um. Ganz plötzlich, ohne Vorwarnung sehen wir sie in der anderen Brigade zusammensacken. Alles gerät ins Stocken, Frau Meister schaut gerade herüber, berät sich kurz mit Frau Leutnant, ein Wink mit der Hand, mehr geahnt als sichtbar, – dann tragen zwei diese Frau in die Baracke. GW-Mieze erhält die Erlaubnis, mitzugehen. Tun kann sie auch nichts, sie kann alleine nicht ins Revier und hat somit keinerlei Möglichkeit, an Medikamente heranzukommen.

Wir marschieren weiter. Vom Himmel sengt die Sonne, unsere Uniformen kleben am ganzen Körper, die Schuhe drücken, daß es kaum auszuhalten ist. Der Kreis derer, die blutige Hakken haben und nicht mehr mitmarschieren brauchen, hat sich entscheidend vergrößert. Der Schweiß rinnt in Strömen, es ist zum Umfallen. Sie fallen auch um, zwei, drei, beim Marschieren wird es kaum bemerkt, es ist nur zu sehen, wie hin und wieder eine Frau weggetragen wird. Jetzt sind es bereits vier Frauen, für die diese Quälerei wenigstens beendet ist. Die Lagerälteste geht zu Frau Leutnant an den Zaun, spricht mit ihr, wir sehen, wie Frau Leutnant den Kopf schüttelt. Also weiter, noch immer kein Ende. Jetzt singen wir: »Hoch auf dem gelben Wagen.«

Mir wird schlecht. Ganz hundeelend. An Singen ist nicht mehr zu denken, da wird die Luft knapp und mir noch schlechter. Marschieren geht noch. Ein Glück. Nur nicht auffallen, die Leutnant hat mich sowieso schon auf dem Kieker, ich merke es an ihren Blicken, wenn wir vorbeimarschieren. Wieder eine Runde. Nimmt denn das kein Ende? Wieder passieren wir Frau Leutnant. Ich werde herausgewinkt. Warum ich nicht singe, ob das auch gegen meine Überzeugung geht. Na bitte, ich hab doch gewußt, daß sie mich beobachtet. Ich schüttle den Kopf, murmle: Mir ist schlecht, die Hitze. Ein kurzer, prüfender Blick hinter dunklen Brillengläsern. Mir ist zum Umfallen, ich könnte gar nicht beschreiben, wie schlecht mir ist. Man muß es mir ansehen. Ich darf mich wieder einreihen. Auch ohne Singen. Dann ist es soweit. Die erste Gruppe der Frauen rückt ein. Der ganze Zug gerät ins Stocken, weil im Gang nur hintereinander gegangen werden darf. Es dauert ewig, bis die erste Brigade eingerückt ist. An der anderen Baracke das gleiche Bild, manchen Frauen sieht man an, daß sie sich kaum noch aufrecht halten können. Wie ich in das Zimmer zurückgekommen bin, weiß ich hinterher nicht mehr zu sagen. Ich merke lediglich, daß es mir noch schlechter wird, ein Gefühl der Trockenheit im Hals, im Kopf Leere – dann nichts mehr.

In meinem oberen Bett werde ich wieder munter, auf der Stirn einen kalten Waschlappen – das Allheilmittel im Knast –, der Rest der Zimmerbesatzung um mich herum. »Meensch, Tina, du warst ganz schön lange weg!« Ist mir ja so scheißegal, Hauptsache, ich kann liegen. GW-Mieze schaut herein. Ich erfahre, daß ich ganz grün aussehe, nein, doch mehr gelb. Interessiert mich wenig, von Bedeutung ist nur, ich darf liegenbleiben. Wird schon wieder werden.

Das Weitere des Nachmittages läuft von selbst. Sitzen und warten. Ich beobachte von meinem erhöhten Liegepunkt aus: Was für eine zusammengewürfelte Gesellschaft! Wahrhaftig, die Mischung ist so gut, so ausgeklügelt, daß jede größere Gruppenbildung dadurch von vornherein unmöglich gemacht wird. Da ist Anita, immer Kobold, ihre Ängste und Nöte niemandem anvertrauend. Sie ist ständig mit Edelgard zusammen, einer Säuglingsschwester. Diebstahl. Aber man kann sich mit ihr gut unterhalten. Dann Babsy. Fett, faul, bequem, Intelligenz mittelmäßig. Republikflucht. Erzählt jedes Mal eine andere Geschichte. Irmela. Im Bett neben mir. Ist hier wegen Staatsbeleidigung, hat Polizeibeamte beschimpft und nicht in die Wohnung gelassen. Ihr Mann ebenfalls im Knast, wegen Schlägerei. Drei Kinder im Heim. Ganz schöne Schlägerfamilie, dachte ich beim ersten Mal, als sie davon erzählte. Ich mag sie. Trotzdem. Sie ist einfach prima. Nicht falsch, sondern geradeheraus. Deshalb mögen sie die anderen nicht. Wenigstens nicht sehr. Muttchen. Älterer Typ, fast Rentnerin. Diebstahl. Jammert den ganzen Tag, wird nach ihrer Darstellung bestimmt eher entlassen. Wir müssen jeden Abend ihre Narbe von der Totaloperation bewundern. Sonst merkt man sie nicht viel. Emma – überhaupt nicht zu spüren. Sieht aus wie sechzig, vom Wesen her jedoch geschlechts- und alterslos. Wird stets giftig, wenn sich jemand auf ihren Platz setzt. Bitte sehr, da das mittlerweile alle wissen, tut dies niemand mehr und man merkt Emma nicht. Nati – na ja. Kommentar überflüssig. Schreibt jeden Tag in der Freizeit einen Brief an ihren Mann, läßt ihn dann von Edelgard korrigieren – und wirft ihn wieder weg. Weil er ja doch nichts ist, und weil der Alte sowieso fremd geht. Edelgard zeigt mir heimlich einen Brief. So gut wie nichts ist lesbar. Nati ist stets zusammen mit Eva. Eva ist der schwerste Fall, ich verstehe ihre Aussprache so gut wie gar nicht. Die Anderen sind bereits etwas daran gewöhnt, Nati versteht sie blendend. Sie spricht irgendein Kauderwelsch, welches sich aus Zischlauten zusammensetzt, und wenn sie wirklich einmal mit mir spricht, nicke ich stets, um sie nicht zu reizen. Denn sie wird sehr schnell ausfallend, ihr Paradewort »verdammte Saue« verstehe auch ich recht gut. Weiter Irmchen, Mittelalter, nicht hübsch, nicht häßlich. Im Bett neben Babsy, abends, tauschen sie flüsternd ihre Bettgeschichten aus. Und Almuth. Immer höflich, immer korrekt, mit keinem warm werdend. Manchmal habe ich sie im Verdacht, ein Spitzel zu sein. In anderen Stunden schäme ich mich wieder dieses Verdachtes. Wer weiß hier schon Genaues.

Elf Frauen unterschiedlichsten Alters, unterschiedlichster Mentalität und unterschiedlichster Intelligenz. Das zwölfte Bett ist noch unbelegt.

Am späten Nachmittag wird zur GW-Behandlung aufgerufen. Eine Riesenschlange bildet sich am Revier. Der Meister und die

GW-Mieze geben Medikamente und Pflaster aus. Es ist die einzige Behandlung am Wochenende. Wer ausgerechnet früh, mittags und abends eine Tablette nehmen soll, hat eben Pech. Jetzt hat er alle auf einmal. Ich muß mit zum GW, da sich an jeder Hacke eine offene Blase gebildet hat und ich unbedingt Pflaster benötige. Da mir noch hundeelend ist, will Irmela dies für mich holen und stellt sich an der Riesenschlange an. Als sie endlich an der Reihe ist, kommt sie unverrichteter Dinge zurück. Pflaster wird nur direkt auf die betroffenen Stellen geklebt und nicht mitgegeben. Also stelle ich mich noch einmal an, wobei es mir nicht gerade besser wird. Betsy bemerkt, daß ich wieder langsam grüne Farbe annehme und holt mich vor. Im Arztzimmer muß ich mich setzen, sonst garantiere ich für nichts mehr. Der Meister muß bereits von meinem nachmittäglichen Umkippen unterrichtet sein. Er mißt Blutdruck. Schaut mich durchdringend an, sagt dann nur: »Kein Wunder! Sie dürfen heute liegen bleiben. Wenn Ihre Papiere da sind, kommen Sie zur Untersuchung.« Ich bekomme ein paar Tropfen, dann bin ich wieder entlassen. Mit Pflastern, versteht sich. Darf ich mir im Zimmer selbst draufmachen. Ich bin froh, wieder auf dem Bett zu liegen.

Zähflüssig tropft der restliche Sonntag seinem Ende entgegen. Abendbrot. Der obligatorisch kleine Würfel Margarine, eine dünne Scheibe Sülzwurst, eine Tomate. Dazu Brot und Tee. Man ißt, weil man eben essen muß, und weil man nicht weiß, ob das Essen nicht eines schönen Tages noch schlechter werden könnte.

Brot gibt es genügend. Eva und Babsy hamstern trockene Schnitten, verstecken sie hinten in ihrem Fach unter den Schlüpfern. Den ganzen Abend kauen sie.

Dann geht es zum Waschen. Unser Zimmer ist bei den Glücklichen, die heute duschen dürfen. Herrlich! Wenn man nur länger das Vergnügen genießen dürfte. Als das Wasser gerade erst warm wird, steht Betsy schon in der Türe. »Ferrrtigmachen!« Blöde Kuh. Schnell noch Schlüpfer waschen, mit Seife im Waschbecken. Schnell, schnell, jetzt treibt Babsy an. Als wir abmarschieren, mit wirren, tropfenden Haaren, steht draußen schon die nächste Brigade, das Waschzeug unter dem Arm. Sie sind noch nicht ganz im Waschraum verschwunden, da ruft Betsy bereits hinterher: »Aber etwas beeilen, bitte!«

Im Zimmer verteilen wir die gewaschenen Schlüpfer auf der Heizung. Jetzt müssen wir ständig aufpassen, damit dies kein Personal sieht. Wäsche darf nur nach dem Nachteinschluß über die Betten gehängt werden. Da trocknet sie aber kaum. Unter den Röcken sind wir jetzt alle »ohne«. Die alten, schwarzen Plünnen kratzen zwar mächtig, aber in einer knappen Stunde werden wir ja die Schlüpfer trocken haben. Wenn uns kein Personal stört, natürlich.

Der Zählappell kommt dazwischen. Von vorn ruft Betsy aus: »Zählappell!« Wir hören die Schlüssel klappern und stehen alle in Reih und Glied. Der Meister scheint es heute eilig zu haben, eine Türe nach der anderen klappt zu, er muß gleich bei uns ankommen. Da – mit einem Satz springt Irmela aus der Reihe heraus, nach hinten zur Heizung, Babsy in Sekundenschnelle hinterher. Beide reißen die dort breitgelegten Schlüpfer an sich, stopfen sie sich unter die Bluse, springen zurück, stehen gerade wieder – da steht der Meister schon in der Türe, eine blutjunge Unterwachtmeisterin hinter ihm. Babsy meldet, ein kurzer Blick des Meisters nur, dann ist er wieder draußen. Wir sehen uns an und atmen tief auf. Das war gerade noch einmal gutgegangen, bloß gut, daß Irmela an die Schlüpfer gedacht hatte. Jetzt lachen wir alle, während die beiden die nassen Schlüpfer unter den Blusen hervorholen und wieder ausbreiten. »Der hätte uns marschieren lassen«, meint Babsy. Sicher hat sie recht, niemand widerspricht ihr. Alle sind mit Ausziehen beschäftigt.

Dann ist Nachteinschluß, Frau Leutnant kommt persönlich. Elf Gestalten in Nachthemden schnellen von den Stühlen hoch; Babsy meldet, daß alle zur Nachtruhe fertig sind. Wie man sieht. Dieses Mal haben wir die Schlüpfer wohlweislich vorher verschwinden lassen. Es gibt nichts auszusetzen.

Wir liegen schnell in den Betten. Ein paar von uns haben die Nachthemden wieder ausgezogen, es ist entsetzlich heiß. Die Sonne hatte den ganzen Tag auf die Barackendächer gebrannt, jetzt ist es drinnen wie in einem Backofen. Die Hunde jaulen erbärmlich, selbst ihnen ist es heute wohl zu heiß. Leise unterhalten wir uns. Nebenan wird gesungen. Auch leise. Caprifischer. Wir lauschen. Wirklich ein musikalischer Verwahrraum nebenan. Die sollten mal einen Chor aufmachen, bemerkt Irmchen. Hat sie recht. Wenn bei uns drei anfangen zu singen, fallen draußen die Hunde ein. Wie ein Schatten aus dem Halbdunkel steht plötzlich der Meister im offenen Fenster. Neben ihm der Hund auf den Hinterpfoten, bemüht, das Metallgitter abzukratzen. »Ziehen Sie gefälligst die Nachthemden an!« Dann geht er weiter. Ja, unbeobachtet ist man hier eben nie und das sollte man einkalkulieren!

In der kommenden Woche hat »meine« Brigade geschlossen Spätschicht. Das bedeutet, daß endlich diese lautlose Sitzerei tagsüber für mich aufhört. Ansonsten sind die Tage einförmig wie nie zuvor. Früh kurz nach sechs Uhr Wecken, dann das alltäglich übliche Ritual mit Waschen, Anziehen, Zählappell, Frühstück, Aufräumen der Zimmer, Stubendurchgang. Die Vorbereitung des Stubendurchganges ist eine einzige Qual, wir kommen doch nicht höher als neunkommazwo. Hinterher ständig Schimpfen, Anschreien, wer, weshalb, warum – es ist zum Kotzen. Im Laufe des Vormittags laut Plan Gruppenstunde. Für jeden Tag ist etwas anderes aufgeschrieben, der Zettel hängt am Schrank. Putz- und Flickstunde, Buchbesprechung, Politische Rückschau, Sport im Freien, Ordnungsübungen. So etwa erschöpft sich allwöchentlich die Freizeitgestaltung. Hin und wieder steht auch Fernsehen auf dem Plan, aber das hängt davon ab, ob Personal greifbar ist, weil der Fernsehraum ja abgeschlossen ist. Meistens ist das Personal nicht im Hause, also fallen diese Stunden ins Wasser. Ist Putz- und Flickstunde angesetzt, freuen sich alle, denn dann bedeutet das, man bleibt im Verwahrraum und ist sich selbst überlassen. Die Stunde heißt nur so, damit das Kind einen Namen hat. Diese Stunden sind allen noch die liebsten. Buchbesprechung sieht so aus, daß eine vorliest und die anderen dösen. Anschließend wird gefragt, ob jemand einen Gedanken dazu hat, nein, es hat keiner, also Schluß. Politische Rückschau. Muß jede Woche gemacht werden. Diese Stunden sind die schlimmsten, wenigstens für mich. Für andere bestimmt auch, aber es sagt keiner. Gerti liest ein paar Artikel aus der Zeitung vor, dem »Neuen Deutschland«, der einzigen Zeitung, die wir in einem Exemplar täglich auf das Zimmer erhalten. Wir anderen hören gar nicht hin, Eva und Nati schlafen meistens. Die anschließende erwünschte Diskussion erschöpft sich in Sätzen wie: »Irmchen, deine Meinung dazu, bitte.« Irmchen leicht irritiert, weil gerade sie angesprochen wird: »Hm, ja, also, ich finde das nicht richtig.« »Gut. Das nächste Mal hält Anita das Referat.« Anita stöhnt – Gruppenstunde beendet. Sport im Freien und Ordnungsübungen können ebenfalls nur durchgeführt werden, wenn Personal im Hause ist. Und das ist vormittags selten der Fall. So haben die Stunden einen Namen und stehen auf dem Papier, was davon tatsächlich durchgeführt wird, interessiert nicht weiter. Im Gruppenbuch werden sie immer als »erledigt« vermerkt. Mir ist es sowieso gleich. Denn ich gehöre zwar zur Brigade, aber nur so weit, wie es den Aufenthalt und den Tagesablauf betrifft. Was Gruppenstunden angeht, gehöre ich nicht dazu. Ich kann zwar dabeisitzen, wenn sie im Raum abgehalten werden, geht es aber tatsächlich einmal nach draußen, bekomme ich von Gerti leicht verlegen erklärt, sie könne mich nicht mitnehmen, da ich zu den Nichtarbeitern zähle. So genieße ich die Sommerluft hinter Gittern. Ich bin zwar eingegliedert, aber ich gehöre doch nirgends dazu. Was soll's, auch das wird sich wohl noch ändern.

Das tut es. Und zwar so schnell, daß ich das Wort »Nichtarbeiter« bald nicht mehr hören kann. Bereits am Anfang der Woche muß jemand vom Personal daraufgekommen sein, daß man uns irgendwie beschäftigen muß, auch wenn keine Arbeit da ist. So tönt es Montagfrüh, als alle gemütlich sitzen – Putz- und Flickstunde – und klönen, »Nichtarbeiter, rrraustrreten! Mit Strümpfen und Jacke!« Also, angezogen und raus. Scharen von Nichtarbeitern stehen auf dem Flur, in jedem Verwahrraum sind einige untergebracht. Wir werden von einem Brigadeleiter und einer runden Meisterin hinter die Baracke gebracht, nehmen unterwegs noch Schippen, Rechen und Spaten in Empfang, und erhalten den Auftrag, dort umzugraben. Was wir sehen, ist über alle Maßen erfreulich. Wir befinden uns im Niemandsland zwischen Hundelaufgang und Baracke, wo sonst niemand etwas zu suchen hat. Hier lautet der Befehl: »Umgraben!« Frau Meister entfernt sich, die Brigadeleiterin ist nicht die energischste und etwas ratlos. Vom Turm aus beobachtet der Posten, also beginnt sie, uns anzutreiben. Sehr ungeschickt, niemand weiß recht, was er tun soll. Zur linken Seite ist umgegrabenes Gartenland, zur rechten, vor dem Hundelaufgang, steinharte, noch nie gelockerte Erde.

Die ersten, pfiffigen, die einen Spaten haben, beginnen, das bereits gegrabene Gartenland erneut umzugraben. Lässig und oberflächlich, in der Hoffnung, daß keiner etwas zu diesem Nonsens von Arbeit sage. Die nächsten begreifen schnell, harken hinterher. Der Rest steht mit Schippen vor der steinharten Erde und kann nichts tun, auch wenn er möchte. Die Brigadeleiterin wird nervös, läßt Spitzhacken holen. Nach einer halben Stunde Wartens kommt die Abordnung zurück, nur drei Spitzhacken waren da. Keine reißt sich darum, zu hacken. Also müssen notgedrungen die beginnen, die die Hacken geholt haben. Wir stehen mit den Schaufeln dabei und warten ab. So lerne ich Zickenschmieder kennen. Daß dies nicht ihr richtiger Name ist, ist mir eigentlich sofort klar, aber sie scheint schon bekannt zu sein und wird von allen nur »Zickenschmieder« gerufen. Imposanter Anblick, denke ich, als sie vor mir steht und mich im wahrsten Sinne des Wortes anschnauzt, ob ich nicht auch mal hacken wolle. Ich will nicht, denn mir ist deutlich vor Augen, was es für ein Gelächter gäbe, wenn ich mit der letzten mir verbliebenen Kraft hier Millimeter um Millimeter steinharter Erde loshacken würde. Es stehen genug Kräftigere herum. Das sage ich ihr laut und deutlich. In den Augen der Herumstehenden sehe ich so etwas wie stille Bewunderung, daß ich es wage, Zickenschmieder entgegenzutreten. Sie hat hier das Wort, das ist mir sofort klar, das wird jedem klar, dem sie gegenübertritt. Massig, mittelgroß, schwarze, borstige Haare hinten zum Pferdeschwanz in die Höhe gebunden, genau solche schwarzen Haare auf der Oberlippe, im Gesicht eine dicke Hornbrille, durch die ihre Augen nur als Schweinsäuglein sichtbar sind. Oberarme wie ein Preisboxer, Waden, um die sie manch ein Mann beneiden würde. Und dazu eine Schnauze, die alles Dagewesene übertrifft. Da kommt keine mit. Wenn Zickenschmieder zuhackt, bekommt man Angst, die Hacke könnte im Boden verschwinden. Ja, und nach diesem unfreundlichen Angeraunze geschieht das Sonderbare, ganz und gar nicht Erwartete. Zickenschmieder schaut mich an, von oben bis unten, alle halten buchstäblich den Atem an und erwarten, daß ich für meine Widerrede eine gedonnert kriege – verhindern könnte es keiner. Zickenschmieder schaut mich immer noch schweigend an, dann, ganz plötzlich, dreht sie sich zu den anderen und schnauzt: »Was steht ihr hier herum, dämliche Gänse, seht ihr nicht, daß die hier gar nicht schwer arbeiten kann? Sieht doch ein Blinder.« Das war's. Zickenschmieder drückt die Hacke einer anderen herumstehenden Walküre in die Hand, lächelt mich noch einmal an – und läßt mich stehen.

So bekomme ich Zickenschmieder zur Freundin. Nicht, daß wir uns jetzt näher befreunden würden, nein, es ist wie ein stilles Abkommen zwischen uns. Sie kann schikanieren, kommandieren, andere zum Freiwild erklären und ihnen das Leben zur Hölle machen – ich habe fortan Ruhe vor ihr.

Die Arbeit, die wir tun, ist ziemlich sinnlos. Genau das, was man als Beschäftigungstherapie bezeichnet. Die einen graben frische Erde um, die Nachfolgenden harken. Wieder andere graben diese Erde erneut um, die Nächsten harken abermals. Drei Kräftige hacken, hinter ihnen graben einige, sehr langsam, da das Hacken nicht schnell vor sich geht. Kommt jemand vom Personal kontrollieren, sieht er uns immer in Bewegung, und immer frisch umgegrabene Erde. Das reicht. Auch der Posten vom Turm kann nichts Genaueres ausmachen. Die Brigadeleiterin ist zufrieden. Dies wird vorläufig unsere tägliche Arbeit, mal hinter der einen Baracke, mal hinter der anderen. Ich harke meistens. Keiner nimmt daran Anstoß. So sind wir beschäftigt, wenn auch blödsinnig, aber wir sind es. Mal vor-, mal nachmittags. Kommt das Kommando: »Nichtarbeiter raustreten«, wissen wir schon Bescheid. Die andere Zeit verbringe ich im Zimmer, manchmal höre ich bei den Gruppenstunden zu, mittags, gleich nach dem Essen, verschwinden die anderen zur Schicht. Dann bin ich allein. Überstehe Zählappell sowie Nachteinschluß als einzige im Zimmer, esse allein und gehe allein zu Bett. Gegen zweiundzwanziguhrdreißig erscheint die Spätschicht wieder. Dann kommt Leben in das hintere Ende der Baracke. Oft stehe ich noch einmal auf und gehe mit zum Duschen. Die Spätschicht darf fast immer duschen. An Schlafen ist sowieso noch nicht zu denken. In den letzten angrenzenden Verwahrräumen liegt die Frühschicht. Sie donnern an die Holzwände und rufen: »Ruhe, Ruhe!« Unsere brüllen zurück »Schnauze, wenn ihr von Spätschicht kommt, können wir nie schlafen, so laut ist es!« Die anderen schwören Rache, sie werden nächste Woche noch lauter machen. Wenn das überhaupt noch möglich ist. Die Baracken-

älteste kommt hintergestürzt, wir sollten doch um Himmels-
willen leiser machen, der Meister geht draußen vorbei, und
dann kriegt sie es wieder. So geht es Abend für Abend.

Ich komme auch zum Arzt. Mitte der Woche heißt es: »Die
Neuzugänge zum Arzt!« Wir stehen in langer Schlange am
Arztzimmer und warten. Es sind schon wieder Neue dazuge-
kommen. Auch Nichtarbeiter. Ich bin dran. Der Arzt mag um
die Vierzig sein, betont unpersönlich. »Name?« Ich mache vorschriftsmäßig Meldung. Der GW-Meister winkt ab. »Schon gut,
Siegert!« Dann wieder der Arzt, während er eine Akte durch-
blättert: »Warum sind Sie hier?« Die Frage befremdet mich etwas, gehört sie zur Untersuchung? Ich antworte trotzdem. »Republikflucht.« Ein gedehntes »ach soo«, ich höre, wie der GW-
Meister ihm meinen Beruf zuflüstert. Als ob das hier etwas zu
sagen hat. Dann die Untersuchung, wenn man es so nennen
will. Ausziehen, abhorchen, kurz klopfen, Reflex am Knie – gut,
gut, Sie können sich wieder anziehen. Kurzes Gespräch mit dem
Meister. Ja, ein Leberbefund liegt zwar vor, trotzdem Blutbild
machen. Schonkost, ist klar. Und dann bekomme ich Milch verschrieben, richtig mit Rezept. Eine Flasche Milch jeden Tag. Ich
höre die diktierte Begründung. »Schlechter Allgemeinzustand.
Für schwere körperliche Arbeit nicht geeignet.« Der GW-Meister schreibt es in die Akte. GW-Mieze zapft mir Blut ab, ich bekomme ein Rezept für Diätkost, eins für Milch, beide in der
Küche abzugeben, in ein dickes Buch schreibt der Meister noch,
welche Pillen ich bekommen soll. Das sind auch nicht wenig.
Ich bin fast schon wieder draußen, als ihm noch etwas einfällt.
»Ach, Siegert, Sie sind doch beim letzten Marschieren ohnmächtig geworden, ich schreibe Sie ein als vom Marschieren befreit! Sagen Sie das, wenn es wieder raus geht.« Ich bin sprachlos. »Danke«, dann melde ich mich ab. Im Hinausgehen werfe
ich noch einen Blick auf den Meister. Lächelt er – oder irre ich?
Als ich im Verwahrraum davon erzähle, werde ich von vielen
beneidet. »Mensch, hast du ein Schwein, Tina. Milch, und nicht
mehr marschieren . . .« Grenzenloses Staunen. Muttchen wird
giftig. »Ja, ja, da sieht man's wieder mal. Alles Beziehung! Ich
bin schon so alt, aber ich muß mitmarschieren!« Sie nickt noch
kräftig mit dem Kopf, als ihr niemand beipflichtet. Ich bin mir
keiner Beziehungen bewußt, im Gegenteil. Wenn ich an die

Schreckern denke, an die Beziehungen, die ich zu ihr habe, wird mir ganz anders. Heute habe ich jedenfalls erst einmal Glück gehabt.

Die Rezepte gebe ich in der Küche ab. Schonkost bekomme ich bereits am übernächsten Tag. Auf die Milch muß ich warten. Es kann eine Weile dauern, sagt mir Annelies, die Küchenfee. Das mit der Milch muß erst reingemeldet werden, wohin, weiß sie selbst nicht genau. Aber sie weiß, daß nur noch eine Strafgefangene außer mir Milch bekommt, die ist schwanger und mußte fünf Wochen warten, bis sie die Milch bekam. Neugierig beguckt sie mich von oben bis unten, warum ich wohl Milch bekomme, aber Anzeichen einer Schwangerschaft kann sie beim besten Willen nicht entdecken.

Wir Nichtarbeiter kommen nicht raus zum Marschieren – wo ich wenigstens auf dem Rasen lustwandeln und Kontakte knüpfen könnte, wir kommen auch nicht raus zu sportlichen Veranstaltungen und anderen Sachen, die im Freien abgehalten werden. Wenn es raus geht, ist niemand für uns zuständig. Wir führen ein ziemlich langweiliges und auch nicht ganz einfaches Leben. Geht es ans Essenholen, so heißt es: »Das können die Nichtarbeiter tun, die faulenzen den ganzen Tag.« Fallen Aufräumungsarbeiten im Hause an – die Nichtarbeiter. Sind die Toiletten verstopft – die Nichtarbeiter. »Die warn das sowieso, ham ja den ganzen Tag nischt zu tun!« Eine Hälfte des Tages sind wir stets allein, die andere Hälfte schummeln wir uns durch. Bin ich vormittags allein, so schleiche ich neuerdings ins Nebenzimmer, da sitzt Moni, auch Neuzugang und genauso einsam in ihrem Verwahrraum wie ich. Dann sind wir zusammen und erzählen uns. Wir schaffen es sogar, die Barackenälteste zu überreden, daß wir eine ganze Woche den Abwasch der Baracke machen dürfen. Eine begehrte Arbeit unter den Nichtarbeitern. So sind wir wenigstens etwas beschäftigt.

Dabei ist die Abwascherei durchaus kein reines Vergnügen. Oft ist das Wasser nur am Anfang warm, dann müssen wir das Geschirr vor zweihundert Personen so gut wie kalt abwaschen. Ein besonderes Problem sind die Geschirrhandtücher. Sechs Stück sind vorhanden, sie müssen reichen. Einmal wöchentlich nur gibt es neue. Von Hygiene kann da keine Rede mehr sein. Besonders, wenn das Essen fettig war, was zum Glück selten der Fall ist.

Dann ist es ein reines Kunststück, das Geschirr sauber zu bekommen. Der Vorteil bei der ganzen Sache ist lediglich, daß wir die Zeit etwas besser herumkriegen und anderen, unangenehmeren Arbeiten dadurch aus dem Wege gehen. Außerdem klauen wir heimlich Geschirrspülmittel in leere Haarwäscheflaschen. Es gibt im Monat nur eine winzig kleine Flasche Haarwäsche für drei Personen. Da muß man schon Eigeninitiative entwickeln. Nur erwischen lassen dürfen wir uns nicht.

Mit Moni verstehe ich mich blendend. Oft sitzen wir stundenweise nur zusammen und sprechen keine drei Worte. Monis Mann sitzt auch. Irgendein Ding haben sie zusammen gedreht. Wir sprechen nicht darüber. Da Handarbeiten erlaubt sind, hat sich für uns eine neue Beschäftigung für Mußestunden ergeben. Irmela hatte Mitleid mit uns und brachte von Arbeit Putzlappen mit. Kleine Stücke Leinen von alten Bettüchern. Wir haben sie gewaschen und sind nun dabei, Deckchen zu sticken. Eine beliebte Arbeit hier, nur muß man zu weißem Stoff kommen, was nicht immer einfach ist. Wir haben sogar Nadeln und weißen Zwirn, den ich seinerzeit im Nähkasten vermißte. Anita holte beides zu meiner nicht geringen Überraschung aus ihrem gewaltigen Büstenhalter unter dem Kleiderrock hervor. Schon manches Mal war mir aufgefallen, daß Anitas Brust so seltsam flache Formen hat. Nun weiß ich den Grund. Sie hat auf jeder Seite eine leere Cremedose im Büstenhalter, in der einen sammelt sie Kippen, was streng verboten ist. Trotzdem tun es alle und rauchen Tütchen, denn das wenige Einkaufsgeld reicht nie, um genügend Zigaretten zu kaufen. In der anderen Cremedose hat sie zwei Nähnadeln und weißen Zwirn. Wie immer grinst sie mich an. Sie meint, Vorsorge wäre besser, es machen alle so. Babsy hätte zum Beispiel auch eine Nadel, unter dem Kragen. Jetzt weiß ich auch, warum der Nähkasten so leer ist.

Also machen wir Hohlsaum, wenn uns langweilig ist, wenn alle anderen zur Schicht sind. Zum Sprecher wollen wir uns Wolle mitbringen lassen, Stricken ist erlaubt. Obwohl man recht wenig Zeit dafür findet, wenn man arbeitet. Abends vor dem Zählappell und Nachteinschluß höchstens, sonst sind sämtliche Arbeiter ständig beschäftigt. Oder, wenn Spätschicht ist, am Vormittag, zwischen Reinemachen und Gruppenstunde. Aber da ist die Zeit noch knapper.

Leider wird es noch etwas dauern, bis wir die Wolle haben. Wir bekommen erst nach acht Wochen Sprecher. Ist bei allen Neuzugängen so. Da kommendes Wochenende für unsere Brigade Sprecher ist, wir aber noch keinen Besuch empfangen dürfen, dauert es eben für uns entsprechend länger. Wen interessiert das schon.

Gerti richtet mir aus, daß ich Dieter schreiben darf. Sonntag ist Schreibtag. Die Briefe müssen offen abgegeben werden, im Erzieherzimmer werden sie dann im Laufe von zwei Wochen gelesen. Ist etwas zu beanstanden, zum Beispiel eine klitzekleine Auskunft über die Haft, so kommt der Brief zurück. Am nächsten Schreibtag darf er dann neu geschrieben werden. Das ist in vier Wochen. Alle vier Wochen ein Brief, so lautet die Vorschrift. Mehr darf auch nicht empfangen werden. Kommt mehr Post, geht sie in die Effekten, ohne daß wir davon erfahren. Das gilt auch für Post, die von anderen Personen als der genehmigten Schreibadresse kommt. Jeder darf eine Schreibadresse haben, sie wird in den Akten vermerkt. Ich habe Glück, wenn man das unter diesen Bedingungen so sehen will. Weil Dieter in Haft ist, darf ich ihm schreiben und extra noch an meine Eltern, der Kinder wegen, die sich ja dort befinden. Würde man mir das nicht gestatten, hätte ich ja keinerlei Verbindung zur Außenwelt. Diese Verbindung aber soll laut Vorschrift aufrecht erhalten werden. Die Themen, zu denen man sich brieflich äußern darf, sind sehr beschränkt. Nur rein Persönliches und politische Ereignisse sind im Rahmen des Erlaubten. Na, wer schreibt schon über das letztere an seine Verwandten, noch dazu, wenn sich der Brief auf zwei A4-Seiten zu beschränken hat. Keine Randbemerkungen! Sie wären ein Grund zur Zurückweisung. Über das Essen darf nicht geschrieben werden, über die Arbeit nicht, über den Verwahrraum und die Mitgefangenen nicht. Es ist unter diesen Vorschriften überhaupt äußerst schwierig, einen vernünftigen Brief fertig zu bekommen. Da ich zwei Schreibadressen habe, darf ich auch zwei Briefe im Monat empfangen. Wie schön! Bis jetzt habe ich leider noch gar keine Post. Sicher wissen meine Eltern noch nicht einmal, wo ich mich befinde, ich hatte ja noch keine Gelegenheit, die neue Adresse zu schreiben. Ein Eingangsbrief ist zwar genehmigt, aber meiner kam zurück, weil er eine Bemerkung über den Verwahrraum enthielt. Nun darf ich ihn erst noch einmal schreiben. Die häufigste Vokabel, die hier im Gebrauch ist, heißt »dürfen«, oder »erlaubt sein«. Es kotzt einen an.

Unsere Brigade muß jetzt in jeder freien Minute raus, Steine tragen. Irgendetwas soll draußen neu gebaut werden. Es wird von neuen Bunkern gemunkelt, weil die alten nicht ausreichen. Bis manche ihre aufgebrummte Strafe im Bunker absitzen können, müssen sie oft vier Wochen und länger warten. Die zwei vorhandenen Bunker sind ständig besetzt. Wer weiß, ob die Gerüchte stimmen. Es sind sehr viele Ziegel, die vom Eingang per Hand bis zu den Baracken hinter transportiert werden müssen.

Hier habe ich mit Moni den Vorteil, drinbleiben zu dürfen. Wir zählen ja in diesem Fall nicht zur Brigade. Unsere Arbeit besteht in gelegentlichem sinnlosem Umgraben und Abtrocknen. Bis jetzt noch. Ich kann mir nicht vorstellen, daß dies so bleibt.

Da wir noch Nichtarbeiter sind und damit den ganzen Tag im Gelände anwesend, kommen wir zweimal am Tag in den Genuß der GW-Behandlung. Ich hole ständig meine Tabletten ab, eine Portion muß ich gleich schlucken, die andere bekomme ich mit. Für die Arbeiter ist das Ganze schwieriger, weil sie ja nur einmal täglich zur GW-Behandlung können, wenn überhaupt. Denn die Spätschicht hat des öfteren das Glück, überhaupt keine Medikamente zu bekommen, weil der Meister zu spät kommt. Überhaupt, wer sich krank melden will, muß sich schon einen günstigen Tag heraussuchen, um vor der Arbeit wenigstens noch beim Meister vorstellig werden zu können. Das Krankenrevier liegt gleich neben dem Behandlungszimmer. Wenn wir Schlange stehen, schauen wir immer mal herein und versorgen die Kranken mit den neuesten Nachrichten. Das Revier hat nur vier Doppelstockbetten. Für vierhundert Frauen. Aber es ist nie voll belegt. Entweder man ist ein As im Simulieren, dann schafft man es, hier herein zu kommen, oder man ist schon halb tot, dann landet man auch hier. Normale Kranke werden auch so wieder gesund. Der Krankenstand ist äußerst niedrig. Vorbildlich! Außerdem ist das Betreten des Reviers verboten.

Ich bin jetzt bereits über zwei Wochen hier, habe meine ersten beiden Briefe schreiben dürfen und bin in das Lagerleben bereits voll integriert. Ich kenne mich mit den meisten faulen Tricks aus und kenne die wichtigsten markanten Persönlichkeiten unter den Strafgefangenen. Ich weiß, daß nach dem Nachteinschluß auf der Toilette heimlich noch geraucht wird, weil es nur wenige Raucherpausen am Tag gibt. Der Grund dafür ist, daß nur ein Feuerlöscher in der ganzen Holzbaracke vorhanden ist. Ich habe meine ersten Erlebnisse mit lesbischen Haftgenossinnen hinter mir, das erstemal kam ich leider dazu, wie sich zwei im Waschraum gegenseitig befriedigten. Mir war das Ganze furchtbar peinlich, den beiden überhaupt nicht, sie arbeiteten ungerührt weiter. Es war lange nach dem Nachteinschluß. Das andere Mal sitze ich gerade auf der Toilette, als ich jemand hereinkommen höre und genau vor meiner Tür zärtliches Geflüster, dann Stöhnen und Ächzen losgeht. Es wird für mich eine lange Sitzung, weil ich mich mucksmäuschenstill verhalte und mich nicht eher wieder herauswage, bis die beiden Liebenden fertig sind. Ich habe gehört, Lesbische können sehr gemein werden. Darauf will ich es lieber nicht ankommen lassen. Überhaupt vermeide ich es, nachts zur Toilette zu gehen. Man trifft überall auf Pärchen. Ja, wenn man Glück hat, findet man sogar einen Partner. Im allgemeinen gibt es keinen Ärger mit den Lesbischen. Man muß sie gehen lassen. Selbst bei Tag stehen sie in den Ecken im Waschraum und auf der Toilette und benehmen sich wie Jungverliebte. Es gibt feste Pärchen, bei denen sich kein Dritter einmischen darf. Versucht eine der anderen ihre »Mieze« wegzunehmen, kann es zu ernsten Zwischenfällen kommen. Nicht selten sieht man auf der Backe eines hübschen Mädchengesichtes feuerrot alle fünf Finger einer Hand. Gesprochen wird meistens nicht darüber. In unserem Verwahrraum ist niemand lesbisch. Darüber sind wir eigentlich alle froh. Wenn wir auch noch solche Wandervögel dabei hätten, würden wir nachts wohl nie zur Ruhe kommen.

Zur Schließung einer weiteren Bildungslücke trägt mein Aufenthalt hier ebenfalls bei. Bisher hatte ich nicht die geringste Ahnung von der Tatsache, daß sich auch Frauen tätowieren. Ich nahm immer an, dies sei das Vorrecht der Seemänner. Hier sehe ich Tätowierungen an Frauen, bei denen ich das in angezogenem Zustand nie für möglich gehalten hätte. Das Duschen bringt es an den Tag. Da sind runde Po's mit Sonnen verziert, die hinter einem Hügel mit Grabkreuz aufgehen; auf Bäuchen fliegen Tauben; auf Brüsten machen sich durchbohrte Herzen breit; auf Schultern sieht man wieder andere Motive. Der Fantasie sind keine Grenzen gesetzt. Das Hauptthema jedoch, und auch das beliebteste, ist die aufgehende Sonne hinter dem Grab, das Zeichen der Lesbischen – wie ich belehrt werde. Ich muß an die Frau mit den tätowierten Fingern denken, auf dem Transport im Zug. Auch hier sind Frauennamen große Mode. »Roxelane« auf dem Schenkel stehen zu haben, gilt zumindest unter Gleichgesinnten als »schick«. Nach und nach begegnen mir mehrere, die sich »Roxelane« auf diese Art verbunden fühlen. Kein Wunder. Wer Roxelane erst einmal gesehen hat, versteht alle Sehnsüchte. Als sie mir gezeigt wird, bin ich sprachlos und schaue ihr so auffallend nach, daß ich angerempelt werden mit den gezischten Worten: »Du, das ist meine Mieze!« Ich erhole mich zwar schnell von meiner Überraschung, aber ich finde Roxelane genauso hinreißend wie alle anderen. So etwas im Knast! Ein Bilderbuchengel! Nein, der allerschönste aller Bilderbuchengel! Das Gesicht eine Mischung von Claudia Cardinale und Brigitte Bardot, auch die mißgünstigste Frau könnte hier wohl eine Verschwendung von Schönheit nicht abstreiten. Darum und darüber Locken, blonde Locken, als wenn jemand die Sonnenstrahlen gebündelt und über dem Finger zusammengedreht hätte. Bis zu den Schultern diese Pracht. Leuchtend blaue Augen, in der Mitte darüber auf der Stirn eintätowiert ein kleines Kreuz. Es will mir nicht in den Kopf, wie man bei solchem Aussehen sich so etwas antun kann. Darunter eine Figur, die jeden Maler zu ungeheuren Werken inspirieren würde. Selbst die Anstaltskleidung verliert hier ihre abschreckende Wirkung. Roxelane könnte im Sack gehen, sie wäre immer noch die Schönste. Zierliche, wohlgeformte Beine vollenden das Ganze. Eins ist mir klar – bei solchem Aussehen ist der fast unbedeutende Namenswechsel von Karin zu Roxelane verständlich. Durchaus. Drei Punkte, eintätowiert auf dem Handrücken zwischen Daumen und Zeigefinger fallen mir auf. Sie sind noch neu für mich. Abends kann mich Anita aufklären. Grinsend, versteht sich. Die drei Punkte sind auch ein Zeichen der lesbischen Liebe. »Schwul, pervers und arbeitsscheu, ich bleibe meinem Grundsatz treu«. Oder auch umgekehrt. Poetischer geht's nun wirklich nicht.

Roxelane ist übrigens wirklich wegen Arbeitsbummelei hier. Jedenfalls ist sie das begehrteste Mädchen weit und breit unter den Frauen. Nicht nur in unserer Baracke.

Ich lerne auch noch die kleinen Bewohner des Lagers kennen, die Kakerlaken. Als es das erste Mal seit meinem Hiersein ziemlich trockenen Räucherfisch gibt, ein winzig kleines Stück für jede Strafgefangene zum Abendbrot, begegnen sie mir. Sehr munter auf dem Teller. Vom Fisch ißt niemand. Ob ich das denn nicht gewußt hätte? Abends in den Waschräumen und drüben in der großen Küche, da müßte ich mal gucken . . . Mir wird übel.

Das ist Dessau, Frauenstrafvollzugsanstalt der Deutschen Demokratischen Republik, im zwanzigsten Jahrhundert.

Nichts ändert sich. Ich bin immer noch Nichtarbeiter. Moni ist immer noch Nichtarbeiter. Es gibt Unmengen von Nichtarbeitern, sehr zum Ärger von Frau Leutnant Schrecker, die in der Baracke am liebsten keinen Laut hören und auf dem Gang niemand sehen möchte. Leider können wir ihr das nicht ganz ersparen. Ihre Blicke sprechen Bände, wenn wir ihr auf dem Gang begegnen. Wir müssen dann an der Seite stehen bleiben und warten, bis sie vorbei ist. Steht dagegen Frau Leutnant auf dem Gang, so müssen wir zwei Schritt vor ihr stehen bleiben und fragen: »Gestatten Frau Leutnant, daß ich vorbeitrete?« Ja, warum sollte sie nicht. Neckisches Spielchen. All dies sind Vorschriften, die für jegliches Personal gelten. Kommt aber der Oberleutnant, der Leiter des Ganzen hier, in die Baracke, so ruft irgendein Brigadier »Achtung«, und alle Anwesenden haben stehenzubleiben, wo sie sich gerade befinden. Ich habe den Oberleutnant noch nie zu Gesicht bekommen.

Jede Woche treffen zwei Transporte ein. Mal kommen nur zwei Neue mit, ein andermal sind es acht. Es spricht sich im Eiltempo rum, wenn ein Transport mit Neuen angekommen ist. Dann hängen alle an den Fenstern und Türen und versuchen Bekannte zu erkennen. Ich habe bereits Rosi begrüßt, ein paar Tage später auch Leila. Sie ist mir doch nachgekommen, wie sie es geahnt hatte. Auch sie sind Nichtarbeiter. Die Zahl der Strafgefangenen vergrößert sich laufend, die Baracke wird zu klein. Wir müssen vom Tor eiserne Bettstellen abholen und in den Zimmern aufstellen. Jedes Zimmer, vorgesehen für höchstens sechs Doppelstockbetten – die Schrankfächer sind sogar nur für zehn Personen berechnet – jedes Zimmer wird umgeräumt und erhält noch ein Doppelstockbett dazu. Jetzt sind wir vierzehn Strafgefangene im Verwahrraum. Zum Essen sitzen an jedem der kleinen Tische fünf, an einem vier. Zum Glück reichen die vorhandenen Stühle in der Baracke noch. Wieder kommen neue Strafgefangene. Betten sind keine mehr da. So wird der Kulturraum mit Matratzen ausgelegt, wieder acht Schlafstellen! Unsere Baracke ist total überfüllt, auf den Toiletten und in den Waschräumen ist kein Durchkommen mehr. Wenn wir zum Umgraben oder zu Ordnungsübungen herauskommen, sehen wir hinter unserem Gelände ein neu eingezäuntes Gelände. Dort arbeiten männliche Strafgefangene aus dem Jugendstrafvollzug. Sie bauen neue Baracken. Zwei Stück. Die gleichen wie unsere.

Wir machen uns unsere Gedanken. Neue Baracken werden gebaut, neue Strafgefangene kommen ständig. Da soll es eine Amnestie geben? Alle glauben fest daran. Gerade deshalb. Jedes Vorkommnis wird nur noch im Hinblick auf die Amnestie gedeutet. Die Untersuchungshaftanstalten werden leergemacht! Verhandlungen werden beschleunigt durchgeführt – damit möglichst viele verurteilt sind und unter die Amnestie fallen. Jede neuangekommene Strafgefangene weiß etwas Stichhaltiges zur Hypothese »Amnestie« beizutragen. Auch in den Betrieben wissen angeblich die Lenkungskräfte davon. Sie dürfen es nur nicht sagen. Kommt unsere Schicht nach der Arbeit zurück, werden ständig die Äußerungen der Lenkungskräfte durchgehechelt. Jawohl, es kann gar nicht anders sein. Die wissen alle Bescheid. Die Lenkungskräfte sind Zivilpersonen, Meister und Fachkräfte von draußen. Sie müssen es wissen.

In unserem Verwahrraum gibt es keine vernünftigen Gespräche mehr, wie sie hin und wieder erst doch noch vorkamen. Die drei Neuen beherrschen vollkommen die Szene. Zwei Prostituierte, eine wegen Arbeitserziehung. Die Gespräche sind entsprechend. Babsy findet diese Art Unterhaltung herrlich, Eva und Nati sind ganz Ohr, Irmchen zeigt, was in ihr steckt. Es ist allein eine Strafe, Tag für Tag an diesen Raum gefesselt zu sein. Manchen Tag kenne ich mich selbst nicht wieder. Ich sitze in einer Ecke und döse vor mich hin. Wenn ich nur nicht auch noch anfange, beim Sitzen hin- und herzuschaukeln, wie Nati das macht.

Es vergeht kaum ein Tag, an dem ich nicht irgendwelche Schwächeanfälle bekomme. Da hilft nur, daß ich mir schnellstmöglich einen Stuhl suche. Es ist das schlechte Essen, was mir so zu schaffen macht. Vielen macht dies nichts aus, Babsy und Irmchen stopfen jeden Tag solche Unmengen in sich hinein, daß man meint, sie essen das beste Essen aus der Hotelküche. Gegenauso Eva. Sie vertilgt noch jede Menge trockenes Brot. Viele andere auch. Bei Babsy und Eva kann man zusehen, wie sie von Tag zu Tag fetter werden. Eva hat lauter Risse auf den Schenkeln, den Brüsten und am Bauch. Es macht ihr nichts aus. Babsy sieht auch nicht viel anders aus. Sie essen Kartoffeln und Brot, die Lebensmittel, die man in fast jeder Menge bekommen kann. Ich kann an die Kartoffeln nicht ran. Wenn ich sie schon sehe, diese schwarzen, matschigen Dinger, dreht sich mir der Magen um. Ich versuche es mit Gewalt, um nicht noch mehr von Kräften zu kommen. Es hilft nichts. Ich behalte kaum Essen bei mir, ständig muß ich mich noch während des Essens übergeben. Mit der Diät bin ich vom Regen in die Traufe gelandet. Es gibt sie höchstens zweimal in der Woche, und dann ist sie fast ungenießbar. Immer das gleiche: Möhren, Erbsen, Kartoffelstückchen, das Ganze mit Stärke gebunden und kräftig gesalzen. Solches Essen habe ich noch nie gesehen, geschweige denn als Diätessen. Bei der Ausgabe meckern alle. Was hilft es. Die meisten schütten das Diätessen gleich hinter der Küchentüre in den Kübel und holen sich Nachschlag vom richtigen Essen. Da kann man wenigstens ein paar Löffel herausfischen. Die Mahlzeiten beschränken sich auf Kohlsuppe, Graupen, Gemüseeintopf, Kartoffeln mit Senfsoße und Eiern und Milchsuppe. Jede Woche gibt es einmal Milchsuppe: Haferflocken und Grieß im Wechsel. Dann stürze ich mich auf das Essen wie ein ausgehungerter Tiger, ich esse, bis ich nicht mehr kann. Diese Suppen sind das einzige Essen, das ich vertrage. Selten gibt es auch einmal Kartoffelsuppe mit kleingeschnittenen Wurststückchen darin. Sie kommt uns vor wie Feiertagsessen. Auch hier decke ich meinen Nachholbedarf, nur gibt es davon kaum Nachschlag. Sonntags gibt es entweder Suchgulasch und Makkaroni, Kartoffeln und eine Bulette mit einem Löffel Gemüse pro Person oder hin und wieder

Kartoffeln, Sauerkraut und Bratwurst. Es läßt sich gut vorher raten, welches Sonntagsessen dran ist.

Wir haben Suchgulasch auf den Tellern. Das Wort besteht zu Recht. Man muß wirklich suchen, um winzig kleine Fleischstückchen in der Soße zu finden. Darüber sind alle wütend. Die Stimmung ist sowieso am Sieden. Plötzlich poltert Irmelas Stuhl rückwärts zu Boden, sie ist aufgesprungen. »Jetzt will ich doch mal sehen, wie die Brigadeleiter essen!« Ehe wir es verhindern können, ist sie aus der Türe. Betsy sitzt ebenfalls beim Essen und bekommt sie auch nicht mehr zu fassen. Niemand hält Irmela auf. Sie stürmt zum Brigadeleiterzimmer, reißt die Türe auf, stürzt auf den Tisch zu, auf dem zwei Schüsseln stehen. Vor den Augen der verdutzten Brigadeleiter greift sie zur Schöpfkelle, fährt tief in die Schüssel und kommt wieder auf den Gang, den Schöpflöffel wie eine Siegestrophäe schwenkend. »Na bitte, hab ich's doch geahnt. Wir kriegen die Soße, die Brigadeleiter fressen das Fleisch!« Sie brüllt und schwenkt den Löffel. Peinlich, peinlich, aber nicht für uns. Von vorn kommt Frau Leutnant, um zu sehen, was es mit dem Lärm auf sich hat. Irmela brüllt ihr schon von weitem entgegen, daß sie die Schnauze voll hat von der verdammten Ungerechtigkeit und von diesem Saufraß an Essen. Die Kelle fährt unter Frau Leutnants Nase, ehe diese es verhindern kann, sie kann nur noch geschickt ausweichen, um nicht von der herumtropfenden Soße einiges abzubekommen. Irmela brüllt immer noch. »Sogar flache Teller haben die, diese faulen Schweine, und Bestecke dazu. Wir Gewöhnlichen essen jeden Tag von tiefen Tellern und mit Löffel.« Frau Leutnant kann ihr nicht widersprechen. In der Schöpfkelle befindet sich nur Fleisch, und auch sämtliche anderen angeführten Tatsachen sind nicht wegzuleugnen. Doch sie zieht sich anders aus der Affäre. Sie ignoriert dieses und brüllt, daß wir alle das Schlimmste befürchten. Was Irmela wohl einfällt, hier eine Gefangenenmeuterei zu inszenieren, sie solle sich gefälligst auf ihr Zimmer scheren, wenn sie nicht in Arrest wandern wolle, wir andern alle mit; wenn so etwas noch einmal vorkommt, bestraft sie die Brigade geschlossen! Das Essen sei einwandfrei, und wir seien nicht im Sanatorium. Zwei schnappen Irmela am Arm und ziehen sie zurück ins Zimmer, um Schlimmeres zu verhüten. Im Nu ist der Gang wieder leer. Wir sehen noch, wie Frau Leutnant im Zimmer der Brigadeleiter verschwindet. Dann hören wir sie dort brüllen, können aber leider kein Wort verstehen. Wir erfahren nie, was dort gesprochen wird. Tatsache ist, daß mit dem Essen alles beim alten bleibt. Für Irmela kommt zum Glück nichts nach. Ihr Alleingang hat das gezeigt, was alle wußten. Aber er war vollkommen sinnlos. Irmela sitzt im Zimmer und heult, wie oft in der letzten Zeit. Sie ist mit den Nerven vollkommen fertig. Vielen von uns geht es so. Es hilft nichts. An dieser Tretmühle kann niemand etwas ändern.

Ich wasche mit Moni wieder ab. Heimlich schaffen wir die übriggebliebene Soße auf unsere Verwahrräume. Die Köchin sagt nichts, sie macht es genauso. Abends tunken wir das Brot in die Soße. Wenigstens etwas Zusätzliches zu der kleinen Scheibe Sülzwurst, die es gibt. So hilft man sich selbst. Wenn man kann. Am nächsten Tag dürfen wir nicht mehr abwaschen. Andere haben sich mit der Barackenältesten gutgestellt, und sie will es mit keinem verderben.

Die Brigade hat Spätschicht. Wir waren vormittags bereits zum Umgraben. Es sind jetzt so viele Nichtarbeiter, daß nur noch jede Zweite ein Gartengerät bekommen kann. Um so besser, genießen wir die Sommerluft. Es ist die einzige Gelegenheit. Jetzt sitzen wir und sticken, welch ein Leben! Die Ruhe trügt, man hat in der Verwaltungsmaschinerie begriffen, daß so viel Nichtarbeiter nicht unbeschäftigt herumsitzen dürfen. Also hat man sich etwas einfallen lassen. Mitten in unsere stille Beschäftigung ertönt das Kommando: »Nichtarbeiter, fertigmachen zum Raustreten!« Wir schauen uns an. Schon wieder? Wir waren doch heute schon . . . Schnell ziehen wir Strümpfe, Schuhe und Jacke an, dann treten wir in gewohnter Weise auf dem Gang an.

Unter den kritischen Augen von Frau Leutnant marschieren wir hinaus, formieren uns zum Block. Wir sind etwa sechzig Nichtarbeiter, eine beachtliche Zahl. Ich sehe viele bekannte Gesichter. Wir warten gespannt der Dinge, die nun kommen sollen, denn es ist uns allen klar, daß man uns nicht umsonst hier antreten läßt. Sofort machen wüste Spekulationen die Runde von neuen Arbeitsplätzen und solchen Sachen. Wäre ja schön, aber . . . Ein Raunen geht plötzlich durch alle Reihen, um dann die Gespräche völlig verstummen zu lassen. Wer ihn bis jetzt noch nicht entdeckt hatte, sieht ihn nun unbedingt – der Herr

Oberleutnant passiert das große Tor und kommt auf uns zu. Auch mir ist sofort klar, daß nur er es sein kann. Ich habe ihn mir ganz anders vorgestellt, imposanter. Ein mittelgroßer, schmächtiger Mann, nichts Auffallendes an ihm. Doch die drei goldenen Streifen auf seinen Schulterklappen sind Grund genug für uns, um stramm zu stehen.

Ein paar Worte mit Frau Leutnant – dann sind wir dran. »Strafgefangene! Sie sehen, wie viele von Ihnen hier ohne Arbeit den ganzen Tag herumlungern. Dem soll jetzt Abhilfe geschaffen werden. Sie werden sich Ihre Arbeiterverpflegung, die Sie ja bekommen, von jetzt an verdienen! Bei der Schaffung neuer Arbeitsplätze sind wir noch zu keinem endgültigen Ergebnis gekommen, ich kann aber mit Bestimmtheit sagen, daß Sie alle in Kürze eine feste Arbeit bekommen werden. Bis dahin stellen wir hier im Lager ein Arbeitskommando aus Ihnen zusammen. Sie sehen, hier muß noch viel getan werden, warum sollen wir dafür Arbeiter kommen lassen? Sie werden aus den Trampelpfaden hier befestigte Wege machen, das Material dafür liegt schon vor dem Tor. Ein Teil von Ihnen wird außerhalb des Geländes Kabelgräben ausschachten, so daß die Leitungen nur noch verlegt zu werden brauchen. Ich hoffe, soweit ist alles klar. Bemühen Sie sich, Ihre Arbeit ordentlich zu machen, dann kann der größte Teil von Ihnen Weihnachten wieder zu Hause sein.«

Das war's. Überall sieht man bedeutungsvolle Blickwechsel, leuchtende Augen. Besonders der letzte Teil der Rede berechtigt manche zu den kühnsten Hoffnungen. Also doch Amnestie! ... Leider kann man sich darüber jetzt nicht austauschen. Frau Leutnant zückt Zettel und Stift und stellt Arbeitskommandos zusammen. Mitten in diese stille Betriebsamkeit meldet sich noch einmal der Oberleutnant. »Die Arbeit wird nicht leicht sein. Wenn unter ihnen Frauen sind, die meinen, dies nicht zu schaffen, sollen sie jetzt vortreten.« Eine ganze Menge Frauen treten vor. Unter ihnen auch Rosi, etliche ältere Frauen, eine mit Stock, Leila, wegen ihres Fußes. Und ich. Der Oberleutnant schreitet die Reihe der Vorgetretenen ab, läßt sich von manchen den Grund sagen. Einige winkt er ohne ein Wort zur Seite. Auch mich mustert er nur kurz, dann darf ich raustreten. Einige jüngere Frauen kommen zurück ins Arbeitskommando. Sie wollten sich drücken. Es hat keinen Zweck, hier wird wirklich nur noch der verschont, der bereits Halbinvalide ist. Bei einer jungen Frau beginnt der Oberleutnant zu toben. Auf seine Frage »warum?« stammelt sie mit rotem Kopf etwas von »Unterleibsbeschwerden« und »nicht schwer heben«, aber da ist es beim Oberleutnant Feierabend. Warum sie sich einbilde, daß sie hier sei, kräftig, wie sie aussieht, sie solle sich ja nicht einbilden, daß er Drückeberger duldet, warum sie eigentlich hier sei, aha, Arbeitserziehung, das sind ihm sowieso die liebsten. Wenn sie was habe, solle sie zum Arzt gehen, sie könne von ihm aus auch zwei Schichten arbeiten. – Das war deutlich. Wir halten alle den Atem an, besonders wir ausgesonderten. Niemand muckst sich. Das Kommando wird weiter zusammengestellt. Wir dürfen zurück in die Baracke gehen, eine junge Wachtel schließt uns ein. Damit ist für uns, ein kleines Häufchen von nicht einmal einem halben Dutzend, der Traum von Arbeit und Abwechslung zu Ende. Den weiteren Verlauf der Dinge beobachten wir aus den Fenstern, jede für sich aus ihrem Verwahrraum, denn die Zimmer liegen viel zu weit auseinander, als daß man sich jetzt noch ohne Schwierigkeiten tagsüber zusammensetzen könnte. Moni ist mit draußen bei den Arbeitern. Meine Stimmung ist wieder einmal auf dem Nullpunkt. Ich sitze am Fenster und lasse mir die Sonne auf die Arme scheinen.

Wie im Film läuft die Arbeit vor mir ab und läßt mich schnell die vorangegangene Enttäuschung vergessen. Sehr bald bin ich sogar recht froh, hier zu sitzen. Es könnte ein Film aus der Sklavenhalterzeit sein, primitiver wurde da auch nicht gearbeitet. Einige Frauen bearbeiten die sandige, festgetretene Erde mit Spitzhacken, andere schippen die losgehackte Erde in Wassereimer, wieder andere tragen die Eimer weg, hinter die Baracke. Immer zwei Frauen einen Eimer voll Erde. Sie schinden sich entsetzlich. Andere Frauen bringen von draußen Schotter, ebenfalls in Eimern. Sie können kaum gerade gehen. Alle zwei Meter müssen sie absetzen. Die Posten sehen wohl bereits nach den ersten Versuchen, daß es mit dem Schotter so keinen Zweck hat. Also wird der Schotter, der im Vorhof bei der Wache abgekippt worden ist, dort auf einen herbeigeschafften Autohänger geladen. Mit Eimern. Aus meinem Fenster kann ich alles beobachten. Nach endlos langer Zeit, die aufgeladene Schottermenge ist nicht besonders groß, gibt ein Posten das Kommando abzufahren. Drei Frauen dirigieren vorn an der Anhängerkupplung die Richtung, hinten schieben mindestens acht. Der Schweiß rinnt allen in Strömen vom Gesicht, sie zerren und schieben, was sie nur können. Noch mehr Frauen kommen zur Hilfe. Der Hänger muß unheimlich schwer sein. Endlich setzen sich die dicken Gummireifen in Bewegung. Am Ende des Weges ein neues Problem – anzuhalten. Der Hänger hat nun Schwung bekommen. Die Frauen vorn schreien auf, sie können nicht bremsen. Alles rennt nach vorn. Sie schaffen es. Schweißgebadet, keuchend stehen sie meinem Fenster gegenüber. Die Sonne sengt. Ein paar Frauen lassen sich einfach in den Sand fallen. Die Mittagshitze ist noch unerträglich. Da kommt das Kommando zum Ausziehen. Jacken und Strümpfe dürfen ausgezogen werden. Sogar Ärmel hochkrempeln wird erlaubt. Weiter geht die Arbeit. Hacken, Sand schleppen, Schotter aufladen, Anhänger ziehen. Es spielt sich ein. Gesprochen wird kaum, dazu ist die Arbeit viel zu schwer. Jede ist froh, wenn sie sich eine kurze Ruhepause an der Barackenwand genehmigen kann. Frau Leutnant ist längst verschwunden, lediglich ganz vorn am Tor steht ein Posten mit einer jungen Wachtel. Sie sagen nichts. Es hätte auch keinen Sinn. Die Frauen tun das Äußerste. Eine Viertelstunde Pause wird genehmigt. Wie viel Zeit schon vergangen sein mag, weiß niemand. Mit schleppenden Schritten kommen sie herein, lassen sich auf die Stühle fallen. Ich schleiche mich rüber zu Moni. Sie ist geschafft. Restlos. Erst wochenlanges Sitzen und jetzt ohne Übergang das. »Verdammte Schinderei«, sagt sie nur. Eine Strafgefangene bringt kalten Kaffee. Schwarz. Moni stürzt ihn hinunter, als sei sie am Verdursten. Dann geht es auch schon weiter. »Wegekommando, raustreten!« Wieder Schlepperei. Ich schäme mich am Fenster für meine Herumsitzerei. Allein, dort draußen wäre ich wohl nutzlos. Die erste macht schlapp. Es ist die junge Frau, die vom Oberleutnant so pietätvoll die Meinung gesagt bekam. Sie krümmt sich vor Leibschmerzen. Drei Frauen tragen sie ins Revier, Frau Oberleutnant, die dies erst genehmigen mußte, steht mit unbeweglichem Gesicht dabei. Als alle wieder draußen sind, gehe ich zur Toilette, verschwinde aber auf halbem Wege im Revier. Es ist niemand hier, der mich erwischen könnte, von den Strafgefangenen, die hier liegen, sagt keine etwas. Es sind sowieso nur vier. Die junge Frau liegt auf einem der unteren Betten und jammert entsetzlich vor sich hin. GW-Mieze ist bei ihr. Sie bedenkt mich zwar mit einem vorwurfsvollen Blick, was so viel heißt wie »Laß dich nicht erwischen«, aber sie sagt nichts. Ich kenne die junge Frau vom Sehen, es ist Elke. Arbeitserziehung, weil sie mit ihrem Freund zusammenwohnte, heiraten wollte und nicht mehr arbeiten ging. Ich kann nichts für sie tun, jedes Wort wäre hier fehl am Platze. Also schleiche ich wieder hinter in meinen Verwahrraum. Ein langweiliger Tag, wenigstens für mich. Wenn ich die anderen draußen sehe, könnte ich verrückt werden. Daß solch eine Schinderei überhaupt erlaubt wird.

Um achtzehn Uhr kommen die frischgebackenen Straßenbauarbeiter wieder zurück. Es waren nur fünf Stunden am ersten Tag. Sie sind alle restlos geschafft, sogar zum Reden zu müde. Einige haben bereits Sonnenbrand auf Armen und Beinen. GW-Behandlung ist längst vorüber. Also geht GW-Mieze durch alle Räume und verteilt Pflaster für blutig geriebene Fersen und irgendeinen weißen Sprayschaum gegen den Sonnenbrand. Das ist alles, was sie tun kann. Nebenbei füllt sie noch eine Liste mit den Namen derer aus, die mitgearbeitet haben. Wegen der Verpflegung, sagt sie. Es hatten noch ein paar Frauen schlapp gemacht. Kreislaufschwäche. Aber nichts Ernstliches. Von jeder Frau wird aufgeschrieben, wieviel Stunden sie gearbeitet hat. Die neuen Arbeiter bekommen zwar keine Bezahlung, aber es soll vielleicht Einkauf für sie geben.

Ich bin auf der ganzen Linie bedient. Keine Arbeit, keinen Einkauf, stures Warten allein im Zimmer. Schöne Aussichten.

Abends kommt die Schicht zurück. Ich gehe mit zum Duschen. Mein Bericht von den Ereignissen des Tages interessiert sie nicht sonderlich. Nur bei der Erwähnung der Äußerung des Oberleutnants spitzen alle die Ohren. Also doch, sagen die Blicke. Das ist alles. Alle sind viel zu müde, um noch große Worte zu machen. Dann sielen wir uns wieder in den Betten und stöhnen unter der Hitze.

Es muß Mitternacht sein, als draußen auf dem Gang Bewegung aufkommt. Hin- und Herrennen, das Fenster nach der Mauer hin wird geöffnet, die Barackenälteste ruft den Posten auf dem Turm. Es ist dies die einzige Möglichkeit für uns, Hilfe herbeizuholen, wenn in der Baracke nachts etwas passiert. Was ist geschehen? Wir wissen es schnell. Elke, die draußen umgekippt war, hat einen Blutsturz. Es hatte am Nachmittag kein Arzt nach ihr gesehen. Wozu auch. Und daß sie erst vor vier Wochen eine Fehlgeburt hatte, wußte niemand von uns. Die Barackenälteste versucht, dem Posten auf dem Turm klar zu machen, worum es geht. Endlich hat der Posten mitbekommen, daß wir einen Arzt brauchen. Er telefoniert nach vorn zur Wache. Der wachhabende Meister erscheint, informiert sich selbst bei der GW-Mieze. Dann ist er überzeugt, daß tatsächlich ein Arzt gebraucht wird. Nach einiger Zeit, nicht sehr kurz, ist auch der Arzt da. In Begleitung des Meisters betritt er die Baracke und stellt sehr schnell fest, daß Elke unbedingt sofort ins Krankenhaus muß. Der Morgen graut bereits, als Elke mit Blaulicht und Sirene davongefahren wird. Sie kommt nicht ins Haftkrankenhaus, es würde zu lange dauern. Sie kommt ins »Freiheitskrankenhaus« nach Dessau. Viele beneiden sie, trotz Krankheit. Sie darf dort jeden Tag Besuch empfangen! Endlich wird Ruhe in der Baracke. Der Morgen dämmert schon. Viel Schlaf bekommen wir nicht mehr mit. Die Frühschicht macht einen höllischen Lärm. Danach noch eine reichliche Stunde Ruhe, zu kurz, um noch einmal fest einzuschlafen.

Dann wieder ein neuer Tag, auch nicht anders als die vorhergegangenen. Was soll er schon bringen.

Für mich ändert sich nichts. Ich versitze die Tage und warte. Das ist alles. Jeden Tag hole ich meine Pillen vom GW, das Diät-Essen bleibt ein Saufraß, obwohl ich mich schriftlich bei der Anstaltsleitung darüber beschwere, mit Unterstützung des GW-Meisters! Das will schon etwas heißen! Als es wieder einmal dieses elende Stärkegemisch aus Erbsen, Karotten und Kartoffeln gibt, gehe ich mit meinem Teller einfach ins GW und stelle ihn dem Meister auf den Tisch. Seufzend schaut der Meister erst das Essen an, dann mich, dann sagt er: »Siegert, beschweren Sie sich. Schriftlich. Geben Sie mir das Schreiben, ich lege ein paar Zeilen bei, daß das Essen als Diätkost unverwendbar ist. Aber versprechen Sie sich nichts davon, das haben vor Ihnen auch schon andere getan. Es wird nichts nützen.« Er behält recht, es ändert sich wirklich nichts.

Die einzige Veränderung, die das Essen betrifft, ist die Tatsache, daß ich jetzt früh und abends Nichtarbeiterverpflegung bekomme. Mit mir alle die, die nicht draußen mitarbeiten. Frau Leutant begründet es mit einer einfachen Regel: Wenn wir nicht arbeiten, können wir auch nicht die gleiche Verpflegung bekommen wie die anderen. Wir sind bedient. Bekommen die anderen jetzt abends einen ganzen Abschnitt Leberwurst, zwei Finger dick, so bekomme ich einen halben. Vor Fett ist kaum Wurst zu erkennen. Gibt es einmal in der Woche zwei winzige Äpfel pro Person, bekommen die Nichtarbeiter nur einen. Margarine jetzt immer halbe Portion. Sie reicht dünn geschmiert für zwei Schnitten. Wir sind Nichtarbeiter!

Unser Dasein als Nichtarbeiter ist auf der ganzen Linie beschissen. Wir haben keinerlei Rechte, dafür aber alle Pflichten, für die niemand gefunden wird, wenn die Schichtler außer Haus sind. Das beginnt beim Stubendurchgang, der zwar unregelmäßig erfolgt, aber immer gerade dann, wenn man ihn am wenigsten erwartet. Stubendurchgänge sind nur vormittags. Dann habe ich grade zu stehen für die Versäumnisse aller anderen dreizehn Mitbewohnerinnen unseres Zimmers. Die meisten scheren sich früh einen Dreck darum, wie sie ihr Zeug hinterlassen. Sind alle aus dem Haus, beginnt nach dem Frühstück mein verzweifelter Kampf, Ordnung in das hinterlassene Chaos zu bringen. Viele stehen einfach auf dem Standpunkt, ich bin da und habe den ganzen Tag nichts tun. Daß Babsy etwas gegen diese Einstellung unternimmt, kann man auch nicht behaupten, Sie sieht sich beim Hinausgehen in der Tür noch einmal um, liegt nichts auf den Betten oder mitten im Zimmer – gut. »Nicht wahr, Tina, du bringst den Rest schon in Ordnung?« Ein Lächeln, weg ist sie. Ich tue, was ich kann. Sortiere Hauslatschen ein, danach richte ich Kleiderröcke und Röcke der Länge nach aus, versuche verzweifelt, ewig schiefe Päckchen in den Fächern gerade zu bekommen, streiche Betten glatt, baue manche neu, kehre, wische, wische Staub – kurz, ich bin auf Achse, wie mir das keiner glauben würde. Der Stubendurchgang ist trotz aller Bemühungen jedesmal niederschmetternd, irgend etwas wird immer gefunden. Haare im Besen. Oder nicht abgegebene Briefe im Briefpapier. Mit jedem neuen Brief, den man erhält, muß gleichzeitig ein alter abgegeben werden. Geben die Brigadeleiter Post aus, so sind sie manchmal großzügig, dadurch kann man manchen Brief, der einem lieb ist, noch ein wenig länger behalten. Jetzt ist die Leitung dahinter gekommen. Jede Mappe mit Briefpapier wird kontrolliert. Jeder gefundene alte Brief bedeutet einen Punkt Abzug. Bei mir ist es ein Foto, das zuviel ist. Zwei Fotos sind erlaubt, ich habe drei. Ich darf entscheiden, welches Bild in die Effekten wandert. Ade, kleiner Thommy, wie du so süß lächelst, noch elf Monate, dann haben wir uns wieder. Was sind schon elf Monate ... Nur nicht zeigen, was in einem vorgeht. Elf Monate. Eine furchtbar lange Zeit.

Ich bin jetzt vier Wochen hier, es hat sich an meinen Aufgaben nichts Wesentliches geändert. Zusammen mit anderen Nichtarbeitern schrubbe ich den Gang, seife die Wände ab, reinige Toiletten. Wirksames Triebmittel: Der Oberleutnant macht Rundgang! Oder: Es kommt eine Delegation! Diese Ankündigungen erzeugen Geschäftigkeit. Der Oberleutnant geht mit Gefolge einmal durch die Baracke, nur über den Gang. Vorne rein, hinten raus. Sonst kommt niemand, von Delegation keine Spur. Aber allein die bloße Ankündigung hält eben alle auf Trab. Man kann ja nie wissen, vielleicht kommt wirklich mal eine ...

Nach zweiwöchiger Ankündigung erscheint tatsächlich eine Delegation. Alle Nichtarbeiter und die Strafgefangenen, die nicht gerade zur Schicht sind, befinden sich in Hektik. Dann Warten. Vorn an der Tür Schlüsselgeklapper, das obligatorische »Achtung«. Ich sitze allein in meinem Zimmer, gespannt bis in die Fingerspitzen. Hoffentlich kommen sie hier rein, hoffentlich stellen sie Fragen! Ich will ihnen schon die richtigen Antworten geben! Dazu bin ich fest entschlossen. Meine Erwartungen erfüllen sich nicht. Ich höre auf dem Gang eine ganze Menge Personen, höre, wie sie etliche Zimmer öffnen und hineinschauen und alles »wirklich vorbildlich« finden. Dann betreten sie tatsächlich einen Verwahrraum. Es muß der sein, wo Rosi sitzt. Kurze Zeit später sehe ich sie durch die Milchglasscheibe vorbeigehen. Dann wird hinten geschlossen. Vorbei. Dafür die ganze Aufregung. Als sich auf dem Gang nichts mehr rührt, schleiche ich vor, zu Rosi ins Zimmer. Ich muß hören, was sie gefragt haben. Mit Rosi sitzt noch eine ältere Frau im Zimmer. Die mit dem Stock. Ja, sie waren hier. Ja, sie haben auch Fragen gestellt. Natürlich haben wir geantwortet. Was? Meine Güte, nun laßt euch doch nicht alles so aus der Nase ziehen, habt ihr sie wenigstens aufgeklärt? Einige Wahrheiten gesagt? Ja, ja, die haben gefragt, wie die Unterbringung ist. Na ja, und die ist ja gut. Und dann wollten sie noch wissen, wie das Essen ist. Und das ist ja auch nicht schlecht. – Ich glaube, nicht richtig zu hören. Das gibt's doch nicht! Eine solch einmalige Gelegenheit, auf die Zustände hier aufmerksam zu machen – und vertan! Diese Schleimscheißer, Arschkriecher! Die letztere Bemerkung schleudere ich laut hin, dann knallt die Tür von draußen zu. Typisch Rosi. Parteigenossin. Wie könnte sie ihren Staat auch kritisieren! Hätte mir eigentlich vorher klar sein müssen. Sie wird ihre kurze Strafe hier hübsch absitzen, wenn sie Glück hat, nicht einmal bis zum Ende, und wenn sie dann noch mehr Glück hat, bekommt sie vielleicht bald wieder einen Platz in der Verwaltung. Nur das Mäntelchen schön nach dem Wind drehen. Dann klappt's schon. Ich könnte sie ohrfeigen. Leider ist sie dafür zu alt, sie könnte meine Mutter sein. Etwas mehr Rückgrat hätte ich trotzdem von ihr erwartet. Ich sitze auf meinem Zimmer und bin wütend.

Das Bild der arbeitenden Frauen draußen hat sich etwas geändert. Es ist eine eiserne Walze hinzugekommen, eine alte, verrostete, mannshohe Eisenwalze, die über die mit Sand bedeckten Schotterwege gezogen werden muß. Vier Frauen ziehen, acht schieben. Millimeter für Millimeter. Obwohl das Ding unwahrscheinlich schwer sein muß, genügt einmal walzen damit nicht. Unzählige Male muß jedes Stückchen Weg damit übergewalzt werden, bis eine einigermaßen glatte Oberfläche zu sehen ist. Die Walze sieht aus wie aus dem Museum. Es ist toll, mit welchen technischen Hilfsmitteln hier gearbeitet wird.

Was die anderen Frauen vor dem Strafvollzug tun müssen, wissen wir vom Erzählen: Schotterwege mit der Spitzhacke aufhacken und Kabelgräben schachten. Auch eine feine Arbeit.

Nati muß in Arrest. Sie hat sich auf Arbeit geprügelt, weil sie die ewige Gummischneiderei satt hatte. Nati kann nicht an der Drehbank arbeiten, jeder Versuch, sie anzulernen, scheiterte. Also muß sie Gummi schneiden, eine Matte nach der anderen. Sie hat ständig die Hände voller Blasen. Heute hatte sie es satt. Eine dumme Bemerkung von Emma, als Nati nicht mehr weiterarbeiten wollte, da schlug sie zu. Es muß heiß hergegangen sein, mit genußvollem Grinsen erzählen es alle. Nun steht Nati an der Seite im Gang mit trotzigem Gesicht wie ein kleines Kind. Sie wartet darauf, in den Bunker eingeschlossen zu werden. Prügelei zählt zu den schweren Vergehen, darauf geht es sofort ab in den Arrest, wenn es sich ermöglichen läßt. Da können leichtere Fälle lieber noch etwas auf das Absitzen ihrer Strafe warten. Nati ist also ein schwerer Fall und hat scharfen Arrest. Es gibt noch Freizeitarrest, das heißt, man wird nur nach der Arbeit im Bunker eingeschlossen und früh zur Arbeit wieder herausgeholt. Kommt bei Nati nicht in Frage, sie hat die Arbeit verweigert und sich geprügelt. Also strenger Arrest. Nati tut mir leid. Ich bin vollkommen überzeugt davon, daß sie die Tragweite ihres Tuns vorher gar nicht übersehen konnte. Sie gehörte überhaupt nicht hierher. Aber wem soll man so etwas schon sagen. Sechs Tage hat sie bekommen. Ich richte es so ein, daß ich gerade zur Toilette husche, als Nati eingeschlossen wird. Der Bunker sieht trostlos aus. Ein winziges Loch mit dicken Betonmauern, oben ein noch winzigeres Fenster, Betonfußboden. Das ist alles. In einer Ecke ein Eimer. Zur Nacht wird ein Holzgestell aus übereinandergenagelten Latten hereingelegt, drei Matratzenteile darauf, zwei Decken. Bei scharfem Arrest allerdings ohne Matratzen. Tagsüber ist bei Freizeitarrest wenigstens ein Stuhl im Bunker. Bei strengem Arrest nichts. Arme Nati.

Nati ist vorübergehend verschwunden, auf ihrem Bett fehlen zwei Decken – das ist alles, was man davon bemerkt. Das Leben geht weiter wie gewohnt.

Wieder ein Sonntag. Vormittag ist Sprecher. Alle Junkerloh-Brigaden haben Sprecher, die fieberhafte Aufregung legt sich auch auf uns Nichtarbeiter, die wir keinen Besuch zu erwarten haben. Sonntags wird normalerweise um sieben Uhr aufgestanden, bei Sprecher bereits um sechs. Stubendurchgang fällt aus. Aber es herrscht auch so geschäftige Betriebsamkeit. Die meisten haben sich am Abend zuvor die Haare eingedreht, sämtliche vorhandenen Lockenwickel, einschließlich der selbstgebauten aus Papier, waren in Benutzung. Nun kämmt jede jede. Wie hübsch doch manche gleich aussehen! Aus Wolle werden Bänder gedreht, in Locken und Schwänzchen eingeflochten. Spangen und dergleichen sind nicht erlaubt, also ist irgendeine pfiffige Strafgefangene auf die Idee mit den gedrehten Bändern gekommen. Welcher Frau fällt nichts ein, wenn es um die Schönheit geht! Die ganze Baracke gleicht einem aufgescheuchten Hühnerschwarm. Bis auf die vorderste Brigade, die ständig im Haus ist und Montagearbeiten in einem Raum verrichtet, und bis auf uns Nichtarbeiter haben alle Sprecher. Einige bekommen keinen Besuch, weil die Entfernungen nach Hause so weit sind, daß es sich beim besten Willen nicht lohnen würde, für eine halbe Stunde Sprechzeit zwei Tage auf der Bahn zu sitzen. Zu diesen weniger Glücklichen gehören Anita, Nati – aber ihr ist es im Bunker bestimmt gleichgültig – Irmela, weil ihr Mann selbst sitzt und sie sonst niemanden hat. Alle anderen aus unserem Verwahrraum sind in freudiger Erwartung. Zum Frühstück gibt es für jeden ein Kuchenbrötchen mit Rosinen darin. Muttchen ist so aufgeregt, daß sie keinen Bissen hinunterbekommt. Welch ein Glück für mich, so habe ich zwei. Das Frühstück ist kaum beendet, da geht es los. Für mich ist der Ablauf neu, die anderen wissen, wie es sich abspielt. Sie sitzen wie auf Kohlen.

Auf dem Gang haben zwei Brigadeleiterinnen Stellung bezogen, vorn am Erzieherzimmer eine Strafgefangene. Im Erzieherzimmer läutet das Telefon, Frau Meister hat Dienst, ebenfalls Frau Leutnant und etliche kleinere Wachteln. Frau Meister nimmt den Anruf von der Wache entgegen, aha, Strafgefangene Neumann, die Tür des Erzieherzimmers geht kurz auf, Frau Meister gibt den Namen nach außen weiter. Die Strafgefangene vor der Tür – es ist »Summi«, weil sie so viel quatscht – also Summi tritt jetzt in Aktion und ruft hinter in den Gang zu den wartenden Brigadeleitern »Strafgefangene Neumann!« Diese übernehmen und rufen wieder »Strafgefangene Neumann!« Da alle Türen offen stehen, ist Strafgefangene Neumann längst im Bilde und stürzt auf den Gang, wird ermahnt, langsam zu gehen, was sie auch widerwillig tut. Sie geht bis zur Tür vor und nimmt dort Aufstellung. Damit ist der erste Akt erst einmal beendet, dort heißt es warten. Summi hat inzwischen die nächsten Namen aufgenommen und durchgegeben, »Strafgefangene Schröder, Strafgefangene Schmidchen«, die Brigadeleiter trompeten das Echo, Schröder und Schmidchen sausen, frisch onduliert und mit gewaschener Bluse, in verhaltenem Eiltempo nach vorn. Nehmen ebenfalls Aufstellung neben Neumann. »Strafgefangene Wahl!« Eva schnellt von ihrem Sitz hoch, weg ist sie. Als fünf Strafgefangene vorn stehen und warten, wird die Tür aufgeschlossen. Frau Leutnant persönlich. Mit ihr verschwinden die fünf für unsere Blicke. Ich werde aufgeklärt, daß sie nun durch die Schleuse vor zur Wache gebracht werden, dort sind zwei Besuchsräume. Einer für die mit einer normalen Sprecherlaubnis – halbe Stunde. Und ein anderer Raum für die mit »Sondersprecher« – eine Stunde. Sondersprecher gibt es drei für jede Brigade, für besonders gute Arbeitsleitungen oder für besonders gute Disziplin. Oder für gutes Einkratzen und für gutes Denunzieren. Je nach Charakterfestigkeit des Brigadeleiters. Er schlägt die Sondersprecher vor, von der Erzieherin werden sie genehmigt oder abgelehnt. In unserem Verwahrraum hat eine Sondersprecher, Edelgard. Sie ist wirklich in Ordnung. Anita hätte auch einer zugestanden, sie hat die besten Arbeitsleistungen. Leider nützt ihr das nichts. In der Schleuse werden die Strafgefangenen noch kontrolliert, Taschen und Ärmel, ob keine Kassiber geschmuggelt werden, dann können sie ihren Besuch empfangen. Im Besuchsraum sind Stühle und lange Tische, Strafgefangene und Besucher sitzen sich immer gegenüber, daneben gleich die nächste Strafgefangene mit ihrem Besuch. Ich kann es mir gut vorstellen. Alles, was mitgebracht wird, muß an der Wache abgegeben werden, es kommt in Körbe und wird im Erzieherzimmer erst kontrolliert. Sind alle Sprecher vorbei, wird das Mitgebrachte ausgegeben.

Aber so weit ist es noch lange nicht. Der nächste Schwung Strafgefangener ist bereits nach vorn gebracht worden. Die ersten kommen zurück, verheult oder auch weniger mitgenommen. Eva ist in glänzendster Verfassung. »Ha e Wurscht kriecht.« Ich begreife, daß sie eine ganze Wurst bekommen hat. Das ist für sie die Hauptsache.

So geht es den ganzen Vormittag. Freudige, erwartungsvolle Gesichter bei denen, die den Sprecher noch vor sich haben, traurige, verweinte Gesichter bei den meisten, die zurückkommen. Mittags ist alles vorbei, beim Mittagessen hebt sich die gedrückte Stimmung wieder. Alle warten jetzt auf die Ausgabe der mitgebrachten Sachen. Im Erzieherzimmer läßt man sich mit der Kontrolle viel Zeit, aber dann ist auch das soweit.

Wieder geht es nach altbewährter Methode. Aufrufen des Namens aus dem Erzieherzimmer, Summi gibt weiter, die Brigadeleiter wiederholen den Namen – die Aufgerufene setzt sich in Trab. Es geht zügig, eine nach der anderen läuft nach vorn. Alle nicht Betroffenen stehen in den offenen Türen, wir Nichtarbeiter, die Wegebauarbeiter und die, die keinen Besuch hatten. Aber andere Neugierige auch noch. Es ist viel Gedrängel, jede möchte sehen, was da so hereingebracht wird. Die Zurückkommenden strahlen ausnahmslos. Da wird beutelweise Wolle geschleppt, Tüten mit Äpfeln, Würste, Käse, Butter, Süßwaren. Wer irgendetwas mitbringt, ist glücklich, sind es doch für die kommenden acht Wochen die einzigen Leckereien, die jeder hat, die einzige Abwechslung im Essen. Und Wolle – das bedeutet Beschäftigung, sinnvolle Beschäftigung, Ablenkung in sonst vergammelten Stunden. Bei Handarbeiten kann man in Gedanken daheim sein, wer ist das nicht gern.

Alle Strafgefangenen, die Sprecher hatten, schleppen ihre Schätze, Schrankfächer quellen über, Kartons werden unter Betten verstaut, und neidvolle Blicke werden ausgeschickt, von denen, die nichts haben – gar nichts. Manche lassen sich die Enttäuschung sehr anmerken. Es ist nicht leicht, nichts zu haben, wenn alle anderen schleckern und schlemmen. Aber auch das vergeht, wie alles hier. Nach ein paar Tagen ist von den neuen Herrlichkeiten schon nicht mehr allzuviel zu sehen.

Wann werde ich Sprecher haben?

Wieder ein Tag. Ich werde ins Erzieherzimmer gerufen. »Post«, flüstert mir Gerti zu, die mich geholt hat. Ich habe ein komisches Gefühl, warum muß ich dazu vor? Post wird doch von den Brigadeleitern oder vom Personal ausgetragen? Des Rätsels Lösung kommt. Leutnant Schrecker empfängt mich, ich leiere meine Meldung, bleibe in respektvoller Entfernung stehen. »Strafgefangene Siegert, ich habe hier schon einige Tage einen Brief liegen, Sie hatten ihn an Ihren Mann geschrieben. Er ist zurückgekommen mit dem Vermerk ›Schreibadresse nicht genehmigt‹. Nun ja, Sie durften bisher an Ihren Mann nicht schreiben, da kann so etwas vorkommen. Ich werde das aber in den nächsten Tagen regeln. Schreiben Sie am nächsten Schreibtag einen neuen Brief an Ihren Mann.« Ich sage gar nichts. Mit dem Brief in der Hand ziehe ich ab. Reichlich bedient.

In der sechsten Woche erhalte ich die erste Post. Von den Eltern, ein Brief von Barbara darin, verziert mit Blumen, ein undefinierbares Bildchen von Thomas. Es ist zum Heulen. Ich begreife jetzt warum die meisten an den Tagen, wo sie Post von ihren Angehörigen bekommen, nicht gut ansprechbar sind. Ich möchte auch nur meine Ruhe haben. Und den Brief lesen. Immer wieder.

Der Alltag geht weiter. Ein Tag wie der andere. Ein ständig wiederkehrendes Problem ist die Versorgung der Frauen mit Vorlagen. Die Vorlagen werden von den Brigadeleiterinnen ausgegeben, eine Brigade arbeitet in der Fabrik, wo man Vorlagen herstellt, und von dort bekommen wir sie auch. Nur klappt es mit der Versorgung nicht immer ganz. Es kann passieren, daß man seine Tage bekommt und gänzlich ohne dasteht. Ein echtes Problem. Im Brigadeleiterzimmer bekommt man dann gesagt, Vorlagen kommen abends, wenn die Schicht welche mitbringt. Nun geht es von Zimmer zu Zimmer, betteln. Meist ohne Erfolg, hier regiert das Sprichwort »Hilf dir selbst«. Auch ich kenne dieses Problem zur Genüge. Das erste Mal rettet mich Anita, sie zieht eine aus ihrem Atombusen. »Eiserne Reserve«, grinst sie mich an. Von da an bin ich klüger. Man lernt ständig dazu.

Die andere Baracke übt ein Kulturprogramm ein. Wenn sie singen, hören wir es bis zu uns herüber. Sonntag ist es soweit. Vormittags großer Stubendurchgang, Essen, danach marschieren. Ich wandele mit den Halb- und Schwerkranken auf dem Rasen, wir unterhalten uns und genießen die Luft. Während der Woche kommen die, die Nichtarbeiter geblieben sind, jetzt kaum noch an die Luft. Dann steigt das große Ereignis. Wir gehen zurück in die Baracken, es wird gestattet, Strümpfe und Jacken auszuziehen, mit unseren Stühlen treten wir wieder an. Draußen setzen wir uns im Halbkreis hin, schieben die Röcke über die Knie, die hinteren krempeln heimlich die Ärmel hoch. Alle genießen die Sonne einmal ohne diese blöde Marschiererei. Vor uns läuft das »Kulturprogramm«. Es besteht vor allem aus Liedern, Lena begleitet auf dem Akkordeon. »Laß doch der Jugend ihren Lauf«, »Unterm Dach juchhe . . .«, sie haben gut geprobt. Es klingt wie ein gut eingeübter Schulchor. Dazwischen werden Gedichte vorgetragen. Hübsche lustige, einige Ringelnatz-

gedichte dabei, auch Besinnliches. Danach bringen einige Strafgefangene eine Art Sketch. Sie singen »Auf der schwäbschen
Eisebahne . . .«, haben sich dazu wie die Kinder im Kindergarten
zu einer Schlange formiert und halten sich an den Hüften fest.
Walli, eine Brigadeleiterin aus der anderen Baracke, singt jeweils die Strophe, die anderen den Refrain. Walli hat wirklich
eine gute Stimme und auch mimisches Talent. Das rettet die
ganze Sache etwas. Ansonsten finden die meisten das Ganze
entsetzlich kindisch. Aber es ist eben ein Kulturprogramm. Das
ist wohl das Ausschlaggebende. Am Zaun stehen zwei Leutnants, unsere und die von drüben, der Wachtmeister und noch
die ganz junge Wachtel. Sie sind offensichtlich sehr zufrieden.
Ich bin es auch, aber mehr darüber, daß ich an der frischen Luft
bin und sitzen kann. Alles andere berührt mich wenig. Nur bei
den Liedern werde ich traurig. Musik im Knast – das ist nichts
für mich.

Zum Schluß singen wir alle zusammen. »Laß doch der Jugend,
der Jugend, der Jugend ihren Lauf . . .« Hört sich wirklich toll
an. Ich singe nicht mit. Mir würgt es ganz verdächtig in der
Kehle und als das Gesinge vorüber ist, bin ich nur froh. Wie
kann man hier unbeschwert singen! Ob ich das auch noch begreife?

Danach geschieht ein kleines Wunder. Wir müssen nicht ein-
marschieren, wir dürfen sitzen bleiben. Raucherpause. Leichte
Unterhaltung. Herumlaufen zu anderen Brigaden ist nicht gestattet. Ich bin auch so zufrieden.

Beim späteren Einmarsch stellt sich Leutnant Schrecker vor
unsere Brigade hin, so daß alles ins Stocken gerät. Wir müssen
stehen bleiben. »Nun, hat es Ihnen gefallen?« Alle murmeln
wir »jawohl, Frau Leutnant«, die einen mehr, die anderen weniger begeistert. »Sehen sie, so kann es auch hier ganz angenehm sein. Ich hoffe, sie bieten auch bald etwas.« Dabei fällt
ein bedeutungsvoller Blick auf mich. Ich erwidere ihn, aber eiskalt. »Du falsches Aas«, flüstert eine Stimme in mir, »so lange
du hier bist, wirst du mich nicht singen sehen!« Sie versteht
mich, auch ohne Worte. Es ist ein stiller Zweikampf. Wir dürfen
weitergehen. Die anderen kennen meine Meinung zu diesem
Thema und verlieren kein Wort darüber. Es hat sowieso niemand Lust, in der knappen Freizeit Programme einzustudieren.

Am Abend muß ich völlig außer der Reihe den Gang schrubben. Mir ist klar, warum.

Nati wird vorzeitig aus dem Arrest gelassen, ganze zwei Tage früher. Erstaunt gucken wir alle, als sie in das Zimmer tritt. Sie hatte Glück, der Arrest wird gebraucht. Für Roxelane. Die Ärmste, sie hat sich doch aus Liebeskummer eine Nähnadel in den Busen gesteckt. Komischer Einfall. Der Meister hat sie ihr ohne örtliche Betäubung wieder herausgeholt, und nun wandert Roxelane in Arrest. Freizeitarrest, zur Arbeit wird sie geholt. Alle Verehrerinnen atmen auf – so sehen sie sie wenigstens tagsüber. Es ist überhaupt groß in Mode, sich aus verschmähter Liebe Nadeln in irgendwelche Körperteile zu stoßen. In die Armbeuge, in die Brust, sogar im Kopf hat eine dieses Kunststück schon fertig gebracht. Sie kam in die Klinik, wo die Nadel operativ entfernt wurde, anschließend in Arrest. Das Ganze ist Selbstverstümmelung und wird streng bestraft. Selbst Babsy hat so einen Versuch schon hinter sich, aber das liegt noch vor meiner Zeit.

Die Arrestzellen sind ständig belegt, und es gibt jede Menge Voranmeldungen. Außer denen, die es schick finden, sich Nadeln in den Körper zu stechen, kommen noch solche hinein, die sich tätowieren. Es ist sowieso ein ewiges Geheimnis um das Tätowieren. Nach normalen Begriffen gibt es keinerlei Möglichkeiten, dies unbemerkt zu tun. Troztdem, wie aus der Luft gefallen, entdeckt man plötzlich nie dagewesene Verzierungen auf Armen und anderen Körperteilen. Hat die Betroffene Glück und alle halten dicht, ist es ja nicht weiter schlimm, dann ist es ihre Privatsache, wie sie aussieht. Aber meistens findet sich eine, die schwatzt. Auch die Wachteln haben einen untrüglichen Blick für frische Tätowierungen. Dann gelten als Grund für Arrest noch Arbeitsverweigerung, auch gegenüber dem Brigadeleiter, Widerstand gegen das Anstaltspersonal, Verstöße gegen die Hausordnung, als da sind heimliches Rauchen oder Kassibern. Kein Wunder, daß neue Arrestzellen gebaut werden sollen.

Meine verordnete Milch ist immer noch nicht gekommen. Jeden Tag frage ich in der Küche danach, jeden Tag erhalte ich die gleiche verneinende Antwort. Dafür fehlt eines Tages die Küchenfee Annelies. Entlassen! Ohne ein vorheriges Wort, niemand ahnte auch nur das Geringste. Sie hatte noch über ein

Jahr abzusitzen und war erst fünf Monate in Haft. Aber ihr Mann ist in der Parteileitung und arbeitet beim Rat der Stadt. Hatte an die Regierung geschrieben, das erzählte sie uns mal. Wir gaben nichts drauf. Nun ist sie entlassen. Es will keinem in den Kopf. Sachen gibt's . . .

Von fast trockenem Brot und Wassersuppen kann auf die Dauer kein Mensch leben, der nicht wenigstens noch etwas an Eigenfett zuzusetzen hat. Leider gehöre ich zu der Gruppe Erdbewohner, die über eine solche Grundsubstanz nicht mehr verfügen. Also bekomme ich bei der geringsten Anstrengung, wozu neuerdings schon »Gang schrubben« zählt, Schweißausbrüche, Schwindelanfälle und derartige Sachen. Kann ich mich nicht schnellstens hinsetzen, kippe ich unweigerlich um. Meine Zimmergenossinnen wissen das schon und reagieren entsprechend, wenn sie es bemerken. Dabei habe ich bestimmt nicht viel zu arbeiten, und das ist wohl gerade die Ursache. Keine Luft, kein Auslauf, schlechte Kost, keine gleichmäßige Belastung, jede Menge nervliche Belastung. Manche Tage ist mir so sterbenselend, daß ich allein deswegen ständig heulen könnte. Anita muß mit dem Meister darüber gequatscht haben, jedenfalls werde ich, ohne mich angemeldet zu haben, zur nächsten ärztlichen Behandlung aufgerufen. Ich sehe es nur an Anitas Gesicht, daß sie ihre Hand im Spiel hatte. Ich werde gewogen, Ergebnis: drei Pfund abgenommen. In drei Wochen. Während Babsy und Eva vor Fett kaum noch in ihre Röcke passen, muß ich meinen alle paar Tage enger nähen. Dies ist gut sichtbar. Der Arzt fragt, ob ich mich denn noch so oft übergeben muß. Ja, ich muß! Am liebsten würde ich ihm ins Gesicht schreien »Ja, ich kotze jeden Tag, und schlecht ist mir, daß ich jetzt schon beinahe wieder umfallen könnte, und überhaupt, ich habe die Schnauze voll, voll, voll . . .« Ich sage zwar nichts von alledem, aber ohne es zu wollen, laufen mir die Tränen. Diese verdammte Übelkeit, mir wird schon wieder schwindelig. GW-Mieze merkt es. »Herr Meister . . .«, mehr braucht sie nicht zu sagen, Herr Meister winkt schon ab, und im nächsten, aber auch im letzten, Moment finde ich mich auf der Liege wieder. Im Liegen wird es besser. Ob mir denn die Milch nicht gut tut, will der Arzt wissen. Milch! Er läuft leicht rot an, als er hört, daß ich in all den Wochen noch keine Flasche davon gesehen habe. Der Meister will sich jetzt selber darum kümmern. Dann bekomme ich eine Spritze verpaßt, kreislauf- oder sonstwasstärkend, bekomme andere Medikamente verschrieben. Vitamintabletten, B 12. Außerdem wird mir etwas erlaubt, was nur ganz wenige dürfen, ich kriege Liegeerlaubnis! Das heißt, wenn es nötig ist, darf ich mich hinlegen! Welch ein Geschenk! Die Liegeerlaubnis gilt für eine Stunde am Tag, aber wer vom Personal weiß schon, wann man sich niedergelassen hat! Jedenfalls bin ich darüber heilfroh, denn nichts ist schlimmer, als sich krampfhaft auf einem Stuhl zu halten und vor Übelkeit nicht zu wissen, ob man leben oder sterben soll. Das ist noch nicht alles. Es sind drei Magenkranke in der Anstalt, für die zur Zeit jeden Tag Milchsuppe gekocht wird. Auf einen kommt es nicht an, also soll ich von jetzt an ebenfalls täglich einen Teller Milchsuppe erhalten. Ich freue mich wie ein König. Die GW-Mieze erhält noch die Anweisung, mich mit rauszunehmen, wenn sie Zeit hat, damit ich an die Luft komme.

Nun, warten wir ab. Auf jeden Fall bin ich doch ganz froh, daß Anita etwas gesagt hatte, wenn ich auch sonst ihre Schandschnauze manchmal nicht mehr ausstehen kann.

Am nächsten Tag erhalte ich zum Frühstück Milchsuppe, zum Mittagessen eine Flasche Milch ausgehändigt. Ich schlinge alles hinter wie ein ausgehungerter Wolf. Danach ist mir richtiggehend wohl. Mittags schlafe ich, bis die Schicht kommt. Welche Erholung. Und am Nachmittag habe ich das Glück, zur Gruppenstunde mit hinauszudürfen. Gerti hat es durchgesetzt. Die anderen spielen Ball, ich sitze in der Sonne. Na also, Dessau ist doch gar nicht so schlimm! Im Moment wenigstens . . .

Ohne Vorwarnung steht Gerti in der Türe. »Die drei Neuen, Tina, Sachen packen, ihr werdet verlegt.« Ich bringe vor Überraschung kein Wort hervor, es kommt zu plötzlich. In der gesamten Baracke ist großes Umräumen, die Nichtarbeiter und die derzeitigen Bauarbeiter werden im vorderen Teil der Baracke zusammengelegt. Moni treffe ich ebenfalls auf dem Gang beim Umzug. Wir schaffen es, zusammen in einen Raum zu kommen. Das ist Glück, denn ansonsten werden alle wieder möglichst bunt durcheinandergewürfelt, auf Wünsche wird keinerlei Rücksicht genommen. Die Barackenälteste und eine Meisterin leiten den Umzug. Schade. Ich hatte mich in meinem Verwahrraum gerade etwas eingewöhnt. Zum Verabschieden bleibt nicht viel Zeit. Der neue Verwahrraum ist kleiner, sieben Doppelstockbetten darin. So dicht aneinander, daß man kaum treten kann. Wir sind vierzehn Frauen, ausnahmslos jüngere. Entsprechend sind auch schon am ersten Abend die Stimmung und die Gespräche. Ich habe mit Moni zusammen ein Eckbett ergattert, wir bleiben für uns. Es hätte auch keinen Zweck, sich hier anpassen zu wollen. »Marlis, hast du schon mal Tittenfick gemacht?« Marlis wird zwar leicht rot, aber dann erzählt sie bereitwillig und in allen Einzelheiten. Die anderen werden auch warm und geben Bettgeschichten zum besten. So verläuft der erste Abend im neuen Verwahrraum.

Die nun folgenden Tage und Nächte sind eine einzige Strapaze für alle. Im Schrank sind nur zehn Fächer, viel zu wenig Bügel und kaum Platz für alle Schuhe. Hatten wir dies hinten, im Verwahrraum zwölf, wenigstens noch mit Geduld und Verständnis füreinander gelöst, so ist es damit endgültig vorbei. Es ist ein heilloses Durcheinander in der Wäsche, die Kleiderröcke werden einfach von den Bügeln gerissen und im Zimmer liegengelassen, wenn man einen darunterhängenden hervorholen will. Auf Anhieb die richtigen Schuhe zu finden ist sowieso ein Kunststück, da sich niemand an irgendeine Ordnung hält. Zwischen den Betten und den zwei Tischen ist kaum Platz zum Aufhalten, beim Essen sitzt man eingezwängt, daß kaum der Löffel zu heben ist. Zehn Stühle sind nur da, der Rest muß auf den Betten sitzen. All dies ist erst einmal Grund genug für die meisten, sich ständig zu zanken. Das Gekeife geht früh los, wenn die ersten ihr Waschzeug nicht schnell genug finden, und endet abends immer noch nicht. Jetzt finde ich es gut, daß die Bauarbeiten draußen jeden Tag wenigstens sechs bis sieben Stunden andauern, in der Zeit ist Ruhe. Nur Moni tut mir leid, sie ist so klein und zierlich, wenn sie reinkommt, ist sie immer total fertig.

Die Nächte sind ebenfalls eine Katastrophe, an Schlafen kann man nur denken, wenn man sich taub stellt. Und das ist gar nicht so einfach. Zwei Drittel hier im Verwahrraum sind lesbisch, die anderen probieren mal mit. Was zur Folge hat, daß nach dem Nachteinschluß ein endloses Gerenne losgeht, weil sich alle an heimlichen Orten mit ihren »Miezen« treffen. Natürlich laufen nicht alle auf einmal, das würde auffallen, nur immer mal eine zur Toilette. So zieht sich das Gelaufe jeden Abend bis weit in die Nacht hin. Ich glaube wirklich, hier sind Moni und ich die einzigen, die man noch als halbwegs vernünftig bezeichnen kann. Edelgard hatte Mitleid mit uns, kam klammheimlich vorgeschlichen und brachte uns von ihrer Wolle vier Knäuel. Geschenkt. Wir konnten es gar nicht fassen. Nun stricken wir abwechselnd, Moni und ich. Für wen das Kinderjäckchen wird, spielt gar keine Rolle, Hauptsache, wir haben etwas Ablenkung. Oh, ich denke manche Stunde mit Sehnsucht an die Zeit im Verwahrraum zwölf zurück, da war es wenigstens zum Aushalten. Anita sehe ich fast nur noch beim Waschen, oder wenn sie mit der Schicht zurückkommt, und meistens fängt mich Betsy auf halbem Wege ab, weil ich an ihrem Verwahrraum vorbei muß.

In den Nächten zeigt sich jetzt noch ein Problem, von dem ich vorher nichts ahnte. Fast alle rauchen im Bett, klammheimlich, trotz strengster Verbote. Als Moni und ich versuchen, etwas dagegen zu sagen, bekommen wir einiges zu hören. Mit Kraftausdrücken und Drohungen wird nicht gespart. Wir haben nur die eine Wahl, ruhig sein und uns raushalten. Und hoffen, daß niemand entdeckt, was hier im Zimmer los ist. Kommt hier Personal dazu und sieht, wie alle in den Betten rauchen, dann hilft nur noch, sich schlafend zu stellen und von nichts zu wissen.

Gewiß, wir könnten zur Schreckern gehen und das Ganze melden. Aber dann hätten wir erstens zwölf erbitterte Gegner, die in der ganzen Baracke gegen uns Stimmung machen würden, und zweitens weiß ich schon im voraus, wie die Antwort der Schreckern lauten würde. Nämlich: »Ja was denn, Siegert, Sie wissen so was und unternehmen nichts dagegen? Wozu sind Sie denn Lehrerin? Bringen Sie doch dort mal Ordnung rein, das werden Sie wohl noch schaffen!« So etwa. Und davor möchte ich gern bewahrt bleiben.

So sitze ich in der Freizeit mit Moni in dem engen Gang zwischen zwei Betten. Wir stricken, unterhalten uns und lassen die anderen tun, was sie wollen.

Da jetzt nur noch sehr wenig Frauen sind, die gar keine Arbeit haben, komme ich auch wieder öfter zum Abwaschen. Das sind auch immer zwei Stunden am Tag, die man gut herumgebracht hat. Ansonsten beschäftigen mich die üblichen Ordnungsdienste, die wir Nichtarbeiter verrichten, wenn die anderen zur Schicht sind. Waschraumdienst, Toilettendienst, Flur wischen, Fenster putzen, Wände waschen, Tischdienst. Und Wäsche waschen.

Wäsche waschen brauchte ich bisher nicht, das hatte seinen bestimmten Grund. Es gibt für jeden Verwahrraum wöchentlich einen Zahnputzbecher Waschpulver. Da diese Menge beim besten Willen nicht für alle Wäsche reichen kann, kauften Muttchen, Edelgard und Anita von ihrem Einkaufsgeld meistens etwas Waschpulver dazu. Den anderen war es egal, womit ihre Wäsche gewaschen wurde. Im Waschraum steht eine Waschmaschine mit Rührwerk. Hier kann jeder Verwahrraum seine Wäsche besorgen, sogar eine genaue Einteilung nach Plan hängt an der Tür, um Streitereien zu vermeiden. Und da Edelgard, Muttchen und Anita nun immer ihr eigenes Waschpulver dazugaben, waren sie es auch, die grundsätzlich die Wäsche machen wollten. Sie warfen nämlich ihre Sachen zuerst in die Maschine. wenn das Waschpulver noch neu war. Dann holten sie schöne saubere Wäsche raus. Danach schmissen sie alles andere in die Maschine, was anfiel. Nicht gerade wenig. Das Wasser war nach den ersten drei Fuhren Jauche, schwarze, stinkende Jauche. Und da hinein kamen dann immer noch Hemden, Blusen, Strümpfe. Bis die Wäsche von vierzehn Frauen eben gewaschen war. Anders ging es nicht. Den anderen war es vollkommen gleich, worin ihre Wäsche gewaschen wurde, Hauptsache, sie kam mit Wasser in Berührung. Sie schimpften höchstens auf die Leitung, die ruhig mal mehr Waschpulver ausgeben könnte.

Ja, wehmütig denke ich an die alten Zeiten im Verwahrraum zwölf. Jetzt ist das anders. Auch hier gibt es wöchentlich einen Becher Waschpulver für den Verwahrraum. Auch hier ist es allen vollkommen gleich, wie die Wäsche gewaschen wird. Allen. Nur Moni und mir nicht ganz. Wir lassen die anderen waschen, sie zanken sich sowieso die ganze Woche herum, wer wieder die Wäsche machen soll. Unsere Wäsche erledige ich, wenn Moni draußen arbeitet. Mit Seife und Bürste. Aber wir haben wenigstens das Gefühl, sauber angezogen zu sein.

Es gibt Einkauf! Für jede Straßenbauarbeiterin fünf Mark! Alle freuen sich, alle schimpfen, daß es nicht mehr ist für die Schinderei. Ich sage gar nichts, ich habe keinen Einkauf.

Eine Liste wird hereingegeben, darauf steht alles, was es zu kaufen gibt. Mit Preis dahinter. Dann müssen wir Listen anfertigen, jede schreibt auf, was sie haben möchte. Bei den meisten sind es Zigaretten, ein Stück Seife, um die scheußliche Anstaltsseife wegwerfen zu können, von der es jeden Monat ein Stück gibt und deren Geruch man nur noch als Gestank bezeichnen kann. Wer nicht raucht, kann Süßigkeiten bestellen, Schokolade und Bonbons stehen auf dem Zettel. Schokolade zu vierachtzig die Tafel. Fällt schon flach. Moni bestellt Bonbons, Kekse, Seife, Schreibpapier. Für fünf Mark ist nicht viel zu haben. Immerhin, es ist der erste Einkauf und alle freuen sich. Ich komme auch so aus. Zur Haarwäsche benutze ich Geschirrspülmittel aus der Küche, Schreibpapier gibt mir Moni ab. Geborgt, bis ich auch einmal Einkauf habe.

Als die Tüten mit dem Einkauf gebracht werden, ist Stimmung. Alles raucht, was die Lungen hergeben, ich bekomme sogar Kekse und Bonbons geschenkt. Doch die gute Stimmung und die Einigkeit sind trügerisch, am Abend zankt man sich bereits darüber, wer wem Zigaretten geklaut hat. Ein Glück, ich komme als Verdächtige nicht in Frage.

Die Bauarbeiten sind beendet, wir sind wieder alle gleich, alle Nichtarbeiter. Bekommen die gleiche knappe Verpflegung und sitzen die meiste Zeit des Tages auf unserem Hintern ab. Es ist nicht auszuhalten, Moni und ich wünschen nur eins: Raus!

Ohne Vorankündigung kommt die Veränderung, die wir schon wochenlang herbeisehnen. In der Tür steht die Barackenälteste und fordert zum Raustreten auf. »Es gibt Arbeit«! Sie sagt es mit geheimnisvoller, gönnerhafter Miene, so daß uns allen das Herz ein wenig zu klopfen anfängt. Es geht also los! Endlich! Die Schuhe haben wir so schnell angezogen wie nie zuvor, dann treten wir heraus. Auf dem Gang erneutes Aufstellen, warten. Nicht lange dieses Mal, dann kommt Frau Leutnant. Nicht die Schreckern, oh nein, eine andere Frau Leutnant. Es gibt vier davon hier im Strafvollzug. Die erste lernten wir bei der Aufnahme im Jugendstrafvollzug kennen und haben sie noch in angenehmer Erinnerung. Dann Schreckern – na ja. Sie ist eben da und man muß mit ihr auskommen. Erzieherin von Baracke eins. Außerdem Frau Leutnant März und Frau Leutnant Bogel. Beide jung, und beide nett, ruhig und ausgeglichen. Wie oft haben wir uns schon gewünscht, wenn bei uns über den

Flur gebrüllt wurde, daß die Ohren dröhnten, könnten wir bloß eine der anderen Erzieherinnen bei uns haben! Das Wunder ist da!

Es ist Frau Leutnant März, die aufschließt, uns zum Raustreten auffordert. Ruhig, mit einem Lächeln. Draußen steht schon Frau Leutnant Bogel mit Block und Kugelschreiber. Wir nehmen Aufstellung, zimmerweise.

Aufrufen der Namen, antworten mit Vornamen und Geburtsdatum. Kenne ich noch vom Transport her. Alle sind da. Sechsundfünfzig Frauen. Nichtarbeiter. Alte, junge, vor Gesundheit strotzende, mitgenommen aussehende.

Namen werden aufgerufen. Moni und ich dabei. Alle Aufgerufenen stellen sich zu einer gesonderten Gruppe auf. Die Spannung steigt. Was wird werden?

Nach dem zweiunddreißigsten Namen ist Schluß. Frau Leutnant März erklärt uns, daß wir eine neue Brigade bilden, die in der Filmfabrik arbeiten wird. In einer neu eingerichteten Werkstatt. In der Dunkelkammer. Dies sei eine sehr anstrengende Arbeit für die Augen, wer schlechte Augen habe, möchte so ehrlich sein und heraustreten, man habe dies vorher an Hand von Akten nicht aussortieren können. Da haben wir's, man soll sich eben nie zu früh freuen. Wie gern wäre ich mit Moni zusammen geblieben. Mit drei anderen trete ich nach kurzem Zögern raus. Es wird ja wohl auch für uns noch Arbeit geben. Es gibt sie. Für uns Herausgetretene werden vier andere Frauen in die neugebildete Brigade gestellt. Dann geht es an die Aufteilung der noch Herumstehenden.

Wir bekommen alle Arbeit. Wir werden in die bereits bestehenden Brigaden der anderen Baracke aufgeteilt. So teilt man uns in vier Häufchen mit den Bezeichnungen M1, M2, M3 und Alba Zell. Wir kennen die Abkürzungen bereits, schließlich sind wir lange genug hier. M ist die Kurzsprache für »Magnetband«, es gibt da drei Brigaden, die in der Magnetbandherstellung arbeiten. Zwei Brigaden zum Wickeln der Magnetbänder. Früh- und Spätschicht. Im Wechsel. Die dritte Brigade, M3, für die Verpackung. Alba Zell ist die überall bekannte Fabrik, in der Vorlagen hergestellt werden. Im hier geläufigen Knastjargon kurz »Aale« genannt.

Ich komme mit drei anderen Frauen zu M1. Die drei anderen

kenne ich bereits, sie waren im Zimmer nebenan. Zwei sind älter, könnten meine Mutter sein. Eine davon ist »Mimose«, so genannt, weil sie entsetzlich empfindlich auf alles reagiert, die andere ist Elsa, eine nette, verträgliche Frau. Die dritte ist nur unter dem Namen »die Vettern« bekannt, sie macht von Kopf bis Fuß den Eindruck, als hätte sie Wasser dringend nötig. Auch geistig scheint sie nur das Notwendigste mitbekommen zu haben. Weshalb niemand näheren Kontakt mit ihr sucht. Wir gehören also jetzt zu M1.

Frau Leutnant Bogel schreibt alle Namen in die entsprechenden Brigaden ein, Ordnung muß sein. Leutnant März steht dabei und lächelt, eine hübsche Frau, glatt gescheitelter, kurzer Pagenkopf, viele flüstern über sie und finden sie »einfach süß«. Mir genügt es, daß sie nett ist. Vielleicht wird man besser miteinander auskommen können.

Dauerte in den vergangenen Wochen alles derart lange, daß es uns manchen Tag zum Verzweifeln schien, so wird alles bisher Verbummelte heute aufgeholt.

Wieder Einrücken in die Baracke, Sachen packen. Schnell, schnell. Bekleidung unter einem Arm, Decken, Kosmetiktaschen und Hausschuhe unter dem anderen. Zum Tragen ist es etwas viel, ich lasse die Kosmetiktasche fallen. Darin hatte ich die Flasche mit dem geklauten, als Haarwäsche benutzten Geschirrspülmittel, sie ist hin. Das Zeug schäumt entsetzlich, alle anderen stehen mehr oder weniger schadenfroh herum, jede weiß natürlich sofort, worum es sich handelt, auch wenn ich noch so beiläufig erwähne, daß es schade um die schöne Haarwäsche ist. Ich bin vollkommen durcheinander, wir stehen schon auf dem Gang und Frau Leutnant kann jeden Moment erscheinen, uns rüberzuschließen in die andere Baracke. Elsa erbarmt sich, legt ihre Pakete beiseite und hilft mir, so gut das in aller Schnelle geht, bei der Spurenbeseitigung. Wir schaffen es gerade noch, unsere Pakete wieder unter die Arme zu klemmen, da wird aufgeschlossen. Im Gänsemarsch geht es hinaus, rüber zur anderen Baracke. Frau Leutnant März weist uns unsere neuen Quartiere zu, ich komme zusammen mit Mimose in einen der vorderen Verwahrräume. Elsa muß mit der Vettern weiter hinter. Zwar die gleiche Brigade, aber ein anderer Verwahrraum. Elsa schaut traurig, ich habe das Gefühl, sie wäre gern mit mir zusammen gewesen. Mimose freut sich um so mehr: »Ach, meine gute Tina, ich wollte schon immer so gern mit dir zusammen sein, ach, wie ich mich freue, wir werden schon gut miteinander auskommen, ich helfe dir auch gern, wenn du mal irgendwelche Wünsche oder Probleme hast, welches Bett möchtest du denn gern, das obere oder das untere, weißt du, ich habe es ja so mit den Hüften, vielleicht könntest du das obere...« Schon gut, schon gut. Meine Sachen liegen bereits auf dem oberen Bett. Dieses Gesabbel raubt mir den letzten Nerv. Ich spiele die Schweigsame. Mimose redet dafür um so mehr. Wir beziehen Betten und verstauen unsere Habseligkeiten, wo wir noch ein freies Fleckchen finden können. Davon gibt es nicht viel, denn auch dieser Verwahrraum ist total überfüllt. Wie alle. Es ist höchste Zeit, daß die neuen Baracken fertig werden. Frau Leutnant schaut noch einmal kurz herein, ob wir uns eingerichtet haben – wir haben. Also sagt sie uns nur noch, daß wir das Glück haben, in eine sehr gute Brigade gekommen zu sein, das heißt, die M1 ist gerade dabei, eine sehr gute Brigade zu werden, seit sie einen neuen Brigadeleiter hat, nämlich die Strafgefangene Wiebke, und die Strafgefangene Wiebke sei sehr tüchtig und so weiter, und so weiter. Bereits am kommenden Morgen sollen wir mit zur Arbeit gehen.

Donnerwetter, ging das jetzt alles schnell. Nach neun Wochen Nichtarbeiterdasein endlich die konkrete Aussicht auf Arbeit! Morgen. Ich bin zuversichtlich und richtig fröhlich. Wir sind allein im Zimmer. Mimose und ich. Mimose kann ihre Klappe absolut nicht halten. »Tina, meine gute Tina, wir werden gut zusammenhalten, und wenn ich dir auf Arbeit etwas helfen kann, weil du es vielleicht nicht so schaffst, dann tu ich das bestimmt gern...« Du meine Güte, geht das unendlich so? Worauf spielt sie eigentlich an? Auf mein mickriges Aussehen? Das sagt noch lange nichts darüber, wieviel Energie in mir steckt. Wenn ich will. Wollen wir doch erst mal sehen, wer hier die Arbeit nicht schafft. Im Moment will ich nämlich, ja, ich freue mich geradezu darauf, zu zeigen, daß eine mit RF lange nicht der letzte Dreck ist, wie es manche Vorgesetzten wohl gern sehen würden. Ich werde es ihnen schon zeigen!

Mimose fällt es gar nicht auf, daß ich nichts sage. Dafür redet sie um so mehr. Das gleicht sich aus.

Ich ordne noch meine Sachen, verstecke Monis Adresse, die sie mir in der letzten Minute des Zusammenpackens zusteckte – falls wir uns so schnell nicht mehr sehen, weil ich doch hier in der Baracke bleibe, und du schreibts mir doch, Tina, wenn du draußen bist –, wer weiß, ob ich ihr schreibe. Aber die Adresse gilt es erst einmal sorgfältig zu verstecken, damit man sie auch behält. Eigentlich schade, mit Moni war es ein schönes Zusammenleben. Nun, macht nichts, man soll sich eben im Knast an niemanden anschließen, hat auch seine Vorteile. Jetzt habe ich ja Mimose. Schöner Tausch . . .

Das Mittagessen – Kartoffeln, braune, sauer schmeckende, klumpige Mehlsoße und ein Ei – dämpft unsere gute Stimmung etwas, dann wird es langweilig. Die Schicht kommt erst gegen vierzehnuhrdreißig, so lange müssen wir die Langeweile noch rumkriegen. Ich erklimme mein oberes Bett, Mimose ihr unteres. Liegeerlaubnis! Ein kleine, rundliche Wachtmeisterin, höchstens achtzehn Jahre, schaut herein und ist entsetzt. Was uns denn einfällt, uns hinzulegen. Mimose springt dienstbeflissen auf, ich hebe lediglich den Kopf, als wäre ich gerade am Einschlafen gewesen. »Liegeerlaubnis, Frau Wachtmeister, haben wir, alle beide!« Mimose überschlägt sich bald. Frau Wachtmeister wird unsicher, sie werde sich erkundigen, dann ist sie draußen. Wir sehen sie nicht wieder. Mit dem Einrücken der Schicht, unserer Brigade M1, bekommt unsere zuversichtliche, neu gewonnene Fröhlichkeit ihren ersten Dämpfer verpaßt. Um Himmels Willen, wo sind wir hier nur hingeraten! Das soll eine »gute« Brigade sein? Wie sehen denn dann die weniger guten aus? Da habe ich ja in meinen ersten Zeiten in Baracke eins drüben zwischen dem Geknatsche Evas, dem Herumsitzen Babsys und den unflätigen Erzählungen Natis sowie einiger anderer wie im siebenten Himmel gelebt! Nur daß man es zu solchen Zeiten nie zu würdigen weiß, immer erst hinterher. Leider.

Viel Zeit zum Überlegen bleibt nicht. Wir sind voll mittendrin. Die Brigade rückt ein mit der Lautstärke eines gesamten Regimentes, Brüllen, Johlen, Rennen auf dem Gang, dann wird unsere Tür aufgerissen. Hoppla, jetzt kommen wir! Jacken fliegen auf die Betten, Schuhe und Beutel in sämtliche Ecken, eine große, grobgeratene Gestalt brüllt mit Baßstimme: »Zwei Neue, du Schande, was ham se uns denn da für Vögel geschickt!« Damit sind wir gemeint. Das war die Begrüßung, dann stürzt die ganze Truppe von zwölf Frauen wieder raus, Essen holen. Wir bleiben sitzen, aber selbst Mimose ist jetzt still. Auch ihr hat es die Sprache verschlagen. Die zwölf kommen zurück, erneut wüstes Durcheinander. »Eh, ihr Neuen, ihr sitzt auf unseren Plätzen, mal runter, könnt euch was anderes suchen!« Wir tun es, um jeden Widerspruch zu vermeiden. Dann erst einmal etwas Stille, so viel reden kann man beim Essen nicht. Annette, die mit der Baßstimme, Walküre im Aussehen, ist als erste fertig, leider. »Was'n nachher, Gruppenstunde? Buchlesung? Du Scheiße!« Die anderen essen noch, mir gegenüber zwei junge Mädchen, die sich flirtend ansehen. Also hier auch . . . Ja, was hatte ich eigentlich erwartet.

Kaum ist die erzwungene Ruhe des Essens vorbei, wieder Krach. In höchster Stärke. »Wer räumt nu ab, verfluchte Saubande, alles kann man selber machen!« Ich kenne noch niemanden weiter, ein junges Mädchen, mir angenehm durch sein ruhiges Wesen aufgefallen, steht wortlos auf und räumt die Teller zusammen. Die Verwahrraumälteste, sehr jung und sehr still, an ihrem weißen Streifen auf dem Ärmel sofort zu erkennen, sagt nichts zu diesem wüsten Durcheinander.

Die Teller und Bestecke sind endlich wieder draußen, ein wenig scheint sich die Aufregung doch zu legen. Wir werden gemustert, ausgefragt, woher, wie lange, warum, Amnestie, kommt oder kommt sie nicht. Das Übliche. Dann die Feststellung, daß auf Arbeit eigentlich gar keine Neuen mehr gebraucht werden, na, man wird schon was für uns finden. Unheimlich ermutigend.

Ein anderes junges Mädchen schaut herein, Mannweib, igelkurz geschnittene blonde Haare, betont forsch, an Stimme sogar Annette noch übertreffend. »Sind bei euch ooch Neue drin? Zeigt mal her, wo denn, die dort, ach du Schande . . .« Mimose und ich, wie fühlen uns unheimlich wohl. Wir hören die dröhnende Stimme noch auf dem Gang, als die Tür bereits wieder geschlossen ist. »Die ham Neue, das müßt ihr gesehn ham! Eine Spindeldürre und eine Alte! Wird immer besser mit dem Nachschub!«

Die Jungen in unserem Zimmer grinsen, die älteren sagen nichts, sie lächeln uns, wie um Verzeihung bittend, an. Verzeihung wohl für das Unabänderliche, gegen das sie nichts tun können als sich ruhig zu verhalten und so nicht auch noch Zielscheibe für Spott und irgendwelche Angriffe zu werden.

Es sind drei ältere Frauen im Verwahrraum, Margot, knapp über vierzig, Wolle, knapp über vierzig, Mimose, vielleicht fünfzig. Das übrige alles Junge und noch Jüngere. Ich mit meinen dreißig Jahren bin Mitte. Die Jüngsten gerade achtzehn, Annett, die beiden Flirtenden, dann neunzehn, zwanzig, eine sechsundzwanzig. Zwischen achtzehn und zwanzig allein acht. Es reicht.

Die Brigadeleiterin stellt sich vor. Ich mag sie wohl leiden, auf den ersten Blick. Strafgefangene Wiebke, Wilhelmina, von allen Helma gerufen. Sie ist noch nicht ganz zur Tür herein, da hängt auch schon Annett, das Riesenbaby, an ihrem Hals, »Helma, meine Gute, heute hab ich aber noch nichts angestellt, siehst du, wenn ich mich bessern will, dann geb ich mir auch Mühe!« Helma hat Mühe, gerade stehen zu bleiben, mit vielen lobenden Worten gelingt es ihr, den Klammergriff um ihren Hals endlich zu lösen, einige andere junge Mädchen stürzen ebenfalls zu ihr hin und umarmen sie, Annett wird eifersüchtig, röhrt etwas von »meiner Helma«, der Rest der Besatzung sitzt abwartend.

Nach der stürmischen Begrüßung – mir unerklärlich, waren sie nicht alle den ganzen Vormittag auf Schicht? – sind wir dran. Unsere Namen werden in Helmas schwarzem Schreibheft eingetragen, Geburtsdatum, Beruf – um uns jetzt auffallende Stille, niemand möchte etwas Wichtiges verpassen, alles hält den Atem an. Schließlich ist das hier die beste Art, die anderen schnellstmöglich kennenzulernen. Wer läßt sich das entgehen?

Helma ist sehr freundlich. Notiert, daß wir beide Liegeerlaubnis haben, schreibt meine Befreiung vom Marschieren in ihr Buch. Dann fragt sie, ob ich nicht, wenn ich schon Lehrerin sei, mit der Brigade gelegentlich ein Kulturprogramm einüben könnte, so eine Kraft habe schon lange gefehlt, sie wollten gern beste Brigade werden und da könnte ein Kulturprogramm sehr helfen. Die anderen horchen gespannt. Bei Wolle, der Vierzigjährigen, sieht es aus, als klappte sie die Ohren ab, um besser zu hören. Ich sage nicht ja, auch nicht nein, mal sehen. Erst eingewöhnen. Mehr verlangt Helma auch gar nicht, fürs erste. Ich finde sie nett, warum also soll ich sie mit einer Absage vor den Kopf stoßen. Drüben, bei der Schreckern, ja da war das etwas anderes. Im Kulturprogramm muß man ja vielleicht nicht unbedingt singen, oder nur ein Lied . . . Wir werden sehen. Auf jeden Fall sträubt sich in mir nicht mehr alles, wenn von derlei Dingen die Rede ist. Helma geht wieder. »In einer Viertelstunde alle nach Verwahrraum vierzehn zur Buchlesung«, sagt sie noch im Hinausgehen. Das allgemeine Stöhnen hinter der bereits geschlossenen Tür kann sie nicht mehr hören.

Eine Viertelstunde ist so gut wie nichts. Als sie nach allgemeiner Schätzung um sein müßte, nimmt jede der Strafgefangenen ihren Stuhl, die Verwahrraumälteste begibt sich an die Tür, im Gänsemarsch folgen alle anderen hinterher über den langen Gang bis zu Zimmer vierzehn. Hier lebt die andere Hälfte der Brigade. Es geht nicht eben leise vor sich, dieser Umzug, kurz vor dem Zimmer jubelt Annett in tiefstem Baß »Helma, wir kommen!«, was ihr von hinten einen Rippenstoß und diverse laute Rufe nach Ruhe einbringt, wodurch der ganze Zug von einem Getöse größten Ausmaßes umrahmt wird. Zum Glück ist kein Personal zu sehen. Helma steht jetzt in der Tür, ich erwarte, daß sie schimpfen wird über den Krach. Ach wo, vollkommen danebengetippt. Sie streicht Annett über die roten Kräuselhaare, »also, Annett, du hast doch schon bewiesen, daß es auch leiser geht, daran wollten wir uns doch halten!« Annett strahlt, die anderen verstummen einen Moment, mit unseren Stühlen vor dem Bauch ziehen wir ein. Dann wieder lebhafte Begrüßung allerseits, »hallo, Berni, hierher, hab schon freigehalten!«, »Mensch, Annett, du fette Sau, mußt du unbedingt neben mir sitzen, du pennst doch sowieso gleich wieder . . .« Dann Annettchens wütendes Aufheulen, durch ihr Organ wie Wolfsgeheul anzuhören. »Siehst du, Helma, uaahhh, immer ich, uaahhh, dabei kann ich gar nichts dafür!« Helma beruhigt Annett, weist die andere, die »fette Sau« gesagt hat, zurecht, alle anderen regen sich ebenfalls auf, es ist nicht mehr festzustellen, wer über wen, das Chaos ist perfekt. Ich sehe Elsa in einer Ecke sitzen und verzweifelt vor sich hinstarren, ich schiebe mich mit meinem Stuhl zu ihr. Mimose folgt mir ohne Aufforderung, sie ist wie mein Schatten. Dann geht es noch darum, wer neben der Vettern sitzen soll, keine will es, aber es läßt sich nicht vermeiden, wegen der Enge sitzen wir unheimlich gedrängt. Schließlich hat auch die Vettern einen Platz, ich bin insgeheim froh, daß sie

234

nicht neben mir gelandet ist. Die Aufregung legt sich etwas, eine Hälfte der angesetzten Gruppenstunde muß wohl bereits vergangen sein.

Helma ist es endlich gelungen, Ruhe zu schaffen, mit viel gutem Zureden und Appellen an die kaum vorhandene Vernunft. Gertensteck, klein, zierlich, nicht häßlich, unauffällig, mein Verwahrraum, wird zum Lesen aufgefordert. Sie beginnt zu lesen, mitten in einem Buch, wo anscheinend die letzte Lesestunde aufhörte. »Der kleine Trompeter.« Lesestoff der dritten Klasse, oft genug von mir in der Schule besprochen. Gertensteck liest, sehr leise, in den hintersten Stuhlreihen kaum zu verstehen. Sie betont nicht, manchmal bleibt nur zu ahnen, wo ein Satz zu Ende ist und wo der neu anfängt. Wolle heuchelt Interesse auf ihr gelangweiltes Gesicht, mit einem Seitenblick auf Helma, ob ihr Interesse auch gebührend beachtet wird. »Gerti, kannst du nicht ein bißchen lauter lesen?« Gerti nickt, liest im gleichen Tonfall weiter. Für den Zwischenruf wird Wolle von Annett mit einem Rippenstoß bedacht, weil Annett dadurch geweckt wurde, und sie war doch gerade am Einschlafen. Wolle jault, »Helma, sag du doch mal was, das darf Annett doch wirklich nicht!« Annett tritt hinter dem davorstehenden Stuhl Wolle kräftig ins Bein, zu Helma gewandt sagt sie gleichzeitig mit lächelndem Gesicht »ich tu's auch bestimmt nicht wieder, Helma, meine Gute«. Helma ist gerührt über so viel Besserungswillen und bittet Wolle, doch ein bißchen Geduld mit den Jüngeren zu haben. In Wolles Augen glimmt etwas auf, das mich an Falschheit und Hinterlistigkeit erinnert, aber auch sie lächelt nun Helma versöhnlich an. Na bitte, mit ein wenig gutem Willen geht alles.

Die Gruppenstunde ist vorbei, auf dem gleichen Wege wie vorher geht es zurück.

In diesem Stil läuft das Leben in meinem neuen Verwahrraum. Noch abends im Bett, als die älteren sich längst verzweifelt von einer Seite zur anderen drehen, weil sie todmüde sind, geben die jüngeren keine Ruhe. Die beiden, die sich immer anhimmeln und dauernd die Köpfe zusammenstecken – ich glaube, sie sind nicht lesbisch, sie möchten nur auf diese Art bei uns anderen Aufmerksamkeit erwecken, – also Gundi und Scholli verschwinden leise nach draußen. Wolle hebt sofort ihren Kopf, wir dachten alle, sie schläft schon, und wispert leise, mit einem unüberhörbaren hämischen Unterton: »Ich weiß schon, was die beiden machen, die rauchen nämlich im Waschraum.« Sie hat eine komische Art, diese »Wolle«. Helma sagte mir am Nachmittag sehr vertraulich, ich solle mich vor Wolle in acht nehmen, sie ist grundfalsch und verzinkt jeden. Nun, da ich stets zuerst versuche, das Gute im Menschen zu finden, will ich mir selbst ein Bild von Wolle machen und lasse mir nichts anmerken von dem, was ich nun weiß. Auf Wolles stille Bemerkung reagiert niemand im Raum, wenig später kommen Gundi und Scholli wieder und alle können am hereinwehenden Geruch feststellen, daß Wolle recht hatte. Keine verliert ein Wort darüber.

Und Annett, das große Kind, schläft mir gegenüber im oberen Bett, auf dem Bauch, die Arme unter dem Kopf.

Die Schnelligkeit dieses ersten Tages in der neuen Brigade wird noch weit übertroffen von dem nun folgenden. Das Aufstehen ist eine reine Hetzerei. Früh dreiuhrfünfzehn. Spätestens. Waschen, Anziehen, Betten bauen, Essen holen, Frühstücken. Höllischer Krach bei allem, Streit, wer das größte Stück Wurst bekommen hat, sowieso alles Schiebung vom Tischdienst. Die Spätschicht nebenan trommelt an die Holzwand, sie sind erst gegen Mitternacht zum Einschlafen gekommen, wir sollen doch unsere verdammten Schnauzen halten. Wir denken nicht daran, die meisten wenigstens kaum. Personal ist nirgends zu sehen. Ein Glück. Von dem wenigen Brotbelag – obligatorisches Stück Margarine, kleiner, daumenhoher Ring Leberwurst – werden noch die Arbeitsschnitten belegt. Zum sofort essen steht noch Marmelade auf dem Tisch, was auch ständig zu Streit führt, weil der eine mehr, der andere weniger nimmt. Annett röhrt wieder mit voll ausgeschlafener Stimme und frischer Energie, Scholli und Gundi streiten mit jedem, man hat den Eindruck, es macht ihnen Spaß, Wolle stichelt von ihrem Tisch aus. Die Verwahrraumälteste glänzt durch ihre Anwesenheit, zur Schaffung einer erträglicheren Stimmung tut sie nicht das Geringste. Eine Stunde ist nicht viel. Kurzes Durchfegen vom Stubendienst, Zurechtrücken der Stühle, da hören wir schon Helma zum Raustreten rufen. »Brigade M1, raustreten!« Vieruhrfünfzehn.

Auf dem schmalen Gang wird Aufstellung genommen, nebeneinander, der Größe nach. Die M3 steht in gleicher Ordnung, als Packerbrigade hat sie ständig Frühschicht. Ganz hinten im endlos langen Gang die Frühschicht von Alba Zell.

Vieruhrdreißig. Die vordere Tür wird aufgeschlossen, alles Gerede verstummt. Frau Leutnant März. Sie wartet, bis vollkommene Ruhe ist. Ohne ein Wort. Dann erlaubt sie den Brigadeleiterinnen mit einem Kopfnicken, Meldung zu machen.

»Frau Leutnant, Brigade M1 mit zweiunddreißig Strafgefangenen angetreten, fertig zum Abmarsch!« »Danke!« Nächste Brigade. »Frau Leutnant . . .«

Nach der Meldung dürfen wir raustreten. Wieder im Gänsemarsch. Draußen wird es hell, die Luft ist angenehm warm. Wir werden über den Vorhof in die Schleuse geführt. Die Schleuse ist eigentlich auch nicht mehr als ein Hof, von Stahlgitterzäunen umrahmt, an einer Seite der Hundelaufgang.

Zu dritt aufrücken. Ja, gut so. Dann stehen wir und warten. Wieder einmal. Drei Brigaden, wenig ausgeschlafen, leise flüsternd, da Frau Leutnant nicht mehr in der Schleuse ist. Sie hat es vorgezogen, im Eingangsgebäude zu warten, wahrscheinlich sitzend. Wir stehen. Wenn nur die Zeit vergehen wollte! Sie schleicht geradezu. Das Stillstehen ist eine Qual. Erst drin, jetzt draußen, nur stehen, weiter nichts. Könnte man uns nicht zur passenden Zeit herausholen, Meldung machen lassen, meinetwegen, dann in den Bus verfrachten und losfahren? Wieviel länger könnten wir dadurch schlafen. Na ja. Man könnte vielleicht, aber man tut es nicht. Es ist wohl so üblich im Frauenstrafvollzug.

Fünf Uhr. Wir hören draußen die Busse kommen. Bei uns tut sich nichts. Da, endlich! Die Schleuse wird aufgeschlossen, eine Frau Oberwachtmeister. Alles steht stramm, ein letzter, energischer Blick von Helma läßt auch die schlimmsten Klatschmäuler verstummen. Meldung. »Frau Oberwachtmeister, Brigade M1 mit zweiunddreißig Strafgefangenen fertig zur Arbeit!« »Danke!« Die nächste Brigade. Dreimal das Ganze. Dann nimmt Frau Oberwachtmeister eine Position ein, von der aus sie alle überblicken kann und beginnt eine Belehrung. Als ich es das erste Mal höre, bin ich regelrecht erstaunt, ohne dafür einen Grund sagen zu können. Diese Belehrung wiederholt sich jedoch jeden Tag, ständig die gleiche Litanei. Nach ein paar Wochen könnte ich sie selber vornehmen. Vorerst lausche ich auf jedes Wort, während die anderen gelangweilt vor sich hinstarren.

Doch nein, noch nicht. Zuerst nach aller Melderei der Morgengruß. »Guten Morgen, Strafgefangene!« »Gu-ten-Morgen-Frau-O-ber-mei-ster!«, kommt es in Art eines Sprechgesanges zurück. Beinahe hätte Frau Obermeister vergessen, einen guten Morgen zu wünschen. Nun, es hätte uns wenig ausgemacht.

Jetzt! »Strafgefangene! Ich mache darauf aufmerksam, daß bei Flucht oder Fluchtversuch von der Waffe Gebrauch gemacht wird! Außerdem haben Sie laut Paragraph sowieso mit einer erneuten strafrechtlichen Verfolgung und einer weiteren Haftstrafe bis zu einem Jahr zu rechnen. Ich erwarte weiterhin von Ihnen eine gute Arbeitsdisziplin, befolgen Sie die Anweisungen der Lenkungskräfte! Achten Sie auf Qualität und Quantität. Ich wünsche Ihnen einen guten Arbeitsverlauf!« »Dan-ke-Frau-O-ber-mei-ster!«

Wir dürfen die Schleuse verlassen. Brigadeweise, die Dreierreihen aufziehend, um im Vorhof erneut drei und drei hintereinander Aufstellung zu nehmen. Das große Schiebetor öffnet sich mit jenem Donnergrollen, das ich an meinem ersten Tag in Dessau vom Bett aus zu deuten versuchte. Der Bus fährt herein, Knopfdruck hinter dem Fenster der Wache, das Tor rollt wieder zu. Aus der Wache tritt nun der Meister, uns allen bekannt vom Zählappell. Da immer noch welche quatschen, bekommen wir zuerst eine kurze Strafpredigt, dann darf Helma melden. »Herr Meister, Brigade M1 mit zweiunddreißig Strafgefangenen angetreten, fertig zur Arbeit!« Der Meister läßt seine Augen hinter der Brille wandern, zählt. Wir sind wirklich noch zweiunddreißig! Als er das festgestellt hat, bekommen wir den Wink zum Einsteigen. Was nun losgeht, ist unbeschreiblich. Alles stürzt in den Bus, zwar noch hintereinander, denn Frau Oberwachtmeister und der Meister stehen ja draußen, aber im Bus scheint alles, was jemals von Disziplin gelernt wurde, vergessen zu sein. Die Plätze sind im Nu besetzt. Draußen hat Brigade M3 ebenfalls die letzte Meldung hinter sich und strömt nun auch in den Bus. Von uns stehen schon einige. Jetzt die M3 dazu! In der Tür steht Helma, verzweifelt bemüht, dem ständig von draußen hereindringenden Strom standzuhalten. »Schoßplätze einnehmen! Hört ihr denn nicht! Schoooßplätze einnehmen!« Wir hören schon, nur wollen die bereits Sitzenden nach Möglichkeit niemand draufnehmen. Allmählich verzieht sich das Durcheinander. Wir sitzen zu zweit übereinander, niemand hat mehr einen Platz für sich, sämtliche Lücken sind ausgestopft. Immer noch stehen einige von uns, Schoßplätze gibt es nicht mehr. Helma sitzt vorn, hinter dem Fahrer, ihr hat man einen Sitz freigelassen, der anderen Brigadeleiterin ebenfalls. Jetzt steigt Frau Oberwachtmeister ein. Strafende Blicke. »Also, wenn dieses Durcheinander morgens nicht endlich aufhört, werden wir das Einsteigen üben, bis es klappt!« Kein Kommentar von unserer Seite, wir wissen genau, daß es nicht geübt wird, weil jeden Morgen, wenn die Busse endlich da sind, die Zeit zu knapp ist. Soll sie reden. Noch fahren wir nicht. Es ist bei Häftlingstransporten verboten, daß Strafgefangene im Stehen fahren. Also müssen die Stehenden auch noch untergebracht werden. Jeden Morgen das gleiche, doch nie klappt es. Als es endlich losgehen kann, sitzen wir zu dritt übereinander, vor dem Tor hält der Bus wieder, der zweite Bus fährt hinein und holte die letzte Brigade. Als er wieder herauskommt, fahren wir los. Meine erste Fahrt nach fest sechs Monaten, bei der ich hinausschauen darf! Ich begreife nicht, warum alle anderen, kurz nachdem sich die Busse in Bewegung gesetzt haben, den Kopf auf die Brust sinken lassen und schlafen. Alle. Ich bin die einzige, die hinausschaut und genieße die Fahrt. Frau Oberwachtmeister steht vorn, das Gesicht zu uns und beobachtet uns unentwegt. Wir durchfahren Dessau, an einer Uhr kann ich die Zeit erkennen, zehn vor halb sechs. Also ist eine Stunde vergangen, seit wir aus dem Zimmer heraustreten mußten. Eine Stunde sinnlos verwartet. Eigentlich kommt mir die Zeit noch länger vor.

Dreiviertel sechs biegen wir in das Werkgelände ein, der uns nachfolgende Bus zweigt an einer Weggabelung ab. Helma läuft durch den Bus und weckt die Schlafenden, Frau Oberwachtmeister weicht keinen Schritt von ihrem Posten. Wir halten vor einer großen Werkhalle, aus der geöffneten großen Tür kommen zwei Frauen gelaufen. Beide im weißen Kittel. Eine ältere, mit goldumrandeter Brille auf der Nase, eine jüngere. Beide lachen, machen einen netten Eindruck. Sind das Aufsichtspersonen des Strafvollzuges? Frau Oberwachtmeister steigt als erste aus, begrüßt die beiden Frauen mit Handschlag, dann folgen wir. Hüpf, hüpf, eine nach der anderen die hohen Stufen des

Busses hinunter. »'n Morgn, Frau Dunst, n'Morgen Frau Schiller!« Wohl dreißigmal von unserer Brigade, genauso oft von der Packerbrigade. Die beiden Frauen lachen, entgegnen manche Grüße, nicken. Helma begrüßen sie mit Handschlag.

In der Vorhalle nehmen wir Aufstellung. M1 und M3. Hier ist nichts untergebracht als die Pförtnerloge, von wo aus der Mechanismus der großen Türen gehandhabt wird, der Eingangstür und der nächsten Tür zur Werkhalle. Auch in der Pförtnerloge eine ganz junge Frau im weißen Kittel. Viele heben die Hand und deuten einen Gruß an. »Ruhe, bitte!« Helma wartet, bis alle ruhig stehen, dann macht sie Meldung. Wieder an Frau Oberwachtmeister, wieder die gleichen Worte. Wir sind immer noch zweiunddreißig Strafgefangene! Die weißbekittelten Frauen lächeln, Frau Dunst macht eine Handbewegung, die etwa so gedeutet werden kann wie »Sie können eintreten«, das zweite große Tor öffnet sich unter Summen. Im Gänsemarsch treten wir ein, nehmen wieder Aufstellung. Es geht jetzt alles sehr schnell, die große Uhr an der Stirnseite der Werkhalle, die mir bei meinem ersten Arbeitstag sofort auffällt, zeigt bereits zehn Minuten vor sechs. Um sechs beginnt die Arbeitszeit.

Wieder meldet Helma, dieses Mal an Frau Dunst. »Frau Dunst, Brigade M1 mit zweiunddreißig Strafgefangenen zur Arbeit eingetroffen!« »Danke, lassen Sie umziehen!«

Das große Tor ist längst wieder zu, von Geisterhand geschlossen. Die riesige Halle ist fensterlos. Überall Neonlicht. Der Umkleideraum liegt gleich neben der Halle. Zeit zum Umgucken bleibt nicht, umziehen, rasch, rasch. Im Umkleideraum stehen zwei lange Reihen aneinandergestellter Tische mit Stühlen daran, zwei kleine Klappfenster aus Drahtglas befinden sich in einer Höhe, daß man erst auf einen Stuhl steigen muß, um sie öffnen zu können. An der hinteren Wand sind die Kleiderhaken, etwas zu wenig, weshalb immer einige ihre Sachen zusammen auf einen Haken hängen müssen. Das Umziehen geht leise vor sich, Helma zieht sich zwar auch um, aber sie ist ständig auf dem Sprung, um die lauten Schwätzer, wenn sie wieder anfangen wollen, zurechtzuweisen. Manche ziehen ihre Blusen aus, andere nicht. Arbeitskittel ziehen alle über, braune und orange, dreiviertellange Kittel. Einige haben ihre Hauspantoffeln mit und stellen die unbequemen Pinguinschuhe beiseite. Schnell,

schnell, draußen wartet noch die Packerbrigade. Auch sie müssen sich noch umziehen.

Wieder Aufstellung, zu dritt hintereinander, wieder eine Meldung. »Frau Dunst, Brigade M1 zur Arbeit angetreten, meldet Strafgefangene Wiebke!« »Danke, lassen Sie zum Arbeitsplatz wegtreten!« Das ist das Kommando, Helma gibt es weiter: »Weggetreten!«, Alle schwärmen aus, an die Maschinen, die sich in einer langen Reihe Rücken an Rücken gegenüberstehen, zu großen Stapeln mit Tonbändern. Es sind noch mehr weißbekittelte Frauen da, alles jüngere, keine weit über dreißig Jahre. Sie stehen dazwischen, geben Anweisungen, verteilen große Ständer mit Tonbändern, beugen sich über Maschinen, beträufeln Stempelkissen mit frischer Farbe, teilen große Papierbogen aus.

Für mich ist das alles am ersten Tag noch ziemlich undurchsichtig, eben neu. Nur mit den Maßstäben eines außenstehenden Laien zu deuten. Um mich hat sich bisher niemand auch nur im geringsten geschert, ich stehe mit Mimose, Elsa und der Vettern vorn am Rande der Halle und schaue dem Treiben zu. Von Helma wurden wir nur mit dem knappen, gutgemeinten Ratschlag bedacht, zu warten, dann raste sie ebenfalls durch die Halle. Wir sehen sie hier und dort stehenbleiben, Kartons sortieren, mitreden. – Wir warten.

Als sich das erste Durcheinander gelegt hat, auch die Packerbrigade hat inzwischen mit der Arbeit angefangen, sind wir dran. Zuerst fragen ein paar Frauen in weißen Kitteln, wie alt wir seien, um dann festzustellen, daß der Strafvollzug viel zu alte Frauen für diese komplizierte Arbeit geschickt hat. Damit sind Elsa und Mimose gemeint. Nun, wir können nichts dafür, das weiß jede. Zuerst stellen sich die drei Frauen vor. Frau Dunst kommt hinzu, erklärt uns, sie seien »Lenkungskräfte«, hätten die Tonbandwickelei hier vor uns gemacht, dann wurde alles auf Strafgefangene umgestellt. Die ehemaligen Wicklerinnen, die sich für solche Arbeit eigneten, wurden geschult und sind nun eben Lenkungskräfte. Lehrausbilder wäre wohl das gleiche im zivilen Sprachgebrauch. Nach allgemeinen Höflichkeitsformen, wie »Sie werden sich schon eingewöhnen, Sie haben hier den besten Arbeitsplatz erwischt, den Dessau für strafgefangene Frauen hat«, traben wir hinter einer Lenkungskraft her.

Vorbei an den Wickelmaschinen, die an der rechten Seite der Halle aufgestellt sind und aussehen wie umgebaute Nähmaschinen, vorbei an riesigen Stößen Tonbandmaterial, das noch auf großen Blöcken herumsteht, vorbei am Reich der Packer, das den linken Teil der Halle einnimmt. Hier geht es eigentlich nicht regelrecht vorbei, man kann die Packer nur sehen, die Halle ist unheimlich geräumig. Zwischen Wickeltischen und Packern befinden sich Unmengen von Kartons, gefüllt mit Tonbandspulen, stößeweise, Holzwagen mit Rohmaterial, und, inmitten von alledem, so etwas wie ein Prüftisch, an dem einige Frauen, ebenfalls in weißen Kitteln, sitzen und bereits fertige Spulen wieder aufrollen, gegen das Licht halten, nach irgend etwas suchen, wieder zusammenrollen. Am Ende der Halle machen wir Halt, hier steht ein schmaler Tisch quer zur allgemeinen Richtung, und wir müssen uns daransetzen. Das ist vorläufig alles, die Lenkungskräfte haben noch mit Einweisen und Organisieren zu tun. Wir können warten. Es macht uns nichts weiter aus, wir werden schon noch schneller zur Arbeit kommen, als wir annehmen. Also schauen wir zuerst, neugierig, Eindrücke sammelnd und deutend.

Die meisten aus unserer Brigade sitzen schon an ihren Maschinen und wickeln Tonbänder von riesengroßen Spulen auf kleinere. Es geht alles so schnell, daß man von hier aus einzelne Handgriffe unmöglich beobachten kann. Hin und wieder dreht sich eine der Wicklerinnen zu uns um, lächelt herüber.

Die Lenkungskräfte gehen von Tisch zu Tisch, begutachten, wickeln selbst ein paar Spulen, stellen die Maschinen ein.

Auf der gegenüberliegenden Seite die Packer, viel weiter weg, schlechter zu beobachten. Sie falten Kartons, verpacken Tonbänder und Kassetten. Schräg hinter uns eine seltsame Maschine, wie ein Fließband, irgend etwas mit Kassetten wird daran gearbeitet. Zwei Frauen kleben Schilder auf die Kassetten. Vorn, in der allgemein üblichen Längsrichtung der Halle, noch ein Tisch, zwischen hohen Stapeln von Kartons und Ständern. Hieran zwei Frauen, wohl die ältesten der Brigade, eine aus unserem und eine aus dem hintersten Verwahrraum. Sie sortieren die Blöcke mit dem noch ungewickelten Tonbandmaterial, stellen zusammen, schreiben auf. Wie es aussieht, haben auch sie vollauf zu tun.

Und über alledem, hoch oben, auf dem Wachtturm neben der Eingangstüre vorn, Frau Oberwachtmeister. Der Turm sieht haargenauso aus wie ein Beobachtungsturm an der Grenze, nur mußte man ihn etwas kleiner halten, damit er in die Halle hineinpaßte. Und aus Holz ist er. An der Seite führt eine Leiter hinauf auf das grüngestrichene Wunder. Dort oben sitzt jetzt Frau Oberwachtmeister und schaut zu uns herunter. Wird es in irgendeiner Ecke zu laut, unterhalten sich zwei Wicklerinnen ihrer Meinung nach zu emsig bei der Arbeit, so pfeift sie. Mit einer kleinen, silbernen Pfeife. Die Betreffenden wissen dann sofort, wer gemeint ist. Auf diese Weise ist leicht Disziplin zu halten.

Jetzt sind wir dran. Eine der Lenkungskräfte, Frau Schiller, bringt uns Kittel. Sie passen einigermaßen. Dann bekommen wir alte Tonbänder, Aceton, Tonbandkleber und Scheren. Jede eine. Frau Schiller führt uns vor, was wir vorerst zu tun haben. Ein Stück Tonband in der Mitte durchschneiden, beide Schnittenden mit Aceton säubern, mit Kleber bestreichen, Schnittkanten aufeinanderdrücken. Nach einer Scherenlänge das Band wieder durchschneiden, wieder säubern, einstreichen, zusammenkleben. Ein endlos langes Band mit Klebestellen. Das ist so lange zu üben, bis die Klebestellen in Ordnung sind. Ordentliche Klebestellen brauchen wir als Voraussetzung zum Wickeln, denn da muß Kennband angeklebt werden. Also beginnen wir, unter den freundlichen Ratschlägen von Frau Schiller. Sie ist wirklich prima, geduldig und ruhig. Die ganze Sache ist nicht so einfach, wie es aussieht. Entweder die Klebestellen werden schief, dann gibt es oben und unten Zacken. Oder die beiden Tonbandstücke wurden nicht genau bis zum beschichteten Teil zusammengesetzt, dann gibt es »Fenster«. Oder aber man hat zu viel Kleister genommen, dann verschmiert alles und hält nicht. Das sind so die Möglichkeiten.

Dann sind wir unserem Schicksal überlassen, mit dem abschließenden Hinweis Frau Schillers in den Ohren, wir sollten nur die Geduld nicht verlieren, die meisten brauchten drei Tage, bis sie das perfekt könnten. Also haben wir Zeit.

Die anderen wickeln, packen, wir kleben.

Bis zur Pause ist nicht viel Erfolg zu sehen. Verflixt, ich hätte nicht gedacht, daß das Ganze so schwierig ist. Frau Oberwachtmeister kommt von ihrem Turm herunter und macht eine langsame Runde durch die Halle. Sie bleibt hier und dort stehen, schaut, beobachtet, fragt, geht weiter. Auch bei uns schaut sie eine ganze Weile zu, ehe sie wortlos ihre Runde fortsetzt. Nachher sitzt sie wieder auf ihrem Beobachtungsposten. Sie pfeift. Dreimal hintereinander. Pause! Alle stellen die Maschinen ab und nehmen Aufstellung vor dem Pausenraum, da, wo wir früh schon standen. Alles muß sehr schnell gehen, denn die Pause dauert nur eine Viertelstunde, die einzige während der ganzen Arbeitszeit. Meldung. »Frau Dunst, Brigade M1 mit zweiunddreißig Strafgefangenen zum Frühstück angetreten, meldet Strafgefangene Wiebke!« »Danke, lassen Sie einrücken.« Schnell, schnell geht es in den Frühstücksraum, Hände waschen, um den braunen Tonbandstaub abzubekommen, dann wieder Aufstellung. Dieses Mal hinter den Stühlen. Alles geht blitzschnell, wer absichtlich langsam macht, wie Scholli und Gundi, die stets so tun, als gehe sie das Ganze nichts an, wird durch Püffe und Zischen angetrieben. Ruhe. Man könnte eine Stecknadel fallen hören. Helma gibt das Kommando zum Setzen. Wir Neuen wissen nicht, daß dies ebenfalls lautlos zu geschehen hat und ziehen unsere Stühle heran. Vier auf dem Fußboden schlurrende Stühle – aufstehen! Strafender Blick von Helma, dann noch einmal. Setzen! Es geht. In Windeseile beginnen alle, ihre Brote zu essen. In den Tassen ist gutschmeckender Tee mit Zitrone vom Werk. Die Brote, die in einem gemeinsamen Beutel vom Strafvollzug mitgebracht wurden, sind schon vor der Pause ausgeteilt worden, wie auch der Tee. Während des Essens sitzt vorn an der Tür eine Lenkungskraft, die aber keine Strafgefangenen direkt zu betreuen hat. Sie steckt viel mit Frau Oberwachtmeister zusammen, schreibt irgendwelche Dinge auf, gibt Anweisungen und vertritt Frau Oberwachtmeister auf dem Turm, wenn diese die Halle verläßt, um nach der anderen Brigade bei Alba Zell zu schauen. Dann sitzt diese Frau Hornig auf dem Turm. Sie scheint nicht allzusehr beliebt zu sein, denn sie ist strenger als Frau Oberwachtmeister, meckert dauernd und pfeift wesentlich öfter. Auch die übrigen Lenkungkräfte, deren Vorgesetzte sie ist, mögen sie nicht allzusehr. Man merkt es. Am Gerede, das man im Vorbeigehen erhascht. »Die führt sich auf, als wäre sie auch vom Strafvollzug.« Ja, sie sitzt die ganze Pause an der Tür und schaut hin und wieder auf ihre Armbanduhr. Dann spricht sie. Es klingt vornehm und gelispelt. »Raucherpause.« Dazu ein säuerliches Lächeln. In Sekundenschnelle sind die Zigaretten angesteckt, beginnt es an fast allen Plätzen zu qualmen. Fünf Minuten Raucherpause, von allen sehnsüchtig erwartet.

Helma schaut fragend zur Lenkungskraft an der Türe, diese schaut auf ihre Uhr und nickt dann. Schon kommt das Signal: »Fertig werden!« Die letzten rennen schnell zur Kanne, um noch eine Tasse Tee hinterzukippen, alles ziemlich lautlos, dann heißt das Kommando: »Pause beendet.« Aufstehen, wieder lautlos. Tischreihenweise nach vorn gehen, antreten. Meldung. Wegtreten. Die ersten drei Tische zum Toilettengang, die anderen zur Arbeit. Sind diese ersten von der Toilette zurück, holt Helma die Nächsten, bis alle durch sind. Zwischendurch ist es nur in Ausnahmefällen gestattet, zur Toilette zu gehen. Man muß stets eine Lenkungskraft bitten, mitzukommen, diese schließt dann auf, wartet draußen auf die Beendigung des Geschäftes, schließt wieder zu. Dabei muß man sich vorher am Turm abmelden: »Frau Oberwachtmeister, Strafgefangene sowieso meldet sich ab zur Toilette«, ein gnädiges Winken, man darf. Hinterher wieder. »Frau Oberwachtmeister, Strafgefangene . . . meldet sich zur Arbeit zurück!« Wieder ein Winken vom Turm. Idiotisch! Trotzdem müssen mehrere während der Arbeitszeit den Weg zum Örtchen gehen, was ja wohl auch normal ist. Sie dürfen gehen unter den vorwurfsvollen Blicken von Frau Oberwachtmeister oder unter den noch vorwurfsvolleren von Frau Hornig, die sogar hin und wieder fragt, wie oft man schon war. Der offizielle Toilettengang ist beendet, die beiden älteren Frauen, die den Aufenthaltsraum noch in Ordnung gebracht und alles weggeräumt haben, sind wieder zurück, die Arbeit geht weiter. Jetzt frühstückt die Packerbrigade.

Es scheint alles sehr gut eingespielt zu sein. Nur bei uns am Tisch nicht. Mimose ist am Verzweifeln, sie fabriziert nur Zakken und Fenster. Elsa geht es ähnlich, nur jammert sie etwas weniger vor sich hin. Die Vettern bringt nicht eine einzige Klebestelle zustande, es ist die reinste Kindergartenarbeit, die sie liefert. Sie trägt zwar eine dicke Brille, aber das kann nicht die alleinige Ursache sein, wie sie alle glauben machen möchte. Frau

Schiller kommt ab und zu vorbei und sieht sich das Geschaffte an. Spricht Mimose und Elsa Mut zu, lächelt freundlich, schüttelt den Kopf beim Anblick der Vettern und ihrer Kunstwerke. Bei mir sagt sie leise »ja, schon ganz gut!«.

Hierdurch werde ich ungeheuer angespornt, vielleicht ist es auch noch der Gedanke an Mimoses gönnerhaften Ausspruch, daß sie mir gern helfen wolle, wenn ich etwas nicht schaffte, jedenfalls sage ich mir innerlich, »du mußt es schaffen, heute noch, du mußt, du mußt, du mußt!«, und klebe eine Stelle nach der anderen, ohne aufzublicken. Mimose mustert mich von der Seite mit neidischen Blicken, »Tina, kannst du nicht mal für mich ein paar Klebestellen machen?« Nein, ich kann nicht, ich will jetzt auch gar nicht, ich klebe, klebe, klebe. Überwinde Fenster, Zacken, reißende Klebestellen. Die Lenkungskraft verbirgt ihr Erstaunen, holt eine zweite Lenkungskraft hinzu, beide mustern meine Klebestellen, holen Frau Dunst hinzu, mustern wieder die Klebestellen, nicken. Ich darf ein Probeband machen, zwanzig Klebestellen hintereinander, einwandfreie Klebestellen nur, denn das Band wird anschließend im Labor mit Gewichten belastet und geprüft. Ich liefere das Probestück ab, mache heimlich noch für Mimose ein paar Klebestellen, die sich bei der Durchsicht in ihren eigenen, verkrüppelten Klebestellen aber wie Fremdkörper ausnehmen und die Lenkungskraft nur fragende Blicke werfen lassen. Ich weiß von nichts. Mimose klebt stöhnend weiter, Elsa ist bald am Ende ihrer Nerven, bei der Vettern sind sich die Lenkungskräfte bereits einig, daß es keinen Zweck haben wird, wenn sie hier bleibt. Ihrer dicken Brille wegen, und überhaupt, na ja.

Ich darf noch vor Feierabend an eine Maschine und zur Probe die ersten Spulen wickeln. Nicht übel. Die Arbeit gefällt mir.

Um dreizehnuhrdreißig ist Feierabend, nach dem Toilettengang und allen Aufräumungsarbeiten stehen alle wieder vorn, in Reih und Glied angetreten, Frau Dunst wertet aus, Helma schreibt die Auswertung in ihr Buch mit. Die besten Wicklerinnen des Tages werden gelobt, in jeder Gruppe gibt es drei Beste, und ich traue meinen Ohren kaum, als Frau Dunst zum Schluß wie nebenbei erwähnt: »Ein besonderes Lob kann Strafgefangene Siegert heute bekommen, sie hat bereits am ersten Tag einwandfreie Klebestellen geliefert, und Sie alle wissen, daß das

nicht ganz einfach ist.« Ich freue mich, aber nur innerlich. Nur
nichts merken lassen, hier scheinen viele bestrebt, zu glänzen.
Alle nehmen es zur Kenntnis, Helma schreibt es in ihr Buch.
Sonderlob für Strafgefangene Siegert! Ich bin glücklich auf der
Heimfahrt, bis zum Abend, in allem Getöse bin ich ganz einfach
glücklich. Die Arbeit gefällt mir, und ich sehe einen Weg vor
mir, durch gute Arbeitsleistung zu einer vorzeitigen Entlassung zu kommen. Das ist möglich, man hat es oft genug erzählt.
Ich muß es schaffen. Arbeiten, arbeiten, und dann hier raus!
Nach der Hälfte vielleicht, oder wenigstens nach zwei Dritteln.
Gesetzlich kann man ja schon nach der Hälfte, bei guten Leistungen und so. Wird erzählt. Ich muß es schaffen, und ich
werde es schaffen, nur raus! Jeder Tag zählt, den ich die Kinder
eher nach Hause holen kann!

Am nächsten Tag ist mein Probeband vom Labor zurück.
Es war gut! Ich darf wickeln! Ich gewöhne mich relativ schnell
an die vollkommen fremde Arbeit. Vorläufig wickle ich Normalband auf große Spulen, das ist dick und reißt nicht schnell, wenn
ich einmal das Tempo nicht gleichmäßig durchziehe. Mit dem
Fuß muß ich ein Pedal treten, das die Geschwindigkeit des Mo-
tors reguliert. Genau wie bei einer elektrischen Nähmaschine.
Ich sitze vor dem Wickeltisch und führe oben die erforderlichen
Handgriffe aus. Links die riesengroße Rolle Tonband auf dem
drehbaren Teller. Rechts die Spule einlegen. Dazwischen eine
Anzahl Rollen, über die das Band von links nach rechts geführt
werden muß. Zuerst Kennband ankleben. Das kann ich nun.
Rotes. Um die Rollen führen, oben, unten, ja, jetzt rüber und
in die Tonbandspule einfädeln. Jetzt Gas geben. Langsam, ganz
langsam erst. Ein paar Mal springt das Band raus, verfitzt sich.
Dann weiß ich, wie angefahren werden muß. Nach und nach
lerne ich alle Handgriffe, werde ich schneller. Es muß gehen und
es geht. Einige Male springt das Band aus der Spule, weil ich
in der Geschwindigkeit noch zu unbeständig bin. Ich will retten,
was zu retten ist, fasse instinktiv nach links auf die riesige Ton-
bandrolle, um sie schneller zum Stehen zu bringen – und habe
den ersten Schnitt in der Hand. Wenn das Tonband sich in diesem Tempo dreht, ist es scharf wie ein Messer. Auch das ist Er-
fahrungssache. Noch zweimal schneide ich mich, dann weiß ich
ich, daß es besser ist, die Spule auslaufen zu lassen und neu an-

zufangen, als nach links zu fassen. Ab und zu schaut Frau Schiller zu mir, sie ist die Lenkungskraft, die mich betreut. Sie prüft die Klebestellen, beschaut die Wicklung der Spulen, geht ohne ein Wort wieder. Ich bin zufrieden. Wenn etwas nicht gut wäre, hätte sie es sicher gesagt.

Alle fertigen Spulen werden auf Stöcke gesteckt, da sie sonst übereinander wegrutschen würden. Immer zehn übereinander. Zum Feierabend sind es zehn Häufchen. Um das letzte Häufchen noch voll zu machen, habe ich gewickelt wie eine Verrückte, mit wortloser Unterstützung von Frau Schiller, die mich wohl verstand und die letzten Stempel und Reiter selbst anbrachte. Aber mit dem Pfiff vom Turm sind es zehn Häufchen. Mein erster Tag an der Maschine, hundert Stück! Ich bin glücklich.

Bei der Auswertung am Schluß erwähnt Frau Dunst dieses Mal nicht extra meinen Namen. Sie liest meine Stückzahl vor wie die der anderen auch. Aber einen Moment blicken wieder alle zu mir hin. Am nächsten Tag sind es hundertzwanzig Spulen, die ich schaffe, am übernächsten einhundertsechsundzwanzig. Ich möchte gern höher kommen, es geht nicht. Die Lenkungskraft ist zufrieden, alle anderen auch, ich merke es wohl, aber ich möchte schneller höher kommen. Schneller, noch schneller! Im Verwahrraum sagen sie mir, ich sei ja verrückt, so schnell habe es noch keine geschafft, mir ist es gleich, was geredet wird. Ich will nach Hause! Und das ist so am besten zu schaffen.

Am vierten Tag liegen zum Arbeitsschluß einhundertundachtunddreißig Spulen auf meinem Tisch und am fünften Tag einhundertundsechzig. Das ist die Norm, ich habe sie geschafft. Zur Auswertung bringt es mir verständnislose Blicke der jüngeren Mitgefangenen ein und ein Sonderlob von Frau Dunst. Helma schreibt eifrig in ihr Buch, freut sich mit mir, denn ich bin in ihrer Brigade und mein Erfolg ist auch ihr Erfolg. Und ein Sonderlob ist hier das Begehrteste, was es überhaupt gibt, es wird in den Akten vermerkt. Es kann ausschlaggebend sein für einen verlängerten Sprecher, mehrere Sonderlobe können eine Prämie einbringen. Am Ende meiner ersten Arbeitswoche habe ich zwei.

Mimose schaut mich auf der Heimfahrt von der Seite an, flüstert kaum hörbar »du hast es gut, Tina«, sie wickelt gerade ihre ersten Spulen. Was soll's, hier ist nichts mit Helfen, hier ist jeder für sich allein zuständig.

Karriere im Knast

Die ersten zwei Tage meines Daseins im Verwahrraum zwölf höre ich mir das Getöse und Gebrülle aus einer Fensterecke ruhig an und verhalte mich abwartend. Dann beginne ich zu reden. Immer, wenn der Streit und das Gebrülle am dicksten wird. Zuerst mit Annett. Wie mit einem Kind. Wohlwollend, gut zuredend. Dann mit Scholli und Gundi. So, wie ich mit Jugendlichen der zehnten Klasse etwa sprechen würde. Kameradschaftlich, etwas burschikos, verstehend. Dann mit Gertensteck. Wie mit meinesgleichen. Und mit den Älteren. Etwa so, wie ich mit meiner Mutter sprechen würde. Vorsichtig, um ja keine dieser »Rühr-mich-nicht-an-Naturen« zu verletzen, ein wenig Verständnis für die Jüngeren verlangend. Wenig Erfolg zu Anfang, doch dann gelingt es mir, auf diese Art ein wenig mehr Ruhe im Raum zu schaffen, etwas mehr Ausgeglichenheit. Ohne daß ich dies eigentlich vorhatte, aber es ist so, und es macht sich bemerkbar. Helma merkt es, die Älteren flüstern ihr zu, »seit Tina da ist, ist es irgendwie anders hier in der zwölf«, und Helma bringt es zu Frau Leutnant. Für meine Begriffe ist das Leben hier drin immer noch furchtbar, aber vorher war es noch furchtbarer. Frau Leutnant beobachtet mich, ich merke es an ihrem zeitweiligen Hereinschauen, an ihren forschenden Blicken, die mich stets in meiner Fensterecke suchen. Die Stubendurchgänge bringen höchstens siebenkommadrei, im anderen Verwahrraum der M1 noch schlechter, Helma ringt die Hände. Das ist nicht meine Aufgabe, es kümmert mich nicht. Wenn die Verwahrraumälteste nicht in der Lage ist, für Ordnung zu sorgen – ich werde es nicht tun. Ich habe nicht die Absicht, hier Neuerungen einzuführen, mich in den Vordergrund zu spielen. Außerdem wäre es schade um die wenige Freizeit, die bleibt. Zwischen Arbeit, Gruppenstunden und Essen. Ein wenig hinlegen auf das Bett, ein wenig dösen am Fenster. Es reicht mir, wenn man im Verwahrraum etwas besser miteinander auskommt.

Trotzdem beobachtet mich Frau Leutnant ständig, ich fühle es. Ebenso Helma.

Das Wochenende verläuft in gehabter Eintönigkeit, es ist ja nur ein Tag, denn Sonnabend ist Arbeitstag mit voller Stundenzahl. Am Sonntag Stubendurchgang, Ergebnis sechskommaacht, saumäßig, man sieht es dem Zimmer an. Dann Mittagessen, Kartoffeln, Bratwurst, ein Löffel Sauerkraut, ein Löffel Fett. Als Schonkost den bekannten Gemüseeintopf. Ich mogle mich durch und lasse mir Normalkost geben. Wenigstens etwas Herzhaftes! Nach der täglichen Milchsuppe vertrage ich auch solche Sachen besser. Die Milch tut wohl ihr Übriges. Ich fühle mich bedeutend besser, seit ich arbeite und Milch bekomme. Dabei arbeite ich erst eine Woche! Am Nachmittag Ordnungsübungen. Mit Gesang. »Es blies ein Jäger wohl in sein Ho-hohorn . . .«. Dann »Hoch auf dem gelben Wa-ha-gen«. Immer noch marschieren. Lena fällt kein Lied mehr ein. So stimmt sie kurzerhand eins an, das noch nie vorher gesungen wurde. Die Internationale! Nach jedem Lied im Vierviertaltakt läßt es sich marschieren. Also die Internationale, die werden wohl alle können. Wir sind bei ». . . reinen Tisch macht mit den Bedrängern«, als Frau Leutnant Schrecker hinter der Baracke hervorgestürzt kommt, die kleine dicke Wachtmeisterin, »Schweinchen Dick« genannt, hinterher. Aufgeregtes Armefuchteln, kurzer Zuruf zu den in der Mitte stehenden Brigadeleitern, dann fuchteln die auch. »Aufhören!« Der ungleichmäßige Abbruch des Gesanges klingt nicht gerade gut. Wir haben die »Internationale« nicht zu singen! Als Strafgefangene! Wo gibt es denn so was! Also von vorn. »Hoch auf dem gelben Wa-ha-gen . . .!« Ist doch vollkommen Wurst, womit man die Zeit rumbekommt.

Ich wandele sowieso in der Mitte mit den anderen »Halbinvaliden« und amüsiere mich über das Ganze.

Der Rest des Sonntags ist Warten und Briefe schreiben. Es ist Schreibtag. Ich schreibe meinen obligatorischen Brief an Dieter, der inzwischen erlaubt worden ist. Von ihm habe ich bisher noch kein Lebenszeichen erhalten. Dann schreibe ich noch an die Eltern und an die Kinder. Was soll ich ihnen schreiben! Es ist nicht leicht. Immer wieder das gleiche, ». . . es wird nicht mehr lange dauern, dann sind wir wieder zusammen.« Wie lange kann man Kindern, auch dreijährigen, so etwas immer wieder erzählen, bis sie aufhören, daran zu glauben?

Meine zweite Woche in der M1 beginnt. Spätschicht. Am Vormittag nach der üblichen Aufräumerei Gruppenstunde. Aktuelles Zeitgeschehen! Helma liest aus dem »Neuen Deutschland« vor, eine Diskussion kommt nicht zustande. Zum Glück kommt Frau Leutnant erst herein, als die Gruppenstunde gerade vorbei ist. Sie schaut uns alle an, wie wir gedrängt dicht an dicht sitzen, wir schnellen von den Plätzen hoch, Helma meldet. Wir alle wittern, Frau Leutnant hat doch irgend etwas vor.

Der Zweifel werden wir schnell enthoben. »Strafgefangene Siegert, Sie packen Ihre Sachen zusammen und ziehen hinter in den Verwahrraum vierzehn! Sie werden dort als Verwahrraumälteste eingesetzt!« Damit verläßt sie uns bereits wieder.

Helma scheint es gewußt zu haben. Die Frauen von Verwahrraum vierzehn, vorwiegend jüngere, ziehen ohne Kommentar in ihr Zimmer zurück. In unserem Zimmer geht Getöse los. »Meeensch, da kriegt man schon mal jemand Gescheites ins Zimmer, da holn se dich wieder raus!« So Scholli. Hätte ich gar nicht gedacht. Annett trompetet los: »Tina, du hast vielleicht 'n Pech. Vierzehn, das ist ja noch viel schlimmer als bei uns! Da möchte ich nicht hin. Besonders Billy! Nee, Tina, das schaffst du nie, da Ordnung reinzubringen. Dort wird gemacht, was Billy sagt!« Ich packe. Wolle heuchelt: »Tina, du tust mir wirklich leid. Und es ist so schade, daß du wieder raus mußt!« Ich merke, daß sie es nicht ehrlich meint, ohne sagen zu können, woran ich das nun bemerke. Alle umringen mich, manche helfen mir das Bett abziehen und zusammenpacken. Jede schnattert etwas anderes. Aber in einem sind sich seltsamerweise alle einig: keine möchte in Verwahrraum vierzehn.

Mimose liegt auf ihrem Bett und verkneift sich das Heulen. Ich kann sie sogar verstehen, wenn ich daran denke, wie es jetzt hier im alten Stil weitergehen wird. Zu ändern ist nichts. Annett trägt mein Bettzeug, Wolle Waschzeug und Schuhe, ich den Rest. Große Verabschiedung gibt es nicht, ich gehe ja nicht weg.

In der neuen Truppe von Verwahrraum vierzehn bin ich bekannt, jede weiß Bescheid über mich. Man empfängt uns mit gleichgültiger Ruhe, auch als Annett und Wolle die Sachen abgelegt haben und wieder gegangen sind, ändert sich nicht viel.

Elsa kommt auf mich zu. Umarmt mich, drückt mich. »Ich bin froh, daß du hier bist, Tina!« Ein bißchen rührselig. So etwas ist nicht gefragt. Die Jüngeren grinsen, die Älteren verhalten sich gleichgültig. Die soeben abgesetzte Verwahrraumälteste trennt ihren Streifen ab und schaut mich feindselig an.

Na, gute Lust. Der Empfang ist ja umwerfend.

Alle sind im Zimmer bis auf Billy. Sie kommt urplötzlich hereingeschlendert. Billy ist das »Mannweib«, das mich bei meiner Ankunft in der neuen Brigade so überaus freundlich gemustert hatte. Ich habe sie nicht gerade in bester Erinnerung. In der Brigade stört sie, wo immer es etwas zu stören gibt, setzt stets ihren Kopf durch, brüllt alle an und ergötzt sich nur so an ihren eigenen unflätigen Redensarten.

Ich weiß bereits, daß Billy lesbisch ist, aber ihre »Mieze« ist zur Zeit im Haftkrankenhaus. Und Billy gehört zu den wenigen, die treu sind. So soll es im Moment nicht allzuviel sein, was sie in anderen Verwahrräumen herumwandert. Ich solle nur abwarten, wenn Karina, Billys Mieze zurückkommt! Dann . . .! Und in der unausgesprochenen Ankündigung liegt viel. So viel, wie ich es mir beim besten Willen nicht ausmalen kann.

Billy stürzt sich mit Geschrei auf mich, begrüßt mich, »komm, ich bau dir das Bett!« Sie hat eine Stimme, die Tote aufwecken könnte, alles übertönend, keinen Widerspruch duldend. Dabei sieht Billy gut aus, kurze, blonde Haare, eine Welle an der anderen, gute Figur, soweit man das in Knastkleidung beurteilen kann, tiefblaue Augen. Zwanzig Jahre alt. Ein hübsches, gleichmäßiges Gesicht, vielleicht einssiebzig groß, aber zierlich gebaut. Mancher Mann würde sich auf der Straße nach ihr umschauen. Und so ein Mädchen ist lesbisch!

Als sie mein Bett baut, erzählt sie lauthals alles über sich selbst. Alle anderen scheinen es schon zu wissen, die Teilnahme ist gering. Also, zwanzig Jahre, verheiratet gewesen, geschieden, Beifahrerin von Beruf, den eigenen Mann vertrimmt, Treppe runtergeschmissen, im Knast, weil Hose geklaut. Das alles mehr oder weniger blumenreich ausgeschmückt, mit Trompeterstimme.

Das erste mit ihrem Mann glaube ich ihr aufs Wort, der Arme, er tut mir leid, ich hätte mich auch scheiden lassen. Das mit der Hose glaube ich nicht, aber ich sage nichts dazu. Hier erzählt manche die tollsten Stories, warum sie im Knast ist, bloß nicht die Wahrheit.

Billy will sich offensichtlich mit mir gut stellen, aber alles in mir signalisiert »Vorsicht!«

Dann ist noch Silly im Zimmer, ein schlanker, schwarzhaariger Typ, im Theater zur Darstellerin von Schneewittchen wie geschaffen. Liegt die ganze Zeit auf dem Bett, die hüftlangen, schwarzen Haare über das Gitter bis zum unteren Bett herunterhängend, was hinreißend aussieht. Sie macht einen intelligenten Eindruck, testet mich anscheinend bereits, denn sie weiß genauso gut wie ich, daß Liegen ohne Liegeerlaubnis am Tag verboten ist.

Vorerst sage ich nichts.

Edda. So etwas von Weib ist mir noch nicht untergekommen. Im Aussehen Durchschnitt, aber gräfinhaftes Benehmen. Hoheitsvolles Zusammenziehen der Augenbrauen, gekünstelte Aussprache, beleidigtes Wegschauen aus den Augenwinkeln, wenn ihr etwas nicht paßt. Zur Unterstützung des Ganzen reckt sie noch ab und zu den Kopf nach oben, die beleidigte Prinzessin in Person. Schaut mich herablassend an und beobachtet.

Grille. Etwas hysterisch, leicht aufzuregen. Wie Edda neunzehn Jahre alt. Wie Edda ebenfalls geschieden. Saß bereits im Arrest wegen Schlägerei und Beißen.

Helga. Achtzehn, blondlockig, braunäugig, klein, unauffällig, Mitläufer. Auf Billys Seite, wie ich bemerke.

Bettina. Polnisch-deutsches Gemisch, mit akzentuierter Aussprache. Von ausgesprochener Freundlichkeit, die ohne näheres Hinsehen unecht wirkt. Achtzehn Jahre alt, zwei Vorstrafen. Warum, weiß niemand genau.

Traudel. Einundzwanzig. Blaß, farblos, unauffällig. Genau wie ihr ganzes Verhalten. Zwei bis fünf Jahre wegen Arbeitserziehung.

Cornelia. Ebenfalls achtzehn. Bei ihr bin ich mir nicht sicher, ob sie hier richtig am Platze ist. Aber die Anstaltsleitung scheint sie als »noch normal« zu betrachten. Spricht sie, muß man alle Sinne anspannen, um sie zu verstehen, denn sie spricht ein rasendes Tempo. Äußerst schnell reizbar.

Traute. Bisher Verwahrraumälteste, gut vierzig Jahre, mich mit wütenden, gehässigen Blicken musternd. Als ob ich für ihre Ablösung etwas könnte!

Muttchen! Wieder ein Muttchen! Warum heißen im Knast nur alle älteren Frauen »Muttchen«? Schlohweiße Haare, klein, zierlich, leicht watschelnder Gang, leidender, um Verständnis bettelnder Blick.

Grete. Immer bei Traute sitzend, ebenfalls in den Vierzigerjahren. Der gleiche vorwurfsvolle Blick. Wenn ich könnte, würde ich wieder gehen. Leider ist das unmöglich.

Und Sieglinde, genannt Linda. Zur Zeit im Arrest wegen unerlaubten Tätowierens, aber nur Freizeitarrest. Zur Arbeit geht sie mit, ich kenne sie bereits gut. Achtzehn Jahre alt, seit einem Jahr im Knast und damit am längsten hier. Ein Jahr Jugendstrafe, das sie jetzt rum hat, zwei bis fünf Jahre Arbeitserziehung. Typ einer Halbstarken, leicht beeinflußbar, manchmal bockig, manchmal gutmütig. Obwohl sie bereits eine Schwangerschaftsunterbrechung hinter sich hat, das reinste Kind. Jetzt ist ihr Bett leer, sie hat acht Tage Arrest abzusitzen. Woraus sie sich nicht allzuviel macht, es ist bereits das zweite Mal, daß sie wegen Tätowierens bestraft wurde.

Zuletzt Elsa und ich, macht vierzehn.

Vierzehn strafgefangene Frauen, die ich in Zukunft lenken, nach Möglichkeit umerziehen soll. Lediglich von einer weiß ich mit Bestimmtheit, daß sie mein Kommen gut findet, von allen anderen weiß ich mit der gleichen Bestimmtheit, daß sie mich so schnell wie möglich wieder herausgraulen wollen. Auch wenn sie es vorerst durch Freundlichkeit überdecken oder so gleichgültig tun, als gehe ich sie nichts an.

Meine Stimmung ist auf dem Nullpunkt, ich bin erledigt. Nur anmerken lassen darf ich mir davon nichts. Und das ist nicht einfach, bei dem äußerst feinen Gefühl, welches Frauen bei unausgesprochenen Sachen an den Tag legen.

Nach der ersten Stille, dem ersten »Beschnuppern«, geht es dann auch in gewohnter Weise weiter. Was hier bedeutet: Laut, Streit suchend, bestimmend, und, speziell bei Billy, in den Ausdrücken so vulgär wie irgend möglich.

Helma bringt mir weiße Streifen zum Annähen an Jacken- und Blusenärmel, die anderen müssen raus, Essen holen. Muttchen bleibt als einzige drin. Hilft mir annähen. Ich versuche, im Gespräch ihre Sympathie zu erringen, weiß ich doch genau, hier komme ich nur durch, wenn ich ein paar der Frauen für mich gewinne. Das muß ich schaffen, sonst bin ich nach spätestens vierzehn Tagen erledigt. Das möchten die meisten. Doch ich kann es mir einfach nicht leisten, der Bequemlichkeit halber aufzugeben. Ich will nach Hause. Bald! Und dieser Wille, dieses Ziel weckt ungeahnte Energien in mir. Ich muß es schaffen, aus diesem »Sauhaufen« ein vorbildliches Zimmer zu machen. Und das noch möglichst schnell. Ich muß! Essenkübel werden geschleppt, das Essen in aller Eile hintergestürzt, Arbeitsschnitten schmieren, schnell, schnell, es ist schon mächtig spät. Warum das Mittagessen nur so spät kommt, ob diese Hetze bei der Spätschicht immer so ist?

Ich frage Helma nach GW-Behandlung. »Ja, brauchst du denn noch was?« Klar brauche ich etwas, meine Pillen. Ist nicht drin. Bis GW-Behandlung ist, sind wir längst raus. Daran werde ich mich gewöhnen müssen. Schnell, schnell, raustreten!

Der Zeitpunkt des Heraustretens muß pünktlichst eingehalten werden, auch wenn das Essen nur heruntergeschlungen werden kann. Die Zeit, die wir dann draußen stehen und warten, bleibt die gleiche. Das muß wohl so sein.

Fahrt im Bus. Warum hat man eigentlich hier die Fenster nicht auch weiß angestrichen? Dumme Frage. Ich sollte froh sein, rausgucken zu können. Seltsam, jetzt werde ich auch schon müde. Alle anderen schlafen. Es gibt keine Fahrt, wo nicht geschlafen wird.

Die Arbeit in gewohnter Weise. Zeit zum Überlegen bleibt nicht, ich muß mich noch voll konzentrieren, wenn ich die Norm schaffen will. Was andere nicht mehr müssen, die meisten schwatzen in unbeobachteten Momenten munter von Maschine zu Maschine. Ihnen ist die ganze Wickelei schon in Fleisch und Blut übergegangen.

Arbeitsende. Ich bin müde und ausgelaugt. Zweiundzwanzig Uhr. Zwanzig Minuten später fahren wir an der großen Uhr vorbei und biegen gleich darauf in das Lagergelände ein. Auch ich habe jetzt zu tun, meine Augen offen zu halten. Duschen, Zähne putzen, alles strebt nach den Betten. Alles geht mit ziemlichem Krach vor sich, der nur deshalb nicht ausartet, weil Helma ständig neben den Schlimmsten steht und so Gröberes verhütet. Wir liegen in den Betten. Im Bus haben alle geschlafen, aber jetzt scheint die Jugend munter zu werden. Edda kriecht zu Traudel ins obere Bett, Helga zu Silly. Sie unterhalten sich zwar leise, aber dieses monotone, unaufhörliche Zischen raubt einem den letzten Nerv. Keine kann schlafen. Billy ist überhaupt nicht anwesend. Als sie auch nach längerem Warten nicht erscheint, gehe ich sie suchen. Ich bin todmüde. Ich finde Billy im Duschraum, neben Helma in fröhlicher Unterhaltung. Ich kann es nicht fassen. Brigadeleiter genießen Sonderrechte, sie dürfen zuletzt duschen und schlafen für sich. Hat Billy auch Sonderrechte? Helma beschwichtigt mich. Man habe sich eben nur noch ein bißchen unterhalten. Billy brauche so etwas! Ich sage dazu keinen Ton. Mit Helma kann ich mich nicht anlegen, es würde nichts einbringen. So verlange ich nur, daß Billy sofort mitkommt, da wir alle schlafen wollen. Widerwillig zieht sie sich das Nachthemd über und folgt mir, nicht ohne lautstark über mein Unverständnis zu schimpfen. Mir ist es gleich. Sie wird in der nächsten Zeit bestimmt noch öfter über mich zu schimpfen haben.

Im Verwahrraum ist alles beim alten. Die beiden Pärchen liegen noch wie zuvor in den Betten und unterhalten sich. Billy, freudig begrüßt, kriecht ohne ein Wort als Dritte in das obere Bett. Die anderen liegen mit großen, offenen Augen, darin die unausgesprochene Frage: »Wie wird sie reagieren?« Ich spüre die Herausforderung, und ich weiß genau, daß ich mich jetzt durchsetzen muß, um die Sache in den Griff zu bekommen. Sonst wird es nie etwas. Also gebe ich mir innerlich einen Ruck. So sehr es mir auch widerstrebt, hier den Aufpasser zu spielen, es muß sein. Ich kann mich nicht mehr in mein Bett zurückziehen und Augen und Ohren zumachen.

Also mache ich den Damen klar, was ich unter Nachtruhe verstehe. Daß dieses Verhalten wohl auch von der Anstaltsleitung kaum gebilligt werden würde, daß wir alle unsere paar Stunden Nachtruhe bitter nötig hätten. Und daß ich nicht daran denke, diese Sitten weiterhin mitzumachen. Ich rede mit Engelszungen, ich schimpfe, außer dämlichem, überlegenem Lachen tut sich nichts. Ja, bei Traute hätten sie das immer gedurft. Wütendes Zischen aus Trautes Ecke. Ist mir egal, jetzt bin ich hier, und bei mir ist es anders. Nach langem hin und her bequemen sich die »Damen« endlich in ihre Betten. Als Erfolg kann ich das wohl nicht rechnen. Ich hoffe darauf, endlich schlafen zu können. Von Bett zu Bett wird noch gewispert. Dann geht Silly hinaus. Leise, kaum hörbar, ich habe Mühe, im Dunkeln zu erkennen, wer sich da den Rock überzieht und hinausschleicht. Nun, sie wird zur Toilette gehen. Fünf Minuten später wieder Schleichen, Anziehen, Türe auf, Türe zu. Eddi. Na ja, kann passieren. Bestimmt auch zur Toilette. Ich bin am Einschlafen. Wer denn jetzt schon wieder? Billy. Auch zur Toilette. Sind denn die anderen zurück? Nein, leere Betten. Muttchen schnarcht leicht, wie ist es ihr nur gelungen einzuschlafen. Alle anderen hellwach, die gleiche Frage in den Augen: »Was wird sie tun?« »Sie«, das bin ich. Also raus aus dem Bett, Kleiderrock übergezogen, suchen. Ich finde die drei schnell. In einer Ecke des Waschraumes, sehr vergnügt, rauchend. Herausfordernde Blicke, wie »na, nun zeig doch mal, was du kannst!« Jetzt ist es mit meiner Geduld am Ende. Sollen sie mich kennenlernen! Rauchen nach dem Nachteinschluß ist streng verboten wie jedes Rauchen außerhalb der Raucherpausen. Es ist Pflicht, jeden, der gegen diese Anordnung verstößt und dabei erwischt wird, sofor der Anstaltsleitung zu melden. Das sage ich den Dreien jetzt. In aller Deutlichkeit. Und ich gebe mir keineswegs Mühe, meinen Zorn, meine Wut zu verbergen. Ich schimpfe so laut, daß mich Billy erschrocken bittet, doch leiser zu machen. Da, sieh an! Also doch Angst! Ich denke nicht daran, hier nachzugeben. Ich mache ihnen mit aller Konsequenz klar, daß ich sie dieses Mal noch nicht melden werde, obwohl ich es müßte, daß ich aber bei der nächsten Wiederholung den vorgeschriebenen Weg zur Anstaltsleitung gehen werde. Ohne Mitleid. Daß sie sich jetzt anzupassen haben, wenn das Leben im Verwahrraum erträglicher werden soll, und daß ich mit allen, aber auch mit allen Mitteln versuchen werde, dies zu erreichen. Stille. Das war deutlich. Man zieht sich ohne ein weiteres Wort zurück. Es muß gegen ein Uhr nachts sein, als wir einschlafen. Um drei beginnt nebenan mörderischer Lärm. Die Frühschicht! Jetzt trommeln unsere an die Holzwand und rufen nach Ruhe. Mit dem gleichen Erfolg wie vorige Woche die anderen.

Kurz nach sechs Uhr heißt es für uns, aufstehen. An Schlafen war nicht mehr viel zu denken. Ich bin übernächtigt, müde, ausgelaugt. Die Älteren, Elsa, Traute, Muttchen, sehen genauso aus. Sogar Cornelia hat auffallend schwarze Ringe um die Augen. Die Jüngeren lassen sich nichts anmerken. Sie haben eine eiserne Gesundheit. Ihre Blicke testen, können mir jedoch nicht die geringste Anspielung auf den vergangenen Abend entlocken. Das Frühstück, die Stubenreinigung, der ganze Vormittag verlaufen in seltsamer Ruhe.

Frieden? Nein. Nur Waffenstillstand. Vorläufig. Darüber bin ich mir vollkommen klar. Aber es ist ein kleiner Erfolg. Und ich will nach Hause.

So vergehen die nächsten zwei Wochen. Im Verwahrraum kommte es zwar sehr oft zu Reibereien, aber es wird ruhiger. Ich bleibe mit aller Konsequenz bei meinem Vorhaben, hier eine einigermaßen anständige »Truppe« draus zu machen. Mit Billy fechte ich manch erbitterten Kampf aus, in dem sie brüllt, rausrennt, Türen knallt, aber stets wiederkommt. Ich bringe sie sogar so weit, daß sie ihre Lieblingsworte »Votze« und »verdammte Scheiße« nicht mehr bei Tisch und auch im Verwahrraum auffällig selten brüllt. Ich erwische Bettina nachts im Bett beim Rauchen. Einige andere sind wach und schauen zu. Darunter die ganze Clique um Billy. Ich halte mein Wort. Am Morgen teile ich es Helma mit, diese ist dadurch gezwungen, zu Frau Leutnant zu gehen und ebenfalls Bericht zu erstatten. Nach dem Frühstück befindet sich Bettina im Arrest. Fünf Tage Freizeitarrest.

Es hat gewirkt und geholfen. Seitdem habe ich Bettina zum Feind. Es ist mir gleichgültig. Wenn ich nur den anderen allmählich klar mache, daß es so für alle besser ist, daß bei einigermaßen gutem Verhalten alle die Chance haben, eher entlassen zu werden. Zwar glauben alle an die Amnestie, die ja kommen soll, aber ein bißchen könnte man sich ja trotzdem rückversichern.

Traudel wird verlegt. In meine alte Brigade, zu Junkerloh. Ich bin erleichtert. Von ihr wurde ich ständig belauert, ob ich auch nichts Falsches tue. Sie hätte mich wohl beim geringsten Fehler rücksichtslos angezeigt. Nun ist sie weg. Die Spannung läßt merklich nach. Was doch eine Person für einen Einfluß haben kann! Ich spiele mit den Jüngeren zwischen Gruppenstunden und Essen »Stadt-Name-Land« und Halma, nur um sie davon abzuhalten, sich anderweitig zu betätigen, ja, ich überwinde mich sogar so weit, daß ich das Akkordeon hole und zu spielen beginne. Billy hat eine herrliche Stimme, klar, mit großem Stimmumfang und kräftig. Auch die anderen singen gut. Es macht richtig Spaß. Nur die Zeit ist kurz. Ob wir das wieder machen? Ja, gern, wenn alles weiterhin klappt, nichts vorkommt.

Ich bin nur noch auf Achse. Beobachtend, Billy suchend, die ständig unerlaubt und ohne Abmeldung fremde Verwahrräume aufsucht und hinterher liebes Kind spielt, bei der Essenausgabe aufpassend, um unnötige Tumulte zu vermeiden, alles unerwünschte Gerenne auf dem Gang unterbindend, das sonst von dem gerade aufsichtführenden Brigadeleiter nach vorn zum Erzieher weitergemeldet wird. Über den Verwahrraum vierzehn soll nichts Unangenehmes mehr nach vorn dringen.

Bei den Stubendurchgängen verausgabe ich mich geradezu. Ich bringe alle auf Trab, arbeite selbst mit und kontrolliere und fordere, bis die Kontrollkommission schon in der Türe steht. Ich begutachte jeden Zahnputzbecher, jede Zahnbürste, jeden Kamm, jeden Schuh, jede Jackentasche, jedes Fach. Einfach alles. Alle laufen Trab, weil ich sie wegen der geringsten Kleinigkeit in den Waschraum schicke, Schuhe putzen lasse. Und so weiter. Das nervt. Es gibt Zornesausbrüche bei den Jüngeren, Billy tobt mehrmals so, daß ich Angst habe, sie geht auf mich los und verprügelt mich. Wir kämmen den Besen, wir wischen in den entlegensten Ecken und auf den obersten Rohren unsichtbaren Staub weg, wir räumen Fächer aus und wieder ein. Als Grille ihr Fach absolut nicht aufräumen will, weil sie es gut genug findet, fege ich mit einem einzigen Handgriff den ganzen Inhalt des Faches auf den Boden. Grille zerplatzt fast vor Zorn, ich bin eine »blöde Sau«, eine »elende, erfolgsüchtige Lehrerschlampe« und noch einiges andere. Dann beschwert sie sich bei Helma, die sieht sich seelenruhig das von mir verursachte Durcheinander auf dem Fußboden an, findet es in Ordnung. Für Grille bricht eine Welt zusammen, sie findet keine Unterstützung. Wenn sie bis zum Stubendurchgang nicht aufgeräumt hat, wird sie wegen Arbeitsverweigerung im Arrest landen. Das weiß sie, und das will sie nun doch nicht. Sie schafft sich lange, bis sie alles wieder in Ordnung hat. Aber dann ist ihr Päckchen das geradeste. Aus reiner Verzweiflung wegen der herrschenden Unordnung greife ich zu einer weiteren Zwangsmaßnahme. Alle Kleidungsstücke, die herumliegen und, wenn sie aufgeräumt werden sollen, niemandem gehören, werfe ich kommentarlos auf den Gang hinaus. Das bringt mir beim ersten Mal ungläubige, staunende Blicke ein, aber als der erste, so hinausbeförderte und nicht rechtzeitig wieder hereingeholte Kleiderrock spurlos vom Gang verschwindet und auch nie wieder auftaucht, bequemt man sich doch, seine Sachen von vornherein wegzuräumen. Es ist zu sehen, daß es bei sturer Haltung nur Ärger gibt. Man fügt sich, weil es so auf die Dauer doch am besten und bequemer ist. Die Stubendurchgänge, solcherart vorbereitet, zeigen den Erfolg. Neunkommasieben, neukommaneun.

Soweit stehen wir jetzt ganz gut da, nur die Disziplin, die Disziplin . . . Ein Fremdwort. Schlimm wird es wieder, als Sieglinde, Siggi genannt, aus dem Arrest zurückkommt. Sie ist es gewöhnt, stets zu tun, was ihr beliebt, den Verwahrraum zu verlassen, wie es ihr gefällt, wiederzukommen, wann es ihr gefällt, und abends in fremden Betten zu liegen, bis auch der letzte sich nicht mehr wach zu halten vermag. Ein verkleinertes Abbild von Billy, nur ein wenig leiser. Und hatte Billy vielleicht innerlich schon ein kleines bißchen nachgegeben, weil sie doch einsah, daß es so besser ging, so hat sie jetzt wieder Verstärkung. So bin ich zwar Verwahrraumälteste, unser Verwahrraum hat die besten Benotungen bei den Stubendurchgängen, aber ich bin den ganzen Tag, vor und nach der Arbeit, nur damit beschäftigt, die wandernden Mitglieder des Verwahrraumes vierzehn zusammenzusuchen, zurückzubringen, zu verhindern, daß sie überhaupt verschwinden. Was nicht leicht ist, denn wie kann ich kontrollieren, ob Silly nicht wirklich brechen muß, wie sie nach jeder Mahlzeit vorgibt. Sie preßt dann stets ihren Waschlappen vor das Gesicht, so entfällt die Abmeldung, und schon ist sie draußen. Mehrmals erwische ich sie, wie sie nach solchen Manövern im hintersten Winkel der Toilette mit ihrer Mieze steht und zärtlichst schmust. Na und? Man traf sich rein zufällig. Jeden Tag.

Es ist zum Verzweifeln.

Billy hat genügend Bekannte, um in anderen Verwahrräumen

unterzutauchen. Siggi zieht mit. »Tina, wir melden uns zur Toilette ab« – und weg sind sie. Der übliche Dreh.

Werden sie von Helma oder vom Personal beim Herumstreunen gesehen, bekommen sie zwar auch ein paar Worte gesagt, aber den Hauptteil der Strafpredigt empfange ich. Bis zu der Ankündigung, wenn ich nicht in der Lage bin, auf meine Verwahrraummitglieder aufzupassen, werde man mich eben ablösen müssen. Ich ahne wohl, daß man gerade das nicht so schnell tun wird – wer findet sich schon bereit, in solch einen Sauhaufen Ordnung hereinzubringen –, aber die unbewußte innere Angst vor der Zurückversetzung sitzt fest. Und die damit verbundene Konsequenz, daß es keine vorzeitige Entlassung für mich geben wird. Das geht nicht. Ich will nach Hause.

Nur mit diesem Gedanken halte ich durch, überstehe ich die unverhehlten Anfeindungen und das hinterlistige Getratsche. Es schwelt ständig unter der Oberfläche, ich bin vielen unbequem. Und aus diesem Grund ist auch mindestens die Hälfte aus meinem Verwahrraum bereit, mich bei der geringsten Kleinigkeit hochgehen zu lassen. Die kleinste Großzügigkeit, einmal heimlich Rauchen »übersehen« und nicht melden, eine einzige, unbewußte Bevorzugung – Billy, Silly, Edda, Siggy, Helga –, ich bin überzeugt, jede von ihnen würde mich mit Begeisterung gehen sehen. Um den winzigen Preis, ein paar Tage lang wieder ungestört Herr spielen zu dürfen. Ich darf keinen Fehler machen.

Trotz aller Hektik fällt mir nach der Gruppenstunde ein bekanntes Gesicht auf. Kurzes Nachdenken, ja, richtig, die Schneiderin aus der Untersuchungshaft, die immer für das Personal nähen durfte! Auch sie erkennt mich sofort wieder. Ich erkundige mich nach den beiden Karins, nach Anne-Katrin. Anita konnte mir nicht sagen, was sie bekommen haben, sie kam zu zeitig weg. Die Schneiderin weiß es. Die rote Karin, die mit den Lottoscheinen – meine Güte, wie lange ist das schon her – hat fünf Jahre bekommen. Die andere Karin ebenfalls fünf. Dafür, daß sie ihr Kind umbrachte. Und Anne-Katrin muß drei Jahre sitzen. Alles das erfahre ich hier in Dessau. Die Nachrichtenübermittlung ist perfekt. Ich besuche auch die Schneiderin in ihrem Verwahrraum, Verwahrraumälteste dürfen sich frei in der Baracke bewegen, also kann ich den Ausflug riskieren. Ich werde neugierig umringt, jede Neue ist interessant. »Was hast'n gemacht?« Das Übliche. Ich antworte ausweichend. »RF, wir wollten über die Ostsee!« »Meensch, über die Ostsee, das ist doch sinnlos, das wollte erst vor ein paar Monaten auch ein Lehrerehepaar, die hat man gleich geschnappt!« Die Schneiderin stoppt den Redestrom. »Nu halt die Luft an, das ist doch Tina, von der ich euch das erzählt habe!« Ja, ja. War mir eigentlich gleich klar, wer hier gemeint war, wenn auch Dieter infolge der Übermittlungen nun gleich mit zum Lehrer befördert wurde. Aber das sind Übertragungsfehler. Der Knastfunk als solcher funktioniert.

Ach ja, Anne-Katrin. Warum kann man nicht mit solchen Menschen zusammen sein, wenn man schon hier sein muß? Warum muß man hier den Erzieher spielen für Schwererziehbare, für alles den Kopf hinhalten? Und wofür? Wofür? Wie oft stelle ich mir diese Frage. Wie lange werde ich das hier noch aushalten? Anne-Katrin. Feiner Kerl, trotz der Sache, wegen der sie in Haft war. Was hatte sie mir doch gesagt, den einen Tag, nach dem Besuch bei ihrer Rechtsanwältin? Ich entsinne mich dunkel. Ja, alle Republikflüchtigen würden in der Haft gefragt, ob sie noch nach Westdeutschland wollten. Na, da hatte sie noch nichts von Dessau gehört. Hier darf man nicht einmal davon träumen, daß man es noch möchte. Gefragt! Oh, Anne! Und wie fest glaubte sie an die kommende Amnestie. Ob sie immer noch darauf hofft? Noch drei Wochen. Dann wissen wir es.

Die Tage, an denen wir nur arbeiteten, gelegentlich einmal Essenkübel schleppten, Hof aufräumten und zu irgendwelchen kleineren Arbeiten eingeteilt wurden, sind vorbei. Endgültig. Keine Minute Freizeit mehr zwischen Essenholen und Gruppenstunde, vormittags nicht und nachmittags schon gar nicht. Auf dem Hofgelände soll eine Werkhalle entstehen. In Eigenleistung. Vorerst ist da nur Dreck zu sehen, riesige Haufen schwarzer, steiniger Erde. Diese zu planieren, so glatt hinzubekommen, daß ein Fundament errichtet werden kann, ist unsere Aufgabe. Jeden Vormittag zwei Brigaden, jeden Nachmittag zwei Brigaden, die jeweils keine Schicht haben. Wenn man Glück hat, ist mal ein Tag Pause dazwischen, denn es sind fünf Brigaden in der Baracke. Aber meistens erscheint Helma gleich nach dem Frühstück mit ihrem üblichen Kommando »Anziehen und raustreten zu Erdarbeiten!« Muttchen darf drin bleiben. Sie ist zu alt. Zu alt! Ich habe herausbekommen, daß sie erst zweiundvierzig ist! Und sieht aus wie sechzig! Und benimmt sich danach! Sie versucht sich ganz einfach zu drücken. »Die Hüften . . .« Ja, ja, so schlimm ist es schon nicht. Auf Arbeit habe ich sie beobachtet, wie sie schwere Blöcke schleppte, ohne das Gesicht zu verziehen. Das könnte sie mit kranken Hüften bestimmt nicht. Jetzt macht sie Stubendienst, wenn wir draußen arbeiten.

Ich werde hart, unnachgiebig und manchmal sogar mitleidlos. Wenn wir verschwitzt und vollkommen erledigt von der Arbeiterei hereinkommen, die Arme kaum noch anheben können, die Hände verschwollen, mit blutigen Blasen von der Arbeit mit Schaufel und Spitzhacke, dann bleibt nicht einmal Zeit zum Duschen. Gruppenstunde? Arbeit ist jetzt wichtiger. Wenn sich Muttchen aufgerafft hat und der Tisch gedeckt ist, schlingen wir das Essen hinter. Keine Minute Erholung. Doch meistens ist das Essen noch nicht da, kommt erst in letzter Minute, wenn Helma bereits in der Tür erscheint und ankündigt, daß in zehn Minuten rausgetreten wird. Oh, diese Hetze. Alles rennt, alles brüllt. Die Essenkübel werden reingeschleppt, das Essen ausgegeben, schnell, schnell, die Küchenmieze möchte vier Hände haben, schnell hinter mit dem Teller, auf das Zimmer, zwischen Anziehen und Aufräumen essen. Das Essen ist heiß, so heiß, daß wir erst warten müßten, bis wir vernünftig essen können. Das meiste bleibt auf den Tellern. Keine Zeit! Raustreten!

Ich stürze meine eiskalte Milch hinunter, sie gibt mir wenigstens das Gefühl, etwas im Magen zu haben! »Tina, wo bleibst du denn! Raustreten!«

Jeden Tag die gleiche Hetze, ob Früh- oder Spätschicht. Nur die Zeiten sind verschieden. Sonst nichts.

Ich gehöre jetzt auch zu denen, die im Bus schlafen. Früh, mittags, abends. Je nach dem. Wir sind kaum eingestiegen, da schlafen wir. Alle. Nur Helma ist wach. Ihr fällt der Kopf manches Mal auf die Brust. Aber sie hält sich. Eine schlafende Busbesetzung. Viele von uns sehen erschreckend aus. Am schlimmsten Siggi. Sie ist am längsten drin. Trotz der frischen Luft, die wir jetzt zwangsweise bei den Bauarbeiten zugeführt bekommen, weiße, aufgedunsene Gesichter, mit dicken schwarzen Ringen um die Augen. Aber das fällt wohl niemandem weiter auf.

Draußen gießt es, als wollte es nie mehr aufhören. Tagelang.

Das ist Glück und auch wieder Pech. Glück für uns, weil wir keine Erdarbeiten machen müssen. Pech, weil die Zeiten des Draußenstehens, vor der Arbeit, wenn auf den Bus gewartet wird, kaum kürzer werden. Wir stehen unsere Stunde im Freien, wie immer. Jetzt ist es früh noch dämmerig, es geht eben auf den Herbst zu. Frau Oberwachtmeister, Herr Meister, sie kommen kurz aus ihrem Häuschen, um die Meldung abzunehmen, die Belehrung wird sogar gekürzt – dann stehen wir wieder allein. Stehen und warten und es schüttet nur so vom Himmel herunter. Wenn wir im Bus sitzen, sind die Jacken vollkommen durchgeweicht. Es ist Glückssache, ob wir sie auf der Fahrt ausziehen dürfen oder nicht, Frau Obermeister erlaubt es immer, andere Wachteln nie. Die Blusen sind ebenfalls durch, und das Hemd ist auch naß. Dazu kleben die Strümpfe an den Beinen, und in den Schuhen kann man Kahn fahren. Raus aus dem Bus, Meldung, Umziehen, Jacken aus, wer Hausschuhe mit hat, zieht sie an, die Strümpfe ziehen alle aus. Dann ran an die Arbeit. In den nassen Sachen. Bis zum Mittag ist alles einigermaßen trocken, nur die Röcke sind noch feucht und riechen muffig. In der Frühstückspause entdeckt Frau Obermeister, daß wir alle keine Strümpfe anhaben. Das ist verboten! Warum? Als Strafgefangene haben wir nicht zu fragen, sondern Anweisungen zu befolgen. Weil wir sie nicht sofort befolgen, wird die Raucherpause zum Frühstück gestrichen. Wir ziehen die Strümpfe wieder an, nasse, braune Schläuche.

So geht es drei Tage. Es gießt, als hätte der Himmel die Absicht, alle Versäumnisse des Sommers an diesen drei Tagen nachzuholen. Wir husten und prusten alle, als gelte es Sieger im Dauerhusten zu werden. Im GW herrscht Hochbetrieb, anderen Brigaden geht es ebenso. Zum Glück haben wir Frühschicht, sonst kämen wir vielleicht nur jeden dritten Tag zum GW. Aber die Behandlung durch den Meister ist kurz und knapp. Husten, Schnupfen? Grippetropfen. Roter Hals, dicke Mandeln? Fieber? Zwei Penicillintabletten. Es müßten ja noch ein paar mehr eingenommen werden, im Laufe des Tages und am nächsten Morgen. Aber Tabletten dürfen nicht mitgegeben werden. Neueste, strenge Anordnung. Wer Glück hat, erhält vielleicht am übernächsten Tag noch einmal zwei Tabletten, die meisten verzichten darauf, weil sie sich so elend fühlen, daß

sie nach der Arbeit nur auf dem Stuhl kauern, zusammenge-
sunken, frierend, und zu schlapp sind, um vor dem GW noch
eine Stunde und länger anzustehen. Wegen zwei Tabletten. Es
wird auch so vergehen.

Am dritten Regentag fällt Mimose auf Arbeit um, mitten auf
dem Gang, wir ringsherum hören mit Wickeln auf, unschlüssig,
was wir tun sollen. Die beiden Frauen vom kleinen Packtisch
springen hinzu und heben sie auf, schleifen sie auf einen Stuhl,
viel Kraft haben auch sie nicht. Vom Turm pfeift es – weiterarbeiten. Mimose darf sich zu einer Liege begeben. Inzwischen
wieder zu sich gekommen, wird sie mehr hingeschleift als daß
sie selbst läuft. Die große Uhr über uns hat genau eine Stunde
beendet, als zwei Wachtmeister in Uniform mit einer Trage hereinkommen und Mimose abholen. Mittags ist sie wieder im
Strafvollzug, liegt in ihrem Bett und sieht so kreidebleich aus,
daß wir alle es mit der Angst bekommen. Sogar Annett ist ruhiger. Mimose war im normalen Krankenhaus beim Arzt. Er
meinte, es könnte ein kleiner Herzinfarkt gewesen sein. So wie
Mimose aussieht, glaubt man es. Sie kommt allein nicht bis zur
Toilette. Vorerst liegt sie, ist krank geschrieben.

Muttchen fühlt sich ebenfalls sauschlecht, ausnahmsweise
glaube ich ihr, denn ihr Husten raubt uns die letzten wenigen
Stunden der Nachtruhe. Elsa bekommt plötzlich abends Schüttel-
frost, sie klappert und schüttelt sich, daß das ganze Bett wackelt.
Wir stehen ratlos herum und können nichts tun. GW-Behandlung ist längst vorbei, Helma versucht es bei Frau Leutnant, sie
hat Pech. Unsere Frau Leutnant ist nicht anwesend, nur Leutnant Schrecker als Vertretung, und diese ist der Meinung, bei
ein bißchen Fieber und einer Erkältung müßte man abends keinen Arzt holen. Basta. Daß Elsa nicht mehr die Jüngste ist und
in diesem Alter auch mit einer Grippe nicht zu spaßen ist – was
soll's. Elsa kann am nächsten Tag ins GW gehen, sich Pillen
geben lassen.

Am nächsten Tag kommt sie kaum aus dem Bett, schwankt,
daß ich sie besorgt festhalte, lehnt beim Stehen im Flur an der
Wand und beim Stehen im Freien von hinten an mir. Kreidebleich. Aber sie schafft es zur Arbeit. Frau Oberwachtmeister
bemerkt wohl, was los ist, aber sie verliert kein Wort darüber.
Auch dann nicht, als Elsa kaum arbeitet, sich nur hinsetzt und

alte Tonbänder abwickelt. Die Lenkungskräfte sagen ebenfalls nichts. Helfen können sie nicht, dürften es auch nicht. Es könnte sie ihre Arbeitsstelle kosten. Und meckern wollen sie nicht.

Elsa kommt ins Revier, Mimose gleich mit, ihr geht es noch nicht besser. Nach zwei Tagen sind beide wieder da. Elsa kann sich wieder auf den Beinen halten, Mimose klapprig wie zuvor. Überhaupt, Herzinfarkt! Der Anstaltsarzt hat gesagt, es wäre nur eine Stirnhöhlenentzündung gewesen! So einfach ist das.

Gut, daß es im Betrieb zur Zeit an Arbeit mangelt. Es ist kein Material da! So grotesk es auch aussieht, aber gut die Hälfte der Brigade sitzt hinten vor dem Tisch, Stöckchen in der Hand, Spulen darauf und wickelt ab. Idiotenarbeit. Wer schon Übung hat, hat bis zu fünf Spulen auf einmal auf seinem Stöckchen, wer es das erste Mal macht, kann nur eine Spule abwickeln, sonst bekommt er heillosen Fitz auf seinem Stöckchen. Logisch, daß wir alle Kranken und leicht Angeschlagenen zum Abwickeln verfrachten, im stillen Einverständnis mit den Lenkungskräften. Überhaupt, warum abgewickelt wird, weiß niemand. »Fehlerhafte Spulen«, sagen die Lenkungskräfte. Wir sehen nichts. Für uns sind sie normal. Und wir haben inzwischen unterscheiden gelernt zwischen guten und unbrauchbaren Spulen. Wird doch jede, die fehlerhaft wickelt, öffentlich genannt! »Spulen, die nicht mehr verlangt werden«, sagen die Lenkungskräfte. Verstehen wir nicht. Bei den Preisen, die Tonbänder draußen kosten, und wir wickeln hier ab, zentnerweise . . . Warum wird nicht zweite Wahl verkauft, billiger? Die da draußen würden Schlange stehen nach den preiswerten Tonbändern. So unterhalten wir uns beim Abwickeln. »Darüber hätten sie nicht zu bestimmen«, sagen die Lenkungskräfte. Nett, aber reserviert.

Wir fragen nicht mehr. Wir wickeln ab.

Der Regen ist vorbei, trotzdem ist es draußen kalt und unfreundlich. Vorbei die schönen Sommertage. Herbst.

Silly läuft mit roten, tränenden Augen herum, das Taschentuch ständig im Einsatz, Muttchen bellt die ganze Nacht. Helma bringt ihr, als wir alle früh kaum aus den Augen blicken können, eine halbe Flasche Hustensaft. Wo sie die nur erstanden hat! Keiner fragt, alle sind froh, daß so vielleicht wieder Ruhe wird in den Nächten. Man hat eben so seine Beziehungen als Brigadeleiter!

Ich habe Schnupfen. Halsschmerzen. Billy hat Schnupfen. Halsschmerzen. Edda hat Bronchitis, eine so fest sitzende, daß sie nicht husten kann. Ein Glück. Die Taschentücher, von denen jeder zwei hat, trocknen wir abwechselnd auf der Heizung. Ist eins naßgeschnaubt, ist das zweite bereits wieder trocken.

Noch eine Woche bis zur angekündigten Amnestie! Die Gerüchte laufen sich heiß. Sie kommt, sie kommt nicht, sie kommt, aber nur für Strafer bis zu drei Jahren, sie kommt, aber nicht für die mit RF, sie kommt nicht, . . . es ist nicht mehr auszuhalten. Auf Toiletten, in Waschräumen, auf dem Gang, überall wird getuschelt, werden Nachrichten weitergegeben. Eine Woche!

Die Anstaltsleitung bemerkt die Nervosität, die Unruhe. Sie ruft Brigadeleiter und Verwahrraumälteste zu einer Besprechung zusammen. Ab sofort ist es verboten, von einer Amnestie zu sprechen! Wir würden uns doch sowieso nur Flausen in die Köpfe setzen! Es käme nichts!! Außerdem haben ebenfalls ab sofort alle Strafgefangenen »Sie« zueinander zu sagen, um die allgemeine Vertraulichkeit etwas zu unterbinden.

Wir haben unsere Anweisungen. Geben sie an die Verwahrräume weiter. Was, nicht mehr davon sprechen? Keine Amnestie? Na, ist doch klar, sie kommt! Bestimmt! Man will uns nur ruhig halten. Alter Trick! Alle sind sich sicher, das Verbot ist der beste Beweis dafür, daß die Amnestie doch kommt. Natürlich! Das Verbot hätte man sich sparen können. Nie wurde so viel davon gesprochen wie jetzt. Noch heimlicher. Unter drei Siegeln der Verschwiegenheit! Mit »Sie« spricht sich niemand an. Es wird gar nicht erst versucht. Sinnloser Befehl!

Traute wird verlegt, die ehemalige Verwahrraumältete. Einstimmiges, unhörbares Aufatmen. Die meisten finden ja insgeheim die Stimmung doch besser, wenn Ruhe und Ordnung herrschen, wenn die Stubendurchgänge gute Benotungen bringen. Aber aus Solidarität mit Traute mußte man halt mitsticheln, dagegenarbeiten. Die allgemeine Stimmung bessert sich spürbar, kaum daß sie weg ist. Was doch eine Person ausmachen kann!

Wir kommen von Arbeit, und Inge ist da, bezieht gerade Traudels Bett. Inge, klein, brünett, verweinte Augen. Vorne nichts und hinten nichts. Fünfunddreißig Jahre. Kurzes Mustern, kurze Fragen von Billy, in brüllendem Ton allen aus dem Mund genommen – nun ja, man wird miteinander auskommen. Im Waschraum tröste ich die Neue. Sie hat es nötig. Billy ist nicht so rauhbeinig, wie sie sich gibt! Die anderen auch nicht! Wird sich schon alles einrenken. Am nächsten Tag ist die Neue schon nicht mehr so neu.

Die letzte Woche vor der Amnestie! Da draußen das gesamte Erdreich zu Matsch verwandelt ist, kann mit den Erdarbeiten nicht weitergemacht werden. Wir sind froh. Also wieder Gruppenstunden! Nein. Am ersten Tag der Woche Brigadeleiterversammlung. Alle Brigaden üben zum siebenten Oktober ein Kulturprogramm ein! Wird vor den Lenkungskräften aufgeführt!

Nach Helmas Bericht stutzt alles. Kulturprogramm?? Große Ruhe. Dann Silly: »Na, klar Mensch, die wollen uns ablenken! Ist doch sicher wie das Amen in der Kirche!« Sonnenklar. Alle sehen den neuen Trick ein. So wird nicht nur bei uns, so wird in allen Verwahrräumen diskutiert. Nun gut, üben wir ein Kulturprogramm ein, aber ihr werdet ja sehen . . . Nächste Woche!

Wir haben alle unsere Erkältungen und grippalen Infekte, die mehr oder weniger heftig waren, gut hinter uns gebracht, so gut, daß wir wieder singen können. Spätschicht. Am Vormittag üben wir. Zusammen mit der Packerbrigade, Lena spielt Akkordeon. So brauche ich nur dann zu spielen, wenn wir für uns allein proben und dann bei der Vorführung. Ist mir auch recht. Sehr sogar. So sicher bin ich nicht mehr auf dem Akkordeon, auch was Lena da einübt, habe ich nie gehört. Und Freude macht es mir überhaupt nicht. Die anderen, Jüngeren, haben wenigstens Jux dabei. Mir würgt es zu Anfang in der Kehle. Dann gewöhne ich mich auch daran, hier im Knast freudig zu singen.

> »Vor Madrid, auf Barrikaden,
> in der Stunde der Gefahr,
> mit den Interkampfbrigaden,
> das Herz voll Haß geladen,
> stand Hans, der Kommissar.«

Lena probt mit uns. Dieses Lied kennen einige. Aber es wird ausgefeilt! »Haß! Haaß«! Das »ß« bitte, man muß es hören! Wir singen wieder, zischen das »ß« wie die Schlangen. Ja, so ist es gut.

»Eine Kugel kam geflogen,
aus der Heimat kam sie her.
Der Schuß war gut erwogen,
der Lauf war gut gezogen,
ein deutsches Schießgewehr.«

Wir sollen patriotischer singen. Also gut, noch mal. Patriotischer. Niemand weiß, wie, aber auf einmal ist es richtig.

»Kann dir mein Wort drauf geben,
vencera la libertad,
dem Feind wird nicht vergeben,
du bleibst in unserem Leben,
Hans Beimler, Kamerad.«

»Bitte, energischer, man muß den Haß hören, straff singen!«
Wir singen straff. Wir singen.

Dann ein Gedicht. »Teleromantik«. Irgend etwas Lustiges, von Pittiplatsch und Schnatterinchen, den beliebten Figuren des Kinderfernsehens.

». . . von Karl-Marx-Stadt bis nach Treuenbriezen
ist kein Mensch auf Pestalozzi scharf,
Bummi, Schnatterinchen und Komplizen
decken pädagogischen Bedarf!«

Das Gedicht ist meine Sache. Einmal vorlesen – Lena ist zufrieden. Eine Lehrerin wird wohl lesen können. Das Gedicht paßt zwar nicht ganz in den gesteckten Rahmen, zugegeben, aber das einzige vorhandene Buch mit Gedichten enthält eben nur Kindergedichte. Und wer weiß, ob wir das wirklich vortragen. Wo doch die Amnestie . . . Weiter. Es ist verboten, darüber zu sprechen. In Gruppenstunden bestimmt.

Noch ein Lied. Ich höre es zum ersten Mal. Alle anderen auch. Also wird es gelernt. Zuerst der Text im Chor.

»Tausende Panzer durchfuhren das Land,
hinter sich Krieg und Verderben.
Weiten sowjetischer Erde verbrannt,
Städte in Trümmern und Scherben.«

Toller Text. Einige wechseln zwar bedeutungsvolle Blicke, doch niemand verliert auch nur ein Wort darüber. Vier Verse. Jeder mit irgendwelchen Untaten der Deutschen. Unseres Volkes! Und nach jedem Vers der Refrain. Einmalig.

»Doch allen Haß, alle Not überwand
siegreich die Sowjetunion!
Brüderlich reicht sie die helfende Hand
auch unsrer deutschen Nation!«

»Brüderlich reicht sie die helfende Hand auch unsrer deutschen Nation!« Wir singen zackig, wir singen forsch, wie es
Lena für richtig hält. Dann eine neue Variante. Wir summen,
Edda spricht den Text. Den Refrain singen wieder alle. Nicht
schlecht. Edda mit ihrer knapp überstandenen Bronchitis hat
noch so eine schöne rauchige Stimme!

Wir singen nicht hinreißend, aber es klingt gut. Würde man
Text, Ort und Zeit vergessen, könnte man sich wohlfühlen.

Einen Tag vor dem siebenten Oktober tragen wir das Kulturprogramm vor. Jede Brigade vor ihren Lenkungskräften. Ich
spiele Akkordeon. Lieder, Gedichte, es klappt. Wir müssen die
Zähne zusammenbeißen, irgend wie geht das Ganze aufs Gemüt. Die Lenkungskräfte haben den Umkleideraum ausgeschmückt, weiße Tischdecken, Kaffeetassen, Bohnenkaffeeduft,
auf weißen Tellern selbstgebackener Kuchen. Sie haben ihn für
uns gebacken! Für uns Strafgefangene! Es ist nicht leicht, beim
Singen durchzuhalten. Zweiunddreißig strafgefangene Frauen
vor sieben Lenkungskräften.

In einer Ecke Frau Oberwachtmeister.

Wir sehen, wie sich unsere Lenkungskräfte nur mühsam beherrschen, am liebsten würden sie offensichtlich losheulen. Die
ganze Stimmung ist kurz vor dem Umkippen. Frau Oberwachtmeister wirft warnende Blicke nach allen Seiten.

Das Kulturprogramm bringen wir gut zu Ende. Dann sitzen
wir. Wann haben wir das letzte Mal an einem weiß gedeckten
Tisch gesessen? Wann Bohnenkaffeeduft gerochen? Die Kerzen
brennen. Niemand traut sich, zu seinem Nachbarn zu schauen.
Jedem sitzt das Heulen in der Kehle. Sogar Billy, die Forsche,
ist stiller als sonst. Diese Ruhe! Die Lenkungskräfte gießen uns
Kaffee ein. Bohnenkaffee!

Die ersten Tränen rollen, wortlos, still über abgewendete Gesichter. Wer sich beherrschen kann, tut es. Mit aller Kraft. Helma
lächelt uns zu, es wirkt wie eine Grimasse. Eine Brigadeleiterin
hat Vorbild zu sein! Dabei ist ihr genauso beschissen zumute
wie uns. Man sieht es.

Dann bekommt Gundi einen Heulkrampf. Gundi, wer hätte das gedacht. Die sich stets über alle und jeden lustig macht und mit Scholli zusammen auffällt, wo sie nur kann. Die hartgesottene Gundi! Sie schluchzt während des Kaffeetrinkens, während der vom Tonband abgespielten Ansprache, die mit »Strafgefangene Frauen« beginnt, sie schluchzt bis zum Schluß der ganzen Feier.

Der Kuchen würgt in der Kehle, obwohl er gut schmeckt und bestimmt mit Liebe gebacken wurde, der Kaffee wird getrunken, weil es Bohnenkaffee ist und alle monatelang keinen Bohnenkaffee zu sehen bekommen haben. Viele wickeln ihren Kuchen in die herumliegenden Servietten, man wird ihn später essen, jetzt kann man nicht.

Die Dreiviertelstunde genehmigte Sonderpause ist um, es geht wieder an die Arbeit. An ihrer Maschine angekommen, wirft Gundi den Kopf in die Arme und schluchzt los, daß wir alle erschrocken den Atem anhalten. Ein jammerndes Bündel Elend. Nichts mehr von »Ihr könnt mich ja alle . . .« und »Mich läßt der ganze Knast sowieso kalt«, absolut nichts. Nur noch ein achtzehnjähriges Mädel, das heim möchte. Auch wenn sie es nie zugeben würde. Diese Feierlichkeit, das anheimelnde Licht der Kerzen, es war zu viel. Wir anderen können uns beherrschen, Gundi kann es nicht. Einmal erwischt es jeden. Frau Oberwachtmeister steigt vom Turm, steht erst ratlos hinter Gundi, dann versucht sie es mit Härte. Nichts. Genau das Gegenteil des gewünschten Erfolges. Gundi schluchzt noch lauter, noch erbärmlicher. Ein Pfiff! Wir sollen arbeiten! Wir arbeiten ja schon. Ernüchternd nach der Feierstunde, wo man uns gestattete, »Mensch« zu sein, am ordentlich gedeckten Tisch zu sitzen. Das Leben hat uns wieder. Das Knastleben. Keiner ist mehr nach Heulen zumute. Vorbei.

Helma spricht hin und wieder beruhigend mit Gundi. Auch einige Lenkungskräfte. Nach zwei Stunden wird Gundi auch ruhiger. Aber beim Antreten schluchzt sie noch leise vor sich hin. Sie möchte eben nach Hause. Wer möchte das nicht?

Wird der kommende Tag unsere heißesten Wünsche und Hoffnungen erfüllen?

Als wir nach der Spätschicht zurückkommen, ist Hektik im ganzen Lager. Stille Hektik. Niemand schläft, alle spitzen die

Ohren, stecken beim geringsten Geräusch den Kopf aus der Türe, sind hellwach. Schon bei unserem Vorbeimarsch an den vorderen Türen flüstert es aus jedem Zimmer: »Habt ihr schon gesehen? Das ganze Personal...« Vom Eingang die Stimme Frau Leutnants: »Lassen Sie das, Strafgefangene! Es ist längst Nachtruhe!« Jede muß zur Toilette, auch wenn sie eben erst war, jede möchte von der anderen noch einmal, ein letztes Mal wissen, ob sie auch ganz bestimmt daran glaubt.

Eines stimmt jedenfalls. Das gesamte Personal, von der Unterwachtmeisterin bis zum Oberleutnant ist in der Baracke. Macht bei uns die Runde, geht hinten hinaus, macht in der anderen Baracke die Runde. Aber ob das etwas zu sagen hat...?

Siebenter Oktober! Staatsfeiertag zum 25. Jahrestag der Gründung der Deutschen Demokratischen Republik!

Wecken um sieben Uhr. Ausnahmsweise. Alles Personal ist wieder im Lager. Bedeutungsvolle Blicke unter den Gefangenen. Heute.

Zum Frühstück Torte, nach der sich die meisten wieder übergeben müssen. Wir sind das Fett nicht mehr gewöhnt. Stube in Ordnung bringen. Warten. Es geschieht nichts.

Meinung der Optimisten – das kommt noch! Wird bestimmt erst Nachmittag zur Feierstunde verkündigt! Wartet nur ab, umsonst ist dieser Aufmarsch nicht!

Meinung der Pessimisten: Alles Scheiße! Ha'm wir ja gleich gewußt! Wenn was gekommen wäre, hätten die es früh verkündigt. Über Lagerfunk. War bei der letzten Amnestie auch so!

Nanu, wir stutzen, hier weiß ja eine gute Bescheid. Lagerfunk haben wir nicht. Allein daran wird es kaum liegen, daß alles ruhig bleibt. Heute ist nicht einmal das sonst übliche Gerenne auf den Gängen. Mittagessen. Hähnchenkeulen, gepökelt und sehr, sehr salzig. Wir schlingen alles begierig hinein, das Fleisch, die Kartoffeln, das Rotkraut. Trotz ihres Salzgehaltes sind die Hähnchenkeulen eine Delikatesse. Danach wird noch einigen schlecht, die bis jetzt durchgehalten haben. Macht nichts. Was ist das alles schon im Vergleich zu dem, was noch kommt! Wann werden wohl die ersten Entlassungen beginnen? Meeenschenskinder, die sollen doch endlich anfangen!! Die Spannung ist unerträglich. Wir sind gereizt und blaffen uns wegen jeder Kleinigkeit an.

»Mit Stühlen brigadeweise raustreten!« Endlich! Die Brigadeleiter haben alle Hände voll zu tun, um die gewünschte Ordnung aufrecht zu erhalten. So schnell waren wir noch nie mit
Stühlen draußen! Im Hof des Lagers, zwischen beiden Baracken
steht eine Stereoanlage, Plattenspieler mit zwei Boxen, ein Mikro-
phon. In gebührendem Abstand setzen wir uns nieder, die Stühle
zu einem ordentlichen Block formiert.

Der Oberleutnant. Schaltet den Plattenspieler ein. Arbeiterlieder. Von andächtigem Zuhören kann keine Rede sein, die
Spannung ist auf dem Siedepunkt. Ringsum an allen Ecken Personal, der Meister sogar mit Hund.

Die Arbeiterlieder sind zu Ende. Endlich! Jetzt! Bedeutungsvolle Blicke.

Jetzt? Ja, was denn jetzt? Der Oberleutnant erhebt sich und
schaltet das Tonbandgerät ein. Es ertönt die gleiche Ansprache,
die wir am vorherigen Tag schon hörten. »Strafgefangene
Frauen! Sie verbringen den Feiertag unserer Republik im Straf-
vollzugslager Dessau. Wir haben versucht, Ihnen diesen Tag
so schön wie möglich zu gestalten. Sie selber haben dazu bei-
getragen. Unsere Republik ...« Alle warten nur auf ein Wort,
ein einziges. Vielleicht haben wir gestern nicht das ganze Band
zu hören bekommen? Es kommt noch, sicher. Es muß ja.

Es muß nicht und es kommt nicht. »... und Sie haben in diesem Lager alle die Chance, durch Ihr Verhalten zu beweisen, daß
Sie gewillt sind, Ihre Vergehen gut zu machen. Es liegt an Ihnen,
ob Sie Weihnachten noch hier sein müssen!«

Schluß. Totenstille. Das Wachpersonal beobachtet uns, wir
beobachten das Wachpersonal. War es das wirklich? Ja. Spätestens jetzt ist allen klar geworden, daß es nichts ist mit Amnestie, mit Entlassung. Schluß, aus. Welch schöner Traum. Unbegreiflich.

In der hinteren Reihe fällt eine Frau um. Sie wird wortlos
weggetragen. Eine Brigadeleiterin aus der anderen Baracke bekommt einen Herzanfall. Links und rechts gestützt geht sie
Richtung GW. Die GW-Mieze erhält die Erlaubnis, mitzugehen,
Frau Leutnant Bogel beaufsichtigt das Ganze. Wir sitzen immer
noch. Niemand spricht ein Wort. Alles hat sich in Sekunden ab-
gespielt. Der Oberleutnant liest Namen vor, acht Namen. Ein
letztes Aufflackern eines Fünkchen Hoffnung bei den Aufgeru-

fenen. Sie müssen vortreten. Nichts ist in ihren Gesichtern zu lesen, als der Oberleutnant verkündet, die hier Stehenden erhalten für vorbildliche Arbeitsleistungen und vorbildliches Verhalten eine Einkaufsprämie von fünf Mark.

Pflichtgemäß klatschen wir. Wegtreten. Das Kulturprogramm. Alle Brigaden sollen ihr eingeübtes Kulturprogramm vorführen. Wir sind bedient. Soll man uns doch jetzt in Ruhe lassen. Die Hilfe kommt von oben. Schlagartig fängt es an zu regnen, immer stärker. Während vorn von der ersten Brigade das Lied von einer schönen Müllerin gesungen wird, schaut sich das Wachpersonal reihum an. Sie wissen nicht, sollen sie uns schon einrücken lassen? Ohne Kulturprogramm? Ein bißchen Regen schadet uns doch nicht.

Ein Gedicht. Es regnet stärker, es gießt. Jetzt ist es dem Personal zu viel. Ein Wink des Oberleutnants – einrücken!

Schon beim Einrücken heulen die ersten. Der Tag ist gelaufen und es ist nichts Gutes mehr zu erwarten. Weinkrämpfe, Nervenzusammenbrüche, von denen niemand weiß, ob sie echt sind oder nur gespielt, zwei weitere Herzanfälle. Das sind die abschließenden Ereignisse des Tages. Damit wird man fertig.

Es war noch nie eine solch gedrückte Stimmung in der Baracke. Alle haben mit sich zu tun. Im stillen hatte doch jede gehofft, es käme etwas. Und niemand kann es nun begreifen, daß nichts gekommen ist. Warum haben dann Rechtsanwälte, Vernehmer, Personal, warum haben sie alle Hoffnung gehabt? Und das deutlich genug gezeigt? Warum? Wir werden nicht fertig damit. Warum?

Am Abend läuft im Fernsehen »Ein Kessel Buntes«, Festveranstaltung. Zu Ehren des Tages ist es allen gestattet, daran teilzunehmen. Weit über zweihundert Frauen zwängen sich in den fünfundzwanzig Quadratmeter großen Fernsehraum, es bleibt kein Platz mehr, um die Beine auszustrecken. Es ist ein Wunder, daß die Luft für alle zum Atmen reicht. Die Sendung stimmt melancholisch. Wir hier deprimiert, enttäuscht, verbittert, dort sprudelnde Fröhlichkeit, wer soll das ertragen. Es ist nur Unruhe und Gerenne im Raum. Trotz der Enge zwängt sich immer wieder jemand durch die Stuhlreihen mit der Begründung, rauszumüssen. Keine Drohungen, keine Anordnungen helfen. Die Unruhe bleibt.

Man will das einfach nicht sehen. Man ist geschafft. Und man hat die Schnauze voll. Alle. Restlos.

Ich liege mit Elsa und Grete auf den Betten. Wir unterhalten uns. Von allem, nur nicht mehr von der Amnestie. Unser Zimmer liegt Wand an Wand neben dem Fernsehraum. Wir können alles mit anhören. Eine nach der anderen aus unserer Truppe kommt angekleckert. Siggi schmeißt sich auf ihr Bett und weint. Das hat sie noch nie getan. Er geht vorbei, dieser Abend. Wie der Tag, wie alle vorhergegangenen Tage. Und wenn wir uns gut führen, werden wir eher entlassen, vielleicht, und wenn wir uns nicht so gut führen, kommen wir auch dahin. Nur eben etwas langsamer.

Damit ist dieses Thema, das hoffnungsvolle, ein für alle Male erledigt.

Die Tage laufen wieder wie gewohnt. Jeder Tag bringt uns der Entlassung ein Stück näher, jeder Tag muß überstanden werden, egal wie.

Beim Aussteigen aus dem Bus trete ich in der Dunkelheit fehl und verstauche mir den Fuß. Das bringt mir eine Woche Revier ein, eine Woche liegen, faulenzen und dumme Reden anhören. Am Ende der Woche kommt eine Neue zu uns ins Revier, sie hat Asthma. Ich war noch nie mit einer Asthmakranken zusammen, ich habe keine Ahnung davon, was das bedeutet. Sie ringt dermaßen nach Luft, keuchend und, wie uns scheint, mit letzter Kraft, daß wir froh sind, als die Nacht vorbei ist und sie noch lebt. Nein, das halte ich nicht aus. Ich melde mich zum Arzt, habe Glück, daß er am gleichen Tag kommt. Es bedarf keiner weiteren Überredungskünste, er hält meinen Fuß sowieso für gut, ich kann wieder arbeiten. Der verstauchte Fuß macht mir noch lange zu schaffen, aber gewickelt ist er wieder zu gebrauchen.

Auch Einkauf habe ich jetzt regelmäßig. Das erste Mal sogenannten »Überbrückungseinkauf«, fünf Mark, reicht für Seife, einen neuen Waschlappen und Haarwäsche. Alle vierzehn Tage ist Einkauf, immer in der Spätschicht. Also für uns am Vormittag. Mußten wir die erste Zeit alles Gewünschte auf einen Zettel schreiben und bekamen es dann geliefert, so können wir jetzt selbst einkaufen. Trotz des allgemeinen Platzmangels hat man ein Zimmer geräumt und in eine Art kleinen Laden umgestaltet. Strafgefangene Frauen, die sonst im Jugendstrafvollzug in der Verwaltung arbeiten, verkaufen an strafgefangene Frauen. Stets dürfen nur zwei den »Laden« betreten, außerdem ist Beeilung angeraten. Da stets mehrere Brigaden den Gang entlang Schlange stehen, sind die Wartezeiten enorm. Eine Stunde ist nichts. Einkauf ist eine vormittagfüllende Beschäftigung, verbunden mit viel freudiger Aufregung. Die Einkaufssummen, die den einzelnen zur Verfügung stehen, sind unterschiedlich, sehr sogar, und lösen jedesmal erneut unliebsame Diskussionen aus. Rückfragen wegen der unterschiedlichen Höhe sind rein zwecklos, es gibt immer die gleiche Auskunft, wir würden Einkauf erhalten nach unserer Arbeitsleistung, wobei berücksichtigt werden muß, wer für wieviel Kinder zu bezahlen hat. Alles Quatsch. Scholli hat kein Kind, für das Kindergeld weggeschickt werden muß. Sie ist die beste Polyesterwicklerin, müßte laut heimlichen Angaben der Lenkungskräfte weit über siebenhundert Mark im Monat verdienen. Müßte! Einkauf erhält sie für sechs Mark. Gertensteck hat zwei Kinder, schiebt auf der Arbeit stets eine ruhige Kugel, überanstrengt sich nie. Bei allem Durchschnitt. Sie bekommt zwölf Mark Einkaufsgeld. Wir bekommen nie heraus, warum dies so unterschiedlich, ja, in unseren Augen willkürlich gehandhabt wird. Auch als Billy die Nerven verliert und brüllend ins Erzieherzimmer stürmt, dort wissen will, warum sie, ohne Kind, beste Tausendmeterwicklerin, nur sieben Mark Einkaufsgeld erhalten hat, nützt es nichts. »Alles wird in der Buchhaltung genau berechnet! Es hat schon seine Richtigkeit!« So Frau Leutnant. Den Ärger habe ich, ich bekomme zu hören, warum ich unter meinen Zimmergenossinnen nicht bessere Überzeugungsarbeit leiste. Das würde von mir erwartet.

So ist es immer. Ständiges vorheriges Rätseln, wie hoch der Einkauf ausfallen wird. Freude bei der einen, Wut und Enttäuschung bei den anderen. Trotzdem, wenn jede ihre Schätze erstanden hat, ist der Einkaufstag doch herrlich. Ein kleines Fest. Wir können Schweinsohren kaufen, anderen Kuchen auch. Es gibt ein paar Sorten Bonbons, meistens leider nur harte, saure. Die weichen, besseren, werden von der Brigade aufgekauft, die zuerst einkaufen war. Das ist mit allen guten Sachen so. Aber einkaufen kann jeder. Es gibt Seife, Briefpapier, Haarwäsche,

Waschlappen, Schokolade, Apfelmus und Kirschen in Gläsern. Waffeln, Kekse, Bonbons. Und Zigaretten. Bis zum letzten Pfennig wird ausgerechnet, wie viel man kaufen kann. Geld erhalten wir selbstverständlich nie, unsere Einkaufssumme ist auf einer Karteikarte vermerkt und wird dort abgestrichen. Restliche Beträge werden beim nächsten Mal nicht mit angerechnet. Also kauft, Leute, kauft!

Ich lege neuerdings mein Geld mit Elsa zusammen. Etliche machen das so, man kann dadurch mehr verschiedene Sachen kaufen, es macht sich ganz einfach besser. Da wir beide Nichtraucher sind, und so der Streit um Zigaretten wegfällt, kommen wir mit dieser Methode prima hin. Jetzt, wo es auf Weihnachten zugeht, gibt es sogar Apfelsinen zu kaufen! In Windeseile verbreiten die vom Einkauf Zurückkommenden diese Neuigkeit. Was sie kosten? Stück eine Mark! Na ja. Es wird gerechnet, Merkzettel werden geschrieben, nur damit es auch klappt mit dem Geld. Elsa hat zwölf Mark Einkaufsgeld, fast absolute Spitze. Höher als fünfzehn Mark ist noch niemand aus unserem Zimmer gekommen. Ich habe nur acht Mark. Macht nichts. Elsa ist eine Frau, wie man sie selten findet. Alle Bedenken meinerseits fegt sie mit einer Handbewegung vom Tisch. »Ruhig, wir kaufen zusammen, egal, wieviel du hast. Vielleicht habe ich das nächste Mal weniger!« Elsa hat nie weniger als ich. Trotzdem, es klappt immer. Und Streit beim Teilen des Gekauften bekommen wir nie. Im Gegensatz zu vielen anderen.

Am Einkaufstag sind alle Fächer im Schrank voll belegt, hinter Schlüpfern, Büstenhaltern und Schreibzeug sieht man Bonbons, Gläser, hin und wieder eine Apfelsine. Die Zigaretten verstecken alle. Es verschwindet viel. Nie können wir aufklären, wer lange Finger macht. Wir kommen von Arbeit zurück, das Zimmer ist wieder einmal unverschlossen, weil der Schlüssel zu zehn anderen Räumen auch paßt und ständig weg ist, alle stürzen zu ihren Fächern. Dann geht es los. »Bei mir fehlt schon wieder eine Schachtel Zigaretten! Verdammte Sauerei! Können die das Zimmer nicht abschließen!« »Meine Tüte Bonbons ist weg, die ganze Tüte. Und ich hatte doch nur vier Mark Einkauf!« Carola ist den Tränen nahe. Ich tröste, gebe recht, schimpfe, teile mit Carola unsere Bonbons – ist ja doch nichts zu ändern.

Es ist ein wahrer Segen, daß Elsa bei uns im Zimmer ist. Gewiß, Grete ist auch nicht schlecht, mit Inge, der Neuen, kommt man gut hin, das junge Gemüse gibt sich in letzter Zeit auch Mühe, heute so und morgen so, – aber Elsa ist eben Elsa. Sie ist wunderbar und irgendwie der ruhende Pol im Verwahrraum. Sie diskutiert stundenlang mit den Jüngeren, wenn es mit der Disziplin nicht klappen will. Sie unterstützt mich, wo sie kann, sie stickt Carola die Effektennummer in alle Sachen, weil Carola von Nähen absolut nichts versteht und sie flickt Billys Strümpfe, weil Billy gar nicht daran denkt, das selbst zu tun. Lieber läuft sie mit dicken Maschen herum. Elsa kann einfach alles, weiß viel und tut alles. Und wenn ich bei der mittäglichen Essenausgabe Aufsicht habe, und danach kaum Zeit mein Essen und die Milch hinunterzuschlingen, dann schmiert sie mir sogar die Arbeitsschnitten.

Und Elsa versorgt mich mit Nachrichten. Sie hört alles, sie sieht alles. Zu ihr haben viele Vertrauen. Gut, daß sie nicht wissen, daß Elsa mir alles weitererzählt. Aber es bleibt unter uns. So weiß ich stets, wo es gärt, auf wen ich besonders achten muß und wer wieder einmal vorhat, die Ordnung ein wenig durcheinander zu bringen. Sie hat ihr Gutes, diese Zusammenarbeit.

Beim Antreten zur Frühschicht ist wieder einmal höllischer Lärm, Helma aus irgendeinem Grund nicht zu sehen. Frau Leutnant erscheint, runzelt die Stirn, allein davon wird Ruhe. Was sie sagt, versetzt alle in Erstaunen. »Ja, Strafgefangene Siegert, warum sorgen Sie denn nicht einmal für Ordnung? Warum unterstützen Sie die Strafgefangene Wiebke nicht?« Ich bin etwas erstaunt, wie sie auf mich kommt, rede mich heraus, daß auf mich ja doch keiner hört und daß ich nur Verwahrraumälteste bin wie andere auch. Das dicke Ende kommt. Ich solle mich mal ein bißchen mehr um die ganze Brigade kümmern, ob ich denn nicht bemerkt hätte, daß ich schon seit einiger Zeit stellvertretende Brigadeleiterin sei.

Nein, habe ich nicht. Hat mir niemand gesagt. Aber jetzt weiß ich es. Seltsame Art, einem so etwas Wichtiges zu sagen.

Also sorge ich für Ruhe. Im Beisein von Frau Leutnant gelingt es mir auch. Ich bin im stillen nicht so überzeugt davon, ob es auch ohne diesen Rückhalt so schnell ruhig geworden wäre.

Von jetzt an bin ich also nicht mehr nur Verwahrraumälteste.

278

Ich bin auch Helmas Stellvertreterin. Elsa freut sich mit mir darüber, denn immerhin bedeutet das Anerkennung, aber sie teilt auch meine Bedenken. Gelingt es schon einer Verwahrraumältesten kaum oder äußerst selten beliebt zu sein, weil ihr von jeder anderen der »Posten« geneidet wird, so werden die Brigadeleiter noch mehr angefeindet. Und die, die es werden sollen, die Stellvertreter. Natürlich in der Mehrzahl von unverständigen Jüngeren, denen nichts recht zu machen ist oder von verbitterten Älteren, die sich persönlich ständig wegen irgendwelcher Lappalien zurückgesetzt fühlen. Alle, die sich nicht anpassen können oder wollen, schieben diese Schwierigkeiten einfach von sich weg, auf die Verwahrraumältesten, auf die Brigadeleiter.

Ich bin jetzt also Stellvertreterin. Nicht die angenehmste Aufgabe, wenn sie mich bei richtiger Ausübung auch meinem Ziel, der vorzeitigen Entlassung, ein ganzes Stück näher bringen kann.

Dieser Gedanke ist es, der mich treibt.

Ich werde zur Gangaufsicht eingeteilt. Zur Essenaufsicht mehr als bisher. Ich schreibe das Brigadebuch, rechne Helma die Arbeitsergebnisse aus. Wer hat wieviel Meter abgewickelt, wer ist die Beste in Polyester, wer in Tausendmeter, wer in Normalband. Ich übe Meldungen machen und ich vertrete Helma, wie sie es möchte. Verwahrraumälteste bleibe ich außerdem. Hätte ich nicht Elsa, die treue Seele, ich würde manchen Tag nicht fertig werden. Sie hilft mir viel, sorgt im Verwahrraum für Ruhe und Ordnung, wenn ich nicht da bin. Es muß immer noch eine »Respektsperson« da sein, die Aufsicht führt. Leider. Sonst nützen die Jüngeren sofort die Situation aus und begeben sich auf die beliebten alteingefahrenen Wanderwege. Aber auf Elsa kann ich mich verlassen, sie läßt niemand ohne Abmeldung aus dem Zimmer. Sie ist schon gut. Darum wird sie meine Stellvertreterin. Jetzt offiziell.

Mit Helma, zu der ich jetzt mehr Kontakt habe als vorher, verstehe ich mich prächtig. Sie ist eine warmherzige, kluge Frau, gerade vierzig Jahre alt. Und sie ist vorsichtig. Ihre Art, mit der sie die Brigade leitet, irritiert mich manches Mal etwas. Sie macht die Sache ganz einfach. Die Jüngeren bekommen bei ihr stets recht. Beschwert sich von ihnen irgend jemand, hat eine etwas ausgefressen, so nimmt Helma die Betreffende mit in das Brigadeleiterzimmer und verhandelt dort hinter verschlossenen Türen. Den Inhalt dieser Gespräche erfahren andere so gut wie nie. Aber sie findet immer einen Beweggrund, ein Motiv, das Geschehene so erträglich wie möglich hinzustellen. Beispiel. Billy hat Muttchen laut: »Bequemes Schwein mit fettem Arsch« beschimpft. Muttchen erscheint, so schnell es ihr fettes, ja wirklich fettes Hinterteil zuläßt, im Brigadeleiterzimmer. »Helma, die Billy hat...« Stilles, erbarmungswürdiges Weinen. Helma winkt ab. Schon gut, wir regeln das. Billy ins Brigadeleiterzimmer. Dann vielleicht eine halbe Stunde lang nichts. Da Billy des öfteren solche Ungehörigkeiten von sich gibt, erwarten wir eine zerknirschte, reuevolle Billy zurück. Sie kommt. Aber weder zerknirscht noch reuevoll. »Helma hat gesagt, ich hätte mich schon sehr gebessert!« Effektpause, in der niemand einen Ton sagt. »Ja, nur manchmal rutscht mir eben noch was raus, das kann ja vorkommen. Ich soll mir's abgewöhnen.« Wieder Pause. Als immer noch niemand etwas sagt, ein laut gedonnertes »du meine Güte, nun guckt doch nicht alle so blöd, entschuldige, Muttchen. Aber'n dicken Hintern haste!« Damit ist die Sache erledigt. Anders, als wir dachten, aber erledigt.

So geht es immer. Von den Älteren erwartet, ja fordert Helma einfach Verständnis, den Jugendlichen gibt sie in den meisten Dingen recht. Sie hört nicht, wie die Älteren insgeheim über sie schimpfen, sich ungerecht behandelt fühlen, weil Helma mit zweierlei Maß mißt, sie hat dafür aber die Sympathie aller Jungen in der Brigade. Das ist die Hauptsache. Die Jüngeren haben mehr Durchhaltekraft, bei der Arbeit, am Tag, in der Nacht. Sie bestimmen ganz einfach das Geschehen.

So hat sie alle Fäden in der Hand. Mit den älteren Frauen spricht sie nett, hat stets ein offenes Ohr für ihre Probleme – und löst sie auf ihre Weise. Außer solchen immer wieder vorkommenden Ungerechtigkeiten, an die alle schon gewöhnt sind, gibt es nichts an Helma auszusetzen. Sie ist beliebt und hat die Brigade innerhalb weniger Monate hochgebracht, von der schlechtesten zur besten Brigade. In Disziplin und Arbeitsleistung. Das will etwas heißen! Und wer fühlt sich nicht auch im Knast noch geschmeichelt, Mitglied der »besten« Brigade zu sein?

Alle lieben Helma. Wenigstens tun sie so. Genauso schnell

würde mindestens ein Drittel sie fallenlassen, wenn eine andere, bessere käme.

Es kommt keine bessere. Nur ich. Bis jetzt geht alles gut. Aber ich habe nicht Helmas Fähigkeit, mich derartig anzupassen, nach dem Mund zu reden, mich beliebt zu machen. Ich bin mehr geradezu, und wenn sich eine daneben benimmt, etwas ausgefressen hat, dann putze ich sie auch einmal vor der ganzen Brigade herunter. Im Grunde genommen finden es alle gerecht, nur sind die Jüngeren eben eine andere Behandlung gewöhnt. Die anderen dagegen sind dankbar, daß auch einmal etwas vor allen beim Namen genannt wird. Die Jungen könnten mir ins Gesicht spukken, ich spüre es wohl, aber dafür würden sie selbst bei Helma keine Unterstützung bekommen. Eine haßt mich, Csekeldy, die für Annett gekommen ist. Als Annett ging, atmeten alle auf, jetzt, wo wir Csekeldy kennen, würden wir lieber wieder Annett hier haben. Schecke, wie wir sie wegen ihres schwierigen ungarischen Namens kurz nennen, ist schlimmer als Annett. Kalt, berechnend, freundlich nach außen, mit den gespitzten Krallen einer Katze ständig sprungbereit. Das erste Mal geraten wir zur Gruppenstunde aneinander. Helma muß zu Frau Leutnant, ich vertrete sie. Das heißt, daß ich eigentlich nichts weiter zu tun habe, als anwesend zu sein und somit zu gewährleisten, daß die Plattenstunde ruhig verläuft. Helma ist raus – die Ruhe ist hin. Es kommt so weit, daß mir Schecke Prügel anbietet, sie steht vor mir wie ein sprungbereiter Panther und faucht mich an. Alle anderen halten den Atem an. Ich bin ruhig, äußerlich, aber fest entschlossen, sollte Schecke wirklich anfangen, sie so zu verprügeln, daß sie sich nie wieder mit mir anlegt. Schecke sieht diese Entschlossenheit in meinen Augen, ich weiß es. Sie hatte erwartet, daß ich Angst zeigen würde. Ich atme unhörbar auf, als sie sich ohne Kommentar setzt und die Gruppenstunde ohne Störung zu Ende gebracht werden kann.

Als ich mir die Sache hinterher in Ruhe durch den Kopf gehen lasse, bin ich über mich selbst entsetzt. So weit ist es schon mit mir gekommen! Daß ich bereit bin, mich zu prügeln! Es ist Dessau, das die Frauen zu Tieren werden läßt. Und ich bin eine von vielen. Ich schäme mich.

Solche Kraftproben kommen jeden Tag. Mit mehr und mit weniger Aufsehen. Sie gehören zur Tagesordnung.

Seit einigen Wochen haben wir eine neue Lagerälteste. »Lagerälteste« – der Name ist irreführend. Die vorherige Lagerälteste war wirklich in einem gereiften Alter, stand in allem über den Dingen, wurde respektiert. Bei ihr war an den Wochenenden Ruhe und Ordnung in der Baracke. Sie wurde auf den Tag genau nach der Hälfte ihrer Strafzeit entlassen. Mit allen Ehren bei einem großen Appell vom Oberleutnant persönlich verabschiedet.

Die neue Lagerälteste – jeder, der sie erwähnt, verdreht nur die Augen. Unmöglich, daß die Leitung so eine einsetzt, um für alle Vorbild zu sein. Isolde. Gerade zwanzig Jahre. Allein vom Alter her ein Ding der Unmöglichkeit. Sie hat zwei bis fünf Jahre abzusitzen. Arbeitserziehung. Sieht man auf ihr Delikt, so hat sie die richtige Funktion. Sie muß als erste aufstehen, sie darf als letzte im Bett sein. Es macht ihr nichts aus. Auch wenn sie nur drei Stunden Schlaf bekommt. Sie muß ein reges Nachtleben geführt haben, als sie noch in Freiheit war. Ihr ganzes Dasein besteht darin, freundlich zu tun, zu spionieren, zu schikanieren, Nachrichten aufzunehmen und weiterzutragen und andere zu verzinken.

Die Lagerleitung findet sie gut.

Wir nicht.

In den ersten Wochen ihres neuen Amtes verhielt sie sich ruhig und zurückhaltend. Jetzt wird sie aktiv. Ständig sind irgendwelche Zimmer auf den Kopf gestellt, wenn eine Schicht nach Hause kommt. Das bedeutet stundenlanges Aufräumen. Das Personal scheint Gefallen an der neuen Aufräumungswut zu bekommen. Uns trifft es vorerst nicht, aber wir sehen es in anderen Verwahrräumen. Wir sind noch immer der beste, trotz aller inneren Konflikte. Isolde findet nichts. Aber ich bin überzeugt davon, daß sie sich etwas einfallen läßt. Womit ich Recht behalten soll.

Es ist ein Tag vor dem Sprecher, meinem ersten Sprecher hier in Dessau, und wir kommen von der Spätschicht. Uns fallen schon beim Durchgehen durch die Baracke die erwartungsvoll grinsenden Gesichter einiger von der Toilette kommender Strafgefangener auf. Auch aus einigen Türspalten wird gelugt.

Beim Öffnen der Zimmertür wissen wir den Grund der Aufmerksamkeit. Nein!! Ein allgemeiner Aufschrei. Das darf doch nicht wahr sein! Der Schrank ist umgekippt worden, der ganze Schrank mit allem Inhalt. Wie es im Zimmer aussieht, kann man nicht beschreiben. Wir sind alle so fassungslos, daß zuerst niemand ein Wort herausbringt. Dann beginnt ein allgemeines Geschimpfe, wie es in unserem Verwahrraum noch nie zu hören war. Mitten in der Nacht, denn es ist zweiundzwanziguhrdreißig. »Dieses Miststück«, das ist noch der feinste und humanste Ausdruck, der fällt. Alle wissen, wem wir das zu verdanken haben. Ohne von uns bemerkt worden zu sein, steht Isolde in der Tür. Lächelnd und ruhig. »Tut mir wirklich leid, aber auch bei einem ›Superverwahrraum‹ kann so was passieren. Ich mußte es tun, Frau Leutnant Schrecker hat es verlangt!« Wir denken uns unser Teil.

Ich habe es satt. Satt bis obenhin. Die ganzen Schikanen, die Herumhetzerei jeden Tag, alles. Ich verliere kein Wort mehr. Es wäre sowieso sinnlos, Isolde weiß immer eine Antwort. Ich räume auf, still und verbissen. Nach und nach alle anderen auch. Als der erste Wutanfall versiegt, ist jede zu müde zum Schimpfen. Sämtliche Wäschestücke liegen wüst durcheinander auf dem Fußboden, zum Teil mit Senf vermischt, denn einige hatten beim Einkauf Senf mitgebracht. Alles Schreibpapier, Briefmappen bunt durcheinander, nicht nur beim Umkippen herausgefallen, nein, extra noch durcheinandergewirbelt. Geliebte und behütete Kinderphotos verknickt oder ganz verschwunden. Waschzeug, Haarwäsche, Zahnbürsten – es ist ein Chaos. Wie sollen wir unsere Zahnbürsten auseinanderfitzen, wenn wir fast alle die gleiche hatten? Wie die vollkommen gleiche Unterwäsche, in die nur einige ihre Effektennummer eingestickt hatten? Zu allem Überfluß ist der Wäschesack mit der schmutzigen Wäsche auch noch dazwischen ausgeleert worden. Dreckige, total verkackte Schlüpfer, die keinem mehr gehören. Ohne Effektennummer. Die schnellen unter uns nehmen sich die besten, saubersten Sachen. Alles, was ohne Nummer ist, kann jeder gehören. Sie wissen das auszunutzen. Ich hatte Nummern eingestickt. Kleine, versteckte. Ich hole mir aus Sillys Wäschehaufen einen meiner Schlüpfer, von Grete, wer hätte das gedacht, den zweiten. Schlüpfer sind eben am begehrtesten, sie unterliegen dem größten Verschleiß. Ja, jeder ist sich selbst der Nächste – hier findet dieses Sprichwort wieder einmal seine Bestätigung. Es dauert

Stunden, bis alle Besitzverhältnisse geklärt sind, bis jeder seine Briefe, sein Schreibpapier, seine Wäsche wieder zusammen hat. Dann Schrank einräumen, Päckchen bauen. Alles neu. Überall Senf auf der Wäsche. Ich staune, daß man wenigstens meine Milchflasche, die noch halb gefüllt war, vor dem Umkippen vom Schrank genommen hat. Sie steht auf dem Fensterbrett.

Isolde schaut ab und zu ins Zimmer. Keine beachtet sie. Außer Billy, hier ist eine dicke Freundschaft im Entstehen. Ich raffe mich zu der Frage nach dem »Warum« auf. Warum das Ganze? Isolde grinst. Ja, ja, der Schrank war soweit schon in Ordnung, aber das Schreibpapier! Es hat links zu liegen, links neben dem Wäschepaket. – Und es lag rechts!

Wir sind geschafft. Um drei Uhr früh schrubben wir die letzten Senfspuren aus dem Zimmer, können uns in die Betten fallen lassen. Halb sechs wird geweckt an diesem Sonntag, wir haben Sprecher. Um sieben kommen die ersten Besucher.

Wieder die gespannte, geladene Atmosphäre wie bei jedem Sprecher. Wir sitzen auf den Stühlen wie auf glühenden Kohlen und warten darauf, vorgerufen zu werden. Und wir sind müde. Hundemüde.

Ich bekomme Besuch von meiner Schwester, alles verläuft vollkommen undramatisch, ohne Tränen, ohne Aufregung. Wozu. Ich bin geschafft von der langen Nacht, Dörthe, meine Schwester, von der langen Reise. Sie hat, wie viele der Besucher, eine ganze Nacht hierher fahren müssen. Einer halben Stunde wegen. Helma hatte mich zwar eingereicht für einen Sondersprecher von einer Stunde, aber es wurde abgelehnt. Meine Arbeitszeit ist zu kurz. Die Bemühungen um den Verwahrraum, all das Geschaffte? Na ja, ganz gut und schön, zugegeben, aber noch keine zwölf Wochen. Das ist Vorschrift.

Also eine halbe Stunde.

Wir sitzen alle an langen Tischreihen, auf einer Seite die Strafgefangenen, auf der anderen die Besucher. Vier Reihen hintereinander, zwölf Paare. Bei dem allgemeinen Gesprächswirrwarr hat niemand Zeit, auf das Gespräch seines Nachbarn zu lauschen. Eine Wachtmeisterin geht im Raum auf und ab, im Nebenraum ist Frau Leutnant bei den Glücklichen, die eine Stunde sprechen können.

Die Zeit rennt. Wir unterhalten uns über die Kinder, es geht ihnen gut, ich kann nicht verhindern, daß mir bei dem Gedanken an sie doch die Augen feucht werden, aber es geht schnell vorbei. Man wird härter, man gewöhnt sich. Dörthe hat mir Wolle mitgebracht und Äpfel und ein halbes gegrilltes Hähnchen und Bonbons und Butter und, und, und . . . Hoffentlich bekomme ich alles, es ist ziemlich viel.

Eine gute Nachricht bringt sie mir. Die Eltern haben ein Gesuch wegen vorzeitiger Entlassung eingereicht! Alle hoffen, daß es angenommen wird, daß ich im Frühjahr heim kann. Oh, wenn es doch wahr würde! Für Dieter hat der Betrieb eingereicht, zum gleichen Zeitpunkt. Im zeitigen Frühjahr hätten wir zwei Drittel abgesessen, wie es vom Gesetz verlangt wird. Führung ist einwandfrei, Arbeitsleistung auch – oh lieber Gott, hilf uns, daß wir Glück haben! Nach diesem Sprecher bin ich zwar wie alle innerlich aufgewühlt, aber auch ruhiger. Ich habe jetzt die Gewißheit, nicht mehr allein mit allen Mitteln darum kämpfen zu müssen, aus diesem »Irrenhaus« eher herauszukommen, vorzeitig entlassen zu werden. Nein, sie haben ein Gesuch eingereicht! Für Dieter und für mich!

Von jetzt an gehöre ich zu den Glücklichen, die sagen können, sie haben ein Gesuch laufen. Ich kann hoffen.

Nach dem Mittagessen noch einmal Aufregung, die mitgebrachten Sachen werden ausgeteilt. Wieder hängt alles traubenweise in den Türen und begutachtet, was nach hinten gebracht wird. Beutel voll Wolle, Würste, verschlossene Tüten. Ich bekomme alles, was Dörthe mitgebracht hat, allerdings mit der Auflage, das Hähnchen gleich zu essen, da Gegrilltes eigentlich verboten wäre. Mal eine Ausnahme, na ja . . .

Die Stimmung ist gut und auch wieder nicht. Diejenigen, die Sprecher hatten, schlemmen, die keinen hatten, versuchen möglichst unauffällig wegzusehen. Carola hatte keinen, Billy hatte keinen. Sie bekommen nie Besuch. Also teile ich mein Hähnchen mit ihnen. Es soll ja gleich gegessen werden. Ein halbes Hähnchen durch drei, es ist ein Fest. Auch andere geben ab. Obst und Süßigkeiten. So sehr ich ihn erwartet hatte, so schnell war er vorüber, mein erster Sprecher. Es ist jetzt Ende Oktober, zehn Wochen bin ich in Dessau, rundgerechnete sieben Monate in Haft. Noch neun Monate! Trotzdem ist es unbegreiflich, wie schnell die Zeit vergeht bei allem Warten und bei allem Hoffen.

Weihnachten habe ich die Hälfte herum, was hat der Oberleutnant gesagt? »Es liegt an Ihnen, ob Sie Weihnachten...« Nein. Nun ist aber Schluß. Nicht anfangen zu spinnen, so schön es auch wäre. An versprochene Massenentlassungen glaube ich nicht mehr, und auf Weihnachten bereite ich mich brav im Knast vor. Nur an das Greifbare glauben, sie haben ein Gesuch eingereicht zu Hause. Das kann klappen mit ein wenig Glück... Es gehen so viele eher heim, nach zwei Dritteln ihrer Zeit. Ohne besondere Arbeitsleistung, ganz gewöhnliche Mitstrafer. Allerdings selten RF. Die mit Republikflucht müssen sich doppelt bewähren, bessern, müssen von Grund auf umerzogen werden. Ein geflügeltes Wort des Oberleutnants ist bei diesem Thema in aller Munde: »Mir sind zehn Diebe lieber als eine mit Republikflucht!« Warum haben wir nicht lieber was geklaut...! Werden alle meine Anstrengungen genügen, den Herrn Oberleutnant davon zu überzeugen, daß auch eine mit RF sich in zwei Dritteln ihrer Strafzeit bessern kann?

Ich unterhalte mich oft persönlich mit Helma. Sie gibt mir ähnliches zu verstehen. Gut gemeint. Sie sagt: »Weißt du, Tina, daß du stellvertretende Brigadeleiterin geworden bist, hast du dem Umstand zu verdanken, daß du wirklich gut bist und daß niemand in der Brigade ist, der es sonst machen könnte. Aber Brigadeleiter, richtig Brigadeleiter – versteh mich nicht falsch, ich würde es dir gönnen – Brigadeleiter wirst du nie! Eher nimmt der Oberleutnant eine mit Prosti zum Brigadeleiter, auch wenn sie von Nichts 'ne Ahnung hat, aber eine mit RF – nie! Wir haben oft genug Brigadeleiterversammlungen, wo dieses Thema zur Sprache kommt. Verwahrraumälteste mit RF – die gibt es. Aber Brigadeleiter – nein. Das ist noch nie dagewesen und wird wohl so schnell auch nicht kommen. Glaub mir's. Ich glaube ihr. Sie meint es nicht schadenfroh. Warum bin ich nur RF!

Zwei Tage später bin ich Brigadeleiter. Allerdings ohne öffentliche Ernennung, ohne alle Rechte eines Brigadeleiters, aber ich bin es. In aller Frühe stehen wir draußen, warten, als Frau Oberwachtmeister erscheint. »Strafgefangene Wiebke, Sie bleiben heute im Lager. Wer kann Ihre Stelle übernehmen?« »Strafgefangene Siegert, sie ist mein Stellvertreter.« »In Ordnung. Strafgefangene Siegert, sie sind ab jetzt für alles, was mit der

Brigade M1 zusammenhängt, verantwortlich.«

Stille. »Ja, Frau Oberwachtmeister!« Mehr bringe ich nicht heraus. Dann stehe ich vor der Brigade und kommandiere, mache Meldung. Weitere Erklärungen kommen nicht. Die Arbeit läuft wie immer, Elsa und alle Lenkungskräfte sind direkt rührend bemüht, mir zu helfen, wenn ich etwas falsch mache oder vergesse. Ich laufe von Arbeitsplatz zu Arbeitsplatz, bringe Material, hole fertige Spulen ab, sortiere die ständig durcheinander liegenden Leerspulen, beaufsichtige die Abwickler, die nicht zu laut werden dürfen, sorge für zusätzliche Toilettengänge, schaffe es, in der Pause Ruhe zu halten, zerlege Kartons und bündele sie, rechne die Ergebnisse des vorherigen Tages aus, errechne die Wochenbesten, vervollständige die »Bestentafel« und gelange mit der Brigade in der Nacht vollkommen ausgelaugt, fix und fertig, wieder in den Strafvollzug. Hier noch Aufsicht beim Duschen, warten, bis alle im Bett sind, dann kann ich duschen. Als ich todmüde ins Bett sinke, bin ich so überdreht, daß ich kein Auge zumachen kann, die ganze Nacht nicht. Wie hat Helma das nur geschafft, jeden Tag! Meine Beine sind wie Watte, meine Füße brennen von den Pinguinschuhen, meine Arme sind lahm vom Schleppen der Kartons, und in meinem Kopf drehen sich die Gedanken wie in einem Brummkreisel. Gewiß, Helma ist kräftiger als ich, viel kräftiger, aber ich bin zäh. Ich werde es auch schaffen! Es wird mir helfen, im Frühling zu Hause zu sein.

Am Morgen geht es weiter. Frau Leutnant Bogel schaut kurz herein, erklärt, daß Helma für einige Zeit ein Sonderkommando bei Außenarbeiten leitet und daß ich für diese Zeit ja da bin. Es werde schon alles laufen, man sei das von mir gewöhnt, daß es auch so weitergehe.

Es geht weiter. Es kommt keine Ernennung zum Brigadeleiter, denn die müßte ja vom Oberleutnant kommen. Ich darf die zwei weißen Streifen tragen, ich habe auch alle Pflichten eines Brigadeleiters, aber keine Rechte. Ich bin Verwahrraumälteste und Brigadeleiter gleichzeitig. Ich müßte mich in drei Teile teilen können und wäre auch dann noch nicht an allen Stellen, wo ich gleichzeitig sein müßte. Elsa hilft mir, wo sie kann. Trotzdem, das meiste bleibt, ihre Unterstützung ist mehr psychologischer Natur. Sie kümmert sich um die Probleme der Jüngeren, sagt mir stets, was ich aus ihrer Sicht anders machen müßte. Oft hat sie Recht. Ich bin von früh bis abends auf den Beinen. Isolde teilt mich in der Frühschichtwoche zur Nachtaufsicht ein. Ich bin schon nur noch ein halber Mensch, mein Mittagessen besteht meistens aus zwei Scheiben Brot, die ich mit viel Überredungskunst von der Küchenfee heimlich zugeschoben bekomme, denn ich behalte wieder einmal fast kein »normales« Essen mehr drin. Bei der Schonkost wird allen vom Ansehen schon schlecht, Milchsuppe gibt es nicht mehr, da keine Trockenmilch mehr geliefert wurde. Dafür Erbsmehl! Für Kranke! Wer will jedes Frühstück einen Teller überalterte Erbssuppe? Keine. Sollen die Kakerlaken sie fressen. Also Milch und Brot.

Und nun Nachtaufsicht. Ich zögere, dann gehe ich ins Brigadeleiterzimmer, zu Isolde. Mache ihr klar, daß ein Brigadeleiter normalerweise nicht auch noch Verwahrraumälteste ist, daß ein Brigadeleiter sich, normalerweise, um solche Dinge nicht kümmern muß. Daß ein normaler Brigadeleiter auch im Brigadeleiterzimmer schläft, sich dort am Tag beliebig hinlegen darf und so etwas Schlaf nachholen kann. Meine Liegeerlaubnis besteht nur noch auf dem Papier. Keine Minute komme ich zum Ausruhen. Sitze ich endlich mal am Tisch, kommt bestimmt aus Zimmer acht eine Abordnung »komm doch mal, Tina, bei uns ist vielleicht was los . . .« Also weiter. Die Brigadeleiter ziehen sich über Mittag in ihr Zimmer zurück, nur eine hat Aufsicht. Ich mache jeden Tag Aufsicht, als Verwahrraumälteste, dann als Brigadeleiter. All das versuche ich so ruhig wie möglich Isolde klar zu machen. Ich hätte es mir sparen können. »Ja, ja, Tina, ich seh das ja alles ein, aber wir sind froh, daß wir dich mit einteilen können, so verteilt sich die Nachtaufsicht besser. Du wirst das schon schaffen.«

Ein Lächeln, ich bin entlassen. Also stehe ich in der Frühschichtwoche um drei Uhr auf und gehe halb zwölf Uhr nachts ins Bett. Das heißt, von Gehen kann keine Rede sein, ich falle. Und schlafen kann ich nicht. Alle Probleme, alle Streitigkeiten, Zänkereien, alles, was war und was kommen könnte, alles, alles patrouilliert an meinem innerlichen Gesicht vorbei. Beim Wekken früh bin ich wie gerädert, vor Übermüdung schlafe ich zwar irgendwann doch meistens ein, aber das ist dann schon gegen Morgen. Und Schlaf ist es auch nicht, ich träume wüstes Zeug.

Zusammengenommen sieht es so aus: Verwahrraumälteste von früh bis abends, Brigadeleiter von früh bis abends, Gangaufsicht an den Wochenenden, Nachtaufsicht an drei Abenden der Woche. Auch draußen dürfen wir wieder arbeiten. Es ist jetzt schon November und empfindlich kalt. Wir hatten gehofft, wir würden zum Winter wärmere Kleidung bekommen. Es war eine trügerische Hoffnung. Keine Mäntel, keine Handschuhe, keine wärmeren Schuhe, alles bleibt beim alten. In Pinguinschuhen, dünnen Blusen, den für diese Jahreszeit viel zu dünnen Kostümen, stehen wir draußen unsere Stunden ab. Vor und nach der Arbeit. Und frieren. Die Posten, die Meldung abnehmen, kommen nur kurz aus ihrem Häuschen, auf dem Kopf die Pelzmütze, die Wachteln in Stiefeln, alle in dicken warmen Mänteln, mit Handschuhen. »Wieso frieren Sie denn nur so? Soo kalt ist es ja nun auch noch nicht!« So Schweinchen Dick. Blöde Ziege. Die wird ja alleine vom vielen Fett warm.

In der Schleuse, wo wir diese Stunden stehen müssen, sind wir noch einigermaßen windgeschützt, außerdem stehen wir dicht an dicht. Das wärmt. Aber bei den Arbeiten im Freien, wo es wieder gilt, eine ebene Fläche für die in Aussicht gestellte Werkhalle zu schaffen, im Freien ist es einfach scheußlich. Ein kalter, eisiger Wind geht, in Kürze haben wir alle blaurote Hände und sind bis auf die Knochen durchgefroren. Manchmal dazu Nieselregen. Es wird gearbeitet. Als Brigadeleiter müßte ich nicht mitarbeiten, nur die Aufsicht führen, daß alles klappt. Aber ich arbeite mit. Um warm zu werden. Es ist die einzige Möglichkeit, um nicht vollkommen durchzufrieren. So bleibt wenigstens das Blut warm. Jedesmal beim Arbeiten mit Schaufel und Spitzhacke in dem hartgefrorenen, steinigen Boden bekomme ich starke Schmerzen in den Armen, den Gelenken. Es nützt nichts, ich muß durchhalten. Nur eines frage ich mich manchmal im stillen: wie lange noch?

Dazu ist die ganze Arbeiterei rein idiotisch. Wir arbeiten stets allein, ohne eine Fachkraft, die uns Anleitung gibt. Wer von uns Frauen versteht schon etwas von Bauarbeiten, vom Anlegen eines Fundamentes! Die eine Brigade buddelt da ein Loch, wo es für sie am höchsten aussieht, wo ihrer Meinung nach zuerst Erde abgetragen werden muß. Die nächste schüttet das Loch wieder zu, weil sie meint, die Stelle sei so viel zu niedrig. Wir freuen uns, einen Anfang bei der Planierung gefunden zu haben, beim nächsten Einsatz liegen auf unserem glattgearbeiteten Stück wieder Erdhaufen. Es ist zum Verzweifeln. Die Kräftigsten fahren mit den beiden vorhandenen Schubkarren die Erde ab hinter die Baracken. Wir machen die Karren schon nicht sehr voll, aber die Last reißt ihnen doch fast die Arme heraus. Es ist eine Schinderei.

Dann sehen wir das Essenauto kommen. Für uns, ohne Uhr gewöhnt, sich an solchen Zeichen zu orientieren, bedeutet das, daß es höchste Zeit zum Mittagessen sein muß. Jetzt sause ich los, Personal zu finden, welches uns reinschließt. Ein Kunststück. Endlich erbarmt sich ein Meister, der mich herumsuchen sieht. Dreckstarrend, vor Kälte klappernd, steifgefroren, lassen wir uns im Waschraum heißes Wasser über die Hände laufen. Wenn gerade welches kommt. Die grobe Erde wird schnell von den Schuhen gespült; sollen sie doch naß werden, mehr frieren kann man doch nicht. Dann wird das Essen hintergeschlungen, schnell, schnell, die Stube in Ordnung gebracht, ich muß raustreten lassen. Der Tischdienst schafft es kaum, die Teller wegzuschaffen, schon wird aufgeschlossen. Dann wieder Stehen im Kalten, Schlafen im Bus, wickeln brauche ich nicht, solange ich Helmas Arbeit tue. Rennen, hetzen, jagen, Auswertung, Heimfahrt. Auf Vorrat schlafen im Bus, ich kann es jetzt auch nicht mehr, als Brigadeleiter habe ich wach zu bleiben. Dreiundzwanziguhrdreißig falle ich ins Bett. Jeden Abend. Ausgelaugt zum Umfallen.

Um drei Uhr geht es weiter. Wie gewohnt.

Dazu jeden Tag neue Stänkereien, neue Schwierigkeiten, neue Probleme. In der Brigade, in beiden Verwahrräumen. Die Jugendlichen mit ihrer üblichen Aufmuckerei, mit ihren Versuchen, sich durchzusetzen und in den Vordergrund zu spielen, sind längst nicht mehr *das* Problem. Wolle ist es. Sie denunziert und intrigiert, wo immer sie eine Möglichkeit findet. Scholli versaut sie den verlängerten Sprecher, weil sie zur Frau Leutnant geht und petzt, daß Scholli im Waschraum heimlich geraucht hat. Uralte Sache, aber der Sprecher ist hin. Bruni besorgt sie Arrest, weil sie meldet, Bruni beim Tätowieren beobachtet zu haben. Die Kontrolle zeigt, daß Bruni zwischen Daumen und Zeigefinger tatsächlich einen klitzekleinen, dunkelblauen Punkt hat. Fünf

Tage Freizeitarrest. Wolle bekommt von Verwahrraum acht Prügel angedroht. Das ist für sie die Gelegenheit, sich groß aufzuspielen, sich bedauern zu lassen. Als ihre Masche auch bei Frau Leutnant keine Beachtung findet, weil selbst Frau Leutnant etwas gegen derartige Denunziationen zu haben scheint, geht Wolle anders vor. Sie nimmt sich das Leben! Das heißt, sie will! Kurz nach dem Nachteinschluß, ich habe keinerlei Aufsicht und bemühe mich gerade, einzuschlafen, stürzen Gundi und Scholli ins Zimmer, aufgeregt. »Tina, Tina, komm schnell, die Wolle hängt sich auf dem Klo auf!« Ich raus aus dem Bett, rein in den Kleiderrock, die Schuhe. So schnell bin ich noch nie gewesen. Bloß das nicht noch. Auf der Toilette eine verschlossene Tür, dahinter Schluchzen, am Klokasten ein brauner Strumpf. Du lieber Himmel! »Wolle, mach die Tür auf! Mach keine Dummheiten, komm raus!« Wolle denkt gar nicht daran. Die halbe Brigade drängt in die Toilette hinein. Billy nimmt Anlauf, einmal, zweimal, beim dritten Versuch reißt der Riegel aus der Halterung. Alle starren Wolle an, sie starrt uns an, sie ist nicht halb so verheult, wie man ihrem Schluchzen nach annehmen mußte. Ich persönlich glaube sogar, in ihren Augen ein verdächtiges Glimmen zu bemerken – Triumph! Sie hat es geschafft, daß sich alle um sie sorgen! Ein paar Mitleidige nehmen sie am Arm, holen die zusammengeknüpften Strümpfe herunter, bringen sie ins Zimmer. Wie eine Schwerkranke. Von dem Lärm angelockt, stehen jetzt sämtliche Brigadeleiter und die Lagerälteste auf dem Gang und lassen sich berichten. Es wird wieder eine kurze Nacht.

Gleich am nächsten Morgen muß ich den Vorfall melden, dazu bin ich als Brigadeleiter verpflichtet. Leutnant März ist vorn. »Ja, Strafgefangene Siegert, da müssen Sie vermitteln. So weit darf es doch nicht kommen, daß eine Strafgefangene sich das Leben nehmen will. Sie müssen mehr auf ihre Brigademitglieder einwirken!«

Ich möchte antworten, möchte von Wolle erzählen, von ihrer Scheußlichkeit, ihrer Freude daran, andere zu verletzen, – allein, ich bin schon entlassen. Und ich hätte wohl auch nicht viel erzählen können, mir ist zumute, als würde ich jeden Augenblick losheulen müssen, und dieses seltsame Zittern der Hände, ich weiß nicht. Überhaupt, mir ist elend. Wie jeden Tag. Aber warum zittern mir jetzt immer gleich die Hände, wenn ich mich aufrege, warum könnte ich bei der geringsten Kleinigkeit, die es gar nicht wert ist, losheulen?

Wolle wird zum Psychiater geholt. Psychiater ist eine Frau Oberleutnant, sehr ruhig, sehr ausgeglichen. Wir kennen sie nur vom Sehen. Wolle ist selig. Sie wird beachtet! Das wollte sie. Wir merken es, aber das Personal merkt nichts davon. Wie sollte es auch. Das Personal ist nur zur Überwachung und zur Registrierung da. Für die Erziehungsarbeit sind wir selbst zuständig. Alle. Und verantwortlich die Brigadeleiter.

In den Verwahrraum acht kommt eine Neue – ein neues Problem. Susanna. Susanna ist dreckig, stinkt, wenn man in ihre Nähe kommt und ist nicht gewillt, sich zu waschen. Mit neununddreißig Jahren! Wir haben nur Ärger mit ihr, ausbaden muß ich alles. Als sie sich nach einer Woche immer noch nicht anders gewaschen hat als Hals und Gesicht, werde ich rabiat. Mit Billy und Edda schnappen wir sie uns und stellen sie trotz allen Widerstrebens und Geschreis unter die kalte Dusche. Mit Sachen. Durch das Geschrei kommt Personal hinzu, auch die Barackenälteste. Als sie sehen, was geschieht, lachen sie. Von nun an wäscht sich Susanna. Aber ihre Eigenheiten gewöhnen wir ihr nicht ab. Sie zieht sich abends nicht aus. Außer Rock und Bluse hat sie unter dem Nachthemd alles an. Sie hamstert Brot und versteckt es in ihrem Bett. Beim Stubendurchgang wird es verschimmelt gefunden. Das Donnerwetter bekomme ich. Sie klaut Acetonwatte, wie wir sie auf Arbeit zum Reinigen der Klebestellen bekommen und kühlt sich damit ihre Hämorrhoiden. Es ist nicht zu fassen, was ihr alles einfällt. Wenn einen Tag nichts passiert, atme ich auf. Die anderen finden es als Abwechslung nicht schlecht. Aber auch nur manche.

Und in eben dieser Susanna hat Wolle eine Gefährtin gefunden. Jetzt giften sie zusammen gegen die anderen, die Atmosphäre im Verwahrraum acht, ja, in der ganzen Brigade wird unerträglich. Und Billy wird zum Problem. Bin ich in letzter Zeit gut mit ihr ausgekommen, so habe ich mich zu früh gefreut. Ihre »Mieze« ist wieder da! Zurück aus dem Haftkrankenhaus! Die erste Nacht sitzen sie zusammen im Waschraum auf dem Fußboden. Die ganze Nacht. Ich gehe nicht hin, ich habe keine Lust, mir anzusehen, was sie da treiben außer Händchen halten. Soll sie jemand anderes finden. Ich nicht. Beim Wecken erscheint Billy, übernächtigt, bleich, aber glücklich. Ich möchte das Ganze übergehen, aber ich kann es nicht. Niemand anderem würde ich gestatten, die ganze Nacht wegzubleiben. Auf allen Gesichtern steht die Frage: »Sagt sie was oder sagt sie nichts?« Ich weiß es, wenn ich nichts sage, werde ich diesen Fehler immer zu hören bekommen, bei der geringsten Kleinigkeit. Ich muß es zur Sprache bringen. Ich tue es in der Brigadeversammlung, öffentlich. Es wird diskutiert, manche sind empört, anderen ist es gleichgültig. Billy bekommt einen Wutanfall, rast hinaus, hin zu ihrer Mieze, brüllt die ganze Baracke zusammen, bei ihr wäre das ja ganz etwas anderes, wirklich wahre Liebe, sie wollten ja nach dem Knast zusammenbleiben. Ich versuche Billy zu beruhigen, ergebnislos. Sie brüllt. So lange, bis Frau Leutnant März erscheint. Kurze Umfrage, was war, Billy und ich müssen ins Erzieherzimmer, alles erklären. Gut, gut, warum solche Aufregung, Billy wird sich ändern, man muß nur Geduld mit ihr haben. »Nicht wahr, Strafgefangene Schütze, Sie werden sich bemühen, Ihr Verhalten anzupassen?« Strafgefangene Schütze, Billy, strahlt. Ja, sie wird. Natürlich. Und sie ist doch noch soo jung, man muß Geduld mit ihr haben.

»Dieses bedingungslose Ausgeliefertsein an die Schikanen der Mächtigeren«

Billy paßt sich nicht an, sie ändert sich auch nicht. Helma kommt zurück, das Sonderkommando ist beendet, ich bin wieder Stellvertreter. Schon am ersten Tag hat Billy wieder Oberwasser. Früh, bei der Revierreinigung, schleicht sie sich davon. Andere beschweren sich, weil sie ihre Arbeit mitmachen müssen. Ich gehe Billy suchen, finde sie in seliger Umarmung im Waschraum. Bitte sie, mitzukommen, bemühe mich, so ruhig wie möglich zu sprechen, obwohl in mir alles in Aufruhr ist. Wieder dieses Zittern der Hände. »Billy, komm mit, ich muß dich sonst wieder melden!« Nichts. Ich solle sie dann eben ruhig melden, ich hätte ja gesehen, daß die Frau Leutnant viel mehr Geduld mit ihr hat, und Helma würde sie auch verstehen, sie sei ja auf Arbeit bei den Besten, ich solle doch ruhig sein. Ich kann aber nicht ruhig sein, ich will auch nicht mehr. Wir werden laut, brüllen beide. Billy lebt hier seelenruhig nach ihrem Trott, erlaubt sich alles, während ich mich fertigmache und alles auszubaden habe! Ich will mir nicht wegen ihr meine Entlassung versauen, nicht wegen ihr! Und auch nicht wegen Wolle, und wegen Susanna, ich tue doch meine Arbeit, warum arbeiten sie immer dagegen, warum diese ständige Opposition, dieses Reizen bis aufs Blut? Wir brüllen, ich weiß kaum noch, was ich sage, Billy läßt den Zoo aufmarschieren, beschimpft mich vom »falschen Schwein« bis zur »total überdrehten Lehrersau«. Ich brülle zurück, ich weiß schon gar nicht mehr, was ich da sage, ich fliege am ganzen Körper, ich kann nicht mehr. Nein, ich kann nicht mehr. Das hält kein Mensch aus. Tagtäglich Anfeindungen, Versuche, einem zu schaden, ich will doch nur das Beste, was wollt ihr denn von mir . . .? Nein, ich kann nicht mehr. Ich weiß auch nicht mehr, was ich tue. Ich stürze aus dem Waschraum, vorbei an den Schaulustigen, die sich herangedrängt haben, rase in meinen Verwahrraum, knalle mich an den Tisch, werfe den Kopf auf die Arme und heule. Heule, daß man es bestimmt zimmerweit hört. Ich kann nicht mehr! Laßt mich doch in Ruhe, alle. Alle! An der Tür höre ich Billy lachen, zusammen mit Isolde. Das ist zuviel. Ich weiß wirklich nicht mehr, was ich tue, es geht alles blitzschnell. Ich sehe vor mir den Nähkasten, greife nach der Schere, stoße sie mir voll in den Arm, ohne eigentlich zu wissen, was ich tue, nur getrieben, um von dem hämischen Lachen loszukommen. Es tut nicht weh, ich merke gar nichts, ich merke noch, wie sich irgendjemand auf mich stürzt, mich festhält. Wie mir die Schere entrissen wird, spüre ich schon nicht mehr. Ich spüre auch nicht die Spritze, die mir der herbeigerufene Herr Meister verpaßt, ich weiß nichts davon, daß ich wie eine Wahnsinnige tobe und immer wieder rufe, daß ich nichts dafür kann und nach Hause will, nichts weiß ich. Ich erwache am Abend im unteren Bett, alle sind auf Schicht, Isolde sitzt neben mir, freundlich, besorgt. Mein Kopf saust, nur mit größter Mühe gelingt es mir endlich, mich daran zu erinnern, daß ich mit Billy Streit hatte, der Verband am Handgelenk irritiert mich, auf meine fragenden Blicke hin erklärt mir Isolde alles. Entschuldigt sich. Für alle. Ich bin viel zu müde, um es voll aufzunehmen. Das soll ich gemacht haben? Ich? Ich begreife es nicht. Ich will es auch gar nicht. Ich bin nur müde, ausgelaugt und habe bohrende Kopfschmerzen. Wenn ich aufstehe, wird mir so übel, wie lange nicht, ich bin froh, liegenbleiben zu dürfen.

Am späten Abend schaut noch einmal eine Ärztin herein, ich habe sie vorher nie gesehen, prüft meine Reflexe, schaut mir mit der Taschenlampe in die Augen, spricht zu mir kaum ein Wort, sagt zur dabeistehenden Frau Leutnant im Hinausgehen etwas von Nervenzusammenbruch, noch einen Tag liegen, dann wieder mit zur Arbeit. Darüber bin ich froh, denn hier mehrere Tage allein zu bleiben, würde mich wohl erst vollends verrückt machen.

Alle sind nett zu mir, besonders nett, das Vorkommnis wird mit keinem Wort weiter erwähnt. Darüber bin ich froh. Billy entschuldigt sich, gibt sich sichtlich Mühe, nicht mehr so oft mit mir aneinanderzugeraten, Siggi will mir auch irgendwie zeigen, daß sie mich gern hat, sie baut mir von nun an jeden Morgen mein Bett. Elsa will erst mit mir schimpfen, sehr sogar, aber sie merkt, daß ich total fertig bin und läßt es nach dem ersten Versuch, nachdem sie sieht, daß ich schon wieder fast am Heulen bin. Und Carola, die nie selbst Besuch bekommt, die nur auf Geschenke angewiesen ist, sie schenkt mir zum Nikolaustag einen Apfel, den sie unter dem Kopfkissen versteckt.

Alles läuft wie zuvor. Helma ist wieder Brigadeleiter, ich komme wieder dazu, mich hin und wieder eine Stunde hinzulegen, ich kann auch ab und zu eine Stunde im Verwahrraum herumsitzen und stricken, wozu ich vorher überhaupt nicht kam.

Von Dieter habe ich inzwischen Post bekommen, auch das hat sich normalisiert. Wir dürfen uns schreiben. Aber die Briefe sind eigentlich inhaltslos, wir dürfen über nichts schreiben, was unsere Haft berührt, nicht, mit wieviel Frauen wir im Zimmer sind, nicht, wo und was wir arbeiten, gar nichts. Also beschränken wir uns auf die Vergangenheit und auf die Zukunft, und auch das ist meist leeres Gerede, einfach deshalb, weil wir beim Schreiben stets vor Augen haben, daß die Briefe von Dritten gelesen werden. Trotzdem freue ich mich über jeden Brief, der kommt. Zwei Briefe im Monat, einer von Dieter und ein Kinderbrief. Und alle acht Wochen ein Sprecher. Das ist die ganze bestehende Verbindung zur Außenwelt.

Ich arbeite wieder wie alle anderen. Die Verletzung am Arm ist nicht weiter schlimm, nur eine unbedeutende Stichwunde. Bereits einen Tag danach wickle ich wieder. Die Arbeit tut gut, es bleibt keine Zeit, den Gedanken nachzuhängen. Die ersten Tage habe ich zu tun, um wieder die Norm zu schaffen, ich merke es, daß mir die Tage fehlen, in denen ich Brigadeleiterarbeit erledigte. So schnell kommt man beim Wickeln aus der Übung. Doch dann bin ich wieder voll drin. Ich stürze mich förmlich auf die Arbeit. Nur nicht denken! Obwohl ich mich körperlich nicht wohl fühle, schaffe ich viel. Da ich gut und viel wickle, werde ich umgesetzt zum Polyesterwickeln. Das ist eine Umstellung, die auch wieder einige Tage Einarbeitung erfordert. Polyester ist ein viel dünneres Material, reißt schnell, ist sehr empfindlich in der Verarbeitung. Ich lerne auch das schnell. In der zweiten Woche bin ich bei der Auswertung wieder mit bei den Besten. Ich muß diesen Platz halten, nur so wird meine vorzeitige Entlassung bewilligt. Wenn überhaupt . . . Ich komme zum Psychiater. Ohne Vorankündigung, einfach mit der Aufforderung durch die Lagerälteste, »Tina, du sollst dich sofort bei der Erzieherin im Zimmer melden.« Ich werde sofort unruhig, kriege wieder dieses Zittern in den Händen, gehe alle Ereignisse der letzten Tage durch. Was ist los, was wollen die von mir, ist was vorgefallen? Ich komme zu keinem Ergebnis, nur zu der Ahnung, es müßte noch mit meinem Nervenzusammenbruch zusammenhängen.

Meine Ahnung erweist sich als richtig. Im Erzieherzimmer sitzt neben Frau Leutnant eine Frau Oberleutnant, Psychiater für Strafgefangene. Nachdem sich Frau Leutnant erkundigt hat, wie es mir jetzt geht, ob ich zurechtkomme, läßt sie uns allein. Frau Oberleutnant ist überaus freundlich, stellt Fragen, Fragen und nochmals Fragen. Ob es mich stört, mit so vielen Frauen zusammen zu sein, ob ich nachts träume, was ich träume, ob ich für die Nerven irgendwelche Medizin erhalte, ob mir die Arbeit gefällt. Sie fragt, fragt, fragt. Was soll ich antworten. Daß die Arbeit das einzige ist, das mir gefällt, daß ich höchstens alle drei Tage einmal Gelegenheit habe, zum GW zu kommen und mir eine Tablette verabreichen zu lassen, und daß ich überhaupt sonst hier alles furchtbar finde, alles? Diesen ganzen gutausgeklügelten Apparat der Selbstverwaltung durch Strafgefangene, dieses bedingungslose Ausgeliefertsein an die Schikanen der Mächtigeren? Soll ich ihr sagen, daß es mich ankotzt, Tag für Tag unflätige und schlüpfrige Gespräche mit anhören zu müssen, auf Schritt und Tritt Lesbischen zu begegnen, die sich liebkosen und befriedigen? Daß wir neuerdings sogar durch Herunterziehen der Schlüpfer im GW zeigen müssen, ob wir auch tatsächlich unsere Periode haben, ehe wir Vorlagen erhalten? Daß die Vorlagen neuerdings zugeteilt werden, wobei junge Mädchen und Frauen mit mehreren Kindern in gleicher Weise je ein Päckchen erhalten. Daß man damit nicht auskommen kann, daß allein diese Tatsache ein ständiger Nervenkrieg ist. Soll ich davon erzählen, wie gestohlen wird, nach dem Einkauf, nach dem Sprecher? Daß niemand von der Verwaltung endlich Schlüssel anfertigen läßt, damit wir zuschließen können? Daß unsere Briefe mindestens vier Wochen im Erzieherzimmer liegen, ehe sie das Lager verlassen, und daß die Briefe, die ankommen, genauso alt sind?

Ich weiß, diese Frau kann an alledem nichts ändern, nicht das geringste, sie wird das Lager wieder verlassen und alles wird sein wie vorher. Aber ich rede. Ich erzähle alles. Alles! Und sie hört zu. Allein das tut gut. Die Tränen laufen mir über das Gesicht, unaufhörlich, ganze Bäche von Tränen. Sie müssen heraus. Und ich schäme mich nicht einmal. Ich erzähle von Kakerlaken, von Erbssuppe als Zusatzverpflegung, von durchwühlten Zimmern, von der Arbeit mit Schaufel und Spitzhacke im Freien, von aller Schinderei, vom Frieren in den Sommersachen. Ich erzähle es eben.

Und mir wird leichter davon. Frau Oberleutnant läßt sich nichts anmerken, wieviel sie von den aufgeführten Sachen weiß, wieviel ihr neu ist. Ihr Gesicht ist immer gleich gütig, ermunternd, freundlich. Sie fragt, ob ich Sprecher habe, mit meinem Mann. Nein, ist abgelehnt worden, wegen der angeblich zu weiten Entfernung. Sie will sich darum kümmern, daß wir Sprecher bekommen. Sie will sich auch für die vorzeitige Entlassung einsetzen, und dafür, daß ich regelmäßig Medikamente bekomme.

Als ich wieder im Verwahrraum bin, ist mir wohler, und ich bin ruhiger. Geändert hat sich zwar nichts, es wird sich auch kaum etwas ändern, und an die Versprechnungen glaube ich nur sehr unter Vorbehalt, aber es war gut, sich einmal auszusprechen, alles sagen zu dürfen. Das war ja wohl auch der Sinn dieses Besuches.

Das Leben geht weiter, das Lagerleben auch. Neue Ereignisse lassen das Vorgefallene in Vergessenheit geraten. Die asthmakranke Frau wollte sich aufhängen, ebenfalls mit Strümpfen, auch sie wurde in letzter Minute geholt. Aber hier war es nicht Geltungsdrang wie bei Wolle, hier war es ernst. Jetzt hat man sie verlegt, in einen anderen Strafvollzug, in dem die Luft nicht so schlecht ist wie in Dessau. Der Oberleutnant hat noch im Revier zu ihr gesagt, wenn es ihr nicht zu schlecht ging, als sie die Republik verlassen wollte, dann sei sie auch gesund genug, um im Knast zu bleiben. Haftuntauglichkeit aus gesundheitlichen Gründen? Gibt es nicht. Wer das erreicht, muß im Sterben liegen. Und selbst dann gehört noch Glück dazu.

Die neuen Baracken sind endlich fertig. In der Frühschicht mußten wir Abend für Abend hinüber zum Reinigen und Fenster putzen. Nun werden sie bezogen. Dadurch kommt aus jedem Verwahrraum ein Bett hinaus, wir sind nur noch zwölf Frauen im Zimmer, was sich an der allgemeinen Stimmung doch mehr bemerkbar macht, als man annehmen sollte. Das Zimmer ist leerer, man sitzt nicht mehr so übereinander, blafft sich nicht schon beim Aufstehen an. Wir haben mehrere Tage zu tun, Decken zu schleppen, Matratzen hinüberzutragen, Bettgestelle aufzustellen, Tische und Stühle von der Wache nach hinten zu tragen. Die Decken reichen nicht, wir müssen alle die eine Decke, die wir unter dem Laken haben, herausgeben. Nun schlafen wir auf der blanken Matratze, da die Laken zu kurz oder zerrissen sind. Macht nichts. Alle drei Wochen ist Bettwäschetausch, wer Glück hat, erwischt eins mit genügender Länge. Die Baracken sind kaum bezogen, da kommen Transporte, drei in der Woche. Weiter hinten baut man schon wieder neue Baracken. Ich frage mich, wie groß man das Lager machen will, wo die vielen Frauen herkommen.

Durch die Verlegungen ist mehr Raum geworden, unsere Brigade ist jetzt auf drei Zimmer verteilt. Das dritte Zimmer ist lange nicht voll belegt, aber auf Arbeit sind keine Maschinen mehr frei, also können keine Neuen mehr in die Brigade, vorläufig, so lange keiner entlassen wird.

Etwas ruhiger ist es jetzt. In der Baracke, auf den Gängen, auch in den Verwahrräumen. Alles andere ändert sich nicht. Die Ordnungsübungen bleiben, die Arbeiten im Freien bleiben, das letzte Gras vor den Baracken schneiden wir mit Fingernagelscheren kurz, als ein Herr Oberst zu Besuch angekündigt wird. Das ganze Gelände wird von Zigarettenkippen gesäubert, Umgegrabenes wieder umgegraben, beschäftigt sind alle. Entgegen den sonstigen Delegationen, die immer angekündigt werden und in den seltensten Fällen kommen, kommt dieser Oberst wirklich zum angegebenen Termin. Das ganze Lager ist draußen versammelt, eine unübersehbare Menge Frauen, schwarz an schwarz, frierend, eng zusammengedrängt in den Blöcken stehend, abwartend. Davor die Brigadeleiter, zur Meldung an die Lagerälteste bereit. Die Lagerälteste gibt die Meldung an den Herrn Oberst weiter. Stille. Wieviele Frauen mögen das schon sein? Sechshundert oder achthundert? Niemand weiß es. Nach allen Meldungen spricht der Herr Oberst. Nichts Neues, allgemeine Phrasen. Von sozialistischem Strafvollzug, von Disziplin, von

Sauberkeit, Bewährung, vorzeitiger Entlassung. Wann hört er nur endlich auf? Dazu hat man uns in diese Kälte gejagt?

Ein Rundgang des Herrn Oberst durch die Baracken folgt. Da wir seit Tagen Galopp laufen mußten, um die Baracken in Ordnung zu bringen, die ohnehin in Ordnung sind, da alle Fenster geputzt, alle Wände geschrubbt, das letzte Stäubchen entfernt und sogar die Heizungslamellen mit der Zahnbürste gesäubert wurden, ist er zufrieden. Er ist wahrhaft ein Hüne von Mann, streicht über Rohre, wo wir es nie vermutet hätten. Schaut prüfend auf seinen Finger. In unserem Verwahrraum findet er nichts. Alle atmen auf, als er mit seinem großen Gefolge von Wachpersonal und Leutnants verschwindet. Was soll das! Wenn man uns wenigstens Fragen gestellt hätte! Vielleicht hätten wir den Mut gefunden, einiges anzusprechen. Aber so – blöde Inspektion.

Der nächste Sprecher. Kurz vor Weihnachten. Alles wie gehabt, das gleiche Warten bis zum Aufgerufenwerden, die gleiche Spannung, wer wohl Besuch erhalten wird und wer nicht. Außer Billy und Cornelia bekommen wir alle Besuch. Wir geben Geschenke für die Kinder mit, erbärmlich kleine Süßigkeiten, vom wenigen Einkaufsgeld abgespart, verpackt in zusammengebetteltem Geschenkpapier vom letzten Sprecher, gebunden mit geringelten Tonbandresten. Auch Stricksachen geben wir mit, nur Kindersachen, anderes darf nicht gestrickt werden. Kleine Jäckchen, Höschen, ganze Anzüge, einzeln oder gemeinsam gestrickt, wechseln nach flüchtiger Kontrolle durch das Personal über die Besuchertische. Manche Träne fließt. Ach ja, Weihnachten. – Man darf nicht daran denken.

Es spricht im Lager auch niemand von den bevorstehenden Festtagen, in diesem Zusammenhang haben wohl alle nur den einen Wunsch, nämlich durchzuarbeiten, zu arbeiten bis zum Umfallen, damit man nicht denken muß. Nicht an die Lieben daheim, an die Kinder, an die Angehörigen in anderen Strafvollzügen. Die Stimmung ist gedämpft, ein wenig melancholisch.

Drei Tage vor Weihnachten kommen die versprochenen »großen Entlassungen« des Herrn Oberleutnant. Appell! Alle raus! Stehen, warten, bibbern. Jede hofft, daß es sie trifft, jetzt, im letzten Moment, auch ich habe tief innen die unsinnige Hoffnung, vielleicht dabeizusein bei denen, die morgen heimfahren.

Namen werden verlesen. Zehn. Die Glücklichen treten vor, Tränen der Freude in den Augen. Eine ältere Frau, die dabei ist, bricht zusammen. Zehn Entlassungen! Die Bitterkeit ist groß. Nichts wird gesprochen. Ich bin nicht dabei.

Warum auch. Ich habe ja erst die Hälfte abgesessen und bin zu allem Überfluß RF. Waltraud, Verwahrraumälteste des Verwahrraumes eins, wurde vor vierzehn Tagen entlassen. Auf Gesuch. Sie hatte genau die Hälfte abgesessen, mäßige Arbeitsleistung, saumäßiger Verwahrraum. Aber sie wurde entlassen. Sie war nicht RF, nur Diebstahl.

Am Morgen verabschieden wir die Entlassenen. In unserer Baracke sind es vier. Jede fällt jeder um den Hals, ich kann diese Szenen nicht leiden, nichts ist echt. Ich gönne es jeder, die hier heraus kann. Trotz aller Enttäuschung. Jeder!

Weihnachten. Am Heiligen Abend wird bis mittags gearbeitet. Wir sind eher im Lager zurück als sonst. Im Betrieb keine Weihnachtsfeier, nach den Erfahrungen vom siebenten Oktober verboten. Die Lenkungskräfte hätten uns gern eine gemütliche Stunde bereitet, sie durften nicht. Wir finden es nur gut so, denn wir sind überzeugt, dieses Mal wäre es nicht nur bei einer geblieben, die sich nicht beherrschen konnte.

Mittagessen. Wie immer. Ausgabe der zuletzt eingegangenen Weihnachtspakete, jede durfte lange vor Weihnachten einen Paketschein für ein Paket von zwei Kilo abschicken. An die Angehörigen. Alle haben geschickt. Fast alle. Carola und Billy bekommen nichts, so sehnsüchtig sie auch bis zur letzten Minute darauf hoffen. Die meisten Pakete sind schon vor dem Fest ausgegeben worden, sind bereits halb verzehrt. In allen Fenstern hängen Dauerwürste, stehen Butter und ähnliche verderbliche Sachen. Heute gibt es die letzten Pakete. Vorn im Erzieherzimmer, vor den wachen Augen der Erzieherin und der Lagerältesten darf der Empfänger eines solchen Paketes sein Eigentum öffnen, Stück für Stück herausnehmen. Frau Leutnant entscheidet, was behalten werden darf und was in die Effekten wandert. Das letztere wird von Isolde aufgeschrieben, von uns unterschrieben. Es sind vor allem Kosmetikartikel, die nicht erlaubt sind. Es stand auf dem Paketschein, trotzdem haben viele solche Dinge hineingetan. Vielleicht in der Hoffnung, man könne

Weihnachten ja mal ein Auge zudrücken. Unsinnige Hoffnung. Man kann nicht! Ich bekomme einen neuen Waschlappen, einen Desostift und Seife geschickt. Mit klopfendem Herzen, wie ein erwartungsvolles Schulkind, warte ich auf die Genehmigung, die Sachen behalten zu dürfen. Vergebens. »Sie können Kosmetika beim Einkauf erwerben!« Ich nehme es widerspruchslos hin. Was würde es nützen, wenn ich anführte, wie knapp das Einkaufsgeld ist und daß allein ein Desostift gar nicht im Angebot unseres »Warenhauses« ist? Nichts würde ich ändern. Also bin ich froh, Bienenhonig, Butter, Pfefferkuchen und den kleinen Stollen behalten zu dürfen, auch die Wurst, obwohl das Gewicht schon gering überschritten ist. »Danke, Frau Oberleutnant!«

Der Nachmittag verläuft wie gewohnt, nichts unterscheidet ihn von anderen Tagen. Höchstens etwas ruhiger ist es. Wir, die wir Weihnachtspakete bekommen haben, legen zusammen und machen für Billy und Cornelia einen bunten Teller zurecht. Jede gibt etwas dazu, ob die beiden nun sehr beliebt sind oder nicht, zählt nicht. Nicht zu Weihnachten. Weihnachten verbindet. Auch ohne Worte. Auch im Frauenstrafvollzug.

Helma läuft die drei Zimmer ihrer Brigade ab, erzählt in jedem Zimmer neu, daß es verboten ist, sich brigadeweise zusammenzusetzen. Macht nichts. Uns steht der Sinn sowieso nicht nach gemütlichem Beisammensein und Weihnachtsliedersingen. Zum Abendbrot gibt es Fleischsalat als Brotbelag, sehr reichlich. Und zwei saure Gurken pro Person. Wir freuen uns, wenn auch mit ein wenig Sarkasmus. Außerdem erhält jede Strafgefangene von der Anstalt einen Weihnachtsbeutel. Darin sind ein ganz kleiner, winziger Weihnachtsstollen, zwei Apfelsinen, zwei Äpfel und Baumbehang aus Fondant und Gelee.

Das ist Weihnachten. Auf den Tischen stehen in Haarwäscheflaschen ein paar Tannenzweige, von den Lenkungskräften besorgt, mit Papiersternen daran, die ich in Filigranarbeit geschnitten habe. Mehr Schmuck ist nicht erlaubt. Papierglocken, Papiertannenzapfen und Zweige, die wir an der Lampe angebracht hatten, waren im Rahmen einer seit kurzem üblichen Razzia hinausbefördert worden. Niemand regte sich auf, alle waren wir froh, als wir Betten, Schreibzeug und Unterwäsche wieder beisammen hatten. Was ist da schon ein Weihnachtsschmuck!

Nach dem Abendessen sitzen wir und schweigen uns an. Jede in einer anderen Ecke, die wenigsten an den Tischen. Silly, Helga und Cornelia auf dem Bett. Ich sage nichts. Es ist Weihnachten.

In einer Ecke hinter dem Etagenbett am Fenster beginnt es zu weinen, erst leise, dann immer lauter. Grete! Ihr Mann hat beim letzten Sprecher gesagt, daß er sich scheiden lassen will, wir wissen es. Ich tröste Grete, so gut ich kann. Nur keine Panik, nur keine Sentimentalität, wir können nicht alle dasitzen und heulen. Auf wen käme es wieder zurück? Auf die Verwahrraumälteste. Also tröste ich, obwohl mir selber nicht danach zumute ist. Fernsehprogramm gibt es nicht, alle sind in ihren Zimmern. In regelmäßigen Abständen gehen Posten durch, alle sind froh, als sie die Betten aufsuchen dürfen. Schlafen kann keine. Grete schleicht sich hinaus. Billy kommt zu mir ans Bett. »Du, Tina, ich glaube, die will sich was antun!« Ich hatte den gleichen Gedanken. In solchen Sachen hat Billy hellseherische Fähigkeiten. Also hinterher. Im Waschraum finden wir Grete. Sie hat Wasser in ein Waschbecken gelassen und das ganze Gesicht naß. Sie will sich das Leben nehmen, heult sie, als sie uns sieht. Wir sollen sie doch gehen lassen. Wie will sie es denn machen? In der kleinen Pfütze vielleicht? Jetzt ist's aber genug. Nach vielen Überredungskünsten schleppen wir sie wieder zurück in den Verwahrraum. Nach einer Stunde das Ganze von vorn. Sie ist wirklich vollkommen verzweifelt. Wir sollen sie doch endlich lassen! Ich lasse sie nicht. Das fehlte gerade noch! Wieder Rapport bei Frau Leutnant, wieder Bericht, warum ich als Verwahrraumälteste . . . Nein!

Auch diese Nacht vergeht. Am Morgen ist Grete vernünftig geworden. Und wir sind müde.

Die Feiertage verbringen wir im gewohnten Trott eines Sonntages, Stubendurchgänge, Ordnungsübungen, am ersten Tag Schnitzel zum Mittagessen, Schweinebraten mit Rotkraut am zweiten. Die Außenarbeiten fallen an den Feiertagen aus.

Es bleibt viel Zeit zum Nachdenken, besonders am zweiten Feiertag, als die Zimmer abgeschlossen werden. Gleich nach dem Mittagessen. Es sind männliche Strafgefangene im Gebäude, sie reparieren die Heizung! Das ist die ganze Erklärung, die wir für unser »Eingesperrtsein« bekommen. Die Zimmer werden kalt und immer kälter, wir verkriechen uns auf die Betten, hüllen uns in die Decken ein. Das ist die einzige Möglichkeit, um warm zu bleiben, einigermaßen wenigstens. Einmal wird überraschend schnell die Tür aufgeschlossen, so daß wir nicht rasch genug von den Betten herunterkommen. Frau Leutnant schaut herein, mit Isolde. Wir dürfen liegenbleiben, niemand sagt etwas.

Langweiliger Nachmittag! Alles wird von Bett zu Bett durchgehechelt, die Mitgefangenen, die bereits Entlassenen, die Lagerälteste, einfach alles. Anita, ja, sie ist längst zu Hause. Ich konnte ihr damals nicht einmal die Hand geben zum Abschied, bei ihr hätte ich es gern getan. Sie hatte gesagt, wenn sie ihre Kinder nicht behalten darf, ist sie bald wieder drin. Eine Lenkungskraft erzählte beiläufig, von einer anderen Lenkungskraft aus Halle gehört zu haben, daß dort eine Neue sei. War vorher in Dessau. Irgendwo von der See. Rund, gemütlich, aber vollkommen verzweifelt. War nur acht Wochen in Freiheit. Sollte dies Anita sein? Hat man ihr doch die Kinder abgesprochen? Niemand weiß es genau. Was gäbe ich darum, wenn ich wüßte, daß es nicht Anita ist. Aber sie könnte es sein . . . Wir haben keine Möglichkeit, Näheres zu erfahren.

Zickenschmieder war ebenfalls schon entlassen. Ein dummes Luder! Als sie ging, marschierte sie mit strahlendem Gesicht an uns entlang und verabschiedete sich mit »Eminenz« von mir. Wenn sie nur wenigstens dem Titel entsprechend gelebt hätte! Vollaufen lassen, nach drei Tagen noch nicht arbeiten und am vierten Tag wieder einfahren, weil man in einer aufgebrochenen Gartenlaube gefunden wird – das kann jeder. Zickenschmieder! Sie tut mir nicht einmal leid, ihr gefällt es im Knast. Jetzt ist sie ebenfalls im »Roten Ochsen«, Arbeitserziehung. Da viele strafgefangene Frauen bei großen Transporten in Halle Zwischenstation machen, erfahren wir hin und wieder von dort einiges.

Auch an Lisa muß ich denken in diesen Tagen, die gute Lisa aus der U-Haft. Von nach mir gekommenen Strafern habe ich erfahren, daß sie in Hoheneck ist. Die Arme! Sie werde ich bestimmt besuchen, wenn ich wieder draußen bin. Beide RF und beide die gleiche Einstellung, das verbindet. An Lisa denke ich oft.

Überhaupt, ich fange auch schon an, mit dem Gedanken der vorzeitigen Entlassung konkreter zu spielen! Immer wieder ertappe ich mich bei den Gedanken an die Zukunft, an das »Danach«. Nein, viel schönes erwartet uns bestimmt nicht, Dieter, mich und die Kinder. Dieter kann wieder in seinen Betrieb, das steht fest. Aber ich? Die fristlose Entlassung von der Schule, die einem Berufsverbot gleichkommt, liegt bei meinen Sachen in der Effektenkammer. Andere Arbeit? Was denn? Hilfsarbeit? Anderes werde ich wohl kaum noch bekommen. Nein, da bleibe ich lieber zu Hause und sehe zu, wie wir uns durchwürgen. Vielleicht bekommt man Heimarbeit? Ach, alles Blödsinn. Heimarbeit ist genauso gefragt, da gibt man gerade mir bestimmt keine. Bleibe ich also bei den Kindern, einen Kindergartenplatz bekomme ich ja nun bestimmt auch nicht mehr. Bei der Knappheit, und dann RF... Da sind doch genug andere, normale, staatsgetreue Mütter, die auf einen Platz warten. Nein, das alles kann ich mir gleich aus dem Kopf schlagen. Wie werden die Nachbarn sein? Wird man unsere »Schuld« die Kinder spüren lassen? Gedanken über Gedanken. Das mit den Nachbarn ist eigentlich Nebensache. Hauptsache, wir sind erst einmal wieder zusammen. Immer wieder ertappe ich mich bei dem Gedanken, daß ich es noch einmal versuchen würde, aus diesem Staat herauszukommen. Ja, sofort, trotz alledem. Oder gerade darum! Nur ein sicherer Weg müßte es sein, nicht noch einmal dies alles, nein, nein! Nur ein sicherer Weg.

Den gibt es nicht.

Die Stimmung im Verwahrraum ist direkt gemütlich, das Liegendürfen scheint die Gemüter zu besänftigen. Wann wird nur endlich aufgeschlossen? Wir müssen alle zur Toilette, die Kälte allein sorgt dafür. Wir klopfen. Isolde erscheint nach einer Weile, schließt auf und öffnet einen Spalt breit. Toilettengang? Nein, noch lange nicht. Die Männer sind noch im Haus. Niemand darf hinaus. Sie bringt uns einen Eimer. Eine nach der anderen hockt sich über den Eimer, in einer Ecke zwischen zwei Betten. Die anderen versuchen, so gut es eben geht, die dabei entstehenden Geräusche zu ignorieren. Den meisten ist es peinlich, auf den Eimer gehen zu müssen. Es war schon in der U-Haft schlimm genug, im gleichen Raum, wo andere aßen, die Toilette benutzen zu müssen. Und nun hier, der Eimer! Billy muß groß. Zuerst donnert sie an die Tür, als alles nichts hilft, sich niemand sehen läßt, hockt sich auch Billy über den Eimer. Es plumpst, platscht, spritzt, Billy quietscht. Abscheulich. Zu ändern ist es nicht.

Fenster aufreißen hilft nicht gegen die aufkommenden Düfte, denn dann frieren wir noch mehr als ohnehin schon. Also hilft nur wieder einmal Geduld, mit der Hoffnung, daß alles vorbeigeht. Alles.

Auch die Feiertage. Nach den Feiertagen beginnt hektisches Treiben in der Baracke, Schulbänke werden vorn abgeladen und nach hinten geschleppt, der »Kulturraum« wird umgeräumt, im neuen Jahr gehen wir zur Schule. Wir machen unsere Witze, stellen Vermutungen an. Genaues weiß niemand. Aber Schule wird es geben. Silvester verläuft ruhig, abends Bockwurst und Brötchen, viel Senf, den wir in Seifendosen versteckt aufheben, um den spärlichen Brotbelag damit zu ergänzen, hoffentlich ist vorher keine Razzia. Von Knallerei hören wir nichts, nebenan läuft die Silvestersendung im Fernsehen, die besten aus jeder Brigade dürfen zusehen. Ich lehne ab, andere auch. Was soll das alles. Es erinnert einen nur an schmerzlich Entbehrtes.

Wir verschlafen den Beginn des neuen Jahres. Zur Frühschicht müssen wir munter sein. Einigermaßen wenigstens.

Wir gehen wirklich zur Schule! Die ganze Brigade auf einmal, an zwei Tagen in der Woche, je nach dem, wie die Schicht liegt, vor- oder nachmittags. Alle in eine Klasse, diejenigen, die aus der sechsten Klasse Grundschule entlassen worden sind, die Achtkläßler, die Mittelschüler, alte Frauen, ich mit meinem Studium, – alle in eine Klasse. Wir lernen, wie man Briefe schreibt, wie ein Bewerbungsschreiben abgefaßt wird. In Mathematik lernen wir Umrechnen von Zentimeter in Millimeter, Multiplizieren von Brüchen, Gleichungen mit einer Unbekannten. Ich langweile mich, andere auch, wieder andere verstehen vom ganzen dargebotenen Stoff überhaupt nichts. Das macht nichts. Die Hauptsache ist, daß wir uns weiterbilden. In Deutsch und Mathematik. Ohne ein bestimmtes Ziel, ohne einen angestrebten Abschluß, eben nur so. Wenn schon »Sozialistischer Strafvollzug«, dann auch richtig. Jedem seine Chance auf Bildung! Der Lehrer, unbestimmbares Mittelalter, aus der Berufsschulklasse des Jugendstrafvollzuges, ist nett, aber unnahbar. Man kann mit ihm gut auskommen, bis zu einem bestimmten Grade wenigstens. Als ich ihn nach der vierten Schulstunde höflich frage, ob es denn nicht möglich wäre, daß ich von der Schule befreit würde, weil das alles für mich ja nun wirklich nichts Neues ist. Gleichungen habe ich in der Schule selbst unterrichtet, Deutsch auch, also als ich ihn diesbezüglich frage, ob ich mich denn in der Zeit nicht lieber etwas hinlegen könnte, bekomme ich zur Antwort: »Gern! Wenn Sie sich wegen ›Arbeitsverweigerung‹ verantworten wollen! Als solche müßte ich es melden!« Ich weiß Bescheid. Schade. Dann lieber Schule.

Zum Hinlegen komme ich überhaupt nicht mehr. Selbst an Wochenenden nur mit viel Glück. Man sorgt dafür, daß wir beschäftigt sind. Kommen wir ausgelaugt von Arbeit, geht es entsprechend weiter. Revierdienst, Stubenreinigung, Außenarbeiten, sinnloser denn je zuvor, Schule, Gruppenstunden. Eins jagt das andere. Kein Wunder, daß alle abgespannt, mürrisch und streitbar sind. Was die Jüngeren aber trotzdem nicht davon abhält, ihren heimlichen Treffs und Vergnügungen nachzugehen und somit die Verwahrraumältesten und Brigadeleiter noch bis in die letzte freie Minute hinein mit Arbeit zu versorgen.

Es ist ein ständiges Kommen und Gehen. Kaum wird eine auf Gesuch entlassen, da ist schon die Neue da. Gertensteck geht. Ich sehe es mit einem leisen Stich im Inneren. Warum so viel Ungerechtigkeit? Gertensteck hatte die gleiche Strafzeit wie ich, auf den Monat genau, jetzt noch keine zwei Drittel herum. Mäßige Arbeitsleistung, kaum Mitarbeit bei außerplanmäßigen Sachen. Aber ein anderes Delikt als ich. Diebstahl! Ja, mit Diebstahl geht das wohl, da kann man gut mit vorzeitiger Entlassung rechnen. Auch dann, wenn man sich keine besondere Mühe in allem gegeben hat.

Ich? Was will ich den eigentlich? Warum gaukle ich mir Luftschlösser vor, ziehe Vergleiche? Blödsinn. Ich muß mich bewähren. Ich tue es gründlich. Nur mit Elsa spreche ich in aller Heimlichkeit manchmal noch darüber, was ich wirklich denke. Diese heimlichen Minuten geben mir die innerliche Bestätigung, trotz allem noch »ich« geblieben zu sein. Nach außen bin ich umerzogen. Nur für unseren Staat. Wie konnte ich jemals auf die Idee kommen, den Staat verlassen zu wollen, der mir alles gab!? Eine Kurzschlußhandlung! Weiter nichts! Ich muß verrückt gewesen sein. Die Jüngeren glauben mir. Die Älteren, die ein wenig überlegen, wissen nicht genau, woran sie sind, aber ihnen bleibt nichts anderes übrig, als mir zu glauben. Niemand kann mir das Gegenteil beweisen! Ich habe mich belehren lassen, meine Fehler eingesehen, will sie wieder gutmachen. Niemand hört mich mehr anders reden. Ich habe endlich eingesehen, daß zu guter Arbeitsleistung und vorbildlicher Arbeit innerhalb des Lagers vor allem dies gehört, die Wandlung!

Gut, sollen sie ihre Wandlung haben! Ich will nach Hause! Jeder spricht über jeden, auch mein Verhalten und meine Ansichten, die laut und wohlüberlegt geäußerten, werden über irgendwelche Quellen nach vorn getragen. Vom Verwahrraum über Billy und Grete zu Helma, von Helma zu Isolde, von Isolde zu Frau Leutnant. Schau, schau, die Siegert! Hätten wir gar nicht gedacht! Aber die hat ihren Fehler wenigstens eingesehen. Na, wollen sehen, was sich machen läßt. So das Gemunkel, die Gerüchte.

In einer Gruppenstunde ist es soweit. Ich habe das Thema, erzähle von der Zerstörung Dresdens im Zweiten Weltkrieg durch die amerikanischen Bomber, vom Leid, das Faschisten uns brachten. Ich lese das Ganze aus alten Zeitungsausschnitten vor, ergänze, wie es mir gerade einfällt. Ich kenne Dresden, also drücke ich auf die Tränendrüsen. Ich ziehe Parallelen zur heutigen Zeit, verdamme Großgrundbesitzer, Kapitalisten, Faschisten, spreche über neue Kriegsvorbereitung in der westlichen Welt, für alle verständlich. Ich glaube mir bald selbst. Einige haben beim Zuhören Tränen in den Augen, als ich geendet habe, ringt auch Frau Leutnant, die anwesend ist, erst einige Sekunden um Fassung, um Worte. Das will etwas heißen.

Hat es endlich geklappt?

Es hat. Nach der Gruppenstunde werten wir zusammen mit Frau Leutnant die Leistungen der Brigade aus. Arbeits- und disziplinmäßig. Frau Leutnant ist sehr zufrieden mit uns. Zum Schluß verkündet sie, daß die Anstalt für Helma, Elsa und mich ein Gesuch zur vorzeitigen Entlassung einreichen werde. Wir haben uns bewährt, sie will es befürworten. Na, bitte.

Ich bin zwar nicht in Hochstimmung, weil ich genau weiß, wie schnell die »Herrschaften« beim geringsten Vorkommnis ihre Ansicht ändern können, aber jetzt habe ich zwei Hoffnungen. Das Gesuch von außen läuft. Vielleicht geht es schneller, als ich denke. Und nun noch von innen. Ein Gesuch von innen ist immer am wirkungsvollsten, durch solch ein Gesuch gehen die meisten Brigadeleiter eher. Und nun beide zusammen, na, es wird schon werden.

Es geht alles seinen gewohnten Gang. Selbst, wenn kein Personal da wäre, würde wohl alles seinen Gang gehen, so eingespielt ist das ganze Lagerleben.

Helga wird entlassen. Für Helga bekommen wir Wolle hinter, im Austausch. Sie hatte vorne im Verwahrraum kein schönes Leben mehr, durch ihre dauernde Anscheißerei mußte sie gewärtig sein, einmal nachts verdroschen zu werden. Angekündigt wird es ihr fast täglich. Dann sitzt sie immer bei Helma im Erzieherzimmer und heult. Helma weiß genau, welch falsche Schlange Wolle ist, trotzdem muß sie sie unterstützen. Für andere Maßnahmen hätte das Personal kein Verständnis. Also verlegt sie Wolle zu uns hinter, mit der Bemerkung, ich werde das schon hinkriegen. Bei Wolles Einzug herrscht eisiges Schweigen, sie hat sich schon zu sehr unbeliebt gemacht. Ich bin die einzige, die wenigstens nach außen um etwas Freundlichkeit bemüht ist. Billy zeigt sich gleich von der richtigen Seite. »Wenn de hier einmal anscheißt, das kannste dir merken, dann beziehste von mir die fällige Dresche. Aber auf der Toilette, wo's niemand sieht!«

Das war deutlich. Wolle tut freundlich. Sie sei ja gar nicht so, wir werden uns schon verstehen. Nun, es wird sich zeigen. Auch von Frau Leutnant bekomme ich im persönlichen Gespräch Wolle nochmals ans Herz gelegt. »Kümmern Sie sich um die Strafgefangene, bitte. Sie ist ein etwas schwieriger Charakter. Aber wir können nicht zulassen, daß sich die Gefangenen untereinander lynchen, ja, daß Strafgefangene deswegen Selbstmordgedanken haben!«

Ja, ja, auch darum werde ich mich kümmern.

Für Gertensteck ist Angela gekommen. Jung, hübsch, durchtrieben und aufsässig. Prosti. Sie hat keine Lust zur Arbeit, am dritten Tag endgültig nicht mehr. Also läßt sie sich bei den üblichen Außenarbeiten sehr geschickt und unauffällig einen Ziegelstein auf den Fuß fallen und kommt ins Revier. Obwohl alle wissen, daß der Unfall gemacht war, können wir nichts beweisen.

Frechheit siegt. Nicht immer, aber manchmal.

Ich wickle wieder Polyester, nach der Arbeit schlafe ich wie alle anderen auch im Bus, den Kopf auf die Brust gesunken. Einmal richtig ausschlafen, was würden wir alle darum geben!

Wir stehen in der Schleuse, warten auf das Kommando zum Einrücken. Um uns eisige, stillstehende Kälte, alles bibbert, reibt sich die Hände warm, Helma hat es am schlechtesten, sie muß vor uns stehen, hat von keiner Seite Wärme. Warum läßt man uns nur so lange warten, wir konnten längst eingerückt sein, im warmen Zimmer sitzen und essen.

Wir treten von einem Fuß auf den anderen. Frau Leutnant kommt, mit ihr Frau Hauptmann, die Psychologin. Was denn nun schon wieder? War doch nichts los, oder? Fragende Blicke.

Die Neuigkeit kommt so überwältigend, daß ich sie nicht fassen kann. Die anderen schon, aber ich nicht.

»Strafgefangene Siegert, Sie haben Besuch! Ihr Mann ist da! Gehen Sie sich schnell waschen, essen Sie ein paar Happen, dann geht es los.«

Keine Reaktion meinerseits. Was, wie bitte, was hat sie da eben gesagt? Ich begreife gar nichts. Alle schauen mich an. Wieso soll denn Dieter da sein, hier, in Dessau? Habe ich vielleicht Sprecher mit ihm? Jetzt erst klickt die Sperre im Gehirn aus. Dieter! Ich kann ihn sprechen! Heute! Jetzt gleich!

Noch nie war ich so schnell im Waschraum, beim Essen. Ich bekomme keinen Bissen herunter, kämme mich, bin im Nu fertig. Helma steht schon in der Türe. »Ich soll dich vorbringen. Frau Leutnant hatte schon Angst, du würdest uns wieder umkippen, so kreideweiß sahst du aus!« Ich, umkippen? Ach wo. Alles in mir ist Freude, Spannung, Erwartung.

Sprecher mit meinem Mann. Seit dem letzten Sprecher, der ja nur eine Viertelstunde dauerte und den man gar nicht als solchen rechnen kann, sind sieben Monate vergangen. Sieben ewig lange Monate, in denen wir uns drei Briefe schreiben durften, weil vorher die Schreibadresse nicht genehmigt war. Sieben lange Monate! Und heute, aus heiterem Himmel, als sei es das Selbstverständlichste der Welt – »Sie haben Sprecher!«

Ich werde mit dem Essenauto zum Jugendstrafvollzug gebracht. Frau Leutnant und Frau Hauptmann fahren mit, allerdings vorn. Ich kann es kaum erwarten. Dann treppauf, in eine als Besucherraum hergerichtete Zelle. Darin ein Tisch, auf jeder Seite ein Stuhl, seitlich an der Wand noch ein Stuhl. Ich darf mich setzen. Allmählich wird mir doch mulmig, die Neuigkeit kam wohl etwas zu plötzlich. »Warten Sie bitte einen Moment!«

Dann ist er da. Dieter! In dem Anzug, in dem ich ihn das letzte Mal gesehen habe, Knastfarbe im Gesicht. Ich begreife nichts. Wieso ist Dieter in Zivil? Ist er bereits entlassen? In mir ist heller Aufruhr, ich bin erledigt, möchte sprechen und bekomme doch kein Wort heraus. Wir geben uns die Hand. Weiter nichts. Und wir schauen uns an. Ja, wir verstehen uns noch, mehr denn je. Das ist die Gewißheit, die wir beide in diesem Blick lesen. Dann sitzen wir uns gegenüber. Frau Hauptmann hat an der Seite Platz genommen, nachdem sie ankündigte, daß wir eine Stunde Sprecher haben. Also wird sie hierbleiben. Nun, soll sie.

Dieter ist von anderer Gemütsart als ich. Er redet, redet. Ich kann nicht. Wenn ich jetzt den Mund aufmache, heule ich los. Das weiß ich. Und das will ich nicht. Es dauert noch eine ganze Weile, bis ich meine Fassung wieder habe. Endlich geht es. Meine erste Frage ist, ob er schon entlassen ist. Dieter lacht. Ja, er lacht. Was ich mir denn denke, er hat nur Zivil an, weil er wegen des Sprechers auf Transport gehen mußte! Seit zwei Wochen ist er hier in Dessau und wartet auf den Sprecher!

Das darf doch nicht wahr sein! Für eine Stunde Sprecher! Dreißig Kilometer entfernt von uns ist sein Arbeitslager, für eine Stunde und wegen dreißig Kilometer kommt er auf Transport und wartet dann hier zwei Wochen? Nein, kann man denn das noch als normal bezeichnen? Warum konnte man ihn nicht mit einem Auto herbringen, uns die eine Stunde Sprecher geben, ihn dann wieder zurückbringen? So kostet ihn dieser Sprecher einen Einkauf, von den Strapazen und Unannehmlichkeiten des Transportes gar nicht zu reden. Aber all das sind nur innerliche Fragen, innerliche Feststellungen. Vor Frau Hauptmann können wir darüber nicht sprechen. Unsere Blicke allein sagen uns, daß wir das gleiche denken. Es ist seltsam, wie gut wir uns verstehen, immer noch. Als hätte es keine Trennung gegeben. Langsam werde auch ich gelöster.

Wie schön, eine Stunde Gemeinsamkeit vor sich zu haben. Wenn auch unter Bewachung.

Eine Stunde ist nicht viel Zeit, und wenn man sie besonders gut nutzen will, ist eine Stunde noch weniger Zeit als gewöhnlich. So geht es uns.

Über Dinge des Strafvollzuges dürfen wir nicht sprechen. Also sprechen wir zuerst von unserem Gesuch, davon, daß auch für Dieter von der Anstalt aus eingereicht worden ist, davon, daß wir vielleicht im Frühling wieder zusammen sind. Draußen. Was uns erwartet, wissen wir, darüber verlieren wir kein Wort. Wir werden zusammen sein, und wir werden es schaffen. Dieter hat schon seine Pläne, ich bin sprachlos. Kaninchen will er halten und dann verkaufen. Und Hühner. So werden wir auch ohne meinen Verdienst eine Kleinigkeit zum Zusetzen haben. Sicher hat er sich in stillen Stunden unendlich viel Gedanken darüber gemacht. Ich sage nichts dazu. Kaninchen essen wir nicht, und Hühner, nun, ich werde nie ein Huhn anfassen. Soviel weiß ich. Aber wenn er meint... Ich lasse ihn reden. Er hat so viel Hoffnung in sich! Brigadeleiter ist er! Ja, das weiß ich bereits aus seinen Briefen. Auch, daß er im Kohlebergbau arbeitet. Weiter nichts. Das ist das äußerste, was über dieses Thema gesprochen werden darf, ich sehe es an Frau Hauptmanns wachem Blick. Das Thema erschöpft sich, alles, was sich leicht dahinplappern läßt, ist gesagt, was sonst noch gesagt werden könnte, ist verboten. Die Pausen werden länger. Wir genießen das Zusammensein, schauen uns an. Von den Kindern sprechen wir nicht viel, nur, daß es ihnen gut geht, sage ich Dieter. Er hat keine Verbindung zu ihnen. Und ich sehe ihm an, wie schwer es ihm fällt, ruhig darüber zu sprechen.

So vergeht die Stunde. Viel zu schnell, und doch unbeschreiblich schön. Frau Hauptmann macht uns darauf aufmerksam, daß es Zeit zum Verabschieden ist. Also dann. Tschüß, mach's gut, bald haben wir alles überstanden. Bald, ja. Hoffentlich.

Kein Umschauen mehr, als Dieter hinausgeht.

Wenn Dieter Pech hat, wird er nun wieder zwei Wochen in Dessau warten dürfen, bis er zurück kommt. Ist ja eigentlich auch egal. Die Zeit läuft so und so, wer fragt danach, wo wir sie absitzen. Nur vergeht sie eben beim Arbeiten schneller, aber das ist schließlich unsere Sache.

Auf der Rückfahrt, ja, am ganzen restlichen Tag bin ich mit den Gedanken nur beim Sprecher. Neugierige Fragen im Verwahrraum, alle umringen mich, »nun erzähle, wie war's!«, jede Einzelheit wollen sie wissen. Ich erzähle. Was sollte ich auch verheimlichen. Und alle gönnen ihn mir, diesen Sprecher. Das zeigt ihre Anteilnahme. Ein wenig sind wir also doch schon zur Gemeinschaft geworden ... Wie brüchig und nur für den jeweiligen Moment bedacht diese zusammengewürfelte Gemeinschaft ist, zeigt sich freilich jeden Tag, findet ständig Bestätigung.

Die Begegnung mit Dieter hat mir innerlich Auftrieb gegeben. Da hatte Frau Hauptmann, die erfahrene Psychologin, schon richtig kalkuliert. Ich bin nicht mehr so sehr deprimiert, wie ich es nach den Vorkommnissen der letzten Wochen war, ich fühle mich auch gesundheitlich besser. Eigenartig, was so eine Freude ausmacht. Und dazu die Hoffnung, die jetzt in mir ist, die Hoffnung auf eine baldige Entlassung. Dann kann kommen, was will, nur erst hier raus ...

Meine Arme machen nicht mehr mit. Die Arbeit am Wickeltisch ist schon sehr einseitig und beansprucht ausschließlich Arme und Handgelenke, dann das Schleppen der Tonbandblöcke. Aber all das würde ich durchhalten. Den Ausschlag gibt die Schinderei mit Hacke und Schaufel im Freien. Und die eisige Kälte dazu, in der sich alles abspielt. Es kommt so weit, daß ich keine Hacke mehr heben kann. Wie elektrischer Strom geht es bei der geringsten Anstrengung durch beide Arme hindurch. Ich melde mich zum Arzt. So geht es nicht weiter. Kurze Untersuchung, Biegen der Handgelenke, verdächtig knirschende Geräusche, Schwellung auf der Oberseite des Unterarmes, eigentlich ist alles klar. Sehnenscheidenentzündung. Gelegentlich hatte ich sie schon als Schülerin, aber das hier übertrifft alles Gewesene. Ich bin ja nicht einmal zum Bettenbauen in der Lage. Aber ich will nicht krankgeschrieben werden. Alles, nur das nicht, nur nicht den ganzen Tag allein mit ein paar Halbinvaliden in der Baracke hinvegetieren müssen. Ich werde auch nicht krankgeschrieben, die Sorge war ganz überflüssig. Ich bekomme auf beide Arme Zugsalbe, tiefschwarze, klebige, darüber Mull und Binden. »Versuchen Sie es so. Vielleicht geht es und bessert sich. Sie brauchen doch keine schwere Arbeit zu machen?« Nein, brauch ich nicht, wird schon gehen. Von Sondereinsätzen bin ich jetzt befreit.

So, soweit, so gut. Mit dem Wickeln auf Arbeit komme ich zurecht, die Verbände mindern die Bewegungen der Arme und somit die Schmerzen. Elsa sorgt sich rührend um mich, trägt mir ständig die Blöcke, nur damit meine Arme besser werden sollen. Für sie wäre es genauso eine Strafe wie für mich, wenn ich in der Baracke bleiben müßte. Elsa und ich, wir bilden eine verschworene Gemeinschaft, die alles leichter macht. Siggi baut mir wie bisher das Bett, Elsa schmiert mir die Schnitten, wenn ich nach der Arbeit die Arme kaum bewegen kann, sogar Billy läßt etwas von ihrer harten Schale fallen und trägt mir gelegentlich den Stuhl zur Gruppenstunde ins andere Zimmer. In der Schule kann ich nicht mitschreiben und langweile mich noch mehr als vorher. Doch kommen muß ich.

Wolles Anwesenheit in unserem Verwahrraum wird zwar auf mein Bitten hin ohne große Zwischenfälle geduldet, aber seit sie hier ist, ist die Stimmung gespannt. Niemand traut sich, ein offenes Wort zu sprechen, weil alle wissen, daß Wolle lauscht und weiterträgt, was ihr gefällt. War es schon vorher nicht allzu weit her mit Offenheit und Ehrlichkeit, so waren wir doch dahin gekommen, uns vernünftig und ehrlich zu unterhalten. »Ehrlich« unter Vorbehalt natürlich. Das ist alles wieder hinfällig, im Keim erstickt, seit Wolle da ist. In den Ecken Grüppchen, heimliches Gezischel und Getuschel, von Wolle falsch erlauscht und falsch ausgelegt, so ist der jetzige Zustand.

Dann leistet sich Wolle eine Unüberlegtheit. Auf Arbeit schreibt sie in ihr Arbeitsbuch die Tonbänder mit ein, die von der vorhergehenden Schicht noch fertig auf dem Tisch stehen. Um mehr zu haben, endlich einmal richtig zu glänzen. Zweimal gelingt es ihr, sie steht als beste Tausendmeterwicklerin vorn am schwarzen Brett. Billy kocht vor Wut, sie ist besser, weiß das, kann aber nicht verstehen, warum Wolle mehr gewickelt hat. Dann platzt die Bombe. Eine Lenkungskraft entdeckt den Betrug in Wolles Buch. Da nichts schlimmer ist als Betrug im Knast, geht Wolle noch am gleichen Tag in Arrest. Sieben Tage strenger Arrest. Hinein geht sie mit höhnisch blickenden Augen und einem Grinsen. Es vergeht ihr. Sieben Tage allein, tagsüber stehen, abends ein Lattenrost mit einer Decke, ohne Matratze, Brot mit Marmelade, alle zwei Tage ein warmes Essen – das überstehen nur härter Gesottene gut. Nicht Wolle. Sie versucht mit allen Mitteln, eher herauszukommen. Mimt auf verrückt, reißt sich büschelweise Haare aus, schreit einen halben Tag, bekommt Gallenkolik, erbricht sich, der Arzt wird geholt. Die Gallenkolik ist nicht echt, das Erbrochene ist Spucke. Wolle bleibt, wo sie ist. Und läßt auch das Schreien, das durch die dicke Doppeltür ohnehin nur kläglich zu vernehmen ist, wenn man direkt davor steht. Es bleibt aber keiner stehen, niemand hat Mitleid. Billy spricht aus, was alle denken: »Die sieben Tage ›Fetten‹ gönne ich der Alten!«

Wolle kommt zwar kleinlaut heraus, aber nur für unaufmerksame Beobachter gebessert. Für das Personal vielleicht. Im Zusammenleben mit ihr muß man nur noch auf der Hut sein.

Die ganze Atmosphäre im Verwahrraum ist vergiftet.

Nach einer Sonderraucherpause denunziert sie Edda, die Gräfin, weil diese heimlich auf Toilette noch eine zweite Zigarette raucht. Edda bekommt drei Tage Freizeitarrest für verbotenes Rauchen. Aufgeschoben, bis ein Bunker frei wird. Wir haben zwar jetzt sechs Bunker, aber auch die sind ständig besetzt. Im Zimmer ist die Hölle. Edda schüttet in einem unbeobachteten Moment ihre Schüssel Quark über Wolles Kopf aus. Aus Versehen, natürlich, sie ist gestolpert. Wir wissen alle, daß es Absicht war. Wolle heult und flucht, schwört Rache, aber keiner kann Edda die böse Absicht nachweisen. Stolpern kann schließlich jeder einmal. Auch Helma kennt die Tatsachen. Es gärt. Wolle verzinkt Grete, ihre beste Busenfreundin, die einen Pulli für sich selbst gestrickt hat. Das ist verboten, nur Kindersachen sind erlaubt. Grete muß den Pullover wieder auftrennen. Wolle triumphiert. Es ist einfach nicht zum Aushalten. Und zu allem Überfluß bekomme ich erneut den Auftrag, auf Wolles »etwas schwierigen Charakter« einzuwirken.

Zum abendlichen Zählappell stehen wir immer ruhig und ordentlich, wir sind wirklich ein guter Verwahrraum geworden. Wenigstens nach außen hin. Aber wir haben eine Angewohnheit, alle im Verwahrraum. Wenn vorne von der Lagerältesten ausgerufen wird »Zählappell«, bleiben wir seelenruhig sitzen, weil es erfahrungsgemäß noch unheimlich lange dauert, bis der Meister tatsächlich erscheint. Anfangs standen wir ganze Stunden. Jetzt nicht mehr. Wir sitzen und stricken, unterhalten uns flüsternd, bis wir Schlüssel und Türen klappern hören. Dann ist es gleich soweit, dann stehen wir in Reih und Glied. Es klappt immer.

Bis auf ein Mal. Wieder sitzen wir, von draußen ist kein Geräusch zu hören. Als die Klinke heruntergeschlagen und die Türe aufgerissen wird, erstarrt allen das Blut in den Adern. Der Meister steht im Zimmer, grinsend, und wir schaffen es erst Sekunden später, angetreten dazustehen. Zu spät. Nach erfolgtem Donnerwetter, das niemanden berührt, muß die gesamte Brigade raustreten. Alle! Helma nimmt es gelassen, sie schmunzelt sogar. Bei anderen Brigaden passiert das öfter, warum nicht auch mal bei uns. Dann geht es raus. Marschieren! Jetzt sind wir bedient, wir dachten nur daran, eine Stunde auf dem Gang zu stehen. Aber Marschieren! In der Kälte, unter sternklarem Himmel. Helma in der Mitte. »Links, links, links, zwo, drei, vier!« Ununterbrochen. Der Meister erscheint mit Hund. »Etwas exakter, meine Damen! Schneller!« Wir haben nicht viel Lust, hier Meisterleistungen aufzustellen, sind wir doch erst vor dem Abendessen verfroren und todmüde von den Außenarbeiten hereingekommen. Der Meister hat seinen Ehrgeiz. Hat er uns schon einmal erwischt, so will er uns auch zeigen, daß wir ihm zu gehorchen haben. »Sie wollen also nicht? Dann werde ich Ihnen beibringen, wie man marschiert!« Er macht den Hund los, den riesigen Schäferhund. Wir trauen unseren Augen kaum. Aber jetzt marschieren wir wirklich zackig. Immer im Kreis herum, am Schluß der Hund. Hautnah hinter Silly. Er tut nichts, aber er marschiert mit. Wir können nicht stehenbleiben, wir marschieren. Eine Runde nach der anderen. Du meine Güte, nimmt denn das kein Ende?

In den erleuchteten Fenstern stehen die anderen und beobachten. Wir marschieren. Der Hund hinterher, werden wir langsamer, knurrt er hörbar, was bewirkt, daß nach dem zweiten Knurren das Tempo gehalten wird. Viele haben keine Schlüpfer mehr an. Die hängen ja beim Zählappell längst in einer Ecke zusammengeknautscht am Heizungsrohr unter dem Bett. Jetzt macht sich dieses fehlende Kleidungsstück empfindlich bemerkbar. Cornelia, die schon immer eine schwache Blase hat, versucht, austreten zu dürfen. Sie hat ihren Satz noch nicht beendet, da ist der Hund schon an ihrer Seite. Weitermarschieren! Wir tun es. Cornelia läßt das, was hinaus muß, laufen. An den Beinen entlang, in die Schuhe. Mimose fällt wieder einmal um. Ohne Vorwarnung fällt sie mit dumpfem Knirschen in den Kies. Uns ist lange das Lustigsein vergangen. Das hier ist ja bitterer Ernst, was haben wir denn schon getan! Will man uns wieder einmal mit aller Deutlichkeit an die bestehenden Machtverhältnisse erinnern? Das hier hat ja wohl mit »Erziehung« nichts mehr zu tun, es ist eine Kraftprobe. Und dazu noch eine sehr einseitige. Wir sollen begreifen, daß wir nichts sind. Gar nichts. Strafgefangene Frauen, und als solche haben wir zu parieren. Aufs Wort. Jedem, der Uniform trägt. Zwei dürfen Mimose hineintragen, wir anderen marschieren weiter. Jetzt im Laufschritt, Marsch! Helmas Stimme überschlägt sich bald, sie schafft es kaum, mit dem Rufen nachzukommen. Wir rennen, was bleibt uns übrig. Hinter uns ist der Hund. Und keine hat den Mut, stehenzubleiben und abzuwarten, was er dann tun wird. Am Zaun steht im Dunkel Frau Leutnant und beobachtet. Das Rennen im kleinen Kreis macht auf die Dauer schwindlig. Auch die Luft wird knapp. Wir keuchen und prusten, es ist eine Schinderei, wie sie größer nicht sein kann. Fehlt nur noch »ein Lied«! Aber dazu kommt es nicht. Silly strauchelt, fällt, mit der Stirn so unglücklich auf einen Stein, daß das Blut herausquillt. Der Hund springt herzu, ein kurzer Pfiff des Meisters läßt ihn stehenbleiben, wir stehen alle betroffen still, Helma versucht, weiterzukommandieren, um Schlimmerem vorzubeugen, kurz, niemand weiß recht, was im nächsten Augenblick zu erwarten ist. Der Hof ist taghell beleuchtet, wir sehen, daß Silly ohnmächtig ist, wir sehen die Neugierigen an allen Fenstern, es ist, als ob es in der plötzlich eingetretenen Stille knistert. Und wir sehen Frau Leutnant auf unsere Brigade zukommen. Mit einer Stimme, die keine innere Regung verrät, spricht sie. So, als wenn sie guten Morgen wünscht. »Bringen Sie die Strafgefangene Hollmann auf den Verwahrraum, ich schicke die GW-Gehilfin. Die anderen rücken ein, ich glaube es genügt nun.« Der Meister steht an der Barackenwand, bei ihm der Hund, wir tragen Silly, rücken ein, hinter uns wird abgeschlossen. Aus allen Verwahrräumen blicken neugierige, zum Teil sogar schadenfrohe Gesichter, wer gönnt es der besten Brigade nicht, auch einmal ordentlich abgekanzelt zu werden, man kann ja nie wissen, vielleicht kommt die eigene Brigade dadurch einen Platz weiter nach vorn. Wir marschieren in unsere Verwahrräume, lassen uns auf die Betten fallen. Erschöpft, durchfroren, gedemütigt, dem Heulen nahe. Sogar das Wütendsein ist uns vergangen.

Ja, so erzwingt man Gehorsam.

Silly hat eine Gehirnerschütterung und bleibt für eine Woche im Revier, Mimose einen Kreislaufkollaps. Sie bleibt nur drei Tage in der Baracke.

Wir haben es satt. Alle. Alles! Die Schufterei, die Hetze, die wenigen Stunden Schlaf, das schlechte Essen. Die Stimmung ist wieder einmal auf dem Nullpunkt.

Wolle trägt dazu bei, die Stimmung noch weiter aufzuheizen. Sie erzählt auf Arbeit den Lenkungskräften, wir würden diese im Lager schlecht machen. Das hätte sie nicht tun sollen, gerade hier ist ein wunder Punkt, den wohl alle haben, Susanna und ein paar Arbeitsscheue ausgenommen. Aber wir anderen verehren unsere Lenkungskräfte geradezu. Alle, außer der Lenkungskraft auf dem Turm. Sie lassen uns nie spüren, daß wir Strafgefangene sind, sie machen uns die Atmosphäre auf Arbeit so angenehm, wie sie es nur können, ohne aufzufallen. Sie sprechen mit uns über Probleme, sie hören sich unsere Sorgen an, ja, sie sind unser seelischer Abladeplatz für alle Ungerechtigkeiten und Vorkommnisse. Und sie halten dicht. So dicht, daß sie einmal bei einer plötzlich einsetzenden Bekleidungsrazzia auf Arbeit sogar alte, in Blusentaschen aufbewahrte Briefe verstecken, bis alles vorüber ist. Es darf niemand vom Personal erfahren, wie unser Verhältnis zu den Lenkungskräften ist, sonst würde hier wohl einiges geändert werden.

Und nun kommt Wolle, dieses hinterhältige Biest, und nur um uns wieder eins auszuwischen, verbreitet sie solche Lügen! Wir, und die Lenkungskräfte schlecht machen!

Scholli hat es gehört, erzählt es weiter, in kurzer Zeit ist an allen Tischen die Stimmung auf dem Siedepunkt, Helma eilt von Tisch zu Tisch, besänftigt, spricht mit den Lenkungskräften. Diese kennen Wolle schon genau so gut wie wir. Zum Glück. Trotz alledem kommt keine Ruhe mehr auf. Immer mehr fordern unüberhörbar: »Wolle gehört mal ordentlich verdroschen, dann läßt sie vielleicht solche Schweinereien!« Und Helma, so viel sie auch besänftigt, zu diesen Zornesausbrüchen verhält sie sich zurückhaltend, ja, leise sagt sie: »Wenn es doch mal jemand tun würde! Ich hätte nichts gesehen!« Dann ist sie selber erschrocken, daß es ihr herausgerutscht ist. Schaut sich um. Viele können es nicht gehört haben.

Wolle hat die meisten an ihrem derzeit verwundbarsten Punkt getroffen, hat die Menschen beleidigt, die es hier in dieser Hölle als einzige gut mit uns meinen. Das läßt keinen zur Ruhe kommen. Den ganzen Abend nicht. Und es dauert auch lange, bis in allen Betten das Geflüster aufhört.

Ich erwache von einem durchdringenden Schrei. So durchdringend und so schrecklich, daß ich Sekunden brauche, um mir klar darüber zu werden, ob in unserem Zimmer so geschrien wird. Der Schrei hört nicht auf. Er kommt von Wolles Bett, wie ich schlaftrunken feststelle, als ich mich herumdrehe. Und was ich da beim Hinsetzen sehe, läßt mich wie gelähmt dasitzen. Drei Gestalten, im Dunkeln nicht erkennbar, dreschen auf Wolle ein. Sie haben sich nicht einmal Zeit genommen, ihr die Decke vom Leib zu ziehen, sie bearbeiten sie mit den Fäusten und jeder Schlag ist ein dumpfer Treffer. Und Wolle schreit, unmenschlich, schrill. Alles geht in Sekunden vor sich, alle anderen im Zimmer, von dem Schrei wachgeworden, starren ebenfalls hypnotisiert zu Wolles Bett, keiner auch nur fähig, eine Bewegung zu machen. Dann gelingt es Wolle, sich zu befreien, sie springt aus dem Bett, die drei mit Bettlaken vermummten Gestalten lassen von ihr ab, rasen zur Tür, reißen sie auf und verschwinden auf dem Gang. Wolle, immer noch wie angestochen schreiend, hat die letzte der fliehenden Gestalten kurz zu fassen bekommen und ihr in dem Durcheinander einen Strumpf vom Kopf gerissen. Jetzt schreit sie »Schecke war es, ich hab's gesehen, Schecke war es!« Immer wieder »Schecke war es«, Licht flammt auf, in der Tür steht die ganz junge Unterwachtmeisterin, Schweinchen Dick, und schaut verständnislos auf das Durcheinander. Wir alle sitzen inzwischen auf den Betten, Wolle schreit noch immer. Jetzt, wo sie Unterstützung nahen sieht, noch um eine Oktave höher. Wie in einem schlechten Gruselfilm, das Ganze.

Es gibt noch viel Gerede diese Nacht, viel Getuschele, viele heimliche Treffs auf den Toiletten. In Kürze wissen wir alle, wer die drei Gestalten waren, die das getan haben, was am liebsten alle gemacht hätten. Alle wissen wir es, nur Frau Unterwachtmeister bekommt kein Sterbenswörtchen heraus, das ihr weiterhelfen könnte. Natürlich wird sie Bericht erstatten, natürlich wird noch etwas nachkommen. Aber Schecke, Gundi und Scholli, die drei waren es, sind ziemlich sicher, daß man sie nicht herausbekommt. Sie sind sich zu sicher. Wir anderen alle mit. Auch Helma, die zu dem ganzen Theater grinst. Wir schlafen endlich ein mit dem Gedanken, daß uns diese Abreibung vielleicht endlich Ruhe vor Wolle verschafft hat.

Wir versäumen eins. Nämlich von Frau Unterwachtmeister feststellen zu lassen, daß sich Wolle trotz der verdienten Abreibung in keinem allzuschlechten Zustand befindet. Außer ein paar Schwellungen am Bein, die wahrscheinlich morgen blau schillern werden, hat sie gar nicht viel abbekommen. So glauben alle die Sache für halb erledigt halten zu können.

Sie ist es nicht.

Wolle verläßt diese Nacht noch mehrmals das Zimmer. Keinen verwundert das. Die Aufregung wird ihr halt auf die Blase geschlagen sein. Jeder hängt seinen Gedanken nach, bis alle schlafen. Am Morgen sieht Wolle verheerend aus. Dicke Beulen auf der Kopfhaut, durch die spärlichen Haare sichtbar, blaue Flecke im Gesicht, beide Beine voller blauer Flecken. Wir sind entsetzt. Die Schläge wurden durch zwei Decken abgehalten, können also diese Verletzungen gar nicht verursacht haben. Wer glaubt es? Wir. Wir sehen, daß Wolle uns aufs Kreuz gelegt hat, uns alle. Daß sie selbst aus dieser makabren Situation noch einen Vorteil für sich herausschlägt. Und wir können nichts dagegen tun. Wie sollen wir Frau Leutnant beibringen, daß sich Wolle den größten Teil der blauen Flecken selbst geschlagen hat?

Es kommt schlimm. Verhöre über Verhöre. Die Lagerälteste, die Brigadeleiterin, die Verwahrraumälteste – wir sind die ersten. Es ist ein Sonnabend, am nächsten Tag ist Sprecher. Die ganze Brigade wird verhört, unser Zimmer besonders. Im Erzieherzimmer herrscht ständiges Kommen und Gehen. Wir hoffen alle nur, daß dichtgehalten wird. Alle sitzen im Zimmer, halten den Atem an und warten auf die, die aus dem Erzieherzimmer zurückkommen. Bestürmen sie mit Fragen. »Erzähle, was haben sie gefragt? Was hast du gesagt?« »Sie«, das sind Frau Leutnant Schrecker, Frau Leutnant Bogel, Frau Leutnant

März und der Oberleutnant. Da haben wir uns etwas Schönes eingebrockt. Hofften wir bei der Vormittagsschicht, die in bedrückender Stille ablief, noch alle, es würde nichts nachkommen, so werden wir gründlich enttäuscht.

Wolle, der es so schlecht nicht geht, kommt ins Revier. Zu einer Feststellung der Verletzungen wird extra der Arzt geholt. Wir sind sprachlos. Sonst muß eine erst am Sterben sein, ehe außer der Reihe der Arzt kommt, und dieses miese, falsche Weib genießt ihren Triumph. Der Arzt stellt fest, was er sieht. Prellungen und Blutergüsse an den Beinen, den Oberschenkeln, am Kopf. Das reicht. Die Verhöre dauern Stunden, während wir noch hoffen, doch vergebens. Schecke ist es, die »singt«. Um ihre Haut zu retten. Und sie findet einen tollen Dreh, um sich aus dieser Angelegenheit so gut wie möglich rauszuwinden.

Am Abend ist alles klar. Nach Scheckes Darstellung. Helma als Brigadeleiter hat von der ganzen Sache gewußt, ich auch. Wir haben es geduldet. Es wäre doch unsere Pflicht gewesen, sie, Schecke, Scholli und Gundi, die drei waren es nämlich, von ihrem Vorhaben abzuhalten. Daß weder Helma noch ich außer den allgemein üblichen Drohungen etwas von diesem Vorhaben gewußt haben, glaubt uns niemand vom Personal. Zu allem Überfluß sagt Wolle bei einer Gegenüberstellung mit Helma genau das gleiche aus wie Schecke. Sie haben sich in der Not zusammengetan.

Uns erwischt es. Voll. Noch am gleichen Abend geht Helma in Arrest, sieben Tage Freizeitarrest, als Brigadeleiterin ist sie sofort abgelöst. Keiner kann es fassen. Helma, beste Brigadeleiterin, kurz vor ihrer vorzeitigen Entlassung. Wofür hat sie sich so geschunden? Scholli und Gundi gehen in Arrest. Neun Tage strenger Arrest. Härter geht es nicht. Damit die drei ihre »Strafe« sofort erhalten können, werden sogar die Strafgefangenen, die gerade im Bunker sitzen, vorzeitig herausgeholt. Ich werde vorgeholt zum Erzieherzimmer, bekomme von Frau Leutnant Bogel gesagt, daß ich meine Bestrafung noch erfahren werde, vorläufig sehe man im Hinblick auf meinen Gesundheitszustand davon ab. Aber ich werde genauso bestraft wie alle anderen. Meine vorzeitige Entlassung, die sie gerade dieses Wochenende nun endgültig einreichen wollte, sei damit ebenfalls vorläufig hinfällig, ich könne mich ja wieder bewähren. Mein Sondersprecher, den ich morgen nach allen Mühen endlich haben sollte, wird gestrichen, ich darf kein Geschenk empfangen. Ich gehe, ich bin geschafft. Restlos.

Und Schecke? Die genauso mitgemacht hat? Was wird mit ihr? Nichts weiter. Sie erhält einen Verweis in die Akten. Das ist alles.

Es wird ein trauriges Wochenende. Helma, Scholli und Gundi, die im Arrest sitzen, bekommen nur zehn Minuten Sprecherlaubnis. Schollis Mutter ist die ganze Nacht durchgefahren, um ihre Tochter zu besuchen. Geschenke dürfen sie keine annehmen. Wir sehen sie, wie sie von ihrem »Kurzsprecher« zurückgebracht werden. Scholli und Gundi mit dick verquollenen Augen, fix und fertig. Helma trägt es mit Fassung, aber auch ihrem Gesicht kann man die Gedanken ansehen.

Ich habe eine halbe Stunde Sprecher, da ich ja noch keine konkrete Strafe ausgesprochen bekommen habe. Eine halbe Stunde, in der mir meine Schwester mitteilt, daß unsere Gesuche von der Staatsanwältin abgelehnt wurden. Beide.

Alles, was Dörthe mitgebracht hat, um mir eine Freude zu machen, Äpfel, Butter, Käse – alles muß sie wieder mitnehmen. Sie versteht das alles genausowenig wie ich. Ich erzähle ihr das Vorgefallene. Sie ist fassungslos. »Tina, das brauchst du dir doch nicht gefallen zu lassen, beschwere dich doch, schriftlich!« Ach, Dörthe ist gut. Das ahnungslose »Kind«. Beschweren! Als ob das Sinn hätte! Die Anstaltsleitung wird niemals einen Fehler zugeben. Eine Beschwerde würde alles nur noch verschlimmern. Uns ist beiden zum Heulen zumute. Um Himmels willen, nur das nicht noch! Vollkommen geknickt und zerschlagen verabschieden wir uns. Ich Narr! Ich hatte gehofft, dies sei vielleicht mein letzter Sprecher!

Alles vorbei. Im Verwahrraum ziehe ich Bilanz. Mit Elsa. Sie versucht mich moralisch wieder aufzurichten. Vollkommen vergeblich. Ich bin fertig, so fertig, wie ich es war, als ich durchdrehte. Und ich hatte geglaubt, ihnen sei es ernst mit dem Entlassungsgesuch, diesen scheinheiligen Leutnants. Kinderglauben! Noch nicht einmal fertig gemacht hatten sie das Gesuch. Und ich, blöd wie selten, träume davon, in spätestens acht Wochen zu Hause zu sein. Noch nicht einmal geschrieben, das Gesuch ... Ich kann es nicht fassen. Wie viele Wochen sind es her, seit Frau Leutnant in der Gruppenstunde ankündigte, Helma, Elsa und ich, wir seien die nächsten, die auf Ersuchen der Anstalt vorzeitig entlassen würden? Vier Wochen, sechs Wochen? Ja, es müssen sechs Wochen sein. Und wir waren dumm genug, zu glauben, das Gesuch müsse jetzt bald den gesamten Behördenweg durchlaufen haben! Müsse bald durch sein! Wir haben uns geschunden, das letzte herausgeholt, nur, um in der Arbeitsleistung nicht abzusinken, um ja nicht noch etwas zu verderben.

Und jetzt? Helma im Arrest. Entlassung hinfällig. Meine Entlassung hinfällig. Von innen und von außen abgelehnt. Wer soll das begreifen, wer soll da noch an Gerechtigkeit im Strafvollzug glauben? Ich nicht. Nicht mehr. Haß, Wut, Verzweiflung, alles tobt in mir. Wofür das alles, wofür? Die so oft gestellte Frage ist wieder da. Es ist bitter, wie ein Verbrecher behandelt zu werden, wenn man vor seinem eigenen Gewissen unschuldig ist. Unschuldig!!

Und das weiß nicht nur ich. Alle wissen es. Der Staat, die Leutnants, der Oberleutnant, das ganze Gesindel, das uns hier schikaniert. Alle wissen, RF ist kein Verbrechen, es wird nur in diesem Staat dazu gemacht. Sie wissen es, aber sie ignorieren dieses Wissen. Wie wollen sie das einmal verantworten?

Elsa ist genauso deprimiert wie ich. Es gehört nicht allzuviel dazu, sich auszumalen, wo Elsas Gesuch ist, das von der Anstalt eingereicht werden sollte. In Frau Leutnants Gehirn. Vielleicht. Nun, sie hat wenigstens noch das Gesuch ihres Mannes laufen. Noch ist es nicht abgelehnt.

Ich weiß, daß man für Dieter und mich ein neues Gesuch einreichen wird. In den nächsten Tagen. Dörthe hat es mir gesagt, um wenigstens etwas zu trösten. Aber was soll das eigentlich. Ein Gesuch läuft acht Wochen, oder auch ein Vierteljahr, eilig hat es da niemand. Bis dieses neue Gesuch durch ist, ist es fast Sommer, es wären zwei Monate, die ich dann erlassen bekäme. Lohnt sich das? Dafür alles schlucken, alle Demütigungen, alle Strapazen und Schikanen? Und dann auf die zwei geschenkten Monate zwei Jahre Bewährung? Zwei Jahre, in denen ich kein falsches Wort sagen darf, um nicht wieder hier zu landen?

Ich bin doch nicht verrückt. Dann kann ich die Zeit auch noch bis zum Ende absitzen. Bin ich wenigstens keinem zu Dankbarkeit verpflichtet. Keinem Staat und keinem Oberleutnant.

Elsa ist entsetzt, als sie meine Gedanken hört. »Du hast ja recht, Tina, sicher. aber laß das bloß nicht laut werden!« Vorsichtig schaut sie nach allen Seiten, ob uns auch niemand belauscht hat. Ist mir egal. Alles. Jetzt endgültig. Selbst der Gedanke an die Kinder, die ich eher wiedersehen wollte, gibt mir keine Kraft mehr. Keinerlei Auftrieb. Was soll's. Ist so viel Zeit vergangen, werde ich den Rest auch noch schaffen. Zwei Monate länger Dessau oder zwei Monate weniger, kommt es darauf noch an?

Es müssen schon Depressionen sein, die ich habe. Aufheitern kann mich in diesen Tagen nichts mehr.

Ich werde krank geschrieben. Nun endgültig. Bis jetzt hatte ich eine innere Antriebskraft, die mir sagte: Halt das durch, bald hast du es überstanden! Jetzt? Nichts mehr.

Die Verbände um meine Arme sehen schrecklich aus. Die schwarze Salbe ist durchgedrungen, riecht abscheulich, verdirbt Nacht- und Bettwäsche. Sogar das Personal hat es aufgegeben, zu verlangen, daß ich die Ärmel herunterkremple. Ich würde die Schmiere nie mehr aus der Bluse herausbekommen. Ich kann nachts die Arme nicht mehr in der Nähe des Kopfes haben, ich ekle mich vor mir selber. Doch all dies ist nicht zu ändern, der Verband wird nur einmal wöchentlich erneuert. An Duschen ist nicht zu denken, Waschen nur notdürftig, denn mit jedem Spritzer Wasser, der in die Verbände eindringt, werden sie durchlässiger.

Ich gewöhne mich an alles. Auch im Verwahrraum opponiert man nicht mehr gegen den »Geruch«.

Sah ich schon zum Sprecher erschreckend aus mit diesen schwarzen, durchgeweichten Verbänden, so kann man den jetzigen Zustand nicht mehr beschreiben.

Ich vergammle die Tage. Gehen die anderen zur Frühschicht, so bleibe ich noch liegen, stehe mit der Spätschicht auf, absolviere allein Frühstück, Zählappell, Stubendurchgang, gammle mich durch den Vormittag, stehe meine Stunde oder auch länger am GW ab, nehme meine Pillen im Empfang, warte eine weitere Stunde, um zurückgeschlossen zu werden, esse alleine Mittag und mache dann bis zum Eintreffen der anderen von der Liegeerlaubnis Gebrauch. In mir ist eine Gleichgültigkeit, die mich selber erschrecken läßt, aber ich finde nicht die Kraft, mich aufzuraffen, aus dieser Lethargie herauszukommen. Schon gar nicht in diesen Tagen, die ich allein in der Baracke verbringe. Allein, bis die Schicht kommt und der Tag normal weitergeht. Normal bis auf die Außenarbeiten. Dabei muß ich zwar nicht mehr mitarbeiten, aber da ich trotz allem Vorgefallenen seltsamerweise immer noch Verwahrraumälteste bin, werde ich von der neuen Brigadeleiterin so oft wie möglich zur Außenaufsicht eingesetzt. Ich brauch ja nichts zu tun als dazustehen und aufzupassen. Die Brigadeleiterin hat drin zu tun. Sie muß sich erst einmal anhand des Gruppenbuches über die Brigademitglieder informieren!

Daß gerade dieses Stehen und »Nichtstun« das Schlimmste ist, wen interessiert das? Die anderen halten sich wenigstens noch durch die Arbeit warm, ich spüre schon nach kürzester Zeit weder Hände noch Füße. Aber ich muß schon erstaunlich abgehärtet sein, außer einem Dauerschnupfen stellt sich nichts ein.

Die neue Brigadeleiterin wird von allen akzeptiert, sie ist eben da, und wir müssen mit ihr auskommen. Aber Helma kann sie nicht das Wasser reichen. Es gibt die üblichen Reibereien, jeden Tag, die Disziplin der Brigade sinkt, wir sind längst nicht mehr die »Beste«. Wen interessiert das schon. Mit Helma sind auch Ehrgeiz und Energie von uns gegangen.

Helma wird in eine andere Brigade versetzt, kommt nicht wieder zu uns. Scholli und Gundi kommen sehr ruhig aus dem Arrest zurück. Mit Schecke spricht niemand, in diesem Punkt sind sich alle einig. Ob ich noch stellvertretende Brigadeleiterin bin, weiß auch niemand. Ich habe keine Bestätigung und mache alle verlangte Arbeit bis zu dem Tag, als Schecke stellvertretende Brigadeleiterin wird. Schecke! Keine kann es fassen. Was steckt dahinter? So etwas gibt es doch gar nicht. Drei Tage ist Schecke Brigadeleiterin, stellvertretende, sie soll sich bewähren, ihren Tadel wieder gut machen. Am vierten Tag wird sie wegen heimlichen Rauchens auf der Toilette verpfiffen und sofort abgesetzt. Ich bin es wieder. Ohne Ernennung, ohne jeden Hinweis, man erwartet es einfach von mir. Und ich tue weiter das, was ich schon immer getan habe, ich bin Mädchen für alles. Ohne Energie, ohne Hoffnung, ohne Freudigkeit, ich bin eben hier und etwas kann ich ja auch tun.

Wir bekommen Pullover. Jetzt, wo der Winter fast vorbei ist! Schmutzige, ausgeleierte Armeepullover, deren olivener Farbton schon fast ins Grau übergeht. Wer Waschpulver hat, wäscht seinen Pullover, wer keins hat, schwenkt ihn eben so lange durch das Wasser, bis der graue Farbton der Brühe heller wird. Das Trocknen auf den Bettgestellen dauert Tage, denn der Heizungsraum ist viel zu klein zum Trocknen von zweihundert Pullovern. Aber wir bekommen sie trocken, leicht muffig riechend, und wir können sie anziehen. Wärmer ist es.

Wir werden herausgetrommelt zum Appell. Eine Woche nach dem Vorkommnis mit Schecke. Der Oberleutnant persönlich zieht Bilanz über das, was ohnehin schon überall bekannt ist, verliest auch die Bestrafungen. Auch meine. Fünf Tage Freizeitarrest. Dann dürfen wir wieder einrücken.

Das Gefühl, in Arrest zu müssen, ist bedrückend, ja, es erzeugt Wut bei dem Gedanken an den Grund der Bestrafung. Aber sonst regt es mich nicht mehr sonderlich auf. Irgendwie werde ich es schon überstehen, diese fünf Tage in Einsamkeit, diese fünf Nächte auf dem Holzrost. Ich bin gleichgültig und deprimiert und warte auf die Bestrafung, die so lange nicht erfolgt, wie man der Meinung ist, daß es mein Nervenkostüm noch nicht durchhält. Wenn es danach geht, brauche ich nie in diesen Arrest. Aber so viel Mitleid wird man wohl nicht haben. Ich lasse mich gesund schreiben und arbeite wieder. Um auf andere Gedanken zu kommen, nicht mehr so viel zu grübeln. Die schwarzen Zugsalbeverbände sind ab. Die Arme sind zwar nicht geheilt, aber durch die Ruhe gebessert, und ich bekomme jetzt nur elastische Verbände, die die ohnehin schwachen Gelenke stützen sollen. Die Schmerzen sind wieder erträglich.

Dieter schreibt in seinem Brief, daß er hofft, im Frühling mit mir und den Kindern zu Hause zu sein. Oh nein, der Arme, wenn er wüßte, daß sich längst alles ausgehofft hat! Er kann es nicht wissen, wenigstens noch nicht zu dem Zeitpunkt, an dem er den Brief schrieb. An der Erwähnung eines Geburtstages orientieren wir uns immer über das Datum, an dem unsere Briefe geschrieben wurden. Es ist verboten, sie mit Datum zu versehen. Und wie ich erkenne, ist Dieters Brief vier Wochen alt. Ja, da kann er noch nichts wissen. Vielleicht jetzt? Hat er es auch erfahren, daß alle Schufterei umsonst war?

Ich schildere ihm den Vorfall hier, mit allen Konsequenzen, die er für mich hat. Auch die Tatsache, daß ich in Arrest muß. Für etwas, das ich nicht getan habe. Mein Brief kommt zurück. Mit dem Vermerk von Frau Leutnant, dies sei eine Angelegenheit des Lagers, darüber dürfe keine Mitteilung gemacht werden. Aus Protest schreibe ich gar nicht mehr. Die paar restlichen Monate bekomme ich auch noch ohne Post herum.

Ja, es ist gut dafür gesorgt, daß nichts Schriftliches über das Lager nach außen dringt. Verbote, Verbote und nochmals Verbote. Ohne Genehmigung des Oberleutnants ist es nicht einmal erlaubt, an einen Rechtsanwalt zu schreiben.

Billy schreibt an ihre Rechtsanwältin, bittet sie, für sie ein Gesuch wegen vorzeitiger Entlassung einzureichen. Billy hat keine Verwandten, die das für sie tun würden. Ihr Brief kommt nach vierzehn Tagen zurück. Vierzehn Tage, in denen sie schon hoffte. Mit dem Vermerk: »Ihre Eignung zur vorzeitigen Entlassung wird von uns bestimmt und befürwortet. Sie brauchen keine Sorgen zu haben, daß wir den dafür richtigen Zeitpunkt verpassen, aber noch ist er nicht da.« Billy tobt. Was nützt es?

Was nicht nach außen dringen soll, kommt auch nicht über die Wände der Baracke hinaus. Nur wer Sprecher hat, hat auch die Gelegenheit, mündlich Nachrichten und Wünsche weiterzugeben. Aber viele haben keinen Sprecher.

Der zweite Monat im neuen Jahr hat schon angefangen. Alles geht im alten, lang gewohnten Trott, die Bestrafungen durch den neuen Brigadier sind strenger geworden, Fernsehverbote, Sonderarbeiten und dergleichen häufen sich, der Widerstand wird nicht geringer. Wir sind nicht gewillt, nach allem Vorgefallenen an eine Gerechtigkeit in diesen vier Wänden zu glauben. Man kommt genausoweit, wenn man es sich bequemer macht.

Es gibt keinen Schnee in diesem Winter. So sehr wir ihn auch herbeisehnen. Käme Schnee, müßte man uns endlich warme Schuhe geben, brauchten wir diese verdammten Erdarbeiten, die uns allen den Rest geben, nicht mehr zu machen. Denken wir. Aber wer weiß, vielleicht würde sich auch gar nichts ändern, wenn Schnee käme? Der Winter bleibt kalt, bringt eisige Winde und frostklare Nächte, in denen wir nach der Spätschicht jedes Sternbild am Himmel erkennen können. Schnee kommt nicht.

Blasenkrankheiten häufen sich, auf Arbeit kommt es zu ernsten Auseinandersetzungen zwischen Frau Hauptwachtmeister und uns. Wir laufen zu viel zur Toilette. Sie kann reden, was sie will, wenn wir erkältet sind, müssen wir eben. Es wird aufgeschrieben, wer in einer Schicht wievielmal muß. Lächerlich. Unsere Arbeitsergebnisse bleiben gleich, also verhallen auch alle Drohungen wie Einkaufsentzug, Sonderarbeiten und dergleichen im leeren Raum. Unverblümt sage ich zum Turm hinauf, als ich wieder einmal unwillig gefragt werde, warum ich schon wieder müsse: »Geben Sie uns warme Schuhe und warme Bekleidung und lassen Sie uns nicht stundenlang im Freien stehen bei dieser Witterung, dann kommen wir auch wieder mit zwei Toilettenpausen aus.« Die anderen halten den Atem an – von oben kommt merkwürdigerweise nur der Befehl zum Wegtreten. Ob wir vielleicht auch mal recht haben?

Etwa alle vier Wochen ist Razzia. Wenn wir heimkommen, finden wir im Zimmer keinen Fleck mehr, der nicht restlos verwüstet ist. Aus dem Schrank alles herausgerissen, Betten durch das Zimmer geworfen, bis auf die Matratzen auseinandergenommen. Warum das alles? Wer weiß. Angeblich wird nach Kassibern gesucht und nach verbotenen Dingen. Wenn eine ein Kinderfoto mehr als erlaubt hat, ist es nach solch einer Razzia bestimmt verschwunden. Kalender sind nicht erlaubt, Taschenspiegel sind nicht erlaubt. Meinen kleinen Taschenkalender bin ich schon lange losgeworden, so einer Razzia bleibt wenig verborgen. Und ob ich nun einen Kalender habe oder nicht, was soll es, die Tage werden dadurch auch nicht weniger, wenn man sie zählt.

Wir sind alle schon abgestumpft. Niemand regt sich noch sonderlich auf beim Anblick solcher Verwüstung. Ohne große Worte wird aufgeräumt, stundenlang. Alles Aufbegehren hat doch keinen Sinn.

Entlassung aus der Staatsbürgerschaft der DDR

Die einschneidende Änderung in diesem Dahinvegetieren zwischen Arbeit, Essen und Schlafen kommt für mich plötzlich und unerwartet.

Wir stehen angetreten zum Zählappell und warten auf den Meister. Wie immer läßt er auf sich warten. Meldung. »Herr Meister, Verwahrraum zwölf mit zwölf Strafgefangenen fertig zum Zählappell, meldet Strafgefangene Siegert!« »Danke, lassen Sie rühren.« Wir rühren uns. Ein prüfender Blick des Meisters durch das Zimmer, er kann nichts entdecken, was es zu bemängeln gebe. Kurzes Bücken, Blick unters Bett – auch unser Versteck auf dem Rohr unterm Bett, wo man Schlüpfer trocknen kann, ist längst nicht mehr geheim – nichts zu sehen. Schrank? Auch in Ordnung. Wann geht er nur endlich? In der Türe bleibt er stehen. »Ach . . ., Siegert, Sie packen alle Ihre Sachen zusammen und ziehen morgen früh das Bett ab. Sie gehen morgen nicht mit zur Arbeit!« Stille. Ich verstehe nicht . . ., warum, was . . . »Herr Meister, ich habe aber gar keinen strengen Arrest, da brauche ich doch das Bett nicht abziehen?!« »Siegert, reden Sie nicht lange rum, Sie gehen nicht in Arrest, Sie fahren morgen mit dem Hauskommando zum Jugendstrafvollzug rein!«

Tür zu, weg ist er.

Wenn im Zimmer eine Bombe eingeschlagen hätte, könnte die Stimmung nicht hektischer sein. Ich bin der Mittelpunkt, werde umringt, jeder spricht mit jedem. Ein heilloses Durcheinander.

»Tina, was ist jetzt los? Gehst du nach Hause?«

»Quatsch! Ich und nach Hause. Wißt ihr doch, das Gesuch ist abgelehnt, ich soll in Arrest, da werden die gerade so menschenfreundlich sein und mich heimschicken! Nee . . .!«

»Kommste vielleicht auf Transport?«

»Transport? Warum denn? Um Himmels willen, doch nicht für die paar Monate noch!«

Der Gedanke an einen möglichen neuen Transport, an eine Verlegung, macht mich vollends verrückt.

Was soll es aber sonst sein?

Die Lagerälteste stürmt ins Zimmer. Freudestrahlend, so, als wären wir nur die besten Freunde.

»Meensch! Tina, du hast'n Glück, du kommst nach Hause!«

»Glaub ich nicht. Wieso denn nur auf einmal? Das Gesuch ist doch abgelehnt, und für den Rest hat Wolle gesorgt. Ich komme nicht nach Hause. Das muß was anderes sein!«

»Tina, nun sei mal ruhig. Ich habe mich erkundigt. Hab ganz dumm gefragt, ob ich dich für morgen von der Verpflegungsliste streichen kann. Der Meister hat ›ja‹ gesagt, ›alles streichen‹, also kommste nach Hause! Transporter kriegen doch keine Verpflegung mehr!« »Du, Tina, weißt du nicht mehr, aus der anderen Baracke, die Treupel, das freche Stück, die sollte doch auch in Arrest, weil sie geklaut hatte, und dann kam sie vorher noch nach Hause, weil ihr Gesuch durch war. Vielleicht hast du auch so ein Glück?«

Ich möchte das Glück wohl haben, möchte wohl Ilonas Worten und dem Zureden der anderen glauben können. Allein, ich kann es nicht. Ich begreife das nicht, und darum glaube ich es nicht. Allerdings kann ich mir auch keine andere Erklärung dafür geben, warum ich morgen Sachen packen und zum Strafvollzug reinfahren soll, von wo nur Entlassungen durchgeführt werden. Die Stimmung in der ganzen Baracke ist auf Hundert, die Neuigkeit hat sich mit Flügeln verbreitet, wird begierig und in allen Varianten weitererzählt. Mißgünstig, neidisch, freudig. Je nach dem, ob man es mir gönnt oder nicht.

Wenn ich nur wüßte, was dran ist . . . Das hier ist zu viel für mich. Ob ein Irrtum vorliegt?

Ilona kommt schon wieder ins Zimmer gestürzt. »Du, Tina, von vorn, aus der sechs, da wird auch eine entlassen. Die Andrea, kennst du bestimmt, die kleine zierliche!« Ich entsinne mich. »Na, siehst du. Der ham se auch nich mehr gesagt als dir, die hätte noch zwei Monate zu sitzen, auch wegen RF!«

»Na, Tina« glaubste's nun?«

»Tina, freu dich doch, du wirst entlassen!«

»Tina, vielleicht ist dein Gesuch noch angenommen, vielleicht ham die das Gesetz geändert!«

So dumm kann auch nur Cornelia argumentieren. Na ja, sie meint es gut.

Dann Elsa. »Also Tina, nun höre auf zu unken und freu dich! Was soll's denn schon sein, du wirst entlassen! Wahrscheinlich wollen die bloß wegen dem Vorfall mit der Wolle kein Aufsehen davon machen. Jetzt glaub's endlich, du gehst heim!«

Elsas Wort hat Gewicht. Also wird es schon stimmen. Ich mache kein Auge zu in dieser Nacht. Sollte es wirklich meine letzte Nacht im Knast sein? Allen Vorkommnissen, allen Entmutigungen zum Trotz? Sollte ich wirklich solch ein Glück haben? Ich? RF?

Am Morgen bin ich vor der Frühschicht auf. Keine schimpft über die Störung, alle verstehen meine Unruhe. Jetzt bin ich schon selber nahe daran, zu glauben, daß ich nach Hause komme. Weiß der Kuckuck, warum die Entlassung so seltsam vor sich geht, vielleicht hat Elsa wirklich Recht. Was soll es schon sein, bestimmt komme ich heim! Obwohl, bei allen Überlegungen bleibt ein letzter, kleiner Funken Mißtrauen. Wer so oft enttäuscht wurde . . .

»Tina, du kannst dich freuen, du kannst heim!« So geht es den ganzen Morgen, vollkommen unbekannte Gesichter schauen zur Türe herein, nur um zu sehen, wer es denn ist, von deren seltsamer Entlassung die ganze Baracke spricht.

Der Abschied von Elsa fällt mir schwer, wir haben uns aneinander gewöhnt und liebgewonnen, viele schlechte Stunden miteinander durchgestanden. Ich verspreche ihr noch, gleich wenn ich draußen bin, an ihren Mann zu schreiben. Ihm von den Zuständen hier zu berichten, damit er alles versucht, um Elsa eher herauszubekommen. Dieses Versprechen meine ich ernst. Fast jede Strafgefangene, die entlassen wird, bekommt von den Zurückbleibenden eine Menge Aufträge mit. »Schreib an meinen Verlobten, bitte . . .«, ». . . schreib das bitte meiner Mutter!« Wünsche über Wünsche. Wo man es möglich machen kann, tut man es, aber die meisten vergessen alles, sobald sie weg sind. Außerdem ist es schwierig, all die Adressen aus dem Knast herauszubekommen. Es sei denn, man hat sie im Kopf.

Elsa kann sich auf mich verlassen.

Sonst habe ich hier keine Gemeinsamkeiten weiter gehabt. Der Abschied ist wie jeder andere auch. Ich stehe vor der Zimmertür, die ganzen Frühschichtler marschieren vor, an mir vorbei, drücken mir die Hand, wünschen mir die unmöglichsten Sachen, beneiden mich, geben gute Ratschläge, was ich am ersten Tag in Freiheit tun soll. »Ja, ja, tu ich, ja, ich denk dran, ja, tschüß, *tschüüß!!*« Sie sind raus, die Tür wird abgeschlossen.

Das wars dann also.

Aufatmend sinke ich auf meinen Stuhl. Ganz schön aufregend, so eine Entlassung.

Meine Sachen sind gepackt, Bett ist abgezogen. Meine Waschtasche hat mir Siggi abgeschwatzt, wozu brauche ich eine Waschtasche, wenn ich heimgehe, hab ja zu Hause alles, nun, Siggi freut sich. Außer einem Waschlappen, den ich aus irgendeinem komischen Gefühl behalten wollte, habe ich an Waschsachen nichts mehr. Keine Seife, keine Seifendose, keine Lockenwickel. Aber die waren auch schon geerbt von einem Abgang. Im Knast gibt jeder, der entlassen wird, seine entbehrlichen Habseligkeiten weiter, die anderen freuen sich. Alles wird gebraucht.

Als Cornelia meine Lockenwickel bekam, hätte sie mich am liebsten abgeküßt, und Billy, die immer zu geizig war, sich eine Seifendose zu kaufen, hat nun auch eine. Hört das Theater mit der doppelten Seife in einer Dose endlich auf?

Ach ja, wie wird es hier nun weitergehen? Wird Elsa nach mir Verwahrraumälteste? Obwohl ich in diesem Zimmer todunglücklich war und nichts Schönes hier erlebt habe, ist der Abschied doch seltsam.

Die letzte halbe Stunde verbringe ich in Gedanken versunken auf meinem Stuhl. Sie kommt mir vor wie Ewigkeiten. An das, was heute nachmittag sein wird, wage ich kaum zur denken. Wird Dieter auch heute entlassen? Werden wir uns irgendwie treffen? Oder muß ich allein heimgehen, bleibt er noch? Fragen über Fragen, doch keine Antwort.

Selten ist mir das Warten schwerer gefallen. Es ist zwar ein freudiges Warten dieses Mal, im Gegensatz zu den vergangenen Monaten, aber es ist gemischt mit Unruhe. Zu viele Dinge sind noch im unklaren.

Der Meister. »Siegert, sind Sie fertig?«

»Ja, Herr Meister!«

»Dann kommen Sie mit, es geht los.«

Meine wenigen Habseligkeiten unter dem Arm, ziehe ich los. An der Tür vorn wartet schon eben jene Andrea, die heute auch entlassen werden soll. Sie schaut genauso ungläubig, skeptisch wie ich, ich sehe es an ihrem Blick, daß ihr die ganze Sache auch etwas schleierhaft vorkommt.

Aber was soll's. Entlassung ist Entlassung.

Aus der anderen Baracke gesellt sich noch eine junge Frau dazu. Kurzes Geflüster, als der Meister im Erzieherzimmer für einen Moment verschwindet.

»Wirste auch entlassen?«

Die aus der anderen Baracke: »Ja.«

»Was bist'n?«

»Assi!«

»Und gehst du zum Termin?«

»Ja, auf den Tag genau!«

Na also. Der Meister kommt zurück. Nun wissen wir, was wir wissen wollten. Eine normale Entlassung, die da mit uns rein-fährt. Da wird mit uns schon auch alles in Ordnung gehen. Das seltsame Gefühl in mir wird immer schwächer, aber es bleibt. Ich kann es mir selbst nicht erklären.

Wir stehen an der Wache. Ein anderer Meister schaut kurz heraus, zählt das Innenkommando, das mitfährt, zeigt auf uns, fragt: »Drei Entlassungen?«

Unser Meister nickt. Das Fenster geht wieder zu. Wir schauen uns an. Was wollen wir mehr? Da haben wir es ja gehört, daß es stimmt mit der Entlassung.

Was ist nur mit mir los. Mir wird schon ganz schlecht vor Aufregung.

Ich bin froh, als wir alle im Auto sitzen und losfahren. Über-nächtigt und frierend, ich frierend vor Aufregung.

Wir sind da. Wieder heißt es warten. Die Strafgefangene, die für die Effekten zuständig ist, sie ist mit uns mitgefahren, muß sich erst melden und umziehen. Doch lange dauert es nicht.

Es geht los. Zuerst die »Assi-Dame« aus der anderen Baracke. Wie bei unserer Ankunft hier vor fast acht Monaten, aber alles in umgekehrter Reihenfolge. Abgeben der alten Sachen, Anziehen der eigenen. Wie damals, auf der Decke hinter der Tür. Quittieren, fertig. Wir beobachten durch die geöffnete Tür mit klopfendem Herzen. Außer der Effekten-Mieze ist niemand im Raum.

So, nun kommt sie heraus, kaum wiederzuerkennen in ihren eigenen Sachen. Strahlend. Sie hat es überstanden, ob sie heute nachmittag noch an Baracke eins denkt?

Ich muß rein. Knastsachen abgeben. Meine Sachen werden von hinten vorgeholt, aus dem Sack, in dem sie vor acht Monaten verschwanden. Muffig riechend, zerknittert. Macht nichts. Hauptsache, nach Hause. Ich ziehe mich an. Vor Aufregung zittern mir die Hände, vor Glück, das ich noch kaum fassen kann. Es wird Wirklichkeit, ich gehe heim! Jetzt kommt die Freude. Wenn ich meine eigenen Sachen anhabe, was soll da noch schiefgehen?

Ich könnte die ganze Welt umarmen. Kinder, ich gehe heim!

Den seltsamen Blick der Effektenmieze deute ich als Erstaunen darüber, daß ich in meinen eigenen Sachen doch etliche Grade besser ausschaue als in den abgelegten Knastklamotten.

Fertig. Nun noch die anderen Sachen durchsehen, Knastsachen auf Vollständigkeit überprüfen, meine Sachen auf Vollständigkeit überprüfen, zusammenpacken, Ausweise, Ehering und Geld einstecken, Schluß.

Nun mach schon, jetzt kann ich es wirklich nicht mehr erwarten. Diese umständliche Schreiberei! Meine Güte, ist so eine Entlassung aufregend. Da ist man ja schon vorher geschafft! Mit den Knastsachen ist alles in Ordnung. Gut. Himmel, Arsch und . . ., nun mach schon, ich halte das nicht mehr aus!

Warum packt sie denn meine Sachen nicht in meine Beuteltasche? Die ist doch noch gut, hab ich doch extra dabehalten! Was soll denn das, soll ich vielleicht mit dem Karton unter dem Arm heimfahren? Also, wie soll denn das aussehen! Und das Portemonnaie, was denn nun schon wieder, Menschenskinder, das brauch ich doch für unterwegs, sie muß mir doch erst das Geld vorzählen, daß ich . . ., daß ich . . . ja, aber . . . ich . . .

Was ist denn los? Warum antwortet sie nicht? Warum ignoriert sie meine Einwände? Die dämliche Ziege, denkt sie, sie ist etwas Besseres, weil sie hier arbeitet? Warum schaut sie mich nur so seltsam an, warum spricht sie die ganze Zeit nichts? Nun

334

hör doch schon endlich, das ist falsch, was du da machst, ich will meine Sachen in der Tasche tragen, ich . . .

Irgendwo im menschlichen Gehirn muß eine Sperre eingebaut sein, die im entscheidenden Augenblick alle Erkenntnisse blockiert. Bei mir jetzt. Ich begreife einfach nichts mehr. Was macht sie denn nun? Was? Waaas? Sie verplompt das Paket? Sie verplombt das . . .

Sie verplombt es wirklich. Jetzt fällt die Sperre.

Transport!

Nein, nein, nein!! Ich möchte schreien, möchte sie anbrüllen, alles ist ein Irrtum, ich werde doch entlassen! Nein! Was denn . . . In mir ist Chaos, die Gedanken überstürzen sich, dann fallen sie in sich zusammen.

Also doch nicht nach Hause. Transport.

Transport. Nein, das darf nicht wahr sein. Warum? Warum tut man mir das an? Ich raffe mich auf. Frage mit letzter Energie flüsternd, wohin ich komme. Sie schüttelt den Kopf. Dann flüstert sie zurück, sich vorsichtig nach allen Seiten umschauend: »Versteh mich doch, ich darf es euch nicht sagen! Sonst flieg ich hier raus! Nur eins, heim – – – kommt ihr nicht!«

Von hinten hören wir Schritte. Frau Leutnant kommt herein. Alles ist wie vorher. Frau Leutnant überprüft meine »Wertsachen«, Geld, Uhr, Ehering, Ausweise, steckt alles in einen dicken Papierbeutel und verplombt ihn ebenfalls.

Ich darf gehen. Mich vor der Tür aufstellen und warten.

Andrea geht an mir vorbei, zu den Effekten. Sie hat alles mitbekommen. Ihr Blick ist eine einzige Qual, eine einzige Frage. Warum??

Ja, ich verstehe nichts mehr. Nichts.

Andrea kommt wieder heraus. In ihren Privatsachen, wie ich den Karton unter dem Arm. Wie ein Häufchen Elend sieht sie aus. Aber viel anders ist auch mir nicht zumute.

Wieder warten.

Die junge Frau aus Baracke eins wird herausgelassen. Wir existieren schon nicht mehr für sie. Sie ist frei. Ein kurzes Nicken von ihr, da geht sie.

Wir stehen und warten. Über uns die große Uhr zeigt, daß die Zeit vergeht wie immer. Uns kommt es vor wie Ewigkeiten, extra lange Ewigkeiten.

Kurzes Flüstern. »Verstehst du das, Tina?«

»Nein!«

Zwei Männer in Uniform kommen den Gang entlang. Es ist keine Uniform des Strafvollzuges, ich kenne sie nicht. Als beide Männer im Zimmer neben uns verschwunden sind, stößt mich Andrea an.

»Du, die Uniform kenn ich! Die waren von der Stasi!«

Was, Staatssicherheitsdienst? Seltsam. Na ja. Mit uns werden sie nichts zu tun haben. Die Zeit der Verhöre, die für viele, die RF hatten, bei der Stasi begann, ist ja wirklich vorbei.

Ich irre. Zwar verstehe ich weiterhin vom ganzen Geschehen so wenig wie bisher, aber die zwei Männer, die von der Stasi sein sollen, kommen wieder heraus, hinter ihnen Frau Leutnant. Frau Leutnant zeigt auf uns und sagt leise irgend etwas für uns Unverständliches. Sie nickt uns kurz zu, freundlich und nichtssagend wie immer, dann verschwindet sie wieder hinter der Tür. Wir werden von den beiden Uniformierten aufgefordert, mitzukommen.

Was bleibt uns weiter übrig, als mitzugehen. Einer vor uns, wir mit unserem Pappkarton in der Mitte, der zweite Mann hinter uns. Wir gehen mit, mit Gesichtern, in denen für jeden zu lesen sein muß, daß für uns soeben eine Welt zusammengebrochen ist. Wir gehen über den Hof, sehen die Minna. Eine kleine nur. Extra für uns. Einsteigen! Erst Andrea, ein letzter, verzweifelter Blick zu mir, dann verschwindet sie hinter der Blechtür. Danach ich. Bevor die Tür zugeworfen wird, läßt sich der Stasi-Mann herab, mit mir zu reden. »Verhalten Sie sich ruhig und bleiben Sie vernünftig! Verstanden?«

Ja, ja. Tür zu. Ich bin allein. Wieder einmal. An den Knien Blech, am Rücken Blech, an den Ellbogen Blech, unter dem Hintern hartes Holz. Umdrehen und Ausstrecken unmöglich. Blech, Blech und nochmals Blech, dazu völlige Dunkelheit und stickige Luft. Ein Würgen in der Kehle, ich schlucke ein paarmal, um es zu überwinden.

Wir fahren.

Ich versuche Ordnung in meine Gedanken zu bekommen, vergeblich. Der Aufruhr in mir ist so groß, daß ich die ganze Blechbude zusammendreschen könnte. Ich hebe die Füße, trete an die Wand, wieder und immer wieder, nur um mich abzureagieren.

Ich schlage mit den Fäusten daran, au, das tut weh, trotzdem, noch einmal, und noch einmal, ihr Bestien, ihr gefühllosen Bestien, sagt uns doch, was los ist, wo ihr uns hinbringt! Warum müßt ihr uns so quälen? Warum, warum, warum? Ist es denn noch nicht genug? Wenn schon keine Entlassung, warum konntet ihr uns nicht in Dessau lassen, wo wir alles kannten, wo wir auch noch bis zum Schluß ausgehalten hätten? Warum dieser Transport?

Auch das Toben vergeht. Meine Tritte und Schläge gehen im Blechgeklapper der »Minna« unter. Zurück bleiben Schmerzen an den Händen, in den Armen, und Leere. Dumpfe, drückende Leere. Ich gebe auf. Ich kann nichts tun. Andere tun mit mir, was sie für richtig halten. Ade, schöner Entlassungstag! Es wäre so schön gewesen. Vorbei. Alles vorbei. Ich kann ja doch nichts tun. Ich gebe auf. Noch fünf Monate. Auch sie werden vergehen, gleich, wo.

Die Fahrt nimmt kein Ende. Ich habe kein Zeit- und kein Ortsempfinden mehr. Keine Ahnung, wo wir sein mögen, wie lange wir schon fahren. Eine Stunde, zwei Stunden, oder schon drei? Auf alle Fälle ewig lange. Zweimal halten wir. Die Blechklappe wird beiseite geschoben, irgendwer schaut hindurch, wir sehen es nicht, wir hören es nur. Dann fällt die Klappe wieder, wir hören sich entfernende Schritte, wir fahren wieder.

Ein drittes Mal halten wir lange. Wir müssen auf einem Parkplatz sein. Das steife Sitzen im Dunkeln wird langsam zur Qual. Andrea riskiert es, nach mir zu rufen. »Tina?«

»Ja!« Mehr wird nicht daraus. Von außen pochen Fäuste an den Blechkasten. Grund genug, sofort zu verstummen.

Wir fahren immer noch. Du meine Güte, wohin bringt man uns nur? Warum dieser Aufwand für fünf Monate, bei Andrea zwei Monate? Fragen über Fragen. Keine Antwort. Auch keine Vermutungen mehr. Es gelingt mir sogar, einzuschlafen.

Durch den Ruck des Anhaltens werde ich wach. Von draußen dringen Stimmen herein, zu verstehen ist nichts. Sollten wir endlich da sein?

Wir sind. Die Tür wird aufgeschlossen. Man fordert mich auf, auszusteigen. Nach mir Andrea. Ein Hof, umgeben von hohen Mauern. Ich bemühe mich, nähere Einzelheiten zu erhaschen, herauszubekommen, wo wir sind. Aber ich muß auf den Weg achten, und außer diesem einzigen, kurzen Rundumblick, der mir keine Aufklärung bringt, kann ich nichts erhaschen. Hinter mir eine Stimme: »Schauen Sie nach vorn, Beeilung!«

Wir stolpern Stufen hoch, stehen im Treppenhaus. Wieder offene Treppen bis zum letzten Stock, dazwischen Netze gespannt. Wo sind wir nur?

Meine Verzweiflung kann nicht mehr größer werden. Sie ist einem dumpfen, kaum denkenden Abwarten gewichen, der Erkenntnis, doch nichts tun zu können.

Eine Frau in Uniform übernimmt uns. Überprüft unsere Namen, führt uns in eine Kammer. Die Effektenkammer. Ausziehen, Abgeben der Sachen. Einkleiden. In dunklen Trainingsanzügen, darunter weiße Großmutterschlüpfer, gestreifte, langärmelige Herrenknasthemden und Herrensocken, an den Füßen Kamelhaarhausschuhe, so finden wir uns wieder. Unsere Sachen werden weggeschlossen, wir unterschreiben, daß alles vollständig war.

Was jetzt?

Vor der Effektenkammer wartet einer der beiden Herren, die uns abgeholt haben.

»Kommen Sie bitte mit!« Wir kommen. Was bleibt uns anderes übrig.

Eine Treppe, noch eine Treppe, rechts und links Zellentüren. In den Türen kleine Spione. »Wie in der U-Haft«, schießt es mir durch den Kopf. Richtig! Wir müssen hier in einer U-Haftanstalt sein! Nur wo?

Weiter. Halt vor einer der gleichmäßig aussehenden Türen. Der Herr in Uniform schaut durch den Spion, läßt die Klappe wieder fallen, wartet einen Moment, schließt auf. Vollkommen gleichgültig verfolgen wir seine Handlungen, nur darauf wartend, eingeschlossen und allein zu sein.

Er öffnet die Tür. Hinter der Tür stehen zwei Frauen, die begonnene Meldung bricht er mit einer Handbewegung ab, ein kurzes »Zugang«, dann schließt sich die Tür wieder.

Ich stehe wie gelähmt. Da steht Lisa! Lisa aus der U-Haft, Lisa, ja sie ist es! Lisa, die immer von ihrem »Willische« erzählte, mit der ich ungezählte Abendstunden verplaudert habe, ja, es ist Lisa!

338

Solange der Uniformierte im Zimmer war, gab sie kein Zeichen des Erkennens von sich. Als sich seine Schritte entfernen, läßt sie die Maske fallen. Sie fällt mir um den Hals, umarmt mich wie eine Tochter, drückt mich, ist außer sich vor Freude. Ich bin wie im Schock. Brachte der Tag heute schon viel Neues, Unverständliches, dies hier ist zu viel. Wieso ist Lisa hier, und vor allem, warum freut sie sich so darüber, daß ich hier eintreffe? Warum ist sie so fröhlich?

Lisa bemerkt meine Verwirrung. Sie kann sich gar nicht genug freuen, mich hier zu sehen. »Tina, meine gute Tina, nun setz dich erst mal. Mensch, ist das toll, daß du auch hier bist. Jetzt hast du alles überstanden, nun hast du's geschafft!«

Jetzt ist es endgültig zu viel. Ich sitze, wo Lisa mich niederdrückt und begreife nichts mehr. Absolut nichts.

Was ist los? Was habe ich geschafft? Was hat sie da gesagt? Ich muß es ihr sagen, daß ich nichts verstehe.

Also frage ich das Simpelste, was ich fragen kann: »Wo sind wir hier eigentlich?« Die andere junge Frau, die noch mit im Zimmer ist, schlägt die Hände über dem Kopf zusammen. »Lisa, die wissen wirklich nichts!«

Andrea guckt genauso dumm wie ich. Auch sie sieht nicht durch. Lisa drückt mich schon wieder.

»Nein, Tina, wer hätte das gedacht, daß wir uns hier wiedertreffen. Ja, du scheinst überhaupt nichts zu wissen! In Karl-Marx-Stadt sind wir, bei der Staatssicherheit! Und jetzt haben wir es wirklich geschafft, alle! Von hier aus kommen wir nach dem *Westen!*«

Stille. Beängstigend. Die Gedanken in meinem Kopf überschlagen sich, aber ich kriege keinen nach außen.

»Ja, Tina, was ist denn los mit dir, begreifst du denn nicht, von hier aus kommst du nach Westdeutschland! Wer hierher kommt, für den ist alles gelaufen! Für den steht alles fest! Von hier aus gehen regelmäßig Transporte mit RF-Leuten nach drüben! Legal, mit Papieren!«

Ich sitze noch immer. Andrea sagt kein Wort, die junge Frau kichert.

»Lisa, sag mir das noch mal! Alles!«

Lisa schaut mich zweifelnd an, dann fängt sie noch einmal von vorn an. Langsam, Punkt für Punkt.

Ich sitze und höre. Und kann nichts von alledem fassen. Obwohl ich genau weiß, daß Lisa nicht zu den Spinnern gehört, kann ich das alles nicht glauben. Das gibt es doch gar nicht. Wozu hat man dann monatelang versucht, mich umzuerziehen, zu einer treuen Staatsbürgerin der DDR zu machen, wenn ich jetzt doch raus kann? Ich bin skeptisch bis in jede Faser des Körpers. Alles scheint mir so unwirklich, ich kann mir keinen Reim auf das Gesagte machen.

Das Mittagessen kommt. Königsberger Klopse, Kartoffeln, gute, nicht matschige Kartoffeln, als Nachtisch Apfelmus. Und das mitten in der Woche.

Es schmeckt herrlich. Ich kann mich nicht mehr daran erinnern, wann ich das letzte Mal Königsberger Klopse gegessen habe. Es wird abgeräumt. Wir plaudern. Wir sind hier gänzlich ungestört, das Essen wurde durch die Luke in der Tür hereingereicht und auch wieder hinausgegeben. Vom Personal zeigt sich niemand.

Inzwischen weiß ich auch, warum mir die andere junge Frau so bekannt vorkam. Es ist Eva, ich kenne sie vom Rundgang, nur persönlich waren wir in der U-Haft nie zusammen. Sie ist Studentin. Ihr Verlobter ist Arzt, er konnte vor einem reichlichen Jahr die DDR illegal verlassen. Dann wollte er Eva nachholen, aber irgendwie muß die Staatssicherheit davon Wind bekommen haben. Am Vorabend, bevor Eva abgeholt werden sollte, wurde sie wohl abgeholt – aber von der Stasi.

Man konnte ihr die Fluchtvorbereitung nachweisen anhand eines Briefes, den sie unter falschem Absender in einer anderen Stadt in den Briefkasten geworfen hatte. Sagenhaft. Eva war die ganze Zeit über zusammen mit Lisa in Hoheneck. Sie kennen sich gut und verstehen sich gut. Dazu jetzt ich – ein ideales Gespann. Es ist der reinste Witz.

Lediglich Andrea ist unbekannt, aber sie spricht auch nicht viel. Uns fällt ihr Schweigen nicht weiter auf, dafür haben wir um so mehr zu erzählen.

Nach dem ersten Schock, den mir Lisas spontane Eröffnung, ich käme von hier aus nach dem Westen, eingebracht hat, taue ich auf. Jetzt frage ich. Denn gewiß, ich glaube Lisa nun, Eva sagt ja das gleiche, aber es ist mir alles so ungereimt, so neu. Und tief im Innern sitzt noch immer der Stachel, sagt es noch immer:

»Paß auf, wenn das alles eine Falle ist? Wenn irgend etwas daran nicht stimmt?« Nur, was soll nicht stimmen?

Also frage ich. Woher sie das wissen, wenn sie auch erst seit gestern hier sind. Woher? Ja, das wissen in Hoheneck alle! Alle Republikflüchtigen hoffen darauf, beim nächsten Transport dabeizusein. Die Transporte nach Karl-Marx-Stadt gehen regelmäßig. Obwohl über das Ziel nichts gesagt wird, ist es doch allen bekannt. Es müssen wohl mal einige von hier nach Hoheneck zurückgekommen sein, die dann ausgepackt haben. So weiß jeder in Hoheneck, daß von Karl-Marx-Stadt Transporte nach »Drüben« gehen. Alle acht Wochen, manchmal auch längere Zeit dazwischen. Und kleine Transporte, höchstens vier, fünf Frauen. Dieses Mal nur Lisa und Eva. Sie hätten sich gefreut wie die Könige, als sie hörten, sie kämen weg. Kann ich mir vorstellen. Wenn sie alles wußten . . .

Sie wissen überhaupt alles. Noch heute Nachmittag werden Andrea und ich herausgeholt werden zu zwei hohen Tieren in Zivil, dort fragt man uns dann der Form halber nochmals, ob wir noch nach dem Westen wollen, wir müßten nur »ja« sagen, dann sei der Fall restlos gelaufen.

Lisa und Eva sind in Hochstimmung.

Es kommt alles, wie sie gesagt haben. Am Nachmittag werden Andrea und ich herausgeholt. Gleich nach dem Mittagessen. Die Tür wird geöffnet, ein Mann in Uniform steht draußen, »Frau Siegert, bitte«. »Frau«? Hat er wirklich »Frau« gesagt, nicht »Strafgefangene«? Ja, er hat. Wenn ich wenigstens die Dienstgradzeichen bei der Stasi beherrschen würde, aber so . . . Ich will gerade eine gestotterte Meldung beginnen, als er nur abwinkt. »Kommen Sie bitte!« Ich gehe mit.

Im Zimmer sitzen zwei Herren mittleren Alters hinter einem Schreibtisch, bieten mir Platz an. Ich bin unsicher. Solche Behandlung bin ich nicht mehr gewöhnt. Was steckt dahinter?

»Sie sind Frau Siegert?«

»Ja.«

»Sie befinden sich wegen versuchter Republikflucht in Haft?«

»Ja.«

In mir ist Spannung. Nichts als Vorsicht und Spannung. Du meine Güte, das weiß er doch alles aus den Papieren! Warum fragt er das. Worauf will er nur hinaus?

»Wenn Sie jetzt Gelegenheit bekämen, nach Westdeutschland zu gehen, würden Sie das noch tun wollen?«

Da ist sie, *die* Frage.

Was sage ich nur? Ist das ehrlich gemeint? Ist es eine Falle? Sage ich »ja« und es klappt dann doch nicht, kann ich meine gesamte Zeit womöglich hier absitzen, denn nach Dessau zurück bringen die mich nie. Sage ich »nein«, vertue ich vielleicht die einzige und letzte Gelegenheit, doch noch dahin zu kommen, wohin wir immer wollten.

Meine Gedanken arbeiten fieberhaft. Das Schweigen dehnt sich lang, die beiden Männer am Tisch beobachten mich. Ich glaube, sie ahnen meine Gedanken.

»Frau Siegert, wenn Sie jetzt ganz offiziell die Gelegenheit bekämen, nach Westdeutschland auszureisen, würden Sie es wollen?«

Ich bleibe vorsichtig.

»Ich müßte zuerst wissen, was mein Mann dazu sagt, allein kann ich das nicht entscheiden. Wir haben uns lange nicht sprechen können, ich weiß ja nicht, wie er jetzt über die ganze Sache denkt.«

Die beiden Männer schauen sich an.

»Frau Siegert, Ihr Mann wird auch nach hier gebracht werden, in den nächsten Tagen schon. Wir werden ihm Ihre Antwort sagen, wenn wir ihm die gleiche Frage stellen.«

Jetzt gehe ich aufs Ganze.

»Und unsere Kinder? Was wird mit den Kindern? Ohne die Kinder gehen wir nie hier weg. Nie!«

»Frau Siegert, Sie müssen uns nicht für Unmenschen halten. Ihre Kinder kommen nach, sie erhalten ebenfalls die Ausreisegenehmigung. Das können wir Ihnen zwar nicht schriftlich geben, aber Sie haben unser Wort. Es kann bis zu drei Monaten dauern, aber spätestens dann sind Ihre Kinder wieder bei Ihnen. Nun, Frau Siegert, überlegen Sie es sich. Wollen Sie unter den genannten Umständen noch nach Westdeutschland?«

Jetzt setze ich alles auf eine Karte. Was uns erwartet, wenn wir in der DDR entlassen werden, weiß ich nur zu gut. Die Chance ist einmalig, sie kommt nie wieder. Was uns hier geboten wird, ist die Verwirklichung unseres Vorhabens, ein neuer

Anfang. Ich durchschaue die Hintergründe des Ganzen nicht, das ist das einzige, was mich noch verwirrt. Aber ich bin mir klar, wenn ich jetzt ablehne, habe ich alles vertan.

Die beiden Männer hinter dem Schreibtisch lassen mir lange Zeit zum Überlegen. Meine Antwort nehmen sie ohne ein Zeichen von Verwunderung auf.

Laut und deutlich sage ich: »Ja, unter der Bedingung, daß unsere Kinder nachkommen, nehme ich Ihr Angebot an. Aber sollte mein Mann anderer Meinung sein, möchte ich mit ihm darüber sprechen.« Damit sind die Würfel gefallen. Alles, was nun kommt, ist nur noch Formsache.

Ich werde auf die Zelle zurückgeschlossen. Andrea wird geholt. Lisa und Eva stehen spannungsgeladen hinter der Tür, eine einzige Frage auf den Lippen. »Na, wie war's? Stimmt's, was wir gesagt haben?«

Es hat gestimmt. Alles.

Eine Überraschung erleben wir noch, als Andrea zurückkommt. Vollkommen aufgelöst, sich in ihrer Erzählung überschlagend. Sie will nicht nach dem »Westen«. Jetzt nicht und überhaupt nie! Wir sind sprachlos. Gibt es so etwas auch? Wegen Republikflucht verurteilt und dann seine Meinung so ändern? Andrea wird wieder herausgeholt. Es dauert lange, bis sie zurückkommt. Jetzt ist sie erledigt. Sie hat ihren Mann sprechen dürfen. Allein, ohne Aufsicht. Er hat sie gebeten, was er nur konnte, mitzugehen. Es nützt nichts. Andrea ändert ihre Meinung nicht. Sie will nicht mehr. Wir begreifen sie nicht. Aber wir hüten uns auch, sie nach irgendeiner Seite zu beeinflussen. Noch sind wir nicht heraus aus der DDR. Kann man wissen, was einem ein einziges falsches Wort noch einbringt?

Am späten Nachmittag bekommen Lisa, Eva und ich Anträge hereingelegt. Dazu drei Kugelschreiber. Groß steht auf jedem Bogen als Überschrift: »Antrag auf Entlassung aus der Staatsbürgerschaft der Deutschen Demokratischen Republik.«

Wir füllen aus. Wann geboren, wo geboren, Geburtsname. Die üblichen Fragen. Dann ein großes freies Feld. Hier sollen die Gründe für unseren Antrag ausgeführt werden. Also schreibe ich.

». . . ist es mir unmöglich, nach den Vorkommnissen des letzten Jahres meinen Beruf wieder auszuüben. Außerdem sehe ich mich aus privaten sowie aus Glaubensgründen nicht mehr in der Lage, unsere Kinder im Sinne dieses Staates zu erziehen.«

Das sind die schwerwiegendsten Sätze. Eva murmelt beim Schreiben, als sie mich lange überlegen sieht: »Schreib doch irgendwas, ist doch vollkommen Wurscht! Die Sache ist doch gelaufen, so und so. Merkst du das nicht?«

Doch, doch. Aber ich möchte wenigstens ein paar Wahrheiten hier stehen haben. Für Phrasen war ich noch nie.

Jede schreibt etwas anderes und im Grunde doch alle das gleiche. Daß wir rauswollen hier, daß wir hier einfach nicht mehr leben können, daß uns die Luft zum Atmen fehlt. Nur das »Wie«, die »Verpackung«, in der jede von uns diese »Gründe« liefert, das ist der Unterschied. Der einzige.

Lisa guckt zu mir hin, mittendrin, ohne eigentliche Ursache. »Na, Tina, glaubst du nun, daß dein Mann herkommt? Wo Andreas Mann doch auch schon hier ist?

Jetzt glaube ich es. Alles. Vorbehaltlos.

Vielleicht ist Dieter auch schon hier?

Die Anträge werden abgeholt. Erledigt. Die Weichen für unser weiteres Leben sind gestellt.

Die nächsten Tage verbringen wir mit Nichtstun, die meiste Zeit auf den Betten. Zuerst bin ich entsetzt, als sich Eva zu normaler Tageszeit auf ihr Bett legt, als sei das das Selbstverständlichste der Welt. Dann begreife ich langsam alles. Wir dürfen uns hinlegen, ja wir sollen es anscheinend sogar tun, um uns auszuruhen, zu erholen. Kommt Personal, wird erst lange vorher durch die Klappe geschaut, um uns Zeit zum Aufstehen zu geben. Deutlicher geht es nicht.

Das Essen ist gut. Fast jeden Tag Nachtisch zum Mittagessen, früh ab und zu sogar Brötchen, wir bekommen Äpfel, saure Gurken. Es ist nicht zu fassen. Es geht uns gut, und wir haben nichts weiter zu tun als zu essen und zu schlafen. Da stört es nicht einmal, daß wir wieder auf engstem Raum zusammenleben, daß die Toilette wieder im gleichen Raum ist. Was soll's. Es ist ja bald vorüber.

Eva und Lisa wissen auch, daß wir mit einem Bus über die Grenze gebracht werden. Nur den Zeitpunkt, den wissen sie nicht. Jeden Tag werden Neuzugänge gebracht. Wir hören es an den Geräuschen, die hereindringen. Am zweiten Tag unseres

Hierseins sind wir beim Rundgang nur unter uns, zwei Tage später kommen zwei Frauen dazu, wieder zwei Tage später zwei junge Mädchen und eine Frau. Dabei bleibt es. Es kommen noch jeden Tag Neuzugänge, aber nur Männer. Wir hören es an den Stimmen.

Wir unterhalten uns beim Rundgang im winzigen Steinhof mit den anderen Frauen. Alle wußten, warum sie hierher kamen, nur wir in Dessau wußten von nichts. Und alle bewegt die Frage, wann wir endgültig hier wegkommen. Niemand weiß die Antwort.

Andrea wird noch ein paarmal herausgeholt. Zu Gesprächen. Sie bleibt fest. Sie will nicht weg aus der DDR. Nach einer reichlichen Woche muß sie ihre Sachen zusammenpacken. Sie wird verlegt. Wird sie ihre restliche Strafe hier absitzen müssen? Ihr Verhalten ist uns unverständlich. Sie geht ohne Abschied. Nach Andreas Weggang werden die Gespräche in unserer Zelle freier. Wir wissen uns nun unter Gleichgesinnten. Es lebt sich gut. Wir berichten vom Vergangenen, von Hoheneck, von Dessau, von alten, gemeinsamen Bekannten, und wir unterhalten uns über die Zukunft. Was wird sein, wenn . . .

Nur von der Außenwelt sind wir vollkommen abgeschnitten. Als wir Briefpapier verlangen, um unsere Angehörigen zu benachrichtigen, wird uns nur gesagt, wir könnten sie benachrichtigen, sobald wir in Westdeutschland wären. Wir haben keine Möglichkeit, eine Nachricht nach außen zu geben. Niemand weiß, wo wir sind.

Beim täglichen Rundgang hören wir neben uns im ummauerten Hof die Männer laufen. Es müssen viele sein, den Schritten nach zu urteilen. Und ich höre Dieter. Ja, ich bin ganz sicher, daß er es ist. Ich höre ihn laut lachen, laut reden. Absichtlich laut, wie mir scheint. Er ist hier! Alle Schatten der hinter mir liegenden Monate verblassen bereits. Bald, bald haben wir alles überstanden!

Wir haben große Freiheiten. Beim Rundgang darf nach Herzenslust geredet und gelacht werden, was noch nie der Fall war. Die Unterhaltung mit den anderen Frauen, denen wir beim täglichen Rundgang begegnen, dreht sich fast nur um das eine Thema. *Wie* wird es sein und *wann* wird es sein.

Es gibt nur Vermutungen. Niemand weiß Genaues.

Wir unterhalten uns mit den beiden Frauen der Nachbarzelle durch Klopfzeichen. Niemand kommt und verbietet uns die Verständigung, obwohl das Klopfen auf dem Gang bestimmt zu hören ist. Die Frauen von nebenan haben ihre Zelle gründlich untersucht. Unter dem Tisch fanden sie eingeritzte Striche, achtundzwanzig. Vier Wochen also?

Wir schlafen viel, so viel, daß wir nachts nicht mehr schlafen können. Dafür gibt es Tabletten. Jeden Abend geht einer vom Personal durch und fragt hinter der Klappe in der Tür, durch die auch das Essen hereingegeben wird, ob wir noch Wünsche hätten. Wir können uns Schlaftabletten und Abführmittel geben lassen. Von beidem machen wir regen Gebrauch. Auch andere Medikamente werden besorgt, wenn sie benötigt werden. Ich lasse mir Salbe für meinen rechten Arm hereingeben. Er ist noch lange nicht ausgeheilt. Ich habe ständig große Schmerzen.

Die Tage vergehen. Langsam, schleppend. Für alle viel zu langsam. Trotzdem kommt keine gereizte Stimmung auf. Alles ist gelöst, ruhig. Wir wissen, daß das Schlimmste hinter uns liegt.

Wir bekommen Einkauf. Wir müssen uns bücken, um durch die Klappe in der Tür auf den Gang hinaussehen zu können. Dort steht ein kleiner Wagen, darauf sind die Sachen aufgebaut, die es zu kaufen gibt. Zwei Männer in Uniform sind dabei. Einer gibt aus, der andere tippt die Preise in eine kleine Rechenmaschine. Vorher wird uns gesagt, wieviel Geld wir haben. Bisher hatte ich keine Ahnung davon, was ich wohl verdient haben würde. Nun weiß ich es genau. Vierundzwanzig Mark! Für fünf Monate Schuften! Auch das kann mich nicht mehr sehr erschüttern. Dazu kommen noch einmal zweiundzwanzig Mark aus der U-Haft, an die ich schon gar nicht mehr gedacht hatte, und eine ganz geringe Summe unseres eigenen, übriggebliebenen Geldes. All unser Erspartes ist für den Rechtsanwalt draufgegangen, der nutzlos war. Nun, macht nichts. Auf alle Fälle müssen wir unser Geld hier ausgeben, das wird uns deutlich gesagt. Mitnehmen können wir nichts. Nur wer keine Reisetasche hat, wer noch irgend etwas braucht, wie Schuhe oder solche Sachen, der soll Geld dafür aufheben. Wir werden noch Gelegenheit bekommen, richtig einzukaufen.

Eva und Lisa haben bedeutend mehr Geld als ich. Ich benötige unbedingt noch neue Schuhe, so habe ich nicht allzuviel Freiheiten. Doch davon merke ich kaum etwas. Wir kaufen ein, jede, was sie will und kann. Kekse, Creme, Schokolade, Haarwäsche, Seife, Zahnpasta, Waffeln. Groß ist das Sortiment nicht, aber es genügt. Eva und Lisa kaufen flaschenweise flüssige Creme. Kekse und Schokolade in Massen. Schokolade zu fünf Mark die Tafel. Dann leben wir. Es ist herrlich. Wir lümmeln auf den Betten, auf dem Tisch unter mir die Schokolade. »Nimm doch, Tina, nimm ruhig!« Alles gehört allen. Wir stopfen uns voll, bis wir nicht mehr können. Früh und abends machen wir Gymnastik, immer eine nach der anderen, weiter reicht der Platz nicht. Dann waschen wir uns, ausdauernd, mit Genuß. Warm, kalt, warm, wieder kalt. Himmlisch. Danach cremen wir uns ein. Die Hände, die zerschnittenen, schwielig zerschundenen, den ganzen Körper. Es ist wie eine Orgie, die kein Außenstehender verstehen könnte. Allein, daß wir wieder die Möglichkeiten zu alledem haben! Wenn auch noch beschränkt, aber wir haben sie. Schon dies Gefühl ist berauschend.

Allmählich finden wir wieder zu uns selbst. Alle. Alles Widerliche, Häßliche gleitet von uns ab. Mit den Frauen der Nachbarzelle sprechen wir uns mit »Sie« an. Es ist niemand mehr in der Zelle, der beim Essen seine Winde abläßt, der ungeniert aufstößt. Alles liegt hinter uns. Wir pflegen unsere Haare, probieren neue Frisuren aus. Und wir schmieden Pläne.

Hinter allem steht die allgegenwärtige Frage: Wie lange noch? Niemand weiß es. Einmal wöchentlich duschen, einmal wöchentlich Wäschetausch. Nirgends ist etwas zu erfahren. Alles Personal schweigt, reagiert nicht auf unsere Andeutungen. Dreimal Duschen, dreimal Wäschetausch, dreimal Einkauf. Drei Wochen. Wird die vierte Woche unser Hiersein beenden?

Es sieht so aus. Am ersten Tag der vierten Woche erscheint eine Frau in Uniform, erkundigt sich, wer noch Schuhe oder Kleidungsstücke benötigt, notiert Größen, Farben, besondere Wünsche.

Eine fieberhafte Unruhe bemächtigt sich unser aller. Beim Rundgang werden alle Vermutungen ausgesprochen. Das einzige Thema ist nur noch die »Reise«. Wann? Morgen?

Wir irren uns. Auf dem Gang ist keine Bewegung zu bemerken, die uns Aufschluß über irgendwelche Vorbereitungen geben könnte.

Dieser Tag verläuft ruhig wie die vorhergegangenen.

Der nächste Tag. Wir hören, wie eine Zelle nach der anderen aufgeschlossen wird. Schritte. Treppauf, treppab. Aufschließen, Zuschließen. Die Spannung ist kaum zu ertragen. Wo gehen die Männer hin? Geht es heute los? Viele Fragen und keine Antwort. Es müssen sehr viele Männer hier sein, das Laufen und Treppensteigen nimmt kein Ende.

Die Nachbarzelle wird aufgeschlossen. Schritte, treppauf. Dann Ruhe. Dieses Warten! Es entnervt einen vollkommen.

Endlich sind wir dran. Einkauf! Im letzten Stockwerk hat man eine Art Laden eingerichtet. Schuhe, für jeden die angegebene Größe, je drei Paar zur Auswahl, Blusen, Oberhemden, Binder, Strumpfhosen, Taschentücher, Scheren, Reisetaschen, Kofferradios, ein unaufzählbares Sortiment von allem, was Menschen, die das Land verlassen, wohl noch gebrauchen könnten. Eins ist Befehl: alles Eigengeld ist auszugeben. Es kann höchstens an Verwandte geschickt werden, das ist die einzige Möglichkeit, die man uns zubilligt. Wer keine Verwandten hat, muß kaufen. Eine Reisetasche ist Pflicht, wer noch keine hat, kauft sie hier. Es geht nicht, daß wir mit Plastiktüten nach Westdeutschland reisen. Wir kaufen. Die obligatorische Reisetasche, von der nur noch zwei zur Auswahl stehen. Und anderes. Jede, was sie benötigt. Oder auch, was nicht benötigt wird. Das Geld muß ausgegeben werden!

Schon sind wir wieder in der Zelle. Weiter mit der ungelösten Frage: Wann?

Die Vermutungen überstürzen sich. Die Klopfzeichen ebenfalls. Diese Woche? Bestimmt! Warum mußten wir sonst das Geld ausgeben? So wird man uns sicher nicht noch eine Woche hier lassen.

Weiter wird unsere Geduld auf eine harte Probe gestellt. Der nächste Tag verläuft ruhig wie viele zuvor. Nichts. Alles Lauschen bringt keine Aufklärung.

Jetzt ist die Unruhe bei allen bereits so stark, daß wir selbst mit Tabletten wenig Schlaf finden. »Geht es morgen los, hat morgen alles Warten ein Ende?« Diese Frage beschäftigt alle. Ich muß in einer schlaflosen Nacht an Anne-Katrin denken. An ihre Worte: »In der Haft werden manche gefragt, ob sie nach dem Westen wollen!« Nie mehr hatte ich daran geglaubt in all den vergangenen Monaten. Nun weiß ich, sie hatte recht.

Nächtelang liege ich schon wach und grübele. Ja, diese Zweifel. Warum zweifelt man nur so viel? Warum glaubt man nicht einfach mehr, warum hofft man so wenig? Fragen über Fragen. Und ganz im stillen danke ich Gott, daß er alles so geführt hat. Wenn ich auch nie zu denen gehörte, die mit ihrem Glauben Parade laufen, eins wird mir klar – dies hier ist Fügung. Es ist alles ohne unser Zutun geschehen. Lisa hatte von Hoheneck die Ausreise beantragt, Eva ebenfalls. Lisas Mann hatte sich bemüht. Evas Verlobter hatte sich bemüht. Anträge über Anträge. Bei uns? Nichts. Nichts dergleichen. Alles kam von allein. Ein Antrag wäre aus Dessau nicht einmal herausgekommen, gar nicht auszudenken, was mit mir passiert wäre, wenn ich auch nur einen Gedanken in dieser Richtung geäußert hätte. Wir haben nichts beantragt. Warum hat man uns hierhergeholt? Hat uns irgend jemand aus Westdeutschland geholfen? Wer? Wir konnten doch niemand benachrichtigen. Rätsel über Rätsel. Nur eines zählt noch. Wir sind hier. Dafür bin ich dankbar. Unheimlich dankbar.

Der letzte Tag der Woche. Nichts von dem, was wir erhofften, geschieht. Wir kommen lediglich zum Arzt. Wir werden kurz abgehört, abgeklopft, nach Beschwerden gefragt. Ich zeige meinen Arm. Nun, das sei ja glücklicherweise nichts Ernstes, sagt man mir. Auch gut. Dann sitzen wir wieder und warten.

Bei Mittagessen fragen wir einfach durch die Klappe hindurch den jungen Wachtposten, der das Essen ausgibt: »Sagen Sie uns doch bitte, wann geht es los?«

Vorsichtige Blicke nach rechts und links, dann flüstert er zurück: »Am Montag! Aber ruhig sein!«

Wir sind ruhig. Und glücklich. Nun endgültig.

Ein Wochenende noch. Langweilig, im Zeittempo länger als alle vorhergegangenen. Aber auch dieses Wochenende vergeht. Das letzte.

Montag. Wir hören bereits früh an der Hektik, die vom Gang zu uns hereindringt, daß dies der Abreisetag sein muß.

Schritte. Aufschließen, zuschließen. Treppauf, treppab. Wir sitzen auf den Hockern hinter der Tür und lauschen. Deuten jedes Geräusch. Endlich kommt die Reihe an uns. Dieses Mal werden alle Frauen zusammen rausgeschlossen. Es geht zur Kleiderkammer. Dort bekommen wir unsere neu gekauften Sachen und unser Eigentum. Wir ziehen uns an. Liefern die Gefängnissachen ab. Ohne sentimentale Gefühle, nur mit dem beglückenden Gefühl: Heute!

Umgezogen gehen wir zurück. Werden wieder eingeschlossen. Zum letzten Mal?

Wir sitzen und warten. Fix und fertig. Mit gepackten Reisetaschen, die Mäntel griffbereit zum Anziehen.

Das Mittagessen kommt. Niemand bringt auch nur einen Bissen hinunter. Wir warten.

Es wird aufgeschlossen. »Kommen Sie mit!« Die anderen Frauen sind schon unten. Wir werden fotografiert. Gehen ins Nebenzimmer. Dort erhalten wir unser wichtigstes Dokument. Eine Urkunde über die Entlassung aus der Staatsbürgerschaft der Deutschen Demokratischen Republik. Unterschrieben vom Minister. Datiert zu einem Zeitpunkt, an dem ich noch in Dessau arbeitete. Die letzte Gewißheit ist gegeben. Alles war beschlossene Sache, schon lange ehe wir hier waren. Alle Gespräche hier waren nur Formsache. Ich kann es noch nicht restlos fassen und habe es doch schwarz auf weiß vor mir. Ohne unser Zutun ist alles gelaufen!

Wir verstauen die Urkunden in den Taschen. Zurück auf den Gang. Die Entlassungsscheine! Mit dem eben aufgenommenen, noch feuchten Foto. Datiert auf den heutigen Tag.

Wir werden herausgebracht. Im Hof steht der Bus. Wir steigen ein. Der Platz neben mir bleibt frei.

Dann kommen die Männer. In langer, auseinandergezogener Reihe. Die gleichen Reisetaschen wie wir, die gleichen zerknitterten, abgesessenen Sachen wie wir. Sie kommen! Da ist Dieter! Bereits als er das Gefängnisgebäude verläßt, treffen sich unsere Blicke. Er ist da! Wir fallen uns nicht um den Hals, wir schauen uns an, geben uns die Hand, als hätten wir uns gestern das letzte Mal gesehen. Aber das beglückende Gefühl in mir ist so gewaltig, daß es wohl jeder sehen muß.

Dann sitzen wir nebeneinander. Der Bus füllt sich. Wir sind das einzige Ehepaar. Andere haben ihre Ehepartner noch in Haft, hoffen, daß sie nachkommen. Wieder andere fahren zu ihren Männern, zu ihren Frauen. Wie viele Schicksale sind hier in einem Bus zusammen!

Alle sitzen. Wir sind fünfundvierzig, davon sieben Frauen. Vorn sitzt ein Wachtposten. Er ist nur noch Statist.

Zwei Männer steigen zu. Rechtsanwälte. Ein Rechtsanwalt der DDR und ein Rechtsanwalt aus der Bundesrepublik Deutschland. Sie stellen sich uns vor. Sprechen zu uns über Organisatorisches, darüber, daß sie für alle Rückfragen zu sprechen wären, für alle persönlichen Probleme zur Verfügung stehen. Sie teilen ihre Vistenkarten aus. Dann steigen sie wieder aus in ihre Pkws. Wir fahren. Endlich! Wir fahren!

Alle im Bus sind glücklich, sind überdreht vor lauter Glück! Das Schwatzen und Erzählen nimmt kein Ende. Ich sitze neben Dieter, wir unterhalten uns ebenfalls. Keine Umwelt existiert mehr. Wir haben uns wieder! Nur der Wermutstropfen mit den Kindern bleibt. Aber wir haben in uns die unerschütterliche Gewißheit, daß wir sie in Kürze wieder bei uns haben.

Nach und nach werden die Gespräche ruhiger. Wir schauen durch die Fenster nach draußen. Wir verlassen unsere Heimat! Mußte es sein? Warum gibt es einen deutschen Staat, der wie ein Gefängnis abgeriegelt ist? Warum muß man solche Wege wählen, um aus ihm herauszukommen? Warum? Warum?

Jeder hängt seinen Gedanken nach. Prägt sich Berge, Täler, Bäume, Straßen ein. Es ist für fast alle die Heimat. Trotzdem. Wann werden wir sie wiedersehen?

Draußen wird es dunkel. Wir fahren immer noch. Es ist wohl die denkwürdigste Fahrt unseres Lebens. Eine kurze Raucherpause am Straßenrand, dann fahren wir schon wieder. Wir haben eine weite Strecke zurückzulegen.

Es ist bereits vollkommen dunkel, als die ersten Grenzaufbauten sichtbar werden. Dann die Grenze. Draht, geschwungene Straßenführung, Straßensperren, Scheinwerfer, Lichter über Lichter. Der Schlagbaum ist offen. Der Wagen der Staatssicherheit, der die ganze Strecke vor uns fuhr, durchfährt ihn als erster, dann unser Bus, wieder ein Wagen der Staatssicherheit, das Auto mit den Rechtsanwälten. Alles ist vorbereitet. Die Posten stehen an der Seite, grüßen, wir fahren im gleißenden Scheinwerferlicht durch den geöffneten Schlagbaum von Deutschland nach Deutschland!

Wieder Grenzgelände, niemand hält uns auf, hüben nicht und drüben nicht. Keiner spricht ein Wort. Wir halten in einem unbeleuchteten Nebenweg. Im Niemandsland. Steigen in einen anderen Bus um. In einen westdeutschen Bus. Fahren wieder. Auch der nächste Schlagbaum ist geöffnet. Die Autos der Staatssicherheit bleiben zurück. Sie haben ihre Pflicht an uns erfüllt. Gründlich.

Wir sind frei! Frei! Keiner kann es fassen. Noch einmal halten wir. Am Straßenrand steht ein Fahrzeug, dessen Insassen Kartons in unseren Bus umladen. Kartons mit Beuteln voller Südfrüchte, mit Saft und belegten Brötchen.

Wieder fahren wir. Die Lebensmittel werden ausgeteilt. Der Busfahrer beglückwünscht uns, ein Herr in Zivil, der unsere Begleitung übernommen hat, ebenfalls. Wir sind frei!

Nachwort

Drei Monate nach unserer Ausreise in die Bundesrepublik Deutschland konnten wir unsere Kinder in die Arme schließen. Unser Sohn erkannte seine Mutti am »Roten Anorak« wieder. Beim Durchfahren der DDR-Grenzsperren fragte er uns, warum denn da Soldaten mit dem Gewehr stehen. Wir fanden nicht sofort eine Antwort. Er hatte sie selbst: »Ach, ich weiß, damit die uns beschützen vor den bösen Faschisten, wenn die Krieg machen wollen! Das hab ich im Kindergarten gelernt!«

Ja, fünfzehn Monate waren eine lange Zeit. Wir hatten vieles geradezurichten, vieles wieder gut zu machen.

Aber wir hatten uns wieder.